Sonderpädagogik auf dem Weg
ins 21. Jahrhundert

Sonderpädagogik auf dem Weg ins 21. Jahrhundert

Förderung von Kindern und Jugendlichen mit Lernbeeinträchtigungen

Festschrift für Winfried Kerkhoff
zum 65. Geburtstag

herausgegeben von
Leander Pflüger

VWB – Verlag für Wissenschaft und Bildung

Die Deutsche Bibliothek – CIP-Einheitsaufnahme

Sonderpädagogik auf dem Weg ins 21. Jahrhundert :
Förderung von Kindern und Jugendlichen mit Lernbeeinträchtigungen ;
Festschrift für Winfried Kerkhoff zum 65. Geburtstag / hrsg. von Leander
Pflüger. - Berlin : VWB, Verl. für Wiss. und Bildung, 1999
ISBN 3-86135-093-9
NE: Pflüger, Leander [Hrsg.]; Kerkhoff, Winfried: Festschrift

Verlag und Vertrieb:
VWB – Verlag für Wissenschaft und Bildung
Amand Aglaster
Besselstr. 13 • 10969 Berlin
Postfach 11 03 68 • 10833 Berlin
Tel. 030 / 251 04 15 • Fax 030 / 251 11 36

Druck:
GAM-Media GmbH, Berlin

Inhaltsüberblick

Inhaltsverzeichnis

Vorwort

Theoriegeleitete Begründungen einer sonderpädagogischen Praxis für Kinder und Jugendliche mit Lernbeeinträchtigungen, Grundlegung alternativer Sichtweisen in der Sonderschulpädagogik, Prüfung und Weiterentwicklung bestehender Konzepte und die Bereitstellung von Handlungsformen für aktuelle und zukünftige Arbeit in der außerschulischen Sonderpädagogik sind gleichsam der rote Faden, der sich durch die Beiträge in diesem Sammelband zieht.

Der Band ist Herrn Univ.-Prof. Dr. Winfried Kerkhoff zum 65. Geburtstag gewidmet und spiegelt drei wesentliche Schwerpunkte seiner Arbeit als Hochschullehrer und Forscher wider.

Einmal gilt sein Interesse der Gestaltung und Weiterentwicklung von Didaktik und Methodik des Unterrichts für Kinder und Jugendliche mit Beeinträchtigungen im Lernen.

Der zweite Schwerpunkt seiner Arbeit liegt in der außerschulischen Sonder- und Heilpädagogik. Sein Blick richtet sich dabei nicht nur auf Menschen mit Behinderung, sondern vor allem auch auf deren Familien und die pädagogischen Mitarbeiter, insbesondere auf die Diplompädagogen. Schlagwörter wie Freizeit, Freizeitlernen, Väter behinderter Kinder, Berufsfeldanalyse von Diplompädagogen kennzeichnen zentrale Themen.

Der dritte Schwerpunkt kann durch den Begriff "Enzyklopädie der Sonderpädagogik" überschrieben werden. Zu verweisen ist zum einen auf seine Funktion als einer der Herausgeber der "Enzyklopädie der Sonderpädagogik, der Heilpädagogik und ihrer Nachbargebiete" von 1992; zum anderen auf 190 Stichwörter, die er zu diesem Band beigesteuert hat; und zum dritten auf die Mit-Autorenschaft an der Fortset-

zungsreihe "Kleines medizinisches Wörterbuch für Sonder- und Sozialpädagogen" in der Zeitschrift Sonderpädagogik von 1975 – 1985.
Das besondere Verdienst dieser Veröffentlichungen liegt nicht nur im
Bereitstellen eines allgemein zugänglichen Begriffsrepertoires für die
Sonder- und Heilpädagogik, sondern auch in der Schaffung einer Basis
für wissenschaftliches Arbeiten und in der Förderung von interdiszipli-
närem Denken und Handeln.

Wissenschaftstheoretisch kann Herr Kerkhoff als romantischer Wissenschaftler bezeichnet werden. Kein geringerer wie Alexander R. Luria,
der sich ebenfalls als solchen beschrieb, sagt:

> "Der klassische Wissenschaftler zerlegt die Ereignisse in ihre Be-
> standteile. ... Diese Methode führt unter anderem dazu, daß die le-
> bendige Wirklichkeit in ihrer reichen Vielfalt auf abstrakte Schemata
> reduziert wird. Die Eigenarten des lebendigen Ganzen gehen verlo-
> ren, ein Vorgang, der Goethe zu seinem berühmten Satz 'Grau,
> treuer Freund, ist alle Theorie und grün des Lebens goldener Baum'
> führte.
>
> Romantische Wissenschaftler lassen sich von genau entgegenge-
> setzten Interessen, Einstellungen und Vorgehensweisen leiten. ... Ihre
> wichtigste Aufgabe sehen sie darin, den Reichtum der Lebenswelt zu
> bewahren, und sie erstreben eine Wissenschaft, die sich dieses
> Reichtums annimmt" [1].

Diese Charakterisierung trifft auch auf Herrn Kerkhoff zu:
Seine Veröffentlichungen, seine Beiträge in Diskussionen und Disputa-
tionen sind gekennzeichnet durch eine Klarheit und Logik, ohne die
Vielfalt der Aspekte und der Auffassungen zu diskreditieren; sie bleiben
anschaulich und praxisbezogen und sind doch so allgemein und theo-
riegeleitet, daß ein Transfer in andere Bereiche und Grenzgebiete
möglich wird.

---

[1] Lurija, A.R.: Romantische Wissenschaft. Forschungen im Grenzbereich von Seele und
Gehirn. Reinbek (rororo) 1993, Seite 177

Sein Denken ist dem Symbolischen Interaktionismus im weitesten Sinne verpflichtet, ohne dieses Denkmodell zu einer orthodoxen Richtschnur zu machen.

Diese integrierende Art und Weise des Denkens, des Kommunizierens und des beruflichen wie privaten Handelns haben ihn zu einem wertvollen Kollegen gemacht.

Die Autorinnen und Autoren dieses Sammelbandes konnten diese Werte als Bereicherung, Ergänzung und Vorbild in der täglichen Arbeit an der Freien Universität Berlin, der Humboldt Universität zu Berlin und der Universität Dortmund erleben und wollen mit ihrem Beitrag ihrer Verbundenheit mit dem Kollegen, Lehrer und Freund Ausdruck verleihen.

Der Herausgeber

Leander Pflüger

Förderung - Handlungsfähigkeit - Entwicklungsstörung

Eine enzyklopädische Begriffsanalyse

Einleitung

Ziel dieses Beitrages ist die Klärung der Begriffe "Förderung", "Handlungsfähigkeit" und "Entwicklungsstörung".
Diese Begriffe stehen in einem inneren Zusammenhang und beziehen sich auf eine grundlegende sonderpädagogische Aufgabe: Förderung der Handlungsfähigkeit von Kindern mit Entwicklungsstörungen.

Obwohl die Begriffe "Förderung", "Handlungsfähigkeit" und "Entwicklungsstörung" als grundlegend für die Sonder- und Heilpädagogik eingestuft werden können und häufig verwendet werden, werden sie in der Regel jedoch nur vage oder gar nicht definiert.
Dies gilt insbesondere für den Begriff Entwicklungsstörung. Meist kommt es (nur) zu einer phänomenologischen und beurteilenden Beschreibung von Verhaltensweisen von Kindern. Angaben über Modellvorstellungen von Entwicklung, die dem Beurteilungsraster zugrunde liegen, fehlen in der Regel.
Im Zentrum der nachfolgenden Überlegungen steht deshalb der Versuch, das Interaktionsgeschehen Förderung, das Phänomen Handlung bzw. die Fähigkeit handeln zu können und verschiedene Paradigmen von Entwicklungsprozessen zu beschreiben und sie daraufhin zu untersuchen, welchen Beitrag sie für ein ganzheitliches Verständnis von Entwicklung und ihrer Förderung leisten können.

Der folgende Artikel fühlt sich einer enzyklopädischen Begriffs- und Strukturanalyse verpflichtet und steht somit in der Arbeitstradition von Winfried Kerkhoff, dem es stets ein Anliegen war und ist, Fachbegriffe nur dann zu verwenden, wenn sie zumindest inhaltlich beschrieben sind. Die "Enzyklopädie", die er zusammen mit Gregor Dupuis 1992 herausgegeben hat, zeigt dies in überaus eindrücklicher Weise.

Für die hier folgenden Überlegungen bedeutet dies, daß versucht wird, programmatische Vorstellungen, Geltungsansprüche und umfassendere Dimensionen als üblich zu formulieren, aber auch Grenzen des Leistbaren aufzuzeigen.

Allerdings ist die Vorstellung, daß es möglich sei, die Gesamtheit des Wissens zu einem Begriff zusammenstellen zu können, wie das die Begründer des Begriffes "Enzyklopädie" im Jahre 1490 noch glaubten, heute wohl illusionär (Sandkühler 1990, 738).

Möglich werden sollten allerdings aus dieser Begriffsanalyse Auswirkungen auf zukünftige sonderpädagogische Theorie- und Praxisentwicklung.

1. Förderung

Der Begriff "Förderung" ist weit verbreitet und wird in sehr unterschiedlichen Bereichen des Lebens verwendet. So spricht man

- in der Politik von finanzieller Förderung eines Projektes durch die EU
- von einem Verein zur Förderung der pädagogischen Arbeit an einer Körperbehindertenschule
- von "an der Normalentwicklung orientierten Förderung der sensorischen Integration durch Schulung des Körper-Lage-Schemas" (Oskamp 1992, 32), mit dem eine spezifische Form von pädagogischer Aktivität beschrieben werden soll.

Obwohl in diesem Beitrag immer nur allgemein von "Förderung" gesprochen wird, ist doch nur die pädagogische Förderung als unmittelbare soziale Interaktion gemeint und nicht z.B. die finanzielle Förderung oder die Förderung der Ziele einer Institution durch ehrenamtliche Tätigkeit im Rahmen eines Vereines.

Verschiedene Autoren aus unterschiedlichen sonderpädagogischen Arbeitsfeldern beklagen, daß der Begriff Förderung schwierig zu definieren sei (ein Überblick findet sich bei Fornefeld 1995, 86ff.) bzw., daß die erziehungswissenschaftliche Diskussion, trotz einer Generalisierung des Begriffes "für den gesamten Bereich des heilpädagogischen Schulsystems" (Speck 1996) noch nicht abgeschlossen sei. Fröhlich und Bienstein (1997, 10) schreiben : "Gerade der Begriff des Förderns ist in den Erziehungswissenschaften noch nicht abschließend diskutiert, so daß es sicherlich zu Ungenauigkeiten [bei der Definition] käme".

"Beim Versuch, den Begriff 'Förderung' zu definieren, fällt auf, daß er in Wörterbüchern oder Lexika nicht aufgeführt ist" (Pflüger 1991, 30). Dies gilt sowohl für pädagogische, als auch für psychologische oder sonderpädagogische (siehe Dupuis und Kerkhoff 1992) Wörterbücher. Angesichts dieser Situation drängen sich zwei Fragen auf:

- Woran liegt es, daß der Begriff Förderung nicht eindeutig bestimmbar ist?
- Wie könnte - trotz aller Schwierigkeiten - eine Definition aussehen?

M.E. liegt die Ursache für die wenig klare Bestimmbarkeit darin, daß sich Förderung nur schwer von den üblichen Domänen der typischen Arbeitsbereiche (Pädagogik, Psychologie, Pflege und Heilung), in denen er verwendet wird, abgrenzen läßt. Im einzelnen kann man sagen:

- Aus pädagogischer Sicht ist die Definition schwierig, weil Förderung nicht klar von Erziehen, Betreuen, Unterrichten und Bilden abgegrenzt werden kann.
- Aus psychologischer Sicht, weil keine eindeutige Zuordnung, welches Vorgehen als Therapie und Beratung und welches als Förderung zu bezeichnen sei.
- Im medizinisch-rehabilitativen Arbeitsfeld gilt es zwischen Förderung und Pflege und Heilung zu unterscheiden.

Förderung ist somit im Spannungsfeld zwischen Therapie, Unterricht, Bildung und Pflege anzusiedeln (s. Abb. 1).

Abb. 1: Förderung im Spannungsfeld zwischen Therapie, Unterricht und Pflege

Sie übernimmt bestimmte Elemente aus diesen Aufgabenfeldern und grenzt sich von anderen ab und bekommt dadurch ein eigenständiges Profil. In der folgenden Aufzählung sind entsprechend der beiden Funktionen einige Schlagwörter aufgelistet:

Übernimmt	Grenzt sich ab
Lebensweltorientierung	inhaltsnormiert
Bedürfnisorientierung	altersnormiert / -homogenisiert
Individualisierung / Entwicklungs-orientierung	Heilung / Gesundung
ganzheitlich	Medizinische Prävention

Die Übernahme der Bedürfnis- und Lebensweltorientierung, die in allen drei Bereichen relevante Kriterien sind, bedeutet, daß sowohl didaktische als auch methodische Entscheidungen stark individualisiert sind und die Bedeutung der Förderinhalte für das soziale Umfeld bzw. ihre Wirkung adaptiv berücksichtigt werden.
Förderung grenzt sich dagegen von inhalts- und altersnormierter (schulischer) Bildung oder Unterricht ab.

Entwicklungsorientierung bedeutet, daß die Auswahl der Förderinhalte nicht am Lebensalter, sondern an den aktuellen Kompetenzen der Person orientiert ist und einer entwicklungstheoretischen Bezugslinie folgt.

Förderung grenzt sich von Therapie ab, weil der klare Bezug zu Krankheit oder psychischer Störung fehlt. Im Gegensatz zur Psychotherapie ist Förderung keine Heilbehandlung und umfaßt somit nicht die "Tätigkeiten der Feststellung, Heilung oder Linderung von Krankheiten oder Störungen mit Krankheitswert" (Sieland 1994; 155).

Von Pflege grenzt sich Förderung ab, weil der Schwerpunkt nicht in der Wiederherstellung von Gesundheit oder der Vermeidung von Krankheit im engeren Sinn liegt und die inhaltliche Ausrichtung der Förderung als Aufbau von Kompetenzen zu beschreiben ist. Andererseits bemühen sich Pflege und Förderung "gemeinsam, die körperlichen, emotionalen und geistigen Grundbedürfnisse so zu befriedigen, daß das Individuum im Austausch mit seiner dinglichen und menschlichen Umwelt mit größtmöglicher Autonomie seine Entwicklung in Gang halten kann" (Bienstein und Fröhlich 1997, 12).

Gemeinsam haben Therapie, Erziehung, Unterricht, Bildung, Pflege und Förderung, daß es sich um einen geplanten Interaktionsprozeß zwischen mindestens zwei Personen handelt, der nach den Prinzipien der Ganzheitlichkeit gestaltet wird und sich dem systemischen Denken verpflichtet fühlt.
Inhaltlich bedeutet dies, daß es keine einfachen Ursache-Wirkungs-Zusammenhänge von Prozessen oder Erscheinungen gibt, und sich Prozesse immer im Spannungsbogen zwischen Vergangenheit und Zu-

kunft bewegen. Sie beziehen sich also immer auf Vorerfahrungen und sollen in die oder in der Zukunft wirken. Dieser Zusammenhang führt z.B. zur Auffassung, daß ein Lernerfolg wesentlich von der Vorerfahrung mit bestimmt wird und daß z.B. die Lernmotivation wesentlich steigt, wenn sich der Lernende vorstellen kann, wann und wo er das Gelernte anwenden wird.

Mit der systemisch-ganzheitlichen Sichtweise verbindet sich weiter die Erkenntnis, daß der Mensch in Bezug auf soziale Interaktionen als geschlossenes System interpretiert werden muß. Dies bedeutet, ein Mensch hat keinen unmittelbaren Zugang zu den Gedanken und Gefühlen seines Mitmenschen. Es sind immer nur subjektive Deutungen physikalischer Impulse, die im Innern einer Person stattfinden.

Diese Deutungsprozesse bilden dann das Fundament, auf dem sich eine autonome Persönlichkeit aufbaut, was globales Ziel aller pädagogischen Förderung sein muß. Auf der Basis dieser Deutungen werden jedoch neue Impulse ausgesendet, die mehr oder weniger mit den vorherigen Deutungs- und Erkenntnisprozessen und den jeweils daraus materialisierten Gedächtnisprozessen in Beziehung stehen. In der Systemtheorie bezeichnet man diesen Zusammenhang als basale Selbstreferenz. Über diese Aktivitäten bindet sich die autonome Person in ein soziales Beziehungsnetz ein und gestaltet es mit (vgl. Pflüger 1998, 289f.).

Vor diesem Hintergrund kann Förderung wie folgt definiert werden:

Förderung ist theoriegeleitetes bedürfnis-, lebenswelt- und entwicklungsorientiertes, pädagogisches Handeln, das den individualisierten Aufbau einer sich-selbst-verwirklichenden Person, die mit Hilfe sozialer und materialer Kompetenz mit der Umwelt interagiert, zum Ziel hat.

2. Handlung und Handlungsfähigkeit

Eine Handlung ist eine konkrete menschliche Tätigkeit. Sie hat einen nicht sichtbaren (internen verarbeitungsbezogenen, z.B. kognitiven und physiologischen) und einen manifesten (äußerlich sichtbaren) Anteil (Pflüger 1998, 137).

Aus kognitionspsychologischer Sicht wird betont, daß eine Handlung immer einen Situationsbezug hat und sequentiell und hierarchisch organisiert ist (Pflüger 1991, 133).

Aus einem nicht so streng kognitiven Blickwinkel sagen von Cranach und Chan (1998, 123):

"... Unter den Handlungsbegriff fällt letztes Endes alles intendierte Verhalten, das wir als Handelnde zu verantworten haben: Das meiste, was wir im Wachzustand tun, läßt sich als Handlung oder zu Handlungen gehörig kennzeichnen; es bleibt ein Rest von Reflexbewegungen, Husten, Niesen und dergleichen"[1].

Dies bedeutet u.a., daß z.B. Sprechen auch als Handlung definiert werden kann, was durch die drei "Sprachkreise" (Pflüger 1991, 173; synonym "Hör-Sprach-Kreis", Arentsschild und Koch 1994, 64ff.; s. Abb. 2) und die "Dimensionen des Sprachsystems" verdeutlicht werden kann. Zum Sprachsystem gehören: Hören als akustisch-auditiver Vorgang; Hören und Behalten sprachrelevanter akustischer Information; Sprache im weiteren Sinn; Denken; Sprechen und Oralmotorik (nach Spiel und Spiel 1987, 100).

---

[1] Mit dieser Auffassung sind nicht alle Theoretiker einverstanden, weil sonst das berühmte Ausrutschen auf der Bananenschale auch eine Handlung wäre, ihr aber die Zielgerichtetheit bzw. die Intentionalität abgesprochen werden muß. Die Auffassung von Cranach sollte aus handlungspsychologischer Sicht also um alle "Aus-Versehen-Handlungen" ergänzt werden, eingedenk der Tatsache, daß solche Handlungen alle neuropsychologischen Kriterien, die an eine Handlung gestellt werden müssen, erfüllen.

Handeln ist (laut Konvention) immer beabsichtigt (intentional; s. 3.2.2) und somit auch zielgerichtet. Handlungsziele können mit Hilfe des Arbeitsgedächtnisses bewußt gemacht werden. Sie sind aber nicht immer im vollen Umfang tiefgehend bewußtseinspflichtig.

Abb. 2: Der primäre, sekundäre und tertiäre Sprachkreis

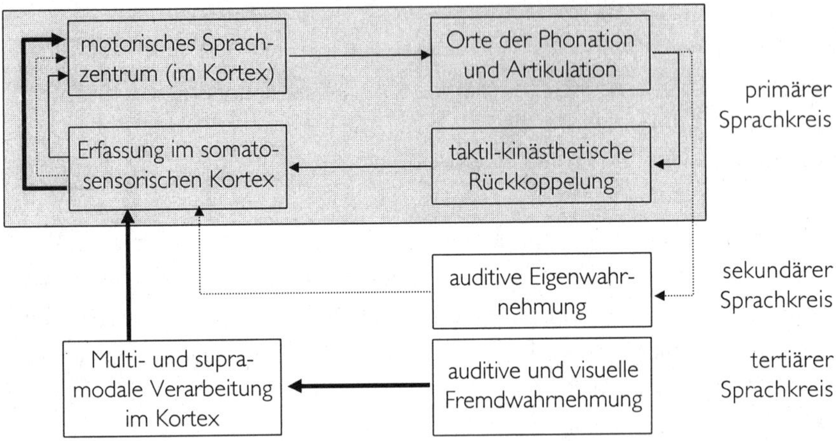

Dies gilt auch für (stark) automatisierte Handlungen, sog. Routinehandlungen. Da sie nicht aktuell neu konstruiert werden müssen, sondern als globale Fähigkeit zur Verfügung stehen, sind wir uns im Alltag oft nicht bewußt, daß auch sie zielabhängig (Zapf 1996, 246) und somit bewußtseinfähig sind.

Daraus kann man schlußfolgern: Automatisiertes Handeln stellt gegenüber dem intentionalen Handeln keine eigene Kategorie dar. Man kann es dem intentionalen Handeln nicht gegenüberzustellen, so wie dies Edelmann (1996, 4) tut. Wären die beiden Handlungsformen Gegensätze, würde es bedeuten, daß z.B. Treppensteigen, das zumindest ab dem Kindergartenalter eine automatisierte Handlung darstellt, nicht beabsichtigt (intentional) sein könnte.

Dagegen kann die Klassifizierung Dörners (1998, 307) hilfreich sein: Beim Menschen ist es vernünftig, "zwischen zielführenden Prozessen erster und zweiter Ordnung zu unterscheiden, nämlich zwischen solchen, die unmittelbar aufgrund gelernter 'Automatismen' zum Ziele führen und 'Metaprozessen', die der Herstellung von zielführenden Verhaltensweisen dienen; dazu gehört das problemlösende Denken".

Das Adjektiv "gerichtet" im Begriff "zielgerichtet" (s.o.) beinhaltet, daß es eine Beziehung von einem Punkt A in Richtung B gibt. Ziele verweisen somit auf einen Aktionszusammenhang. Die Aktion kann sich innerhalb der Person als intrapsychischer "Dialog" abspielen und/oder als Austauschprozeß zwischen Individuum, sozialer und materialer Umwelt verstanden werden.

Cranach (1994, 74) weist besonders auf die Bedeutung des intrapsychischen Bezuges hin.

"Zahlreiche Handlungen beziehen sich allerdings auf die eigenen Gedanken, Vorstellungen oder Gefühle des Aktors, sie haben einen mentalen Gegenstand. Hierher gehören das 'Problemlösen' (...) ebenso wie das 'mentale Training' (...), und die 'geistige Arbeit' (...). Aber auch das intendierte Nichthandeln, die Unterlassung, richtet sich auf einen mentalen Gegenstand, in diesem Fall die unterlassene Handlung".

Aus dem Alltag wissen wir, daß Handeln nicht immer nur ein rein rationaler, kognitiver Vorgang ist, sondern daß auch Gefühle und Motive dazugehören. Deshalb kann man sagen:

Im Handeln verbinden sich immer mindestens motivationale und kognitive Aspekte. Der Begriff kognitiv wird dabei sehr weit gefaßt, so daß perzeptive Erkenntnisse und das Wahrnehmen von Gefühlen eingeschlossen sind. Ziele sind also das Ergebnis eines motivational ausgelösten und kognitiv gesteuerten Prozesses.

In der Regel gibt es viele unterschiedliche Ziele, aber auch verschiedene Handlungen, die den gleichen Zweck erfüllen (Fax schicken oder rechtzeitig Brief schreiben). Aus Sicht der Handlungsregulation drückt dies Hacker (1994, 275) etwas formalisierter so aus:

"Ziele sind Verknüpfungen der 'kognitiven' Vorwegnahme[2] und der 'motivationalen' bzw. volitiven Vornahme (des Vorsatzes) und der 'mnestischen' Bewahrung der Vorwegnahmen als Grundlage rückkoppelnder Soll-Ist-Vergleiche".

Letztendlich wird dasjenige Ziel ausgewählt, das mit dem größten Wert belegt wird. Zapf (1996, 245) erläutert dies differenzierter: "Aus motivationaler Perspektive stellt sich zuerst die Frage, wie eigentlich ein bestimmtes Ziel gebildet wird. Hierbei spielen sogenannte Wert-Erwartungs-Theorien eine wichtige Rolle, die vereinfacht besagen, daß dasjenige Ziel ausgewählt wird, das für den Handelnden den höchsten Wert besitzt und mit der größten Wahrscheinlichkeit erreicht werden kann. Hat sich ein Handelnder für ein Ziel entschieden, dann richtet sich die Aufmerksamkeit auf die Realisierung des Zieles".

Dies gelingt, wenn aus einem Motiv eine Intention wird. Die Folge ist dann eine differenzierte und durch emotionale Faktoren ergänzte, kognitiv gesteuerte Planung. Diese wiederum kann in eine konkrete Aktivität umgesetzt werden.

Jede Handlung beinhaltet also motivationale, intentionale (volitionale), affektive und kognitive Prozesse (s. 3.2.3) "Sie ist wenigstens eine sensumotorische Einheit, in der Regel aber eine Einheit von Wahrnehmen, Urteilen, Behalten, Reproduzieren und sinnlich sowie logisch erfaßtem motorischem Ausführen" (Hacker 1994, 275).

Beim sichtbaren (manifesten) Teil der Handlung ist es sinnvoll zwischen Halte-, Stütz- und Zielmotorik (Pflüger 1993) zu unterscheiden. Schwierigkeiten in einem, zwei oder allen drei Bereichen, können zu wesentlichen und unterschiedlichen Einschränkungen der Handlungsfähigkeit führen.

Aus Sicht des handelnden Individuums ist eine solche Differenzierung im Alltag nicht notwendig, da aufgrund der hohen Automatisierung die Alltagsmotorik zu einem hohen Anteil nicht bewußtseinspflichtig ist.

---

[2] Mit der Vorwegnahme wird deutlich, daß der Mensch ein zukunftsbezogenes Wesen ist.

Unter förderbezogenen Gesichtspunkten sind diese Überlegungen jedoch bedeutsam, denn sie begründen eine gezielte Einflußnahme z.B. für das Schreibenlernen von Buchstaben oder Zahlen.

Eng verbunden mit dem manifesten Teil einer Handlung ist das Erkennen der Bewegung, also die Bewegungswahrnehmung (Tiefensensibilität oder Propriozeption). Dieser Erkenntnisprozeß ist ein Feedback-Vorgang[3]. Durch ihn bekommt der sequentielle Aufbau einer Handlung eine zirkuläre Struktur.
In Abbildung 3 werden die Basis-Strukturen einer Handlung als wechselseitiges Beziehungssystem zusammenfassend dargestellt.

Abb. 3: Grundstruktur einer Handlung

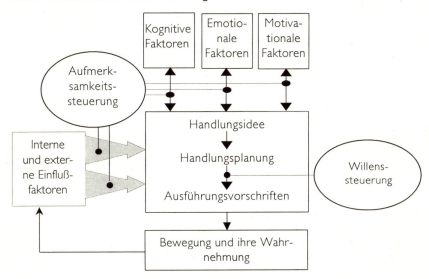

Tabelle I (stark verändert nach Cranach 1994, (74-79) soll einen abschließenden Überblick über Merkmale von Handlungen geben, die auch in der "Grundstruktur" (Abb. 3) zu finden sind.

---

[3] In der Neuropsychologie spricht man vom Reafferenzsystem (Pflüger 1991).

Tab. 1: Acht Klassen von Handlungsmerkmalen

1. Gegenstand der Handlung Handlungen entstehen entweder im Rahmen einer materialen oder sozial-kommunikativen Interaktion und können einen mentalen Gegenstand (sog. Denk-Handlungen) haben.
2. Angestrebtes Produkt oder Ziel bzw. Zweck Eine Handlung zielt auf Veränderung (z.B. durch eine Aussage eine Verständnisreaktionen des Kommunikationspartners erreichen wollen), die sich als Ergebnis am oder nach dem Ende der Handlung manifestiert. Allerdings: Es gibt Handlungen, die um ihrer selbst willen durchgeführt werden; der Handlungsprozeß selbst wird angestrebt. Man spricht von autotelischen Handlungen.
3. Energetisierung der Handlung a) Handlungen werden schnell durch äußere Anreize ausgelöst, ohne daß dabei zeitraubende Energetisierungsprozesse notwendig erscheinen (sog. ideomotorische Handlungen) b) Es gibt Formen der Energetisierung, in denen sich Handlungen selbst in Gang halten (Flow-Erlebnisse[4]; Handlungen mit selbstbelohnenden Charakter). Viele Handlungen (z.B. spontane soziale Zuwendung) scheinen ohne elaborierte motivationale Prozesse direkt emotional energetisiert und gesteuert zu werden.
4. Steuerung Damit eine Handlung als zielgerichtet eingestuft werden kann, muß sie gesteuert werden. Steuerung ist das bestimmende Merkmal der Handlung. Eine Handlung sowohl hierarchisch-sequentiell als auch heterarchisch reguliert.
5. Offenheit und Bewußtheit Die Verarbeitung des Wissens kann mehr oder weniger offen erfolgen. Offenheit bezeichnet den Grad der Zugänglichkeit der Prozesse für den Handelnden oder andere Beteiligte.

---

[4] Reinmann-Rothmeier und Mandl (1998) stellen (mit Referenz auf Csikszentmihalyi 1993; 1998; Jahreszahl aktualisiert, L.P.) einen Bezug zum Lernen her: "Lernen auf der Grundlage von Interesse kann darüber hinaus mit positiven emotionalen Erlebnisqualitäten, etwa mit dem Gefühl der Autonomie und Selbstbestimmung, z.T. auch mit dem sog. Flow-Erleben (...) verbunden sein. Flow bezeichnet ein aus mehreren Komponenten bestehendes Gefühl des völligen Aufgehens in einer Tätigkeit, das Csikszentmihalyi zum einen als Voraussetzung für intrinsische Motivation betrachtet und dem er zum anderen positiven Einfluß auf das Lernen, speziell auf die Konzentration, die Informationskodierung und das Verstehen zuschreibt".

6. Soziale Einbettung

Individuelle Handlungen sind in soziale Systeme eingebettet und werden durch soziales Wissen kontrolliert und gesteuert.

7. Funktion der materialen Umwelt

Handlungen finden immer im Rahmen einer materialen Umwelt statt. Diese kann Ausgangspunkt, Bestandteil oder Wirkungsträger der Handlung sein.

8. Merkmalsmuster

Die angeführten Merkmale reichen allerdings zur Beschreibung von Handlungstypen noch nicht aus: Kennzeichnend sind vielmehr ihre Anordnungen in charakteristischen Verlaufsmustern.

So bestimmen etwa die Wert-x-Erwartungsmotivation und die hierarchisch-sequentielle Steuerung mehr oder weniger durchgängig den Verlauf originärer zielgerichteter Handlungen. Prozeßorientierte Handlungen dagegen sind oft in einer Vorphase hierarchisch-sequentiell reguliert, in der Hauptphase fallen dann Energetisierung und Steuerung in der rekursiven Selbstregulation zusammen.

Ergänzend zu den bisherigen Überlegungen soll die Begriffsklärung mit zwei völlig unterschiedlichen Gedanken abgeschlossen werden:

a) Unter sonderpädagogischen Gesichtspunkten ist es wichtig, den physiologischen Energetisierungsaspekt (in Abgrenzung von der psychischen Energetisierung, die Cranach betont; s.o.) einer Handlung zu beachten. Jede Handlung verbraucht physiologische Energie. Diese Energie muß vom Körper bereitgestellt werden. Sie schwankt erheblich im Verlauf des Tages (Kerkhoff 1978, 189ff.) und steht im Zusammenhang mit Stoffwechsel und Blutdruck.
Im sozialwissenschaftlichen Sprachgebrauch spricht man von Aktivierung oder von der Vigilanz (Koelega 1996). Es hat sich gezeigt, daß die Handlungsfähigkeit - und somit auch die Lernfähigkeit - insbesondere bei Kindern im Grundschulalter wesentlich von der physiologischen Energetisierung abhängt (Jansen und Streit 1992).

b) Aus philosophischer Sicht weist Gottwald (1996, 97) auf eine Reihe von Gedanken zur Beziehung zwischen Menschenbild und Handlungstheorie hin. Er betont, daß jede menschliche Handlung sinnhafte Handlung sei; dies auch für sogenannte abweichende Handlungen gelte und es sinnvoller wäre, anstelle von Zielen vom Sinn zu sprechen.

Der letzte Gedanke ist nach Auffassung von Gottwald deshalb notwendig, weil mit dem Sinnbegriff die Subjektivität betont wird, d.h. operational die Sinndefinition ausschließlich vom Individuum erfolgt. Die Frage, ob die Außenwelt Sinngehalt vorschreiben kann, soll nach Gottwald nicht gestellt werden, denn dies widerspräche der Subjektivität (dem Innenweltbezug) allen Tuns. Die Umwelt kann den Sinn (bzw. das Ziel) nicht bestimmen.

Daß allerdings die Außenwelt und Innenwelt wechselseitigen Einfluß aufeinander haben, wird durch diese Überlegungen nicht bestritten. Im Gegenteil, Gottwald (1996, 97) fordert: Handlungstheorie muß das Verhältnis zwischen Außen- und Innenwelt und Innen- und Außenwelt klären und kann deswegen nur verstanden werden als Beschreibung der Beziehung zwischen außen und innen.

Handlungstheorie wird dann verstehbar als methodischer Vorschlag zur Wahrnehmung des Humanen an sich (Gottwald 1996, 97).

3. Entwicklung und ihre Störung

3.1 Entwicklung

Entwicklung ist das äußere und innere Werden eines Menschen als Teil seiner Lebensgeschichte. Entwicklung umspannt die Zeit von der Zygote (befruchtete Eizelle) bis zum Tod (Kerkhoff und Pflüger 1998, 84).

Der Begriff Entwicklung wird benützt, wenn man zum Ausdruck bringen will, daß etwas neues entsteht. Dieses Neue muß dabei nicht immer das Differenziertere, das Größere, Bessere bedeuten; auch Abbauprozesse können als Entwicklung definiert werden.

Die semantische Bedeutung von Entwicklung ist meist an das Lebendige gebunden, wobei sehr häufig auch nicht lebende Dynamiken mit einem Entwicklungsprozeß in Verbindung gebracht werden, z.B. die Entwicklung des Sonnensystems, die Entwicklungsgeschichte der Erde als Teil der kosmologischen Entwicklung .

Spricht man von Entwicklung, wird häufig nicht nur das Ergebnis betrachtet, sondern auch die Entstehungsgeschichte dargestellt.

Mit dem Begriff Entwicklung wird in den Sozialwissenschaften eine längerfristige Veränderung des Verhaltens eines Individuums beschrieben. Entwicklung bedeutet somit Veränderung existierender Strukturen und Funktionen (Abb. 4).

Abb. 4: Entwicklung als Veränderung von Funktionen und Strukturen

Mit diesen allgemeinen Aussagen wird deutlich, daß für den Begriff Entwicklung das Prozeßhafte charakteristisch ist. Ein Prozeß wiederum

ist immer mit dem Faktor Zeit verbunden, so daß daraus einerseits tautologisch abgeleitet werden kann, daß sich Entwicklung in der Zeit vollzieht (Mönks und Knoers 1996, 13), andererseits - und das ist von nicht unerheblicher Bedeutung - ergibt sich daraus, wie die soziologische Perspektive zeigt, daß Entwicklung immer Selektion bedeutet. Das Ziel der Entwicklung ist die Reduzierung der Komplexität (Daheim 1993, 52).

Selektion bzw. Reduktion ist notwendig, weil wir nicht genügend Zeit haben, alle zur Auswahl stehenden Prozesse durchzuspielen. Hinzu kommt die Bedingung, daß bestimmte Prozesse beendet werden (müssen), um neuen Platz zu machen. Luhmann spricht von Systemen mit temporalisierter Komplexität (1987, 78; [5]).

Die bisherigen Überlegungen zum Begriff Entwicklung bezogen sich auf prozessuale und inhaltsbezogene Aspekte. Für eine wissenschaftliche Definition genügt es jedoch nicht, nur nach dem Wie und dem Was zu fragen, sondern es muß auch nach der Ursache und ihren Begründungen, also dem Warum gefragt werden.

---

[5] Dieser Gedanke verbindet sich mit den Überlegungen zur Sinnfrage allen Tuns, weil sich dadurch die Abhängigkeit vom (materiell physikalischen) Zeitproblem über den Weg der Symbolisierung ergibt. Projektionen in die Vergangenheit und in die Zukunft als sinnbelegte Antizipationen werden möglich. Bei Luhmann (1987, 609) heißt es: "Das System kopiert in sich selbst durch Basierung auf Ereignissen die Irreversibilität der Zeit, es konstituiert sich selbst in seinen Elementen zeitbezogen; aber dies ist nur möglich, wenn sich trotzdem rekursive Beziehungen einrichten lassen, die eine wechselseitige Justierung der Elementarereignisse ermöglichen. Dies scheint auf der Ebene organischer Systeme durch 'directive correlations' vorbereitet gewesen zu sein. Erst die Genese von Sinn ermöglicht eine elegante Lösung dieses Problems. Zukunft und Vergangenheit werden als Horizonte in der Gegenwart zur Verfügung gestellt, und die Einzelereignisse können dann an Erinnerung bzw. Voraussicht und vor allem auch an Voraussicht von Erinnerung" also zirkulär, orientiert werden. Dies ist natürlich nur möglich, wenn ein hinreichend dichtes Netz von natürlichen 'directive correlations' gegen allzu häufige Enttäuschungen absichert. Wenn dies der Fall ist, kann Sinn entstehen und eine Zeitdimension bilden, in die sich dann basale Selbstreferenzen einzeichnen lassen. Und dann kann auch die Zeitdauer der Elementarereignisse nahezu beliebig verkürzt werden. Das Resultat ist die uns geläufige Elementform Handlung.
Die evolutionäre Errungenschaft Sinn und die Möglichkeit sinnhaften Handelns sind mithin in der Irreversibilität der Zeit als ihr abgerungen basale Selbstreferenz fundiert. Nur so können Systeme sich auf voll temporalisierte Komplexität umstellen".

Weniger beim Was, deutlicher beim Wie, aber insbesondere bei der ätiologischen Frage ist die Definition des Begriffes Entwicklung abhängig vom theoretischen Standort des Definierers. So kommt es, daß Entwicklung sehr unterschiedlich und zum Teil widersprüchlich

• als kontinuierlich oder phasenhaft-alterstypische (Kratsch 1992),

• als universelle (z.B. bei Piaget) oder bereichsspezifische (z.B. Lernen und Wissensaufbau erfolgt in feldspezifischen Modulen),

• als spontan (weitgehend endogenetisch bedingt) oder sozial-determiniert verlaufende,

• als auf ein Ziel hinstrebende, quantitative und qualitative Veränderungen der Erscheinungs- und Verhaltensformen des Menschen betrachtet werden (Reuser 1996, 145; siehe auch Trautner 1992, 39).

Abhängig von den Annahmen über das implizite Menschenbild und den normativen Setzungen wird Entwicklung mit Bezug auf die postulierten Wirkfaktoren verstanden:

"(1)   als Funktionsreifung und Wachstum (hereditär-endogenistische Theorien),

(2)   als Sozialisation und Lernen (soziokulturell-exogenistische Theorien) oder

(3)   als Konstruktion in Wechselwirkung von Organismus und Umwelt bzw. von endogenen und exogenen Faktoren (konstruktivistisch-interaktionistische Theorien)" (Reuser 1996, 145).

Die den früheren Entwicklungskonzeptionen zugrundeliegende Idee, daß z.B. ausschließlich die in den Genen festgelegten Möglichkeiten den Menschen bestimmen würden oder daß die Entwicklung eine kontinuierliche, fortschreitende Differenzierung (z.B. eine Vielzahl von Gefühlen) und Integration einzelner psychischer Funktionen sei, wurde verworfen. Zwar sind biologische Reifungsprozesse als Voraussetzung für bestimmte Lernprozesse besonders des jungen Menschen erforderlich, aber auch im hohen Maße gesellschaftliche oder ökologische Einflüsse.
Wesentlicher Faktor in diesem Bedingungsgefüge ist dabei, daß sich das Individuum aktiv mit seiner Umwelt auseinandersetzt und gestaltend auf sie einwirkt. Es ist ihr also nicht passiv ausgeliefert. Das Individuum kann aufgrund der Anregungen aus der Umwelt seine Funktio-

nen aktiv (selbstreferentiell) gestalten und verändernd auf die Umwelt zurückwirken. Diese Auffassung erweitert sowohl herkömmliche holistische und vitalistische Vorstellungen um die Konzeption der Emergenz, also der Idee, daß in einem strukturierten System auf einer höheren Integrationsebene neue Eigenschaften entstehen, die sich nicht aus der Kenntnis der Bestandteile niedrigerer Ebenen ableiten und erklären lassen (Krohn und Küppers 1992).

Somit ist die Entwicklung eines Menschen und damit seine Einmaligkeit und Unverwechselbarkeit das Ergebnis eines Bedingungsgefüges verflochtener und sich gegenseitig beeinflussender innerer und äußerer Komponenten. Durch die Verflechtung und ihre emergent-hierarchische Struktur kommt es zu individuell verschiedenen Ausformungen der körperlichen und psychosozialen Prozesse bei den Menschen, so daß starre, allgemeingültige Normen für bestimmte Lebensabschnitte oder eine strenge Abfolge von Entwicklungsstufen als unbrauchbar abgelehnt werden müssen.

Entwicklung beruht im Leben eines Menschen nicht allein auf Veränderungen des Denkens, Fühlens bzw. Handelns, sondern auch auf deren relativen Verfestigungen bzw. auf dem Bestand des Erreichten. Dies bedeutet, daß Konstanz und Stabilität auch als Kennzeichen von Entwicklung gewertet werden müssen.

Nach diesen eher allgemeinen, den Begriff Entwicklung charakterisierenden Gedanken folgen Überlegungen zu Frage, wie sich der Entwicklungsprozeß in das Ökosystem oder vielleicht sogar in das System Welt einbauen läßt.

Eckensberger und Keller (1998) haben für diese Aufgabe sechs Referenzsysteme entwickelt (s. Tab. 2), die im folgenden zusammenfassend und mit zahlreichen Ergänzungen wiedergegeben werden. In der nachfolgenden Beschreibung wurde das fünfte und sechste Referenzsystem wurde zu einer Einheit integriert.

Tab. 2: Gegenstandsbereiche und Entwicklungskonzepte (Referenzsysteme für den Entwicklungsbegriff)

Gegenstand	Typus des Vergleichs	Entwicklungskonzept
1. Individuum	Merkmalsvergleiche	Ontogenese
2. Handlung	Zustandsvergleiche	Aktualgenese
3. Abweichendes Verhalten	Normative Vergleiche	Pathogenese
Der Mensch als Mitglied		
4. der biologischen Art	Artvergleiche	Phylogenese
5. einer Kultur	Kulturvergleich	Historiogenese
6. einer Generation	Kohortenvergleich	Sozialer Wandel

1. Ontogenese: Entwicklung vom Zeitpunkt der Verschmelzung von Samen und Eizelle bis zum Tod als qualitative und quantitative Veränderungsreihe von Faktoren, die verschiedene zusammenhängende Muster bilden. Eng verknüpft mit der Vorstellung, Entwicklung als Ontogenese zu betrachten, ist das Konzept der Entwicklungsaufgaben nach Havighurst (siehe u.a. Eckensberger und Keller 1998, 15) und die genetische Erkenntnistheorie nach Piaget.

2. Aktualgenese: Entstehung, Aufbau, Ablauf und Ende einer Handlung bzw. eines Verhaltens[6]. Mit diesem Blickwinkel wird der subjektive intentionale Aspekt der Entwicklung betont. "Im Gegensatz zum üblichen Begriffsverständnis wird hier Handlungsfähigkeit als Faktor der Entwicklung nicht nur als Resultat vergangener Ereignisse, sondern aus vorweggenommenen zukünftigen Geschehnissen betont. Dabei wird ein merkwürdiges, spezifisch menschliches Charakteristikum betont, nämlich daß sich Menschen monatelang, jahrelang und jahrzehntelang um etwas bemühen, für etwas kämpfen, das erst in Zukunft - und auch dann nicht mit Sicherheit - Wirklichkeit wird. Die Vorwegnahme zukünftiger Ereignisse, auch solcher in ferner Zukunft, ist ein entscheidender Motor menschlicher Entwicklung. Das Ungleichgewicht, das nach Piaget zu höheren Entwicklungsniveaus führt, besteht hier in der Diskrepanz zwischen jetzigem Entwicklungsstand und erwünschtem aktiv vorweggenommenem Status" (Oerter 1995, 121).

---

[6] Ulich (1996, 119) macht darauf aufmerksam, daß hierbei auch Emotionen eingebunden sind: "In der Aktualgenese einer Gefühlsregung kommt es zu einer Verknüpfung situativer und personaler und hierbei dispositioneller und aktueller Einflußfaktoren".

3. Pathogenese: Entstehen von Entwicklungsabweichungen; feststellbar über intraindividuellen und interindividuell-normativen Vergleich (siehe Abschnitt 1.3.2).

4. Phylogenese: Schwerpunkt liegt bei funktional-adaptiven Prozessen im Rahmen der Entwicklung des menschlichen Verhaltens im Verlauf der Menschheitsgeschichte. Wesentlich beeinflußt wird dieser Prozess von kulturanthropologischen Faktoren der Völkergruppe. Eng verknüpft mit der Vorstellung, Entwicklung als Phylogenese zu betrachten, ist die evolutionäre Erkenntnistheorie. Entwicklung ist dann der Aufbau von Erkenntnissen über Generationen hinweg, "in dem durch Anpassung die Gesetzlichkeit der Welt 'extrahiert' wird" (Irrgang 1993, 116). Begriffe (Wissen, Vorstellungen, ethische Glaubenssätze etc.) entwickeln und etablieren sich dabei nicht aus der Ähnlichkeit mit Dingen, also aus der Wahrnehmung, sondern aus der Ähnlichkeit mit der Reaktion (Irrgang 1993, 124).

5. Sozio-kultureller Wandel: Dieser Punkt ergibt sich aus einer Kombination der ersten vier, wobei man einen Schwerpunkt in der Kombination von Punkt 1 und 4 setzen kann. D.h. ontogenetische und sozio-kulturelle Gesichtspunkte werden über einen Integrationsmechanismus als die entscheidenden Faktoren, die die Entwicklung beeinflussen, angesehen.

Für das hier zu behandelnde Thema wird Entwicklung größtenteils auf den intraindividuellen Vergleich bezogen. Eine Kombination der Referenzsysteme Aktual- und Ontogenese bestimmen die Bezüge.

Interindividuelle Vergleiche sind beim Festlegen der normativen Bezugspunkte relevant, besonders wenn es um die Definition von Entwicklungsstörungen geht. Für sonderpädagogisches Fragen bedeutet dies, daß der direkte normative Vergleich notwendig ist, um eine Störung grundsätzlich festzustellen oder - mit anderen Worten - den sog. sonderpädagogischen Förderbedarf[7] zu attestieren.

Differenzierte und vor allem förderrelevante Einschätzungen zum Entwicklungsstand werden jedoch über individuumsbezogenes, aktualgenetisches, phänomenologisches, ätiologisches und prozessuales Fragen erreicht.

---

[7] außer Acht gelassen wird mit dieser Aussage das Etikettierungs-Ressourcen-Dilemma (Bleidick, Rath und Schuck 1995, bes. Seite 255ff.; siehe auch Bleidick 1996, 31)

Daß trotz klarer individuumszentrierter Sicht dabei systemisches Denken, so wie es in Abschnitt I dargelegt wurde, alle Überlegungen und Entscheidungen prägt, ist m. E. selbstverständlich. Da diese Aussage von besonderer Wichtigkeit ist, soll sie durch einen Gedanken von Beck und Beck-Gernsheim (1993) unterstrichen werden: "Individualisierung meint nicht Atomisierung, nicht Vereinzelung, nicht Vereinsamung, nicht das Ende jeder Art von Gesellschaft, also Beziehungslosigkeit,..., nicht Netzwerklosigkeit; auch nicht die albern schlichte Formel 'Individualisierung = Autonomie'. Individualisierung meint vielmehr Reduzierung der Mesoebene (bezogen auf Schule z.B. kein einheitlicher Aufgabenkanon in einem bestimmten Zeitrahmen für eine gesamte Gruppe). Individualisierung meint dringende Notwendigkeit zur "Herstellung, Selbstgestaltung, Selbstinszenierung nicht nur der eigenen Biographie, auch ihrer Einbindungen und Netzwerke und dies im Wechsel der Präferenzen der Entscheidungen und Lebensphasen, allerdings: unter sozialstaatlichen Rahmenbedingungen und Vorgaben, wie das Ausbildungssystem (...), den Arbeitsmarkt (...) usw." (Beck und Beck-Gernsheim (1993, 179f.).

3.2 Entwicklungsstörungen

3.2.1 Definition

Der Begriff Entwicklungsstörung soll hier mit einem deutlichen ökologischen oder lebensweltlichen Bezug zu den betroffenen Personen definiert werden. Betont wird dadurch insbesondere die sozial- und sonderpädagogische und weniger die (neuro-)pädiatrische oder kinder- und jugendpsychiatrische Relevanz.
Die Ausführungen sind durch vier Gedanken gegliedert

(a) normative Bestimmung einer Entwicklungsstörung

(b) erkenntnistheoretische Überlegungen zur Genese einer Definition

(c) Überlegungen zum Verhältnis von systemischem Denken und normativen Zuschreibungen und Konsequenzen aus diesen Überlegungen für die sonderpädagogische Theoriebildung

(d) Ursachenfindung und Ursachendefinition als abhängige Variablen vom Menschenbild und Entwicklungsmodell, dem sich der "Diagnostiker" verpflichtet fühlt.

(a) normative Bestimmung einer Entwicklungsstörung
Eine Entwicklungsstörung liegt dann vor,

• wenn das weitere oder nahe soziale Umfeld über eine längere Zeit bei einem Kind eine quantitative und qualitative Abweichung vom Erwarteten registriert,

• sich Gedanken und/oder Sorgen macht, ob sich negative Konsequenzen für die Lebensbewältigung ergeben

• und/oder Maßnahmen ergreift, um die Abweichung zu reduzieren.

Wie groß das Maß der Abweichung sein muß, damit von einer Entwicklungsstörung gesprochen werden sollte, ist vom Alter des Kindes und den sozialen Normen, an denen es gemessen wird, abhängig. Ein allgemeine verbindliche Norm gibt es somit nicht.
Mit dieser Aussage verbinden sich Vor- und Nachteile.

Einerseits: Die fehlende allgemeine Verbindlichkeit ermöglicht eine schwer kontrollierbare Willkür bei Zuschreibungs- oder Definitions-Entscheidungen.

Andererseits: Mit der Akzeptanz einer subjektiven Norm oder der einer kleinen Gruppe (z.b. Familie oder Frühförderteam), wird deutlich, daß Normalität eine große Streubreite haben kann und daß die Abweichung von der statistischen Normalität (z.b. alle Siebenjährigen in Mitteleuropa können Schuhe binden) nicht mit einer Abnormalität der Person gleichgesetzt werden kann. Hinzu kommt, daß die Entwicklung einer Fähigkeit stark kontextabhängig (Keller 1997, 628f.) ist, und somit an das Individuum rückgebunden werden muß.

(b) erkenntnistheoretische Überlegungen zur Genese einer Definition

Für die Entscheidung, ob eine Entwicklungsstörung vorliegt, werden in der Regel zwei Formen der Erkenntnisgewinnung kombiniert:

1. **induktiv**: Das soziale Umfeld schließt aus regelmäß wiederkehrendem Verhalten des Kindes bzw. Jugendlichen, daß dieses als Symbol einer Störung zu betrachten sei und definiert dann dementsprechend eine Störung bzw. das Kind als gestört. Ein typisches Beispiel für ein solches Vorgehen ist die Zuschreibung einer Entwicklungsstörung durch Eltern anhand von Vergleichen mit Geschwisterkindern oder Neffen und Nichten.

2. **deduktiv**: Schilderungen von Dritten oder einmalige eigene Beobachtungen werden anhand einer oder mehrerer Tabellen von Symptomen (z.B. Entwicklungsgitter, standardisierte Fragebögen, Tabellen über Meilensteine der Entwicklung) einem Faktor oder Faktorenbündel zugeordnet. Je nach Größe des Faktors wird eine Entwicklungsstörung diagnostiziert oder nicht.
   Das klassische Beispiel für ein solches Vorgehen ist die Diagnose eines Hyperkinetischen Syndroms anhand der Punkte, die Eltern und Lehrer beim Ausfüllen eines Fragebogens zum Verhalten des Kindes erreichen (Steinhausen 1993).

Stützen sich die Ergebnisse beider Prozesse gegenseitig, so kommt es meist zu einer klaren und sehr stabilen Zuschreibung.

Besteht die Auffassung, daß die Entwicklung lediglich zeitlich hinterherhinke und sonst keine qualitativen Abweichungen zu erkennen seien, sollte von einer Entwicklungsverzögerung gesprochen werden. Eine

Analogie zu Sprachentwicklungsstörung und Sprachentwicklungsverzögerung als Gedankenmodell kann in diesem Zusammenhang für das Verständnis hilfreich sein.

(c) Überlegungen zum Verhältnis von systemischem Denken und normativen Zuschreibungen und Konsequenzen aus diesen Überlegungen für die sonderpädagogische Theoriebildung

Trotz der deutlich normativen Ausrichtung bei der Genese einer Diagnose darf daraus nicht der Schluß gezogen werden, daß das Subjekt über eine normative Konzeption (wie bei Habermas oder den Interaktionstheoretikern) beschrieben oder gar definiert werden könne. Selbstverständlich ist ein Individuum als ein vom Sozialsystem unabhängiges personales System zu verstehen, das sich über einen selbstreferentiellen Bewußtseinszusammenhang konstituiert (Kiss, 1990, 24f.). Die Diagnose oder Zuschreibung "Entwicklungsstörung" entsteht aus dieser theoretischen Sicht aus einem selbstreferentiellen Kommunikationszusammenhang (Luhmann 1997, 866f.). Eine solche Diagnose bleibt somit immer im Feld der Interaktion (Kommunikation) und kann bestenfalls als internalisiertes Selbstbild zu einer intrapsychischen Kategorie werden [8].

Da die Unterscheidung zwischen einer kommunikativen bzw. interaktiven Zuschreibung und einer ontologisierenden Definition pragmatische Relevanz von nicht unerheblicher sonderpädagogischer Bedeutung hat, soll auf diesen Unterschied näher eingegangen werden.

Im professionellen Feld kann sich mit dieser Problemsicht die Erkenntnis durchsetzen, daß mit der Diagnose "Entwicklungsstörung" oder "Lernbehinderung" grundsätzlich nur kommunikative Zuschreibungen aktiviert werden und keine Aussagen über die Möglichkeit des Kindes, Wissen aufzubauen oder Fähigkeiten und Fertigkeiten zu entwickeln,

---

[8] Eine externe Ontologisierung sozialwissenschaftlicher Diagnosen sind also weder im Einzelfall noch auf gesellschaftlicher Ebene – wie Eberwein dies glaubt feststellen zu können (1996, 34) – möglich.

gemacht werden können. Das letztere, so behauptet Eberwein (1996, 13ff. und 1997), mache die Sonderpädagogik (bzw. die Sonderpädagogen).[9]

Wenn man dies liest, stellt sich natürlich die Frage, wie es kommt, daß wissenschaftlich denkende und arbeitende Menschen wie Eberwein (und die Kolleg/innen, die Eberwein als Referenz angibt) solche Argumente vertreten können, die dem Erkenntnisstand vor etwa 15 – 20 Jahre entsprechen, als man noch an objektive Testergebnisse und andere harte empirische Daten über einzelne Personen geglaubt hatte.

Die Beantwortung der Frage kann meines Erachtens nur über einen Verstehensprozeß versucht werden. Für einen solchen Versuch sollen zwei sozialwissenschaftlich relevante Theoriemodelle bzw. daraus ausgewählte Teilbereiche herangezogen werden:

- **der Konstruktivismus**, speziell die Rolle der Autopoiese und der Selbstreferentialität beim Aufbau von Handlungswissen

- **die Kognitionswissenschaft**, in der kognitive Aktivitäten als informationsverarbeitende Prozesse verstanden werden.

Konstruktivismus

Seit der Verbreitung der konstruktivistischen Theorie und ihre Rezeption in der sozialwissenschaftlichen Theoriebildung, insbesondere des Begriffes "Autopoiese" (Fischer 1993; Varela 1991; Köck 1990), werden lebende Systeme als geschlossene Systeme betrachtet. Somit kann Eberweins (1996, 14) Gedanke: "Was der Lernende aber in der Auseinandersetzung mit einem Lerngegenstand wahrnimmt, was er wie lernt, ist von außen durch methodisch-didaktische Arrangements der Lehrer letztlich nicht steuerbar" als vollkommen logisch abgeleitet und somit wissenschaftlich haltbar gewertet werden. Was aber Eberwein offensichtlich nicht beachtet, sind Theorien und Modelle, die die dynamischen und somit interaktiven Faktoren eines Systems, unter Einbe-

---

9 Zur Kritik an Eberwein siehe u.a. Böhm 1997, Klein 1999

zug der Theorie über die sog. Zustandsvariablen[10] (Jordan 1994, 88) erfassen und berücksichtigen. In der Systemtheorie sind diese Vorgänge mit den Fachbegriffen Perturbation und "Soziales Driften" (Ko-Ontogenese) beschrieben worden[11] (zur Relevanz für die psychosoziale Praxis siehe Schiepek 1991, 28ff.)

Diese Mißachtung dieser Aspekte ermöglicht dann die Auffassung, man könne ontologisierende Aussagen über eine andere Person machen.

Kognitionswissenschaft

Die zweite Begründung für Eberweins Auffassung könnte aus der Kognitionstheorie stammen.

Das Informationsverarbeitungsparadigma[12] ist das gemeinsame Fundament der beiden, z.T. immer noch kontrovers diskutierten Ausrichtungen, die gegenwärtig die Kognitionswissenschaft dominieren, nämlich der Symbolverarbeitungsansatz und der Konnektionismus. Im Symbolverarbeitungsansatz werden kognitive Prozesse als Transformationen von Symbolstrukturen definiert. Symbolstrukturen wiederum sind aus

---

10 Die Menge der Zustandsvariablen sind die Variablen, die zusammen mit der Menge der Eingangsvariablen die Menge der Ausgangsvariablen bestimmt.

11 Eindrücklich erläutert dies Maturana in einem Interview: "Es ist nicht möglich, das Verhalten eines anderen Menschen zu beeinflussen oder das gezielt festzulegen, was mit einem anderen Menschen geschehen wird. Das einzige, das Sie tun können, ist, jemanden zu »perturbieren«. Was auch immer dann in dem anderen jeweils geschieht, resultiert aus seiner Struktur. Ich denke, daß ganz alltägliche Situationen das zeigen. Wenn das nicht der Fall wäre, brauchte man einem Menschen das eine oder andere nicht so oft zu erklären, wie man das manchmal muß. Man erklärt etwas einmal, muß aber die Erklärung noch einmal wiederholen. Gelegentlich muß man auch ganz neue Erklärungswege finden, und so weiter und so weiter. Was bei diesem Vorgang geschieht, ist, daß zwei Personen zusammenleben und sich zusammen verändern. Sie werden vom 'Strom des Lebens' dahin getrieben, und zwar in einer Konsensualität. Am Ende dieses Prozesses könnte dann jemand sagen: sie befinden sich im Einklang, da sie aufgehört haben zu sprechen und ihre Handlungen koordinieren. Das ist aber das Ergebnis der aufeinander abgestimmten Strukturänderungen, die durch die rekurrenten Interaktionen bei der Ausdehnung der Konsensualität zustande kamen" (aus Riegas und Vetter 1990, 23).

[12] man beachte, daß alle kognitiven Prozesse als informationsverarbeitende Prozesse aufgefaßt werden können, aber nicht alle informationsverarbeitenden Prozesse sind kognitiv. "Kognitive Prozesse sind (...) Prozesse, die unmittelbar den Aufbau oder Umbau von Realitätsmodellen bewirken" (Dörner und Stäudel 1990, 295).

elementaren Symbolen (= informationstragende Einheiten, die Weltinhalte verkörpern) gemäß syntaktischer Regeln zusammengesetzt. Die Symbole repräsentieren somit keine sozial geteilten Bedeutungen, sondern werden auf interpretierbare Symbolgestalten reduziert. Im ZNS werden die Symbole durch Aktivitätsmuster in Neuronenverbänden kodiert. Damit wird das Symbolsystem materiell verankert.

Im Rahmen diese Ansatzes geht man davon aus, daß ein derartiges System, gleich welche Materie es zur Darstellung seiner Symbole benutzt, notwendige und hinreichende Voraussetzung für kognitives Verhalten sei. Allgemeiner Konsens ist es, daß sozial-interaktiv losgelöste Symbolverarbeitung notwendig ist, um komplexe Probleme wie algebraische Umformungen zu lösen. Umstritten ist jedoch, ob kognitive Prozesse ausschließlich als solche Symbolverarbeitungsprozesse verstanden werden können (Strube u.a. 304).

Würde man diese kritische Frage nicht stellen, ergäbe sich daraus – in Analogie zum radikalen Konstruktivismus (zum Begriff: Rusch und Schmidt 1994, Schmidt 1991) – wieder die Situation, daß die Umwelt im Sinne einer sozial geteilten Informationsbasis keine Rolle spiele und dies wiederum entspricht den Gedanken von Eberwein.

Würde man diese Überlegungen weiterführen, so würde das die gesamte Pädagogik in Frage stellen, da jede Anregung von außen, also jede Steuerungsmöglichkeit (Maturana würde von Perpetuierung sprechen) entfiele. Veränderungen wären dann ausschließlich endogenetisch bedingt. Davon ist auch Eberwein weit entfernt, denn sonst wäre die Forderung nach integrationspädagogischem Denken und Bemühen völlig absurd. Um so unverständlicher sind aber dann seine Aussagen. Was bleibt, ist also immer noch die Frage, wie man aus diesem rekursiven Kreis herauskommt. Als Antwort bietet sich folgendes Denkmodell an:

Trotz innerer Geschlossenheit des psychischen Systems ist es den Menschen möglich, im Rahmen ihrer basalen Selbstreferenz (zum Begriff Beermann 1993, 243ff. oder Böse und Schiepek 1989, 143f.), also über das Erkennen von Unterschieden, ihre Erkenntnis- bzw. Wissenselemente zu bilden. Diese Erkenntnisprozesse führen zu Gedanken und zu Gedanken über diese Gedanken, die dann Vorstellungen genannt werden (Beermann 1993, 245). Diese wiederum werden als Handlungen (incl. verbale Kommunikation) von einem anderen System im Rahmen der doppelten Kontingenz (Selbstbeobachtung der eigenen Kommunikation und der des anderen) erfahrbar. Über diesen Weg entsteht eine soziale Selbstreferenz, die wiederum autopoietisch ist. Sie hat dabei eine immanente Dualität zur Voraussetzung, so daß ein Zirkel entstehen kann, dessen Unterbrechung dann neue Strukturen entstehen läßt (Luhmann 1997, 332). Die Strukturen können im Rahmen pädagogischer Prozesse als Wissensinhalte betrachtet werden, die sich vermitteln lassen. Dabei gibt es das Phänomen der zweifachen, intrapsychischen Selektion (doppelte Kontingenz). Dies könnte bei Eberwein zur Implikation der "Nicht-Beeinflußbarkeit" geführt haben.

(d) Ursachenfindung und Ursachendefinition als abhängige Variablen vom Menschenbild und Entwicklungsmodell, dem sich der "Diagnostiker" verpflichtet fühlt

Der nächste daraus abzuleitende Schritt für die Bewältigung der hier zu lösenden Aufgaben, nämlich der Begriffsklärung "Entwicklungsstörung" ist die Frage:

Welche Faktoren sind an der Entstehung von Elementen (z.B. Wissensbausteine) innerhalb eines autopoietischen Systems beteiligt, vor allem, wenn die Umwelt die materialisierten Produkte als nicht normgerecht einstuft?

Gefragt wird also nach den Ursachen von Störungen.
Resch (1997, 100) hat die wichtigsten Faktoren zusammengestellt (s. Abb. 5), die Grundlage einer entwicklungspsychopathologischen Diagnostik sein sollten.

Abb. 5: Faktoren einer entwicklungspsychopathologischen Diagnostik

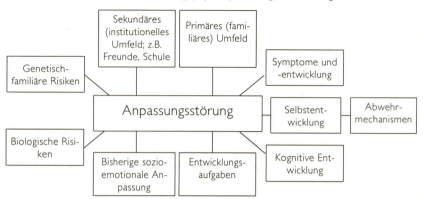

Als Ursachen für Entwicklungsstörungen können somit zusammenfassend onto- und phylogenetische, biochemische, kognitive, affektive und soziale Einflüsse gelten.

Heute werden in der Regel mehrere Faktoren als Auslöser für eine Entwicklungsstörung angenommen, wobei die Frage nach einem exakten quantitativen Anteil Einzelner eine untergeordnete Rolle spielt. Einschränkend ist allerdings anzumerken, daß die Betonung der qualitativen Sichtweise im pädagogischen Arbeitsfeld grundsätzlich sinnvoll und ausreichend ist, dagegen z.B. bei der Erforschung der Wirksamkeit von Medikamenten (z.B. Ritalin® zur Behandlung eines hyperkinetischen Syndroms) eine strenge quantitative Gewichtung der Faktoren von tragender Bedeutung sein kann.

Große Relevanz hat m.E. aus (sonder-)pädagogischer Sicht jedoch die Prüfung folgender Gedankenkette:

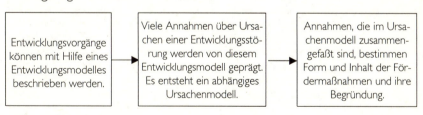

Diese Kette ist unter systemischen Gesichtspunkten nicht sehr verwunderlich, vielleicht sogar eine Selbstverständlichkeit.
Inhaltlich erläutert sie, daß Vorwissen und Basisannahmen über einen Sachverhalt wesentlich die Auswahl der Informationen und ihre Interpretationen bestimmen. Entsprechend werden vor diesem Hintergrund auch bestimmte Diagnosen[13] gestellt und andere nicht. Weiter kann man davon ausgehen, daß in einem Modell einzelne Faktoren als variabel und andere als weniger flexibel angesehen werden. Dies wiederum führt (selbstverständlich) zu bestimmten Funktionen und Strukturen einer Förderkonzeption.
Wenn dies so (selbstverständlich) ist, bleibt die Frage, worin denn die oben genannte "große Relevanz" für die Sonderpädagogik bestehe.

Relevant wird dieser Zusammenhang, wenn Mitarbeiter in einem Team zusammenarbeiten sollen oder Mitarbeiter mit Eltern kooperieren sollen und sie jeweils widersprüchliche Ursachenmodelle und entsprechende förderbezogene Implikationen zugrundelegen.

An einem stark vereinfachten Beispiel, bei dem zwei Modelle (Abb. 6) gegenübergestellt werden, soll dies erläutert werden [14]:
Mitarbeiter A ist der Auffassung, daß jedes Verhalten eine klar zu benennende, formale Ursache hat. Bei der Frage nach der Genese eines bestimmten Verhaltens versucht er, mit Hilfe eines Kausalitätsschemas

---

[13] Dies gilt auch für standardisierte Testverfahren; dort werden die Grundannahmen allerdings "öffentlich" dargelegt und begründet und von vielen akzeptiert. Dies führt dann zur Auffassung, daß sie objektiver seien als die "privaten" Hypothesen.

[14] Anregungen für die Entwicklung dieses Beispiels fand ich bei Eckensberger und Keller (1998, 26), wenn sie im Zusammenhang mit der Entwicklung eines cartesianischen Menschenbildes die Begriffe Intentionalität und Teleologie erläutern: "Die Annahme intentionaler (teleologischer) Erklärungen, die weder kausal-mechanisch noch teleonomisch [zweckmäßig; Erg. L.P.] sind, hat allerdings weitreichende Konsequenzen. Dieser Tatbestand wurde bereits früh von Dilthey (...) herausgearbeitet, und seine Diskussion hatte besonders in der analytischen Philosophie einen wichtigen Stellenwert (...). Das gilt vor allem für die Unterscheidung in Verhaltensursachen und Handlungsgründe sowie für die zugeordneten Begriffe der Erklärung (für Ursachen) und des Verstehens (von Gründen). Erstere werden in einem Kausalschema (oder auch funktional) rekonstruiert, letztere im Rückgriff auf Intentionen (...)" (Eckensberger und Keller 1998, 26).

eine Erklärung zu entwickeln. Diese Erklärung liefert unmittelbar eine inhaltsbezogene "Gegen"-Maßnahme.
Beispiel: Nach seiner Auffassung liegt die Ursache für aggressives Verhalten darin, daß das Kind keine anderen Strategien zur Problemlösung kennt und die Erfahrung gemacht hat, daß man sich mit Aggressionen durchsetzen kann.

Mitarbeiter B dagegen ist der Auffassung, daß jedes Verhalten einen Sinnbezug hat, also (bei entsprechend hohem Bewußtsein) motivational begründbar sei. Bei der Frage nach den Ursachen eines bestimmten Verhaltens versucht er, die Intentionen dieses Verhaltens zu ergründen. Er leitet also einen Verstehensprozeß ein. Das aggressive Verhalten aus dem obigen Beispiel wird er folgendermaßen interpretieren: Für das Kind war dieses Verhalten sinnvoll, weil damit die Hoffnung verbunden war, aus einer Konfliktsituation herauszukommen.
In Abbildung 6 sind die beiden Prozesse formalisiert dargestellt.

Abb. 6: Zwei Erklärungsmodelle für Verhalten

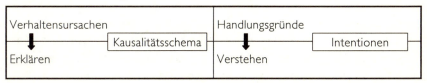

Vor dem Hintergrund dieser Modellannahmen, ziehen die beiden Mitarbeiter Schlußfolgerungen für ihr pädagogisches Vorgehen.
Der Erste wird als Konsequenz den Versuch starten, die äußere Situation zu ändern. Z.B. könnte er mit dem Kind sprachliche Rituale üben, damit es zukünftig unterschiedlichen Meinungen nicht mit körperlicher Gewalt, sondern mit einer verbalen Auseinandersetzung begegnen kann.
Der Zweite dagegen wird versuchen, die motivationale, emotionale und intentionale Basis zu ändern. Gespräche über Wünsche, Motive, Ängste und Sorgen und das Ziel, das Kind möge über einen Verstehensprozeß eine alternative kognitive Struktur mit projektiver Wirkung aufbauen, stehen im Vordergrund.

Die Auffassung von Mitarbeiter A wird B als zu mechanistisch ablehnen; das Vorgehen als zu außenorientiert. Positiv könnte er am Modell seines Kollegen finden, daß es eine klare Wenn-Dann-Struktur gibt und somit die Frage nach der Konsequenz aus einer inhaltlichen Zieldefinition offenliegt.

Mitarbeiter A könnte in Bezug auf B das Herausbilden der Intention aus einer motivationalen Lage als Ursachenmodell (Ursache für ein Verhalten sind die Inhalte, die in einer Intention symbolisiert sind) betrachten, und somit keinen prinzipiellen Unterschied erkennen. Sein pädagogisches Vorgehen wird sich nicht ändern, da er der Auffassung ist (bleibt), daß das Üben von kommunikativen Ritualen die intentionale Basis des Kindes verändern wird. Sein Modell behält er bei.
Positiv könnte er beim Mitarbeiter B entdecken, daß das Gespräch über den Wechsel von der Motivation zur Intention unter Einbeziehung von Emotionen als Erweiterung der Prozesse um eine Metaebene angesehen werden kann. Diese ließe sich dann mit versteh- und übbaren Inhalten füllen und könnte deshalb als nützlich eingeschätzt werden.

Dieses Beispiel sollte zeigen, daß sich die Vorstellungen über Handlungs- und Entscheidungsprozesse direkt auf die Modelle von Entwicklung und ihre Störungen auswirken. Daraus wiederum kann ein bestimmtes pädagogisches Vorgehen abgeleitet werden. Die Frage der Mitarbeiter, wer das bessere Konzept entwickelt habe, beantwortet sich durch eine Offenlegung der Basisannahmen. In der Regel gelingt es dann, über Abwägen der Vor- und Nachteile, den anderen zu verstehen bzw. einen Kompromiß zu erreichen.

Dies wiederum führt zu der Überzeugung, daß für die Entwicklung von sonderpädagogischen Förderkonzeptionen bei Kindern mit Entwicklungsstörungen Grundkenntnisse über Entwicklungsmodelle – inklusive ihrer philosophischen und wissenschaftstheoretischen Fundierung - wesentlich zu einer professionellen Kompetenz beitragen.

Als Konsequenz werden deshalb nachfolgend drei grundlegende Entwicklungsmodelle vorgestellt und gezeigt, wie wechselseitige Einflüsse und Beziehungen aussehen könnten.

3.2.2 Drei grundlegende Entwicklungsmodelle

Die Entwicklungspsychologie wurde lange Zeit von drei Modellvorstellungen geprägt:

• dem mechanistischen Modell
• dem organismisch-adaptiven Modell
• dem deskriptiven Modell.

Eckensberger und Keller (1998, 23ff.) ergänzen diese Liste um zwei
weitere. Das erste Modell ist an der Ökosystemforschung und Soziobiologie orientiert. Das zweite hat die Bedeutung der Auffassung, daß
der Mensch ein potentiell reflexions- und symbolfähiges und kultur-
schaffendes Wesen sei, zum Thema (s. Tab. 3).
Eckensberger und Keller (ebenda) betonen weiter, daß das deskriptive
Modell, bei dem gezählt und gemessen wird, keiner substantiellen
Theorie zugeordnet werden könne, da alle Modelle empirische Komponenten enthielten. Es bleiben also vier Modelle.
Die Grundbegriffe der Modelle finden sich auch schon bei Aristoteles,
wenn er vier Ursachentypen für Entwicklungsvorgänge unterscheidet
(Eckensberger und Keller 1998; Pechmann 1990)
Causa finalis wurde lange Zeit zugunsten der physikalischen Perspektive abgelehnt, da die Zielbegründung jemand voraussetzt, der das Ziel
bestimmt, so etwas wie einen Schöpfer. Das Ziel kann also nicht im
Individuum selbst erzeugt werden. Bei einer physikalischen Orientierung kommt dieses Problem nicht auf, weil die Ursachen für eine Veränderung durch Einwirkung von mechanischen Kräften erklärt werden.

Für nicht lebende Gegenstände fällt die Akzeptanz dieser Sicht nicht
schwer. Ein Marmorblock wird erst durch die Kraft und das Ziel des
Bildhauers zur Statue. Allerdings "gehört" zum Marmorblock die Möglichkeit als dynamis (wobei dynamis kann auch noch Kraft (virtus) oder
das Vermögen des anderen bedeuten, aber hier geht es nur im die
'dynamis' des passiven Stoffes, sich so bearbeiten zu lassen.

Tab. 3: Zwei Entwicklungsmodelle

Modell	Charakteristik
Ökosystemforschung und Soziobiologie	Entwicklung ist durch die Faktoren Ziel / Zweck (Teleologie) im Wechselverhältnis mit "Harmonie und Ästhetik" (Entelechie bei Aristoteles) [15] charakterisiert. Die Teleologie wird durch Teleonomie[16] - wenn nicht ersetzt, so zumindest - wesentlich ergänzt.
Der Mensch als potentiell reflexions- und symbolfähiges und kulturschaffendes Wesen	Für die Menschen reicht die teleonomische Perspektive nicht aus, sie muß ergänzt werden durch intentionale (teleologische) Aspekte.

Tab. 4: Vier Ursachentypen nach Aristoteles

Zwei innere Ursachen:	
Causa formalis	Gestaltung und Form werden durch einen Bauplan festgelegt
Causa materialis	Materialbestimmung; bezieht sich auf die Qualität der Faktoren, die am Prozeß beteiligt sind
Zwei äußere Ursachen:	
Causa efficiens	Repräsentiert eine mechanische Bewirkung (biologische Wirkursache)
Causa finalis:	Ziel- oder Zweckursache (Veränderungen geschehen nicht zufällig, sondern liegen in der Natur der Sache; aus ihr ergibt sich die Bestimmung einer Sache)

Die physikalische Erklärung wurde von der Systemtheorie (Bio-Kybernetik) überwunden. Multikausale und selbstreferentielle Prozesse

---

[15] Bischof argumentiert, daß es Aristoteles darum ging, die Objekte dieser Welt nicht auf ihre Materie [wie Demokrit dies tut; Erg. L.P.] zu reduzieren, sondern zu beschreiben und zu klassifizieren und systemspezifische Prozeßregeln für diese Objektklassen zu formulieren. Beispiele: Steine fallen nach unten, irdische Körper bewegen sich unregelmäßig, Sterne auf Kreisen. Für Aristoteles hat jedes reale Gebilde (System) eine Entelechie, also einen inneren Sinngehalt, der danach strebt, sich in der Gestalt des Systems immer vollkommener zu verkörpern. Dadurch werden die Systeme prägnant oder zumindest als prägnant erlebt. Diese Prägnanz bewirkt neben der Segmentierung (Klassifikation) und der Teleologie (Vervollkommnung) auch eine Stimmigkeit und Harmonie. „Damit bekundet sich ihre tiefliegende Verwandtschaft mit dem Erscheinungsbereich der Ästhetik" (Bischof 1980, 19).
[16] "Ein teleonomischer Vorgang oder ein teleonomisches Verhalten ist ein Vorgang oder Verhalten, das sein Zielgerichtet-Sein dem Wirken [= Wirksamkeit; Erg. L.P.] eines Programms verdankt (Mayr 1979, 207).

prägen die Modellvorstellungen. Zur evolutionsorientierten Zweckmäßigkeit kommt die intentionale Zielorientierung hinzu. Bringt man diese Überlegungen in ein Gesamtbild (Abb. 7), so zeigt sich, daß aus der aristotelischen Grundidee, Entwicklung über Stoff (Materie, potentia)und Form (als Symbol für die Verwirklichung, die enéreiga) zu erklären (Entelechie [17]), drei weitere Paradigmen entstanden sind, die sich wechselseitig bereichern können. Sie lassen sich durch die Adjektive physikalistisch [a)], biologisch [b)], kulturwissenschaftlich [c)] charakterisieren (Eckensberger und Keller 1998, 26).

Basisgedanke von Aristoteles – und somit Ausgangsüberlegung für die drei anderen Modelle - ist, daß Entwicklung in der Natur der "Sachen" (auch den anorganischen, Kullmann 1991, 169) liege. Inhaltlich werde ein Ziel verfolgt, das sich aus dem in den Materien liegenden Kräfte ergebe (von Pechmann 1990, 86). "Man könnte crosso modo auch von einer kausalmechanischen Erklärung sprechen" (Kullmann 1991, 151), wobei Aristoteles auch davon ausgeht, daß es gelegentlich zu undeterminierten Abweichungen von der normalen Entwicklung kommen könne (ebenda). Diese Gedanken wurden von den Vitalisten im 20. Jahrhundert wieder aufgegriffen.: "Die Vitalisten behaupten, daß der Bau und das Verhalten der Lebewesen durch eine seelenartige Instanz, die sogenannte 'Entelechie' gestaltet werde. ... insbesondere dachte

---

[17] "Aristoteles benutzt das Wort Entelechie oft synonym mit energia (lat. actus) als Gegensatz zu dýnamis (lat. potentia). In diesem Fall meint Entelechie den Vorgang, durch den ein Seiendes seine dynamis (Vermögen, Anlage, Formbarkeit) verwirklicht" (Hügli und Lübcke 1997, 173); **Entelechie:** Begriff, der von Aristoteles eingeführt wurde und in seiner finalistischen Auffassung das jedem Dinge innewohnende Ziel und sein Hinstreben zur Perfektion (Vollkommenheit, Vollendung) bezeichnete. Er wurde auch von den Scholastikern und von Leibniz übernommen. Zeitgenössische Vertreter des Vitalismus (H. Driesch) halten die E. für ein immaterielles, unräumliches Prinzip des Lebens (Realitätsprinzip). Kritische Biologen zählen den E.-Begriff zu den sog. "Panchresta" ("Alleserklärer"), die letztlich nichts zu einer Erklärung beitragen) und lehnen ihn ab. Zahlreiche Erscheinungen, die früher eine entelechische Auslegung fanden, werden heute im Sinne der *Kybernetik* erklärt" (Roth 1992, 172ff.).
Aristoteles selbst verbindet beide Aspekte (dýnamis und energia): „Nun meint man mit Entelechie ein Doppeltes: eine erste Entelechie wie das Wissen, das man hat, ohne es zu betätigen, zuständlich, eine zweite wie das Überdenken, die Bestätigung des Wissens im Gebrauch. Offenbar ist die Seele Entelechie in dem Sinnes wie das Wissen; denn im Vorhandensein der Seele liegt beides, ebensowohl das Schlafen wie das Wachen; das Wachen aber ist analog dem Überdenken, und das Schlafen dem ruhenden Besitzen und Nicht-Betätigen" (1997, 54f.)

man sie [die Entelechie] sich als dem Fluß der Zeit enthoben und insofern befähigt, nicht nur Momentanereignisse anzustoßen, sondern
Endergebnisse anzusteuern" (Bischof 1998, 274).

Abb. 7: Entelechie als Basis für drei Entwicklungsparadigmen

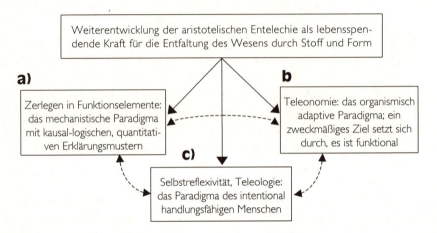

Die Frage nach den Ursachen stellt sich somit nicht, beziehungsweise
gilt als beantwortet, weil die Ursache in den Eigenschaften liegen (causa formalis), die nicht weiter zu begründen sind. Sie bilden eine nicht
zu hinterfragende Basis. In der mittelalterlichen christlichen Lehre wird
diese Basis durch Thomas von Aquin mit Gott gleichgesetzt, weil er
der "erste Beweger" der Dinge ist (Störig 1993, 213; 256) und aufgrund seiner Vollkommenheit als einziger sich selbst denken kann. Sein
und Seiendes wird also zur Einheit. Er ist in höchstem Maße objektives
Subjekt. Dies bedeutet weiter, daß der Mensch sich und die Welt vollkommen selbst erfassen und denken kann, also zur objektiven Wahr-
heit findet (Störig 1993, 254) bzw. es nichts zu beweisen gibt, da alles
Subjektive sich im Göttlichen vereinigt. Einem Denken, das sich einer
modernen wissenschaftlichen und subjektbezogenen Orientierung verpflichtet fühlt, genügt diese Auffassung nicht.

**Die drei weiterführenden Paradigmen [a) – c)] lassen dagegen subjektive Er-
kenntnis zu und liefern Annahmen über die Ursachen von Entwicklung.**

Das mechanistische Paradigma:

Dieses Paradigma benützt die Maschinen- und Computer-Metapher, um seine Grundstruktur zu kennzeichnen. Analogien zur Lerntheorie sind erkennbar. Eckensberger und Keller (1998, 28) schreiben :
"Reese und Overton (1970) ... nennen die wichtigsten Merkmale:

(a) Der Ort der Entwicklungsdynamik liegt außerhalb des Subjektes, es steht unter «Stimuluskontrolle» (auch ein Computer muß mit der entsprechenden Software aufgerüstet werden), das bedeutet allerdings nicht, daß die Maschinen selbst keine «Aktivität» zeigen.

(b) Entwicklung ist kausal erklärbar, sie wird weitgehend über Kontingenzen (Reiz-Reiz- oder Reiz-Reaktion-Kontingenzen[18]) bestimmt, und sie wird in quantitativ faßbaren, sich kontinuierlich ändernden Größen definiert (z.B. quantitative Zunahme an Gedächtnisleistungen etc.), sie ist bidirektional (es gibt Zu- und Abnahmen von Leistungen),

(c) Das Paradigma ist normativ neutral, das heißt, aus diesem Modell heraus läßt sich kein optimaler Endzustand der Entwicklung, keine optimale Entwicklungssequenz oder Entwicklungsgeschwindigkeit ableiten.

(d) Entwicklung (Veränderung) ist etwas, was es zu erklären gilt [ist also nicht Folge der Entelechie; Erg. L.P.].
Natürlich sind auch kognitive Leistungen in diesen Ansätzen enthalten".

Die Bedeutung dieses Paradigmas liegt darin, daß eine klare Außenaktivierung des Individuums möglich wird und daß in Erweiterung des lerntheoretischen Paradigmas Modelle der internen Prozesse erarbeitet wurden, die vor allem zeigen, daß auch interne Erkenntnisse entstehen, die durch Außenwirkung nicht erklärbar sind (Mangold 1996, 424).
Diese Gedanken führen zu der Stichwortcharakterisierung wie sie in Abb. 7 vorgenommen wurde.

Für das hier zu bearbeitende Thema (Entwicklungsstörungen) soll auf die Rolle des Aufbaus von Wissens näher eingegangen werden. Folgende Problemfrage wird dafür erörtert:

---

[18] Kontingenz bedeutet hier unmittelbares Zusammentreffen von zwei Ereignissen oder Reizen; dies heißt, der Begriff hat hier eine andere Bedeutung als bei Luhmann, wo er auf die Möglichkeit hinweisen soll, daß ein Reiz immer nur selektiv wahrgenommen werden kann und diese Selektion auch eine andere sein könnte. Die aktuelle Selektion bildet dann die Basis für das weitere Handeln. Dieses weist dann in die Zukunft (Luhmann 1997, 55 und 149).

Läßt sich der gesamte Wissensaufbau als kausal-logische Folge der Verarbeitung von aus der Umwelt stammenden Symbolstrukturen verstehen? Mit einer aktuellen, weitreichenden und fundierten Modellidee, der sog. Computationalen Theorie des Geistes wird diese These vertreten.

Als Hauptvertreter dieses Modells gelten Fodor und Pylyshyn.

Zentral für die computationale Theorie ist die Idee der mentalen Repräsentation. Sie wird syntaktisch strukturierten Symbolen gleichgesetzt - es sind also logische Bausteine (sog. Propositionen), zu denen ein Organismus bzw. ein System in einer bestimmten intentionalen Beziehung steht.

"Zusammenfassend lassen sich die Grundannahmen ... durch drei zentrale Konzepte beschreiben, die als wesentliche Merkmale des menschlichen Geistes gelten:
Produktivität: Wir sind dazu in der Lage, eine unbegrenzte Anzahl an mentalen Ausdrücken zu generieren und zu verstehen; demzufolge kann aus einer begrenzten (kleinen) Anzahl einfacher Elemente eine große Anzahl komplexer Ausdrücke gebildet werden.
Systematizität: Wenn wir einen Begriff in einem Satz verstanden haben, so verstehen wir ihn auch in einer großen Zahl ähnlich konfigurierter Sätze; d.h. wenn wir den Satz "John liebt Mary" verstehen, dann verstehen wir auch die Sätze "Mary liebt Klaus" oder "John wird von Anna geliebt".
Kompositionalität: Die Bedeutung komplexer mentaler Ausdrücke kann als Funktion der Bedeutung der Konstituenten dieses Ausdrucks und seiner syntaktischen Relation aufgefaßt werden; d.h. die formalen syntaktischen Eigenschaften von Repräsentationen, sowie die Bedeutung der atomaren Einheiten determinieren die semantische Struktur eines Ausdrucks. Damit ist die Bedeutung eines Ausdrucks von seinem Kontext unabhängig; sie ergibt sich aus der Symbolgestalt (den syntaktischen Strukturen und Relationen) eines Ausdrucks, nicht aus seinem Symbolgehalt. Die Manipulation dieser Konstituenten erfolgt ausschließlich nach formalen Regeln, unabhängig davon, was durch die jeweiligen Symbole repräsentiert wird.

Das Konzept der Kompositionalität mündet ... in die Vorstellung einer sogenannten Sprache des Geistes. Diese ist charakterisiert durch die Existenz atomarer psychophysischer Bedeutungsträger, aus denen sich die Semantik mentaler Repräsentationen und damit auch der kognitiven Prozesse ableiten läßt. Denken ist demzufolge die rein syntaktisch bestimmte Operation auf diesen atomaren Einheiten. Daraus folgt, daß die Bedeutung mentaler Vorgänge rein individualistisch erklärbar ist. Gleiche intentionale Zustände, die gleiche mentale Repräsentationen aufweisen sind psychologisch gesehen gleich, unabhängig von den jeweiligen externen Bezügen. Der faktische semantische Wert, d.h. der Wahrheitsgehalt eines Ausdrucks in Relation zu einem Sachverhalt, der immer auch abhängt von der jeweiligen Sprachgemeinschaft und dem kulturellen Kontext, ist demzufolge für die Semantik eines mentalen Ausdrucks irrelevant: Von der Perspektive der mentalistischen Psychologie aus betrachtet spielt das, was in der Welt ist, keine Rolle [...][19]. Diese These impliziert einen methodologischen Solipsismus, demzufolge mentale Zustände unabhängig von den jeweiligen Kontexten beschreibbar sind. Die Bedeutung geistiger Prozesse hängt alleine von den internen Gehirnzuständen einer Person ab, deren Eingebettetsein in eine soziale Umwelt völlig außer Acht gelassen wird. Genau hier regt sich jedoch innerhalb der Kognitionswissenschaft, insbesondere in der analytischen Philosophie des Geistes, Widerstand" (Strube u.a. 1995, 306f.).

Und genau an dieser Stelle bedarf es der Ergänzung des mechanistischen Paradigmas durch die zwei anderen.

---

[19] Parallelen zu den Überlegungen im Anschluß an Eberwein sind offensichtlich.

Das organismisch-adaptive Modell

Der Ort der Entwicklungsdynamik wird – im Gegensatz zum mechanistischen Paradigma (s. Abb. 7) - im Inneren des Menschen angesiedelt, wobei Dynamik und Struktur wesentlich durch eine interaktive Beziehung zwischen Umwelt und Individuum beeinflußt werden.

Die theoretische Basis dieses Modells setzt sich aus zwei großen Theoriegruppen zusammen:

Verhaltensbiologisch orientierte Ansätze;
dazu gehören u.a. Verhaltensbiologie (Franck 1997), Soziobiologie bzw. Humansoziobiologie (Dawkins 1996; Voland 1993; Gräfrath 1997; Wuketits 1997; Zach 1997, insb. 301-314), Kinderethologie (Grammer 1995, insb. 189ff.), Evolutionspsychologie (Archer 1996; Klix 1993, insb. S. 169- 202, 1998)[20]; Evolutionäre Erkenntnistheorie[21] (Irrgang 1993; Vollmer 1994).

die genetische Erkenntnistheorie Piagets[22]
(Piaget u.a. 1973, 1974, 1983, 1985) und ihre Erweiterung durch Kritik und Aufzeigen von Alternativen (u.a. Reusser 1998, Schmid-Schönbein 1997)

Zwischen beiden Gruppen bestehen viele Beziehungen. Überlegungen zahlreicher namhafter Autoren zu einer Verknüpfung beider Theoriegruppen finden sich in Wimmer (1998).

---

[20]   Innerhalb der Psychologie hat sich ein eigenständiger Zweig der Soziobiologie, die Evolutionspsychologie herausgebildet. "Diese unterscheidet sich in ihrer Akzentuierung von der früheren Soziologie, die sich auf die evolutionäre Herkunft des Verhaltens konzentrierte und zumeist eine strenge genetische Kontrolle implizierte. In der Evolutionspsychologie werden statt dessen evolutionäre Theorien verwendet, um die ursprüngliche Funktion des Verhaltens mit geläufigen psychischen Mechanismen in Verbindung zu bringen. Die Flexibilität der Reaktion spielt dabei eine zentrale Rolle" (Archer 1996, 26).
[21]   "Die Hauptthese der Evolutionären Erkenntnistheorie ist einfach. Sie lautet: Der Mensch ist ein Produkt der Evolution, also müssen auch seine Denk- und Erkenntnisstrukturen - nicht nur seine Handlungsstrukturen - evolutiv entstanden und entsprechend erklärbar sein" (Mohr 1995, 19).
[22]   "Die Genetische Erkenntnistheorie versucht, Erkennen, insbesondere wissenschaftliches Erkennen, durch seine Geschichte, seine Soziogenese und vor allem die psychologischen Ursprünge der Begriffe und Operationen, auf denen es beruht, zu erklären" (Piaget 1998, 173).

Trotz unterschiedlicher thematischer Schwerpunkte und Ziele ist das Gemeinsame der o.g. Ansätze die Frage, wie sich die Menschen phylogenetisch bzw. ontogenetisch entwickeln, speziell wie sie ihre Erkenntnisse gewinnen. Mit der phylogenetischen Sicht wird Entwicklung nicht nur über eine Lebensspanne betrachtet, sondern über mehrere Generationen hinweg.

Beispielhaft für die Soziobiologie kann der Ansatz von Riedl herangezogen werden, wenn er versucht, die Denkordnung als Selektionsprodukt der Naturordnung zu erkennen und Evolution als erkenntnisgewinnenden Prozeß zu beschreiben (Riedl 1981). "Riedl konstruiert Erkenntnis aufgrund von Selbstorganisationsprozessen als Genese eines Struktur-Funktions-Wandels" (Irrgang 1993, 119). Dies macht vor allem dann Sinn, wenn Evolution als "komplexes Wechselspiel von Zufall und Notwendigkeit, Freiheit und Plan" dargestellt wird (Wuketits 1990, 138).

Aus Sicht der Evolutionären Erkenntnistheorie ergibt sich die Antwort - zumindest für die Frage, welchen Einfluß die Subjekt-Umwelt-Beziehung auf die Erkenntnisfähigkeit und die Erkenntnisentwicklung hat - aus den Unterschieden zwischen einer natürlichen Selektion (eine natürliche Selektion ist dann gegeben, wenn die Populationsglieder mit der jeweils geeignetsten Genkombination die höchste Reproduktionsrate aufweisen; Mohr zitiert in Vollmer 1994, 84) und einer künstlichen Selektion. Die erste ist typisch für die Tierwelt, die zweite für Menschen.

Charakteristisch für die Änderung der Ausleseprinzipien – und somit aus soziobiologischer Sicht für die Erkenntnistätigkeit und ihre Inhalte - sind folgende Neuerungen, wobei man sich klar machen muß, daß der Beginn dieser Neuerungen im Pleistozän, also mindestens 20.000 Jahre zurückliegt:

a) Der Mensch erkennt und heilt Krankheiten, die unter natürlichen Umständen zum Tode führen bzw. die Nachkommenschaft vermindern oder verhindern würden. Durch die Erfolge der Medizin werden also defekte Gene häufig nicht mehr aus den menschlichen Populationen eliminiert.

b)   In der natürlichen Evolution wird die Fortpflanzungsrate nicht durch die Indi-
     viduen kontrolliert. Schon das Wissen um den Zusammenhang von Zeugung
     und Geburt kann jedoch die Zahl der Nachkommen beeinflussen. (Es soll
     primitive Stämme geben, die diesen Zusammenhang nicht kennen.) Die aktive
     Geburtenkontrolle ändert die Auslesebedingungen noch drastischer.

c)   Als einziges Wesen der Erde weiß der Mensch, daß er ein Produkt der Evo-
     lution ist und ihr weiterhin unterliegt. Er wird also versuchen, die Evolution zu
     lenken. Neuerdings eröffnet sich sogar die Möglichkeit, das Erbgut direkt zu
     beeinflussen.

d)   Der Mensch ist in der Lage, seine Umwelt aktiv, willentlich und geplant zu
     verändern. Dabei kehrt sich das Verhältnis von Organismus und Umwelt um.
     Nicht die Gene müssen sich nach den äußeren Bedingungen richten, sondern
     der Mensch paßt die Umwelt seiner genetischen Konstitution an [23].

e)   der Mensch die Möglichkeit, Wissen zu sammeln und weiterzugeben. Daraus
     erwächst ihm ein Mittel der innerartlichen Informationsübertragung, das in
     Durch die Fähigkeit, Symbole (Sprache) zu erfinden und zu gebrauchen, ge-
     winnt Konkurrenz zum biologisch-genetischen Transfer tritt und die kulturelle
     Evolution einleitet.

f)   Kulturelle Neuerungen werden durch Lernen erworben und durch Belehrung
     und Tradition vermittelt. Sie können nicht nur an die Nachkommenschaft,
     sondern an "jedermann" weitergegeben werden. Der Austausch dieser er-
     worbenen Information erfolgt deshalb wesentlich schneller und effektiver.

g)   Jeder kulturelle Fortschritt steigert wiederum die Notwendigkeit, sich der
     kulturellen Umgebung besser anzupassen und sie zu nützen. Auf diese Weise
     übt die Kultur einen starken Selektionsdruck auf die genetische Evolution des
     Menschen aus. So ist auch die Kulturfähigkeit ein Instrument, das der Anpas-
     sung an die Umwelt und ihrer Beherrschung dient.

Aus dieser Zusammenstellung geht schon hervor, daß die biologische
Evolution nicht dort endet, wo eine kulturelle Evolution einsetzt. Bei
der Evolution des Menschen wirken vielmehr biologische und kulturelle Faktoren zusammen" (Vollmer 1994, 84f.).

---

[23] Staudinger und Baltes betonen am Beispiel der "Verlängerung der durchschnittlichen
menschlichen Lebenserwartung im Lauf des letzten Jahrhunderts", daß das "Genom eine
genetische Grundkapazität für solche Entwicklungen bereit" hält (1995, 437). D.h., es
kommt zu Veränderungen, weil die Bandbreite des Genoms (als Genom bezeichnet man
die gesamte genetische Information einer Zelle; Berg und Singer 1993) dies zuläßt.

Oeser (1987, 33ff.) geht noch einen Schritt weiter:
Er propagiert ein Zwei-Stufen-Modell, nach dem die biologische und die soziokulturelle Evolutionstheorie zwei Stufen darstellen, die nicht aufeinander reduzierbar sind. "Die sozio-kulturelle Evolution des Menschen ist somit eine zweite Art von Evolution" (Oeser 1996, 244).
"Danach ist die soziokulturelle Evolution zwar aus der genetisch-organischen Evolution hervorgegangen, jedoch nicht als lineare Fortsetzung, sondern vielmehr (im Sinne einer neuen Emergenzstufe) als die Abzweigung (Bifurkation) eines zweiten Entwicklungsprozesses, der seine eigene Geschwindigkeit und Produktivität aufweist, während der 'darunter' liegende genetisch-organische Prozeß weiterläuft" (Ahrens 1998, 59). Dieser Prozeß kann als Analogie zu der Auffassung gewertet werden, daß mentale Zustände wie Bewußtsein als emergente Epiphänomene neurobiologischer Strukturen bei beschleunigter Enzephalisation des Verhaltens betrachtet werden können (Ahrens 1998, 59).

Die enge Verwobenheit einerseits und die relative Selbständigkeit andererseits gilt es bei allen Entwicklungsmodellen zu berücksichtigen. Dabei muß in aller Deutlichkeit allen Versuchen einer "ideologischen Vereinnahmung und Vulgarisierung der Humansoziologie" (Voland 1993, 18) entgegengetreten werden. Dies gilt ausdrücklich, wenn versucht wird, aus biologischen Erkenntnissen – so wie dies in der traditionellen Ethologie versucht wird – Prinzipien und sittliche Normen für das Zusammenleben der Menschen zu ermitteln (Voland 1993, 19).
Innerhalb und außerhalb der Fachwelt herrscht offensichtlich häufig die philosophisch nicht zu begründende Meinung vor, man könne mittels einer wissenschaftlichen Naturbeobachtung die «richtigen» Prinzipien und sittlichen Normen menschlichen Zusammenlebens ermitteln. Diese Erwartungshaltung wird durch die traditionelle Ethologie kräftig geschürt. Ihre einflußreichsten Vertreter sehen bzw. sahen ihr wissenschaftliches Wirken gerade auch unter dem Primat der Normfindung. Es war und ist ihr ausgesprochenes Anliegen, Erkenntnisse aus dem Bereich des Faktischen in den Bereich des Normativen zu überführen, aus der Naturbeobachtung moralische Bewertungen menschlichen Verhaltens abzuleiten (...). Sie leisten damit einem normativen Biologismus Vorschub, dessen Wertefindung mit einer verführerisch simplen

Transskriptionsformel gelingen soll: Biologisch angepaßtes Verhalten ist gut, richtig, wünschenswert, gesund und normal.

In der Überzeugung, von den Ist-Zuständen der Natur unmöglich auf das Soll menschlicher Ethik schließen zu können, brechen viele Sozio-biologen kategorisch mit der Darwinisches Denken von Anbeginn be-gleitenden Tradition naturalistischer Fehlschlüsse (...). Das eröffnet der Verhaltensforschung neue Erkenntnischancen, ..." (Voland 1993, 19f.).

Diese knappen Überlegungen sollen schlaglichtartig Möglichkeiten auf-zeigen, Entwicklungsprozesse aus phylogenetischer Sicht zu verstehen und zu theoretisieren, wobei nochmals betont werden soll, daß Sozio-biologen ihre Hoffnung in die Kultur setzen, "selbst wenn sie damit ein wenig von ihren eigenen Thesen zurücknehmen müssen" (Wuketits 1990, 123).

Als Ergänzung der phylogenetischen Perspektive beleuchtet Piaget (1972, 287) die Entwicklung des Menschen aus ontogenetischer Sicht. "Alle Sozial- und Geisteswissenschaften beschäftigen sich des näheren oder weiteren in ihren diachronischen Aspekten mit der Entwicklung der Erkenntnisse" (zum Begriff "Diachronie" s. Piaget 1983, 72 - 85). Piaget fragt nach, "wie das Wissen von Kindern zur Erkenntnis von Er-wachsenen wird" (Furth 1990, 27). Besonderes Interesse gilt dabei der Gestaltung von Interaktionen zwischen Subjekt und Umwelt und wel-che inhaltlichen Schwerpunkte diese haben.

Auch bei Piaget gibt es eine enge Verbindung zwischen Biologie und Entwicklung. Er vertritt die Auffassung ("Hypothese", Piaget 1983, 370), daß alle kognitiven Strukturen[24] (Funktionen) als Erweiterungen orga-nisch-biologischer Regulationen entstehen und "daß die kognitiven

---

[24] Eine Struktur ist "ein System von Transformationen, das als System (...) seine eigenen Gesetze hat und das ... durch seine Transformationen erhalten bleibt oder reicher wird , ohne daß diese über seine Grenzen hinaus wirksam werden oder äußere Elemente hin-zuziehen. Mit einem Wort: eine Struktur umfaßt die drei Eigenschaften Ganzheit, Trans-formation und Selbstregulierung" (Piaget 1973, 8). Die Theorie Piagets kann also sowohl als strukturalistisch als auch funktionalistisch eingestuft werden (Beilin 1993, 32).

Funktionen ein spezialisiertes Organ zur Steuerung des Austausches mit der Außenwelt bilden, obwohl sie ihre Werkzeuge aus den allgemeinen Formen der biologischen Organisation ableiten" (ebenda). Glasersfeld (1994, 31) beschreibt diesen Ableitungsvorgang anschaulich als Übergang vom biologischen Reflexmechanismus zu kognitiven Handlungsschemata als Grundprinzipien sensomotorischen Lernens:

Tab. 5: Übergang vom Reflex zur Handlung (in Anlehnung an Glasersfeld 1994, 31)

Reflex	→	Handlungsschemata
Wahrgenommene Situation	→	Erkennen einer aktuellen Situation
Mit der Wahrnehmung assoziierte, aktivierbare Handlung	→	eine bestimmte, mit dieser Situation assoziierte Aktivität
Die aktivierte Handlung wird als positiv eingestuft	→	Die Erwartung, daß die Aktivität zu bestimmten, aus früheren Erfahrungen bekannten Resultaten führt

Über die Bedeutung dieser Gedanken schreibt er weiter: "Kognition als biologische Funktion zu betrachten und nicht als Ausdruck einer apersonalen, universellen und ahistorischen Vernunft stellt einen radikalen Bruch mit der philosophischen Tradition in der Erkenntnistheorie dar" (Glasersfeld 1994, 19).

Erkenntnistheoretisch[25] weiten sich diese Aussagen sofort aus, wenn man sich fragt, wieviel apriorisches Wissen der Mensch hat bzw. benützt. Aus soziobiologischer bzw. evolutions-erkenntnistheoretischer Sicht weist Mohr (1995) darauf hin, daß das phylogenetisch entstandene apriorische Wissen auf den Mesokosmos reduziert ist: "Auch unsere Vorfahren können Erfahrungen nur über ihre Sinneseindrücke gemacht

---

[25] Als zentrale Frage der Erkenntnistheorie gilt seit Immanuel Kant die Frage nach der Möglichkeit synthetischer Urteile a priori. Kant gelangte seinerzeit zu der Überzeugung, daß das Anschauen und das Denken des Menschen vor der Erfahrung bestimmte funktionelle Strukturen besitzt Anschauungsformen und Kategorien. Das Kantsche Argument führte noch weiter: Jeder Satz, jedes Urteil, das aus der Erfahrung stammt, d. h. nur eine Verallgemeinerung von Erfahrung ist, kann auch durch Erfahrung widerlegt werden, ist also nur wahrscheinlich gültig. Es gibt aber Sätze, so argumentierte Kant, und zwar gerade grundsätzliche Voraussetzungen aller Naturerkenntnis, die wir als durch keine Erfahrung widerlegbar, mithin als streng und allgemeingültig ansehen (Mohr 1995, 21).

haben. Demgemäß ist die Anpassung unserer kognitiven Strukturen an die Struktur der Welt eng begrenzt. Die Anpassung - bedingt durch die Leistungsfähigkeit unserer Sinnesorgane - bezieht sich auf den Bereich der "mittleren Dimensionen", auf den Mesokosmos.

Der Grund für die Begrenzung unseres sensorischen Systems und damit unserer Anschauungsformen und kognitiven Strukturen ist darin zu suchen, daß die genetische Evolution des Menschen abhing von der Struktur und Auflösungskraft jener Sinnesorgane, die ihrer prinzipiellen Konstruktion nach viel früher in der tierischen Evolution angelegt waren und kaum noch verbessert werden konnten" (Mohr 1995, 27).

Unser ererbtes kategoriales Vorwissen über die Welt - Raum, Zeit, Substantialität, Kausalität, Quantität - bezieht sich lediglich auf die mittleren Dimensionen, auf jenen Mesokosmos, auf jene kognitive Nische, an die wir uns im Lauf der genetischen Evolution angepaßt haben (ebenda).

Da wir dieses Wissen längst bis zur Dynamisierung physikalischer Grundgesetze ausgeweitet haben, führt dies zur Frage, wie dies zu begründen sei.

Eine solche Begründung findet sich bei Piaget:

Er bezeichnet den Aufbau von Erkenntnisfähigkeit und Wissen als eine "Art dynamischem Kantianismus" (1974, 3). Reusser (1998, 122) greift diesen Gedanken auf und schreibt:

"Piagets Programm einer genetischen Rekonstruktion der humanen Wissens- und Denkformen entspricht - philosophisch gesehen - einem 'dynamisch gewordenen Kantianismus' (Piaget, 1974). Wie seinerzeit Kant fragte auch Piaget nach den Bedingungen der Möglichkeit der Erfahrung, d.h. nach dem Zustandekommen rationaler - sicherer, allgemeiner, notwendiger, logischer - Erkenntnis.

Beantwortete Kant (1781) die Frage rein transzendentalphilosophisch, d.h. durch Rückgriff auf einen a priori gegebenen spontan-gesetzgeberisch tätigen Verstand, so antwortete Piaget mit seiner These von der allmählichen, schrittweisen Konstruktion der Erkenntnis- und Verstandesstrukturen in der Ontogenese.

Logisches Vermögen, Wissens-, Denk- und Anschauungsformen gehen nicht mehr, wie bei Kant, der Erfahrung prinzipiell voraus, sondern durch reflektierende Abstraktion innerhalb von Handlungen im Verlaufe eines mindestens anderthalb Jahrzehnte dauernden empirischen Konstruktionsprozesses genetisch aus ihr hervor. In der Formulierung Piagets: "Es gibt ein erkennendes Subjekt, das eine aktive Rolle im Prozeß der Erkenntnis spielt, indem es jede Erfahrung a priori strukturiert oder allmählich konstruiert, wobei es die für das Apriori charakteristische innere Notwendigkeit bewahrt, allerdings nicht mehr in statischer, sondern in dynamischer Form' (Piaget, 1965, S. 72).

Es handelt sich um eine Transformation von kopernikanischer Dimension, mittels derer Piaget das epistemologische Gedankengebäude in seinem Verständnis auf sichere Füße zu stellen versuchte, indem er - Kants "transzendentale Deduktion der reinen Verstandesbegriffe" durch eine empirische Konstruktion ersetzend - den statischen Apriorismus Kants auf die dynamisch-genetische Ebene der Ontogenese menschlicher Denk- und Wissensformen projizierte" (Reusser 1998, 122)

Diese dynamisch-genetische Ebene der Ontogenese wird durch drei Prozesse bzw. Modellvorstellungen charakterisiert:

Adaption:
Die Adaption gilt als aktive Passung zwischen Umwelt und Mensch. Adaption (zum Begriff s. Piaget 1983, 174ff.) liegt vor, wenn die Kriterien der Viabilität[26] erfüllt sind. "Die Anpassung zeigt sich im Verhalten durch eine Äquilibration, die wiederum durch die reziproken Prozesse Assimiliation und Akkomodation ... gekennzeichnet ist (Pflüger 1991, 144). "Kognitive Assimilation kommt zustande, wenn ein kognitiv aktiver Organismus eine Erfahrung in die konzeptionelle Struktur einpaßt, über die er jeweils verfügt" (Glasersfeld 1994, 28). Akkomodation ist die Reaktion auf eine Handlung, die nicht zum erwarteten Ergebnis geführt hat " (Glasersfeld 1994, 33) und deshalb das Denken und Wissen angepaßt wird. Erkenntnisse werden somit in einem individuellen Prozeß konstruiert und als Vorstellungen (Re-Präsentationen im Sinne von Wiedergabe von Wissen, das sich aus subjektiven Erfahrungen herleitet; Glasersfeld 1994, 23) verwendet. Piaget geht nun davon aus, daß sich das Prinzip "Aufbau von Erkenntnissen durch Assimiliation und Akkomodation" im Verlauf der Entwicklung nicht verändert. Sein Ansatz wird deshalb auch als monistisch bezeichnet (Reuser 1998, 118).

---

[26] Aus konstruktivistischer Sicht ist das Kriterium für Viabilität die Nutzung des Wissens als Bedingung dafür, daß Wissenserwerb stattgefunden hat (Reinmann-Rothmeier und Mandl, 1998, 458).

Entwicklung als spiralförmiger, aufsteigender Stufenprozeß:
Piaget vertritt die Auffassung, daß sich die Entwicklung als spiralförmiger[27], aufsteigender Stufenprozeß (Piaget 1984; Piaget und Inhelder 1978) vollzieht. In der
Regel werden – wie allgemein bekannt ist - drei große Stufen (siehe Tab. 6) unterschieden, wobei die mittlere in zwei Teilstufen zerlegt wird (Piaget 1984, 50ff.;
Schmid-Schönbein 1997, 218f.;). Einige Autoren (u.a. Kesselring 1988, Riegel 1978,
Jantzen 1987) haben dafür plädiert, die drei (bzw. vier) Stufen durch eine vierte
zu ergänzen und sie als "dialektisch" zu bezeichnen. "Wer dialektisch denkt, orientiert sich ... mehr an Veränderungen als an Zuständen und mehr an Beziehungen,
die zur Natur der Dinge selbst gehören, als an solchen, die ihnen äußerlich sind,
und er ist eher auf Totalitäten als auf additive Ganzheiten ausgerichtet" (Kesselring
1988, 165). In dieser Stufe sollen Denkvorgänge möglich werden, wie sie für die
Lösung folgender Beispielaufgabe notwendig sind: Wie viele Möglichkeiten gibt es,
9 Personen in 6 Hotelzimmern unterzubringen (Kesselring 1988, 165).

Universelle, globale Gültigkeit der Stufenkonzeption:
Der dritte Punkt betrifft die universelle, globale Gültigkeit der Stufenkonzeption. Piaget vertritt die Auffassung, daß weltweit alle Menschen
diese Stufenentwicklung durchlaufen. Weiter geht er davon aus, daß
die Fähigkeiten, die in einer Stufe erreicht werden, nicht kontextgebunden sind, sondern universelle Anwendbarkeit ermöglichen.

Tab. 6: Dreistufige Entwicklung nach Piaget

0 bis 1 1/2 oder 2 Jahre)		Entwicklung der sensomotorischen Intelligenz	
1½ oder 2 bis	1½ oder 2 bis ca. 6/7 Jahre	Entwicklung der repräsentativen Intelligenz	präoperationale Phase
ca. 10 / 11 Jahre	ca. 7 bis 10 / 11 Jahre	(konkrete Operationen)	Ausbildung konkreter Operationen
ca. 10 / 11 bis ca. 15 Jahre		Entwicklung der formal operatorischen Intelligenz	

Gegenüber allen drei Punkten gab es in den letzten Jahren massive
Kritik an der Konzeption Piagets. Diese Kritik wirkt sich m.E. einflußreich auf die Konzeption von Entwicklungsmodellen aus, die Grundlagenmodell für Störungen der Entwicklung sein sollen. Sie wird deshalb
im einem kurzen Überblick als Abschluß dieses Abschnittes dargestellt
werden.

---

[27] Für Piaget ist die Entwicklung ein Prozeß der sich ausweitenden reflektierenden Abstraktion, den er mit einer auf der Spitze stehenden, kegelförmigen Spirale mit immer
breiteren Windungen" symbolisiert (Piaget 1975, 93).

Die Kritik[28] bezieht sich auf folgende Themengebiete:

a) **Universalitäts- und Generalitätsannahme**

b) **mathematisch-logischer Wissensbegriff** [29]

c) **Entwicklung als immanente Reifungslogik.**

Zu a): Universalitäts- und Generalitätsannahme
"Es gibt keine einheitlichen streng 'stufenweisen' Entwicklungsveränderungen über verschiedene Inhaltsbereiche hinweg".
Mit diesem Gedanken überschreibt Schmid-Schönbein (1997, 222) ihr Kapitel über die Kritik an Piagets Universalitäts- und Generalitätsannahme und erläutert weiter, daß es nur innerhalb eng begrenzter Wissensbereiche eine gestufte Entwicklung geben würde.
Diesen Gedanken ist zuzustimmen, da die aufgeführten Forschungsergebnisse als stichhaltig einzustufen sind. Gestützt werden können diese Überlegungen durch Aussagen von Piaget selbst (was natürlich die Kritik an ihm entschärft). Er schreibt: "Ich möchte ... die Bedeutung des Begriffs der Verschiebung (décalage) hervorheben, ... Er kann sich nämlich der Verallgemeinerung der Stadien entgegenstellen und veranlaßt uns zu Vorsicht und Einschränkungen. Die Verschiebungen kennzeichnen die Wiederholung oder die Reproduktion desselben Bildungsprozesses auf verschiedenen Altersstufen. Wir wollen horizontale und vertikale Verschiebungen unterscheiden.
Wir sprechen von horizontalen Verschiebungen, wenn ein Handlungsschema verschiedene Inhalte abdeckt. ...
Die vertikale Verschiebung hingegen ist die Rekonstruktion einer Struktur mit Hilfe anderer Operationen" (Piaget 1984, 49).

---

[28] Die Kritik, Piaget habe sich nicht mit den emotionalen Aspekten (Pflüger 1991, 47 und 132) der Entwicklung auseinandergesetzt, wird wohl mit der deutschen Übersetzung (Piaget 1995) der Monographie: "Les relations entre l'intelligence et l'affectivité dans le développement de l'enfant" aus dem Jahr 1954 und den zahlreichen Veröffentlichungen von Ciompi (1982, 1988, 1994, 1997), verstummen. Andererseits bleiben die Vorstellungen Piagets "Gefühle seien lediglich als energischen Aspekte der Kognition zu betrachten (Piaget 1995, 31ff.), sicherlich kritikwürdig (weiterführend Steiner 1985; zu Modellen und Theorien der Ontogenese von Emotionen in Bezug zur kognitiven Entwicklung siehe Geppert und Heckhausen 1990, 136 - 157).
[29] Piaget benützt den mathematischen Begriff der "Klein'schen Gruppe mit ihren Eigenschaften Komposition, Assoziativität, Identität (plus spezielle Identität / Tautologie) und Reversibilität zur Beschreibung des operatorischen Denkens (Buggle 1985, 83f.).

Bedeutsamer als quantitative und qualitative Inhomogenitäten in der
Entwicklung von Wissensdomänen, ist m.E. die Auffassung, daß die Erkenntnisentwicklung wesentlich von soziokulturellen Faktoren beeinflußt ist. Denken ist demnach nicht ein rein mathematisch-logischer
Vorgang (der sich mit Hilfe von Akkomodations- und Assimilationsprozesse hinreichend beschreiben läßt), sondern wesentlich auch ein
"Kulturprodukt" (Reusser 1998, 127).

Zu b) mathematisch-logischer Wissensbegriff[30]
Eng im Zusammenhang mit den Forschungen zur Rolle des kulturellen
Umfeldes für die Erkenntnisentwicklung steht die Kritik an der Auffassung, daß sich Entwicklung auf abstrakte logische Formen und Prinzipi-
en – speziell der Abstraktion von konkreten Erfahrungen - zurückführen läßt. Insbesondere stellt sich die Frage, ob Alltagsinformationen
und das daraus abgeleitete Weltwissen nicht wesentlich Form, Inhalt
und Dynamik des Umgangs mit Wissen (incl. Fähigkeiten und Fertigkeiten) bestimmen.

Zu c) Entwicklung als immanente Reifungslogik
Da die Entwicklung nach Piaget wesentlich von bestehenden und sich
aktuell aufbauenden internen Strukturen abhängt und die Umwelt lediglich als formaler Informationslieferant definiert wird, spielen offensichtlich endogene Faktoren ein große Rolle. Kritiker sprechen deshalb
auch von einer "Quasi-Reifungstheorie" (Reusser 1998, 128).
Dieser Vorwurf ist berechtigt, wenn man außer Acht läßt, daß sich Piaget weit weniger um die Psyche eines Individuums gekümmert hat,
sondern um das epistemische Subjekt (Beilin 1993, 35). Dies bedeutet,
daß die inhaltsbezogene Frage zweitrangig wird. Aus entwicklungspsy-
chologischer Sicht kommt es dadurch zu einem immensen Verlust an
Themen. Die Folgerung daraus ist, daß Piaget keine Entwicklungspsychologie "geschaffen", sondern sich mit der genetischen Epistemologie[31] beschäftigt hat.

---

[30] Zum Terminus "Wissensbegriff" siehe Damerow und Lefèvre (1998).
[31] Piagets "kognitive Entwicklungstheorie ist in erster Linie eine genetische Erkenntnistheorie, von ihm selber mit Vorliebe als genetische Epistemologie (Epistémologie
génétique) bezeichnet" (Seiler 1994, 43).

Das Paradigma des selbstreflexiven und intentional handlungsfähigen Menschen

"Piaget hat ein sorgfältig ausgearbeitetes System kognitiver Strukturen entworfen, die das Wissen des Kindes über die Welt repräsentieren, und zugleich eine umfassende Beschreibung des Verhaltens geliefert. Allerdings fehlt das Verbindungsstück, nämlich eine detaillierte Erklärung dafür, wie die kognitiven Strukturen in Verhalten umgesetzt werden, ... wie das Wissen eines Kindes zu einem beliebigen Zeitpunkt in seinem Verhalten zum Ausdruck kommt" (Miller 1993, 98).

Diese Lücke schließt das "selbstreflexive Paradigma". Es orientiert sich an den modernen Handlungstheorien (s. 1.2). Folgende Merkmale sollen für das Paradigma konstitutiv sein (veränderte bzw. ergänzte Darstellung nach Eckensberger und Keller 1998, 32ff.):

Der Mensch ist selbstreflexiv; d.h. er kann nicht nur denken, sondern er denkt auch über sich (nach), er handelt absichtsvoll und zukunftsorientiert. Er deutet und rekonstruiert nicht nur die aktuelle Situation, sondern erzeugt durch diesen Konstruktionsprozeß sein Wissen über sich und die Umwelt.

Umwelt wird so zur Kultur (also etwas von Menschen geschaffenes im Gegensatz zur sog. subjektiv unabhängigen Objektwelt) und bietet Handlungsgrenzen und – chancen. Grenzen und Chancen werden von der eigenen Person, vom sozialen System und den Interaktionspartnern und der materialen Welt gesetzt bzw. angeboten.

Ein Mensch kann in der Regel zwischen verschiedenen Handlungsmöglichkeiten (Mitteln) auswählen[32], weil er sich mit Hilfe seiner Selbstreflexivität die Alternativen bewußt machen kann. Er ist relativ autonom[33] und deshalb für die Konsequenzen seines Tuns verantwortlich, denn "Autonomie bedeutet Verantwortung" (v. Foerster 1995, 363).

Voraussetzung für Entwicklung ist eine fortlaufende Umorganisation der internen und externen Handlungsfelder[34]. Neben diesen Vorgängen gibt es noch die Prozesse der Selbstreflexion als "Ko-Konstruktion" interner Schemata.

---

[32] Zum Problem der materialisierten Determiniertheit alles Psychischen und dem Autonomie- und Freiheitserleben siehe Kuhl (1996, insb. S. 745ff.).

[33] Speck betont, daß "Autonomie nicht für sich gesehen werden und nur in sozialer Koppelung oder Bindung gedeihen könne. Er spricht deshalb von Ko-Autonomie (Speck 1991, 140f.).

[34] Siehe 1.1.2; die externen und internen Felder entsprechen dem inneren und äußeren Teil einer Handlung.

Die handlungstheoretischen Modelle, die dem Paradigma zugrunde liegen, sollten ontogenetische, aktualgenetische und historiogenetische (kultureller Wandel) Prozesse einbeziehen.

Diese Punkte erweitern das mechanistische und das organismische Modell erheblich. Aus der Fülle der Erweiterungsfaktoren sollen zwei Fragen weiter verfolgt werden:

- Was sind Ko-Konstruktionsprozesse und welche Bedeutung haben sie für die Entwicklung der Handlungsfähigkeit?

- Welche Rolle spielen intentionale (und somit auch motivationale) und emotionale Vorgänge bei der Entwicklung der Handlungsfähigkeit?

Prozesse des Aufbaus von Wissens, der Fähigkeiten und Fertigkeiten werden in diesem Zusammenhang als Konstruktionsprozesse bezeichnet. Diese Prozesse entwickeln sich nicht im leeren Raum, sondern haben ein zweifaches, interaktives Bezugssystem.

Im Zentrum dieser Dreiteilung steht das Subjekt, das sich sein Handlungsfähigkeitssystem aufbaut. Die Prinzipien dieses Aufbaus können durch die konstruktivistische Psychologie mit ihren zentralen Stichwörtern Autopoiese, Zirkularität, strukturelle Koppelung und soziales Driften beschrieben werden. Durch den Bezug zum sozialen und soziokulturellen System erweitert sich das System um das Verhältnis zu anderen Personen und/oder ihren Institutionen. Das inhaltliche Substrat dieser Beziehung ist allerdings nicht psychologisch oder kognitiv, sondern "grundsätzlich linguistischer Natur ... D.h. unsere Substantive isolieren und fragmentieren unser Verständnis dessen, was wir vorfinden, unsere Verben konzeptionalisieren unsere Welt im Hinblick auf Handlungen und Wirkungen, unsere Geschichten schaffen Reihenfolgen und Ordnung..." (Gergen[35] 1994,122). Daß dieses Bezugssystem "stark" und bedeutsam ist, betont Speck (1996, 121) mit der Überlegung, daß jegliche individuelle, kognitive Konstruktion von Wirklichkeit

---

[35] Ken Gergen gilt als Hauptvertreter des sozialen Konstruktivismus. Er sieht den Mensch nicht als kalkulierbare Maschine, sondern als soziale Konstruktion, dessen Handeln in komplizierter Weise mit gesellschaftlichen Prozessen verwoben ist (Schlippe und Schweitzer 1997, 78).

in soziale Prozesse eingebunden sei und bleibe und eigentlich nur über sie möglich werde.

Abb. 8: Zwei interaktive Bezugssysteme für Prozesse des Aufbaus von Wissens, Fähigkeiten und Fertigkeiten

Die Dynamik dieses engen Verhältnisses bezeichnet Speck in Analogie zur Ko-Evolution mit "Ko-Konstruktion" (Speck 1996, 122).

Mit dieser Begriffsanalogie entsteht ein Bezug zum organismischen Paradigma, insbesondere der Soziobiologie, wenn dort aus der Perspektive der Biologie der sozio-kulturelle Bezug gesucht wird. Wuketits erläutert, daß kein Soziobiologe ernsthaft die (individuelle) Lernfähigkeit des Menschen und die sozialen bzw. soziokulturellen Einflüsse, die das (individuelle) Lernen begleiten, leugne. Moderne soziobiologische Konzepte tragen dem Umstand Rechnung, daß der Mensch über eine große phänotypische Plastizität verfüge, die ihm zugleich eine starke kulturelle Differenzierung erlaube. Sie bemühen sich um eine Darstellung der genetisch-kulturellen Ko-Evolution (gene-culture coevolution), also der Zusammenhänge zwischen organischer und soziokultureller Entwicklung (Wuketits 1990, 74).

Eine Umkehr der Perspektiven findet sich bei Staudinger und Baltes (1995). Aus der Sicht der Entwicklungspsychologie der Lebensspanne plädieren die beiden Autoren für ein "Zweikomponentenmodell der Entwicklung der geistigen Leistungsfähigkeit. ... Die erste Komponente, die 'fluide' Mechanik, bezeichnet die primär durch das Genom und damit die Biologie beeinflußten und in der neurophysiologischen Architektur des Gehirn angelegten Grundprozesse des menschlichen Geistes. Mit der zweiten Komponente, der 'kristallinen' Pragmatik, bezeichnen wir die 'Wissenskörper' (...) und 'wissenbasierten' Strategien und Fähigkeiten des menschlichen Geistes, die eng mit der Kultur verknüpft sind und die sich im Zusammenhang mit den individuell und gesellschaftlich bestimmten Erfahrungswelten des Lebenslaufes aufbauen und verändern" (Staudinger und Baltes (1995, 435).

Der zweite Doppelpfeil der Abbildung symbolisiert die Beziehung zwischen den Prozessen zur Konstruktion von Wissen und der Fähigkeit zur Selbstreflexion (selbstreflexiv zu denken).

Mit selbstreflexivem Denken wird die Form des Denkens bezeichnet, dessen Inhalt die eigenen Denkstrategien sind. Man spricht auch von "Metakognition"[36] (zur Begriffsdefinition Schneider 1996, 401). Sie dient der Steuerung von Plan- und Entscheidungsprozessen, ist also ein abstrakt kognitiver Prozeß, der ausschließlich intern abläuft. In neuerer Zeit steht allerdings der Austauschvorgang von Informationen zwischen Meta-Level und einem Objekt-Level im Vordergrund der Forschung (Goschke 1996, 332).

Faßt man den Begriff "Selbstreflexives Denken" weiter – und so wird er auch hier gehandhabt – gehört zu selbstreflexiven Prozessen nicht nur das Erkennen von Denkstrategien, sondern auch von Lern- und Gedächtnisstrategien.

Wie diese Prozesse differenziert werden können, zeigt Reusser (1998, 148):

---

[36] "Der vielleicht wichtigste Beitrag der Metakognitionsforschung (...) besteht in der Differenzierung des Bildes des Menschen als 'reflexives Subjekt' (...), als ein des Nachdenkens über sein geistiges Funktionieren und der intentionalen Steuerung seines eigenen Lernens und Denkens fähiges Wesen" (Reusser 1998, 147)

"Das trotz verschiedener Taxonomisierungsansätze (...) unscharf und multidimensional gebliebene Konzept der Metakognition bezieht sich derzeit auf so unterschiedliche und vielschichtige Dinge wie die Entwicklung (und Förderung)

- eines Repertoires von gedächtnisbezogenen Strategien (Aufbau von Enkodier-, Kategorisierungs-, Elaborations- und Abrufstrategien);

- eines "Gedächtnis-Selbstkonzeptes" (Kenntnis von Regelhaftigkeiten, Stärken und Schwächen mit Bezug auf die eigene Gedächtniskapazität und –Tätigkeit);

- der Sensibilität von Kindern für die differentiellen Gedächtnisanforderungen von Problemlöse- und Aufgabensituationen;

- eines Systems von Fertigkeiten, das eigene Lernen und Problemlösen unter Effizienzgesichtspunkten (Kapazitätszuweisung, Intensität, Geschwindigkeit) von einer Metaperspektive aus ziel- und aufgabenbezogen zu planen, zu steuern, zu überwachen, zu prüfen und zu bewerten;

- der Fähigkeit zur Selbstreflexion (...) im Zusammenhang mit einer zunehmenden Bewußtwerdung des eigenen geistigen Operierens;

- eines expliziten Wissens über Kriterien, Bedingungen und Verlauf realer und idealer Denkprozesse".

Aus dem Alltag wissen wir, daß diese Vorgänge nicht immer bewußt ablaufen müssen, wohl aber, daß wir sie uns bewußtmachen können. Dies bedeutet, daß wir uns mit Hilfe von selbstreflexiven Prozessen unserer Selbstreflexion bewußt werden.

Es ist leicht einzusehen, daß man natürlich auch über diese und alle nachfolgenden Ebenen nachdenken kann. Dies führt zu einer unendlichen Kette. Im Alltag ist es wichtig, diese Prozesse zu stoppen; meist geschieht dies äußerst subjektiv. Menschen, denen es schwerfällt, diesen Vorgang - wegen eines potentiellen Restrisikos abzubrechen, erwägen jede Entscheidung vielfach ab und gelten als Zögerer und Zauderer.

Wissenschaftlich läßt sich dieses "Abbruchproblem nicht so leicht regeln. M.E. hilft eine Analogie zum "infinitiven Regreß" als Teil des
Münchhausen-Trilemmas [37] weiter.

Da jedoch in dem hier beschriebenen Vorgang keine noch allgemeine-
re Begründung für eine ohnehin schon allgemeine eines konkreteren
Sachverhaltes gesucht wird – wie dies beim Münchhausen-Trilemma
der Fall ist -, sondern eine hierarchische Umkehrung vorliegt, kann man
hier von einem infinitiven Progreß sprechen.

Ein infinitiver Progreß liegt demnach, z.B. für den Bereich Kognition,
vor, wenn ein Denken über das Denken des Denkens usw. stattfindet.

Als Lösung für dieses Problem bleibt ein völlig subjektiver Abbruch,
der nicht weiter begründet werden kann.

**Nach diesem kleinen Exkurs zurück zur Beschreibung der Prozesse der
Selbstreflexion!**

Selbstreflexives Denken ist notwendig, weil das menschliche System
zur Handlungssteuerung kein fest programmiertes "Betriebssystem",
sondern ein variierbares und modifizierbares Gebilde ist. Es muß ge-

---

[37] "Wenn man für alles [gemeint sind wissenschaftliche Aussagen oder Argumente; Erg.
L.P.] eine Begründung verlangt, muß man auch für die Erkenntnisse, auf die man jeweils
die zu begründende Auffassung - bzw. die betreffende Aussagen-Menge zurückgeführt
hat, wieder eine Begründung verlangen. Das führt zu einer Situation mit drei Alternativen, die alle drei unakzeptabel erscheinen, also: zu einem Trilemma, das ich angesichts
der Analogie, die zwischen unserer Problematik und dem Problem besteht, das der bekannte Lügenbaron einmal zu lösen hatte, das Münchhausen-Trilemma nennen möchte.
Man hat hier offenbar nämlich nur die Wahl zwischen:
1. einem infinitiven Regreß, der durch die Notwendigkeit gegeben erscheint, in der Suche nach
   Gründen immer weiter zurückzugehen, der aber praktisch nicht durchzufahren ist und daher
   keine sichere Grundlage liefert;
2. einem logischen Zirkel in der Deduktion, der dadurch entsteht, daß man im Begründungs-
   verfahren auf Aussagen zurückgreift, die vorher schon als begründungsbedürftig aufgetreten
   waren, und der ebenfalls zu keiner sicheren Grundlage führt; und schließlich:
3. einem Abbruch des Verfahrens an einem bestimmten Punkt, der zwar prinzipiell durchführ-
   bar erscheint, aber eine willkürliche Suspendierung des Prinzips der zureichenden Begründung involvieren würde.
Da sowohl ein infinitiver Regreß als auch ein logischer Zirkel offensichtlich unakzeptabel
zu sein scheinen, besteht die Neigung, die dritte Möglichkeit, den Abbruch des Verfahrens, schon deshalb zu akzeptieren, weil ein anderer Ausweg aus dieser Situation für
unmöglich gehalten wird" (Albert 1991, 15).

steuert, seine Effektivität überprüft und – falls notwendig - selbstreflexiv modifiziert werden (Dörner und Stäudel 1990, 336). Die Gesamtheit dieser Vorgänge wird mit dem Begriff Handlungssteuerung (syn. Handlungskontrolle, Handlungsregulierung) überschrieben.

Abb. 9: Hauptfaktoren einer (sensomotorischen) Handlung

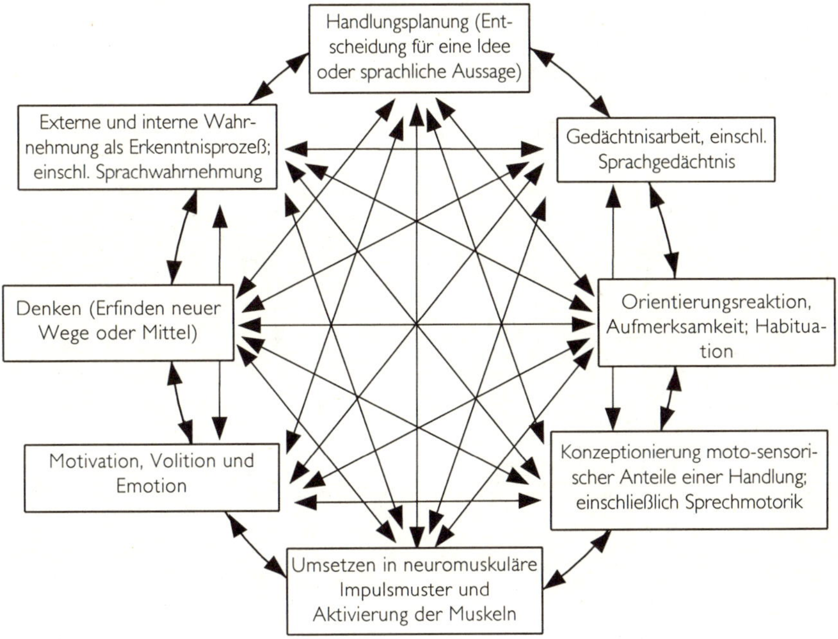

Anmerkung: Die Anordnung der Bausteine ist willkürlich gewählt. Dadurch soll ausgedrückt werden, daß sie im Rahmen einer Handlung zu jeder Zeit aktiv sind und in einem wechselseitigen Beziehungsverhältnis stehen.

Nachfolgend soll zur weiteren Klärung der Beziehung zwischen Konstruktion und selbstreflexiver Ko-Konstruktion eine dreiteilige Frage beantwortet werden: Wer steuert was wie?

Die Frage nach dem **"Was wird gesteuert"** läßt sich mit einem Wort umfassend beantworten: Handlungen.

Gesteuert werden diese Handlungen durch die Teilfunktionen[38], aus denen sie bestehen (s. Abb. 9). Die Teilfunktionen bilden also das "Wer".

Verknüpft man die einzelnen Faktoren in einem Prozeßschema, ergibt sich ein Regelkreismodell (s. Abb. 10 und Kap. 2), das unter dem Stichwort Sensomotorischer Regelkreis[39] bekannt ist (Pflüger 1993, 112):

Abb. 10: Einfacher sensomotorischer "Regelkreis"

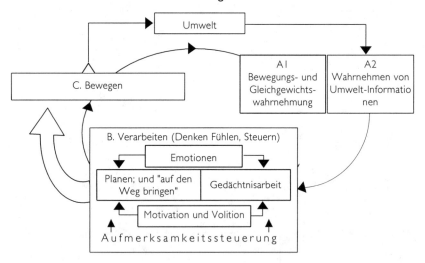

℧   *Dieser Pfeil symbolisiert den Vorgang, daß Bewegungen nicht durch die Umwelt, sondern durch rein kognitive oder emotionale Vorgänge ausgelöst werden können.*

---

[38] Die Aufteilung einer Ganzheit, und eine Handlung ist nur als solche zu verstehen, in Teilfunktionen bleibt immer eine künstliche Aufsplitterung; sie kann lediglich mit einer Erhöhung der Übersichtlichkeit begründet werden.
Die Anzahl der Teilbereiche ist äußerst subjektiv gewählt; da sich eine gewissen förder- und therapiebezogene pragmatische Plausibilität erkennen läßt, kann auch hier wieder die Abbruchregel des Münchhausen-Trilemmas angewendet werden.
[39] "Ein Regelkreis ist ein System, welches dafür sorgen kann, daß die Abweichung einer Variablen (der "Regelgröße') von einer Sollgröße beseitigt wird" (Dörner 1998, 306).

Durch beide Modelle wird deutlich, daß im Vergleich zu den anderen Paradigmen drei "neue" Entwicklungsfunktionen hinzukommen:

- Emotionen, als Bewertungsinstanz innerer und äußerer Reizereignisse im Hinblick auf Handlungs- oder Motivationsziele

- Motivation und Volition, als "Motor" für die Auswahl von Handlungsanlässen und Zielauswahl und Handlungsentscheidungen [40]

- Aufmerksamkeit als Steuerungselement auf allen Ebenen der Handlungsorganisation.

Zusammen mit der Kognition, also dem deklarativen Weltwissen und der Wahrnehmung bilden sie die Basisfunktionen für selbstreflexives und intentionales Verhalten.

Die Frage nach den Steuerungsbereichen, die Wie-Frage, wird im Vergleich zur Wer- und Was-Frage vielschichtig ausfallen.

Um den Rahmen jedoch nicht zu sprengen, liegt der Schwerpunkt bei drei Themenfeldern:

- die Beziehung zwischen **Emotion**[41] **und Kognition,**

- die Beziehung zwischen **Motivation und Kognition** und

- Strategien der **Selbstreflexion.**

Vernachlässigt werden Themen wie die Beziehung zwischen Motivation und Emotion, die zeitliche (wie schnell, wann) und räumliche (wo, wohin) Steuerung einer Handlung oder neuropsychologische Grundlagen der Handlungsvorbereitung[42]. Der große Bereich der Aufmerksamkeit und ihrer Steuerung, das Themenfeld Intentionalität wird am Beispiel bzw. im Zusammenhang mit dem Wechsel von der motivationalen Ebene zur volitiven aufgegriffen.

---

[40] Die Ergänzungen zu den Fachbegriffen in Anlehnung an Schmalt (1996, 264).

[41] Der thematische Schwerpunkt Emotion und Kognition beleuchtet natürlich den Begriff Emotionen unter ganz bestimmten Gesichtspunkten, so daß eine Reihe von Inhaltsbereichen der allgemeinen Emotionspsychologie außer Acht bleiben. Literaturempfehlungen: Schmidt-Atzert 1996 (insbesondere das Kapitel über die Entwicklung von Emotionen); Izard 1994; Scherer 1990.

[42] Literatur zu diesen Themen: Müsseler, Ascherleben und Prinz (1996; Seite 358 finden sich Angaben zu weiterführender Literatur) und Vorberg und Wing (1994).

Emotion und Kognition

Wenn Kognition und Emotionen als handlungsleitende Systeme definiert werden (Dörner und Stäudel 1990, 293f.), muß auch geklärt werden, wie sie das Handlungssystem leiten und warum für die Regulierung von Handlungen zwei Steuersysteme notwendig sind.

Unter Kognition versteht man die Fähigkeit, Modelle der Realität auf- und umzubauen. Die Fähigkeit des Umbauen-Könnens bewirkt u.a., daß über logische Schlußfolgerungen neue Erkenntnisse gewonnen werden können (Beispiele finden sich bei Aristoteles (1997, 401). Der Umbau dieser Modelle steuert unser Handeln. Der interne Umgang mit diesen Modellen ist sehr variantenreich und befreit deshalb vom automatisierten Reiz-Reaktions-Verhalten.

Kognition hat demnach, im Gegensatz zum präkognitiven, vorprogrammiert instinktgeleiteten Verhalten, eine auflösende und analytische Wirkung (vgl. auch Kap. 3.1).

"Ein vorprogrammiertes Verhaltensinventar zeichnet sich einerseits durch Starrheit aus, andererseits aber auch durch einen hohen Grad an "Entschiedenheit" und "Entschlossenheit". Lebewesen mit kognitiven Prozessen hingegen können ihre Realitätsbilder und damit ihre Verhaltensprogramme umbauen. Dadurch werden sie befähigt, sich neuen Umständen und wechselnden Situationen anzupassen. Ihre Verhaltensweisen sind ihnen nicht mehr fest vorgegeben. Im Extremfall stehen ihnen gar keine vorgefertigten Wege zur Erreichung eines bestimmten Zieles zur Verfügung, sondern nur gewissermaßen die Teilstücke solcher Wege. Es bleibt dem Lebewesen überlassen, daraus mögliche Wege zusammenzubauen. Problemlösendes Denken führt zur Synthese von neuen, den jeweiligen Situationen und dem jeweiligen Ziel angemessenen Verhaltensweisen. Kognitive Prozesse ermöglichen insgesamt eine feine Anpassung des Verhaltens an die jeweiligen Realitäten und an die gerade verfolgten Ziele.

Die Entwicklung kognitiver Prozesse im Gang der Phylogenese fordert allerdings ihren Preis: Die Entschiedenheit und Entschlossenheit des Handelns geht verloren, weil in vielen Situationen das Handeln nicht mehr "unbedenklich" erfolgen wird. Die Analyse der neuen Situation, die Bildung von Hypothesen und die damit verbundene Unsicherheit machen die Entscheidung schwer. Kognitive Prozesse stellen für eine gegebene Situation u. U. eine Vielzahl möglicher Verhaltensweisen bereit und ermöglichen eine große Zahl von Neukonstruktionen; es kann aber schwer fallen, unter diesen verschiedenen Verhaltensweisen auszuwählen oder den Konstruktionsprozeß neuer Verhaltensweisen abzuschließen, also aufzuhören zu denken. Unsicherheit und Unbestimmtheit sind der Preis, den die Natur für die Entwicklung kognitiver Fähigkeiten zahlen mußte" (Dörner und Stäudel 1990, 296f.).

Aufgabe der Emotionen ist es nun, die Auswahlfindung, die Entscheidungsfindung zu unterstützen. Emotionen haben somit eine Integrations- und Regulationsfunktion (Dörner und Stäudel 1990, 299). Daß es dabei nicht immer "vernünftig zugeht" und das Verhalten ziemlich eingeschränkt werden kann, verdeutlichen Dörner und Stäudel am Beispiel des Ärgers. Emotionen können Handlungen intensivieren ("vor lauter Wut hat sie auf den Tisch geschlagen") und kanalisieren ("differenziertes Zuhören war ihr nicht mehr möglich".

Allgemein kann man also sagen:
"Eine Emotion faßt bestimmte Merkmale der Situation, in der das Individuum steht, zu einem 'Lagebericht' zusammen. Zum anderen erfolgt aufgrund dieses Lageberichts eine bestimmte Steuerung sowohl der inneren als auch der äußeren Prozesse ... Insgesamt stellen die Emotionen ... die Einheit des Verhaltens und Handelns wieder her, die durch kognitive Prozesse immer in der Gefahr ist, verloren zu gehen, da diese sich immer 'analytisch' ... auf den Einzelprozeß beziehen. (Dörner und Stäudel 1990, 301).

Motivation und Kognition
"Motiv" ist kein Begriff, der etwas beschreiben, sondern einer, der etwas erklären soll. ... Motive werden heute auf solche Inhaltsklassen von Handlungszielen eingegrenzt, die in Form überdauernder und relativ konstanter Wertungsdispositionen vorliegen" (Heckhausen (1989, 9).
Motive können also auf möglichst hohem Abstraktionsniveau als eine Inhaltsklasse von Handlungszielen definiert werden. Heckhausen (1989, 9ff.) bezeichnet solche Inhaltsklassen als "Äquivalenzklassen".

Motiviertes Handeln ist somit zielgerichtet und setzt sich aus einer Intensitätskomponente und einer Richtungskomponente zusammen (Schulteiss und Brunstein 1998, 297f.). Die Intensitätskomponente zeigt sich z.B. in einer Leistungsbereitschaft oder Leistungsfreude. Die Richtungskomponente verweist auf ausgewählte Aspekte des Lebensalltags, wobei sie durch günstige Voraussetzungen wesentlich gestärkt wird bzw. bei fehlenden Gelegenheiten reduziert ist.

Je nach Inhalt der Handlungen werden meist vier große Motivgruppen unterschieden: Leistungsmotive, Machtmotive, Aggressionsmotive und Affiliations- und Intimitätsmotive (definiert als Streben nach warmherzigen, freundschaftlichen Beziehungen zu anderen Menschen und intimen Liebesbeziehungen; anstelle des Begriffes Affiliation wird auch der Begriff "Hilfeleistung" verwendet)(Brandstätter und Gollwitzer 1996; Heckhausen 1989; Weiner 1988).

Neben der inhaltsbezogenen Form der Klassifikation versucht man auch noch "auf andere Weise, Ordnung in die Vielzahl motivationspsychologischer Fragestellungen zu bringen, indem man die Phänomene, die bei der Verwirklichung der Wünsche einer Person durchlaufen werden müssen, chronologisch auflistet (...). Also z.B. das Abwägen konkurrierender Wünsche, die Wahl von Handlungszielen, die vorausschauende Handlungsplanung, der Konflikt zwischen konkurrierenden Absichten, Anstrengung und Ausdauer bei der Zielverwirklichung, die Wiederaufnahme unterbrochener Handlungen, und schließlich die rückblickende Bewertung erreichter Handlungsergebnisse. Dabei werden Phänomene, die sich auf die Realisierung von Zielen beziehen, dem Bereich der Volition zugehörig definiert (s.u.), während das Abwägen und die Wahl von Handlungszielen[43] sowie die Bewertung erzielter Handlungsergebnisse als klassische Motivationsphänomene betrachtet werden" (Brandstätter und Gollwitzer 1996, 125f.).

---

[43] Diese Unterscheidung geht auf Lewin zurück. Er unterschied zwischen Zielstreben und Zielsetzen. Das Zielstreben ist handlungsorientiert, das Zielsetzen ist Wert orientiert (Gollwitzer 1996, 531).

Ein Mensch beschäftigt sich immer dann mit seinen Handlungszielen, wenn er, aus Unzufriedenheit mit der aktuellen Situation, eine neue Handlung plant. Dabei kommt es zum Abwägen, Wollen und Wählen.

Die Prozesse des "Abwägens, Wollens und Wählens" von Handlungszielen als motivationale Prozesse stehen somit immer im Zusammenhang mit einer Reduzierung einer Ist-Soll-Diskrepanz. Da "Abwägen und Wählen" auch rein kognitive Vorgänge sein können, verbinden sich hier zwei wesentliche Bereiche der Psyche, nämlich die Motivation und das Denken. Wie man sich diese Verbindung als Ablaufkette vorstellen kann, zeigen u.a. Heckhausen (1989, 13) und Gollwitzer (1987, 180;). Ihre Abbildung (s. Abb. 11) vermittelt einen ersten Überblick. In der nachfolgenden Tabelle (Tab. 7) werden die Schritte weiter erläutert.

Abb. 11: Stark vereinfachtes Modell für den Prozeß von der Motivation zum Handeln (nach Heckhausen 1989, 13)

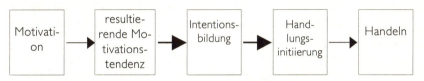

Beim Vorgang "Von-der-Motivation-zur-Handlung" gibt es zwei wichtige Übergänge: aus einer Motivationsstendenz wird eine Absicht (Intentionen) und diese Absicht muß auf den "Weg" gebracht (initiiert)werden.

Tab. 7: Von der Motivation zum Handeln (nach Heckhausen 1989, 10ff.)

Motivation: Motivation ist ein Prozeß, mit dem das Verhalten um der erwarteten Folgen willen ausgewählt und hinsichtlich Richtung und Energieaufwand gesteuert wird. Motivationsprozesse umfassen auch Person-Situations-Interaktionen, denn neben den Anregungsbedingungen der Situation, die etwa in der Wahrnehmung von Gelegenheiten zur Erreichung bestimmter Ziele bestehen (oben als Richtungskomponente bezeichnet), spielen die damit angeregten Motive eine Rolle für die Ausbildung der Anreizwerte der antizipierten Handlungsfolgen. Sie legen auch fest, wieweit bei Abwandlungen die Äquivalenzklassen an Situationen und an Handlungsweisen gehen, wie lange wenig veränderte Situationen noch als gleich eingeschätzt werden.

Resultierende Motivationstendenz: Einen solchen Motivationsprozeß kann man als einen handlungsvorbereitenden, kognitiven Elaborationsprozeß mit emotionalen Anteilen auffassen, der auf einen gewissen Abschluß drängt. Der Abschluß wird als resultierende Motivationstendenz bezeichnet.
Da das Motivationsgeschehen sehr komplex ist, gibt es immer mehrere "resultierende Motivationstendenzen". Beachtet wird in der Regel aufgrund des sequentiellen Aufbaus einer Handlung immer nur eine.

Intentionsbildung: Zur Aktivierung einer Handlung kommt es, wenn die resultierende Motivationstendenz den Charakter einer Handlungsabsicht (syn. Entscheidung, Entschluß[44]) bekommt. Positive und negative Folgen, die mit dem Handeln in Bezug gesetzt werden, sind z.T. schon beachtet. Bei Unsicherheiten werden in dieser Phase charakteristische Elemente des Problemlöse-Prozesses aktiviert[45]. "Oft verfolgen wir Ziele ungebrochen, selbst wenn wir auf Schwierigkeiten stoßen, sich Hindernisse in den Weg stellen oder die Mittel zur Zielverwirklichung recht spärlich sind. Selbst wenn das erhoffte Ergebnis im Laufe der Zeit immer weniger attraktiv erscheint, erlischt das Zielstreben nicht sofort. Man bleibt im Feld oder intensiviert sogar die eigenen Anstrengungen, das Ziel zu erreichen. Solche Phänomene werden häufig damit erklärt, daß man der handelnden Person ein hohes 'Commitment' attestiert, d. h. eine hohe Selbstverpflichtung, das Ziel zu verwirklichen" (Gollwitzer und Malzacher 1996, 434).

Handlungsinitiierung: Da es meist mehrere Intentionen gibt, die aktuell nach Realisierung streben, muß "geregelt werden, welche Intentionen wann zum Zuge kommen. Häufig wird diese Frage vorentschieden durch besondere antizipierte Gelegenheiten, die für die Realisierung einer bestimmten Intention günstig sind" (Heckhausen 1988, 12). Die Initiierung bezieht sich im Unterschied dazu auf die Frage des Zeitpunktes.

Handeln umfaßt nun alle Vorgänge,, die mit dem Begriff "Psychomotorik" (Heuer 1992, 495ff.) umschrieben werden, wobei betont werden muß, daß uns in dieser Phase viele Vorgänge nicht bewußt sind. Dies gilt insbesondere, wenn die Handlung stark automatisiert ist.

[44] In er Wissenschaft ist man sich allerdings nicht einig, ob Entscheidung ein Synonym oder ein Oberbegriff sei, der "Absicht" und "Entschluß" unterordnet (Beckmann 1996, 411ff.). Ein Entschluß als Element, das einer Entscheidung untergeordnet wird, ist dann notwendig, wenn Schwierigkeiten antizipiert werden. Der Entschluß ist somit ein Metaprozeß, der zusätzlich steuert, aber kein basales Element der Handlungsregulation darstellt (Beckmann 1996, 415).
[45] "Ein Problem liegt dann vor, wenn ein Subjekt an der Aufgabenwelt Eigenschaften wahrgenommen hat, sie in einem Problemraum intern repräsentiert und dabei erkennt, daß dieses innere Abbild eine oder mehrere Lücken enthält. Der Problemlöser erlebt eine Barriere, die sich zwischen dem ihm bekannten Ist-Zustand und dem angestrebten Ziel befindet" (Lüer und Spada 1992, 256).

Versucht man rückblickend eine Analyse der "Phänomene, die bei der Verwirklichung der Wünsche einer Person durchlaufen" werden (s.o.) unter funktional-strukturellen Gesichtspunkten, kann man zu dem Ergebnis kommen, daß es einerseits um Selektionsprozesse (Auswählen, Abwägen, Entscheiden), andererseits um Vorgänge geht, eine begonnene Handlung möglichst ohne Ablenkung zu Ende zu führen[46].

Bedeutsam ist dabei, daß diese Begriffe auch für die herkömmliche funktionale Beschreibung der drei Komponenten der empirischen Aufmerksamkeit verwendet werden: "Die Aufmerksamkeit ist begrenzt (Kapazitätsaspekt), sie ist selektiv (Selektionsaspekt), und sie kann willentlich ausgerichtet werden (Tätigkeitsaspekt)" (Neumann 1996, 622). Diese Analogie zeigt, daß "Aufmerksamkeit" ein Prozeß ist, durch den an vielen Stellen im Handlungsorganisationsablauf steuernde Funktionen dazwischen geschaltet werden können.

Wie diese Funktionen im einzelnen aussehen, zeigt Neumann (1992, 92ff.) aus kognitionspsychologischer Sicht im Rahmen des Fünf-Komponenten-Ansatzes.
Um die Analogie zu motivationalen Vorgängen zu zeigen, wurden die fünf Komponenten in Tab. 8 (aus Darstellungsgründen wurde die Reihenfolge [Punkt 1 und 2] der Aufzählung geändert] mit den oben dargelegten Gedanken parallelisiert.

---

[46] Den Vorgang, nach einer unvermeidlichen Unterberechnung eine Handlung wieder aufzugreifen, läßt sich eher mit volitionalen als mit motivationalen Prozessen erklären.

Tab. 8: Parallelisierung von Aufmerksamkeitskomponenten mit Funktionen der Motivation

Der Fünf-Komponenten-Ansatz der Aufmerksamkeit[47]	Motivation
1. die Regulation des psycho-physiologischen Erregungsniveaus,	Für diesen Aspekt finden sich hier keine Überlegungen; (zu neurophysiologischen und neuropsychologischen Aspekten siehe u.a. Hernegger 1995 Koelega 1996, Pflüger 1991).
2. Verhaltenshemmung (behavioral inhibition), die verhindert, daß versucht wird, unvereinbare Handlungen zugleich auszuführen,	Mehrere Intentionen konkurrieren; eine wird ausgewählt.
3. Informationsselektion zur Handlungssteuerung (selection-for-action) als die Funktion der sensorischen Aufmerksamkeit,	Motivationsprozesse umfassen auch Person-Situations-Interaktionen, Gelegenheiten zur Realisierung bestimmter Motive müssen erkannt werden.
4. die Spezifikation von Handlungen durch Handlungsplanung,	Dieser Punkt umfaßt zentrale Bereiche der Intentionsbildung und der Handlungsinitiierung; dies gilt insb. für die Zusammenhänge mit Problemlöseaktivitäten.
5. funktionell erforderliche Hemmungsvorgänge beim Einsatz von Fertigkeiten (skills)	Eine vorsichtige Analogie ergibt sich, wenn sich zwei Motive sehr ähneln, sich aber in ihrer Realisierung deutlich unterscheiden (Mittagsschläfchen oder Spaziergang im Park; beide dienen dem Kräfte-Sammeln).

Diese Überlegungen zeigen, daß es eine deutliche Analogie zwischen der Funktionen der Aufmerksamkeit und den motivationalen Vorgängen gibt. Sie könnten Erklärungsmodelle liefern, warum z.B. Kinder mit hyperkinetischem Syndrom häufig in motivationale Krisen geraten, die sich dann in oppositionellem Verhalten äußern.

---

[47] Die Punkte 1 – 5 sind wörtlich aus Neumann (1992, 92).

Überlegungen zur Rolle der Motivation und der Aufmerksamkeit für die Steuerung von Handlungen wären lückenhaft, würden nicht auch die Fragen beleuchtet, wie eine begonnene Handlung vor Unterbrechungen geschützt wird, wie es kommt, daß wir in der Lage sind, für bestimmte Handlungen viel Kraft aufzuwenden oder andere Vorhaben wegen zahlreicher motivationaler Anfechtungen nicht vorzeitig beenden. Alltagssprachlich wird eine Person, die energisch und engagiert ihre Ziele verfolgt, als willensstark eingestuft. Ihr Verhalten wird als konzentriert bezeichnet.

Aus fachlicher Sicht geht es um volitionale Aspekte der Handlungssteuerung.
Die Funktion der Volition ist es, eine begonnene Handlungen gegen motivationale, kognitive und emotionale Anfechtungen abzuschirmen (v. Chranach 1994, 77) bzw. für den Fall, daß eine Tätigkeit zur Erreichung eines gesetzten Ziels keine oder zu wenig motivationale Unterstützung hat (z.B. Texte formatieren). "Durch volitionale Steuerung wird u.a. mittels Emotions-Kontrolle die vorhandene Emotionslage und die damit verbundene motivationale Handlungstendenz unterdrückt, und es wird willkürlich versucht, die zur Ausführung der als notwendig erachteten Tätigkeit ideale Motivationslage zu 'simulieren'. Das gelingt natürlich nicht immer; jedoch wenn es gelingt, die als störend empfundenen Gefühle und Vorstellungen zu kontrollieren, dürfte von außen beobachtet eine volitionale kaum von einer motivationalen Tätigkeitssteuerung zu unterscheiden sein. Die wesentlichen Unterschiede liegen im phänomenalen Erleben" (Sokolowski 1993, 120).

Setzt man diese Überlegungen in Bezug zum oben beschriebenen Prozeßmodell, muß man sich fragen, an welcher Stelle diese volitionalen Prozesse eingreifen könnten. Die Antwort lautet: "Überhaupt nicht", denn im Rahmen dieser Theorie werden motivationale Anteile nicht als Kontra-Prozesse zu volitionalen gesehen. Vielmehr unterstützen volitionale Prozesse das Planen und In-Gang-Setzen einer Handlung. Mit anderen Worten: Motivationsprozesse sind realitätsorientiert (was würde ich gerne tun)und Volitionsprozesse sind realisierungsorientiert (wie und wann soll es getan werden) (Heckhausen 1987, 123; Goschke 1996, 586). Motivationale Vorgängen lassen sich den Verben "wünschen, abwägen, auswählen" zuordnen; volitionale dagegen mit der Idee "tue es jetzt".

Also: Sollen aus Motiven (Wünschen) Absichten werden, bedürfen sie für ihre Realisierung der Unterstützung durch die Volition.

Den gesamten Vorgang, also die Schritte von der Motivation bis zur Bewertung der tatsächlichen Handlung, hat Gollwitzer (1987, 180) in Anlehnung an Heckhausen in einem vier Phasenmodell beschrieben. Abbildung 12[48] zeigt diese vier Phasen.

Das Heckhausenmodell beginnt, da die Motivation mit aufgenommen wurde. Da es keine Bewertungsprozesse vorsieht, endet es früher.

Abb. 12: **Vergleich zwischen dem Modell für den Prozeß von der Motivation zum Handeln (Heckhausen 1989, 13) und dem "Handlungspsychologischen Phasenmodell" (Gollwitzer 1987, 180)**

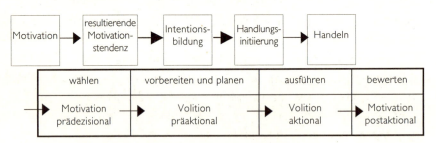

Die erste Phase, die prädezisionale Phase ist gekennzeichnet durch Wünschen und Abwägen. Abwägen ist notwendig, weil sich nicht alle Wünsche realisieren lassen. Welcher Wunsch sich durchsetzt, hängt vom antizipierten Wert und den Möglichkeiten, ihn zu verwirklichen ab. Ist durch das Vergleichen konkurrierender Wünsche ein Wunsch favorisiert, trifft man eine Entscheidung.

---

[48] Durch die Kombination mit dem Heckhausenmodell (s.o.) soll das Erkennen die Unterschiede zur oben beschriebenen Auffassung erleichtert werden.

Im Modell beginnt nun die zweite, die präaktionale Phase. Die Realisierung des Wunsches wird nun geplant. Inhalte der Planung sind die einzelnen Handlungsschritte. Sie werden auf einer niedrigen Begriffsebene formuliert und "betreffen ... nicht das intendierte Ergebnis und dessen erwünschte Folgen". Gollwitzer 1996, 537). Ist die Volitionsstärke (positiver Grad der Wünschbarkeit) groß genug und gibt es eine günstige Gelegenheit für die Realisierung des Wunsches, beginnt das zielorientierte Handeln, also die dritte Phase.

In der letzten Phase wird das Ergebnis der Handlung bewertet. Die Bewertung fällt leicht, wenn der Wunsch ein klar zu definierendes Ende hat (z.B. Fenster schließen). "Kann das intendierte Handlungsergebnis jedoch kontinuierlich verbessert oder erweitert werden (z.B. sich gut auf eine Mathematikprüfung vorzubereiten), ist diese Frage schwierig zu beantworten. In diesem Fall ist es hilfreich, auf Abbruchvorsätze zurückzugreifen (z. B. "Ich werde die Übungsaufgaben zweimal durcharbeiten"), die klare Standards definieren, wann ein Ziel als erreicht gilt" Gollwitzer 1996, 538). In der Abbildung wird dies als Intentionsdesaktivierung bezeichnet.

Im Rahmen dieses Modelles interessieren besonders die Übergänge von der prädezisionalen in präaktionale und von dieser in die aktionale Phase.

Den ersten Wechsel bezeichnet man in der Motivations- und Handlungsforschung als die "Überschreitung des Rubikons"[49] (u.a. Gollwitzer 1987, 180; 1996; Heckhausen 1988, 121;).

Die nachfolgende Abbildung verdeutlicht, daß es zu dieser Überschreitung kommt, wenn der Prozeß des Abwägens beendet wird, weil ein Fazit gezogen wurde. Die "Fiat-Tendenz" ("fiat lux" – es werde Licht) beschreibt den Punkt der Überleitung einer Intention in die Initiierung; es kommt zur psychomotorische Realisierung des Wunsches. Die Fiat-Tendenz ist notwendig, weil immer noch nicht definitiv entschieden ist, ob der ausgewählte Wunsch tatsächlich die größte Priorität hat.

---

[49] An Psychotherapie interessierte Leser finden bei Grawe (1998, 60ff.) überaus lesenswerte Überlegungen, wie das Rubikonmodell zur Erklärung von psychotherapeutischen Prozessen genützt werden kann.

Abb. 13: Das Rubikon-Modell, ein Vier-Phasenmodell des Handelns (nach Gollwitzer 1987, 180)

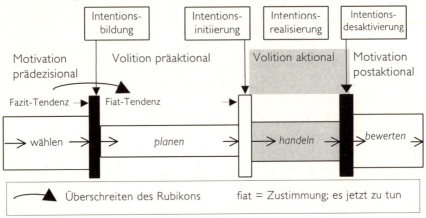

Abbildung 13 macht deutlich, daß der Wechsel von der prädezisionalen in die postdezisionalen Phase unmittelbar zum Handeln führt.

Tab. 9 gibt einen wiederholenden und zusammenfassenden Überblick über die Inhalte des Rubikonmodells. Dabei soll nochmals deutlich werden, daß die Handlungsorganisation innerhalb eines umfassenden zeitlichen Rahmens in vier eigenständige Phasen gegliedert werden. Die vier Phasen sind durch drei klare Grenzen oder Übergangsschwellen voneinander getrennt:

Tab. 9: Das Rubikonmodell der Handlungsphasen (nach Gollwitzer 1996, 536ff.)

1) die prädezisionale Phase ist gekennzeichnet durch Wünschen (Wertprüfung), Abwägen (geprüft werden auch die Realisierungschancen) und die Vorfreude auf den Prozeß der Zielrealisierung
2a) die postdezisionale Phase: Der bevorzugte Wunsch wird in eine Intention transformiert. Die Person fühlt sich der Zielerreichung verpflichtet; sie hat eine Absicht (Zielintention) gebildet (= Überschreiten des Rubikons). **2b) die präaktionale Phase** beginnt mit der Absichtsbildung. Ihr Charakteristikum ist das Planen. Dies ist besonders dann vonnöten, wenn frisch gefaßte Absichten nicht sofort in die Tat umgesetzt werden können, weil alternative Aktivitäten zuerst erledigt werden müssen oder keine günstigen Gelegenheiten vorliegen. Handlungsvorsätze werden im Dienste einer reibungslosen Initiierung, Ausführung und Beendigung zielgerichteten Handelns gebildet.

3) die aktionale Phase: Eine Absicht (Zielintention) führt zur zielorientierten Initiierung relevanter Handlungen, wenn die Volitionsstärke (definiert als positive Funktion der Wünschbarkeit und Realisierbarkeit des Ziels) der Zielintention hoch ist. Die Volitionsstärke variiert in Abhängigkeit von Erfahrungen, die bei ersten Realisierungsbemühungen gemacht wurden. Werden z.B. immer wieder gute Gelegenheiten, relevante Handlungen zu initiieren, ignoriert, sollte die Volitionsstärke allmählich abnehmen. Andererseits dürfte sie spontan ansteigen, wenn man auf Hindernisse auf dem Weg zur Zielrealisierung stößt..

4) die postaktionale Phase: Es kommt zur Bewertung, ob das Zielstreben erfolgreich war. Negative Erfahrungen wirken zurück auf die prädezisionale Phase, also in die Vergangenheit, verändern womöglich die Zielintention und wirken somit in die Zukunft.

Die "postaktionale Bewertung kann nicht nur künftiges Abwägen, sondern auch das Planen der Zielrealisierung verbessern. Wenn man erkennt, daß das erreichte Ergebnis nicht an die gesetzten Standards heranreicht und die erwünschten Konsequenzen deshalb nicht eintreten, kann man neue Initiierungs- und Ausführungsvorsätze fassen und so die Chancen erhöhen, die Zielintention erfolgreich zu realisieren. Man kann natürlich auch die auf das Ergebnis bezogenen Qualitätsstandards oder die Attraktivitätstandards hinsichtlich der Handlungsfolgen reduzieren. Wenn solche Korrekturen nicht vorgenommen werden und wenn obendrein alle auf Zielrealisierung gerichteten Anstrengungen erfolglos sind, wird die Zielintention fortbestehen, ohne jemals erfolgreich realisiert zu werden. Dies ist insofern problematisch, weil jede Situation, die die Zielintention zu aktivieren vermag (im Prinzip jede Situation, die als günstige Gelegenheit für die Zielrealisierung interpretiert wird), potentiell kognitive Kapazität blockiert. Dadurch wird die Ausführung anderer Zielintentionen behindert, was zu einem generellen Trödeln (procrastination) führen kann, d. h. es gelingt nicht mehr, einmal gefaßte Absichten zügig zu realisieren" (S. 538).

Strategien der Selbstreflexion

Das "Rubikonmodell" macht deutlich, daß Intentionen in Planungs- und Vorbereitungsaktivitäten überführt werden müssen, soll es zum konkreten Handeln kommen.

Das Rubikonmodell beschreibt allerdings nicht, welche Vorgänge ablaufen müssen, damit dies erfolgreich geschehen kann. Der Fachbegriff für diese Prozesse lautet "Strategien der Selbstreflexion".

"Unter Strategien versteht man im Rahmen der Informationsverarbeitungspsychologie zielbezogene Situations-Handlungs-Verknüpfungen. Eine einzelne Strategie ist dabei eine mehr oder weniger bewußtseinsfähige, durch die Gegenwart bestimmter Situationsbedingungen aus dem kognitiven Repertoire abgerufene und auf ein vorgegebenes oder selbst gewähltes Ziel gerichtete Handlungsfolge. Ziele von Strategien können sich auf die Veränderung der kognitiven Struktur oder auf die Überwachung und Kontrolle dieser Veränderung beziehen. Im letzteren Fall spricht man von metakognitiven Strategien. Weil Strategien häufig im Rahmen verschachtelter Handlungs- und Operationspläne auftreten, haben sie in der Regel hierarchischen Charakter" (Reusser 1996, 150).

Strategien sind auf der obersten Hierarchieebene in der Regel bewußt. Die unteren Ebenen – meist Taktiken[50] genannt – werden meist automatisiert gesteuert, d.h. sie sind nicht bewußtseinspflichtig.

Diese Überlegungen decken sich mit den Ausführungen von Waldmann (1996), der sich auf der Basis einer breiten Referenzliteratur mit "wissensgeleiteten Veränderungen der Wissensbasis im Kindesalter" (332ff.) beschäftigt hat. Basisüberlegung ist, daß Lernen sowohl dem Erwerb von neuem Wissen, als auch dem Ausbau und der Umorganisation bereits vorhandener Wissensbestände dient.

Waldmann bezieht sich beim Thema "Aufbau von Wissen" vor allem auf Karmiloff-Smith (1992), die Wissensentwicklung als Prozeß der Redeskription, also der Transformation von einem Repräsentationssystem in ein anderes (z.B. von visuell nach sprachlich). Der Theorie von Karmiloff-Smith (1992) "zufolge erwerben jüngere Kinder zunächst implizites Wissen, das eingebettet ist in prozedurales Handlungswissen. Dieses Wissen ist noch nicht bewußt zugänglich oder verbal ausdrückbar. Erst wenn es perfektioniert und automatisiert ist, wird es in ein höheres Format übersetzt, das die Voraussetzungen verbaler Selbstbe-

[50] Unter "taktischen Gesichtspunkten" versteht man die Berücksichtigung aktueller Umweltgegebenheiten bei gleichzeitiger Beachtung solcher prozeduraler Gedächtnisinhalte, die für das Erreichen des Ziels notwendig sind (Pflüger 1991, 151).

schreibungen liefert. Bei dieser Übersetzung finden Schematisierungen statt, die anfangs auch zu scheinbaren Rückfällen in der Leistungsfähigkeit führen können" (Waldmann 1996, 333f.).

Die Überwindung dieses Leistungsdefizites liegt in der Regel im frühen Grundschulalter. Dies hat zur Folge, daß die Grundschule wesentlich zum Aufbau von Lernstrategien beitragen muß (siehe Schulze in diesem Band). Kenntnisse des Gesamtkomplexes sind deshalb dringend notwendig.

Einen Überblick über kognitive Strategien hat Reusser (1996, 151) zusammengestellt. Er orientiert sich dabei an Überlegungen von Friedrich und Mandl (1992, 7ff.) und gliedert nach den Gesichtspunkten "Direktheit der Einwirkung, Allgemeinheitsgrad, Funktion und zeitliche Analyseebene" (s. Tab. 10).

Mit diesen Überlegungen ist die Darstellung der Entwicklungsparadigmen abgeschlossen. Im nachfolgenden und abschließenden Kapitel soll versucht werden, ein integriertes Entwicklungsmodell zu entwerfen, das zeigt, wie sich die einzelnen Paradigmen ergänzen und so zu einem umfassenden Bild des Phänomens "Entwicklung" führen.

Tab. 10: Taxonomie von kognitiven Strategien (nach Reusser 1996, 151)

Primär- und Stützstrategien:
Anordnung nach der Direktheit der Beeinflussung des Informationsverarbeitungsprozesses
• Primärstrategien sind kognitive Strategien der Auseinandersetzung mit einem Stoff und führen direkt zur Veränderung kognitiver Strukturen (Hypothesentesten, Lesen, Zusammenfassen von Texten, Netzwerkbildung, Textverfassen). • Stützstrategien leiten den Prozeß der Informationsverarbeitung ein, erhalten und steuern ihn ((meta-)kognitive Strategien der Selbstmotivierung, Zeitplanung, Aufmerksamkeitssteuerung, Verstehensüberwachung und –kontrolle).

Tab. 10: Taxonomie von kognitiven Strategien (Fortsetzung)

Allgemeine und spezifische Lern- und Denkstrategien:
nach der Bandbreite ihrer Einsatzmöglichkeiten entlang eines Kontinuums: • Situationsübergreifende allgemeine Strategien (Stützstrategien wie Selbstmotivierung, Zeitplanung, metakognitive Kontrolle)   • Strategien mittleren Allgemeinheitsgrades (Textverstehensstrategien, Strategien zum Lösen mathematischer Textaufgaben)   • Hochspezifische Strategien zur Anwendung in eng umrissenen Situationen (arithmetische Zählstrategien von Kindern)
Anordnung nach der Funktion unterschiedene Strategien: • Affektiv-motivationale Stützstrategien: Funktion der Aufrechterhaltung eines inhaltsbezogenen Lern- und Verstehensprozesses (Stützstrategien der Motivation, Zeitplanung)   • Wiederholungsstrategien: Funktion der Übernahme neuer Information ins Langzeitgedächtnis (Rehearsal-, Memorierstrategien)   • Elaborationsstrategien: Funktion der Integration neuen Wissens in die bestehende kognitive Struktur (assimilationsstützende Strategien)   • Organisationsstrategien: Funktion der Schaffung größerer Sinneinheiten (Reduktions-, Zusammenfassungsstrategien)   • Kontrollstrategien: Kontroll- und Evaluationsfunktion des eigenen Lern- und Denkverlaufs (metakognitive Strategien)   • Verstehensstrategien: Funktion des Aufbaus eines mentalen Situationsmodells (Modellbildungsstrategien)   • Suchstrategien: Suchfunktionen in einem Problemraum (Mittel-Zielanalyse, Vorwärts- oder Rückwärtsplanung)
Mikro- und Makrostrategien:
Informationsverarbeitungsprozesse werden unterschieden nach der Dauer ihrer zeitlichen Erstreckung auf einer   • Mikroebene: Bezug auf elementare Prozesse (mentales Rotieren eines Körpers, Puzzleteile visuell miteinander vergleichen)   • Mesoebene: Bezug auf komplexere Prozesse (Verstehen eines längeren Textes, Lösen komplexer mathematischer Aufgaben)   • Makroebene: Bezug auf Prozesse langer zeitlicher Erstreckung (Arbeitsverhalten und Lernstil im Studium; Schreiben einer Diplomarbeit [oder eines Beitrages einer Festschrift; Erg. L.P.])

3.2.3 Versuch eines integrativen Entwicklungsmodells

Gewissermaßen als Abschluß bzw. Zusammenfassung der Begriffsklärung soll Abb. 14 erläutert werden.

Die Abbildung symbolisiert zweierlei:
Erstens werden nochmals (siehe Abb. 6) die drei Paradigmen der Entwicklung charakterisiert. Zweitens zeigen zwei Pfeil-"Kreise", wie sich die einzelnen Paradigmen wechselseitig anregen und ergänzen können bzw. in welchen Punkten sich unterschiedliche Auffassungen ergeben.

1. Schritt:
Das Entwicklungsmodell orientiert sich an den drei großen Paradigmen [a) – c)], wie sie oben dargestellt wurden. Die Abbildung zeigt, daß alle drei Paradigmen zentrale Aspekte von Entwicklungsprozessen ansprechen:

a) Das **mechanistische Paradigma** liefert Erkenntnisse über die Art der Aufnahme von Informationen aus der Umwelt, ihre logisch-mechanistische Verarbeitung und ihre Loslösung vom externen Kontext durch die Übernahme als psycho-physischen Prozeß. Eine große Rolle spielen dabei die jeweiligen quantitativen Anteile. Bedeutsames Element innerhalb der Theorie ist die Frage, ob eher die Anlagen (Physiologie) oder die Umwelt die Entwicklung definieren.

b) Das **organismisch adaptive Paradigma** fragt nach zukünftigem Sinn und Zweck (welche Anforderung wird bewältigbar) von Entwicklungsfaktoren und begründet ihre Herkunft (evolutiv-historisch). Es betont auch, daß es ein deutliches Wechselspiel zwischen internen (biologisch und psychisch) und externen Faktoren gibt, die die Entwicklung bestimmen, und versucht prozessuale Gesetzmäßigkeiten festzulegen und eine phasengebundene Kontinuität zu definieren.

c) Das **intentional-reflexive Paradigma** betont, daß der Mensch absichtsvoll und geplant handeln kann. Die Handlungen werden von Emotionen begleitet und mehr oder weniger geleitet. Über eine Metaebene kann sich der Mensch diese Prozesse bewußt machen und sie wesentlich über kognitive Strategien steuern. In diese Regulierung fließen Gefühle und Motive ein. Die Regulierung und eine klare Absicht (Volition) ermöglichen dabei auch Handlungen, die "nur" Funktion eines zukünftigen Zieles sind. Trotz der relativ autonomen Handlungs- und Entscheidungsfähigkeit sind diese Vorgänge eingebunden in eine soziale und kulturelle Umwelt. Diese determiniert bis zu einem gewissen Teil die Freiheitsgrade des Individuums, andererseits wirkt das Individuum gestalterisch auf die soziale und materiale Umwelt.

2. Schritt:
Die Paradigmen stehen nicht im unvereinbaren Widersprüchen zu einander, sondern ergänzen sich wechselseitig. Diese Ergänzungen können metaphorisch als "Botschaften" bezeichnet werden, die als Anregung und/oder Bereicherung verstanden werden können.

Die Botschaft von **a)** ➜ **b)** beinhaltet, daß das Verhalten und Wissen des Individuums zunächst als wert-neutrales Wissen und Handeln zu betrachten ist. Erst durch den sozialen Bezug bekommt es eine relevante wert- und normbezogene Seite. Aufgrund des soziokulturellen Bezuges ist die Auswahl des zu erwerbenden Wissens und Könnens soziokulturell bestimmt. Für diese Bestimmung kann jedoch nicht das Individuum verantwortlich gemacht werden, daß Verhalten (im Sinne des Reiz-Reaktions-Ansatzes) durch Anregungen aus der Umwelt, also außenorientiert, aufgebaut wird.

Die Botschaft von **b)** ➜ **a)** beinhaltet, daß der Aufbau von Können und Wissen durch adaptive Prozesse erfolgt und neben der ontogenetischen Entwicklung phylogenetische Aspekte eine nicht unbeträchtliche Rolle spielen. Der wechselseitige Einfluß zwischen Umwelt und Individuum wird als äußerst intensiv eingestuft, so daß sich dies nicht nur auf das Handeln auswirkt, sondern auch auf Veränderungen im physiologisch-funktionalen Bereich. Das Zentrum der Entwicklungsdynamik liegt im Innern des Individuums. Diese Dynamik ist quantitativ nicht faßbar.

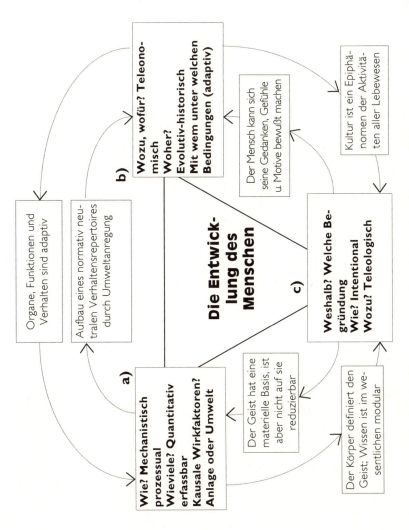

Abb. I4: Versuch eines integrativen Entwicklungsmodells

Die Botschaft von **a)** ➔ **c)** beinhaltet, daß kognitive Vorgänge eine Funktion der Neurophysiologie sind. Aus struktureller Sicht lassen sich die Prozesse auf wenige Grundmuster reduzieren. Semantisch besteht jedoch eine unendlich große Vielfalt. Inhaltlich verwandte "Themen" werden als größere Einheiten als sog. Module gruppiert. Solche Einheiten gibt es auf prozeduraler (als Fähigkeiten und Fertigkeiten) und auf deklarativer (als Welt- und Symbolwissen) Ebene.

Die Botschaft von **c)** ➔ **a)** beinhaltet, daß kognitive, emotionale und motivational-volitionale Prozesse eine physiologische, also eine materiale Basis haben, sich aber nicht auf diese reduzieren lassen. Die Vielfalt der Prozesse, z.B. sind bei prozeduralen Vorgängen immer auch deklarative Anteile beteiligt, lassen es nicht zu, Können und Wissen als "modular aufgebaut" zu charakterisieren.

Die Botschaft von **b)** ➔ **c)** beinhaltet, daß das soziokulturelle Gesamt als Ganzheit zu verstehen ist, das sich aus den Aktivitäten der Lebewesen und der von ihnen geschaffenen materialen Welt zusammensetzt. Mit anderen Worten: Kultur und die Aktivitäten der Menschen (einschließlich der materiellen Produkte, die sie erzeugen) entwickeln sich epiphänomenal, als Ko-Ontogenese und Ko-Phylogenese.

Die Botschaft von **c)** ➔ **b)** beinhaltet, daß Entwicklung nicht nur als Aufbau einer kognitiven Struktur zu verstehen ist und alle Lebens-Aufgaben über Erkenntnisprozesse zu lösen sind, sondern daß motivational-intentionale und emotionale Prozesse wesentlich am Aufbau der Handlungsfähigkeit beteiligt sind. Dies erhöht die Dynamik aller Entwicklungsprozesse. Da der Aufbau und diese Dynamik wesentlich von den äußeren Gelegenheiten in Kombination mit den internen Möglichkeiten abhängt, ist die Entwicklung diskontinuierlich und folgt keiner eindeutigen Phasenhierarchie.

Literatur

Ahrens, H.J.: Vergleichende Biopsychologie. Evolution und Verhalten lebender Systeme. In: Irle, E. und Markowitsch, H.J. (Hg.): Vergleichende Psychobiologie. Themenbereich C: Theorie und Forschung, Serie I: Biologische Psychologie Band 7. Enzyklopädie der Psychologie; herausgegeben von: Birbaumer, N. u.a. Göttingen. (Hogrefe) 1998

Albert, H.: Traktat über kritische Vernunft. Tübingen (Mohr, UTB) ⁵1991

Archer, J.: Evolutionäre Sozialpsychologie. In: Stroebe, W., Hewstonde, M. und G.M. Stephenson (Hg.): Sozialpsychologie. Eine Einführung. Berlin (Springer) ³1996

Arentsschild, O.v. und Koch, A.: Sprach- und Sprechstörungen. Biesalski, P. und Frank, F.: Phoniatrie und Pädaudiologie. Band 1. Stuttgart (Thieme) ²1994

Aristoteles: Über die Seele. Erstes Buch. In der Übersetzung von A. Lasson 1924. In: Aristoteles: Ausgewählt und vorgestellt von A. Pieper. München (dtv) 1997

Beck, U. und Beck-Gernsheim, E.: Nicht Autonomie, sondern Bastelbiographie. Anmerkungen zur Individualisierungsdiskussion am Beispiel des Aufsatzes von Günter Burkhart. Zeitschrift für Soziologie, 22. Jg. (1993), 178 - 187

Beckmann, J.: Entschlußbildung. In: Kuhl, J. und Heckhausen, H. (Hg.): Motivation, Volition und Handlung. Themenbereich C: Theorie und Forschung; Serie IV: Motivation und Emotion Band 4. Enzyklopädie der Psychologie, herausgegeben von Birbaumer, N. u.a. Göttingen (Hogrefe) 1996

Beermann, W.: Luhmanns Autopoiesebegriff – "oder from noise". In: Fischer, H.R. (Hg.): Autopoiese. Eine Theorie im Brennpunkt der Kritik. Heidelberg (C. Auer) ²1993

Beilin, H.: Konstruktivismus und Funktionalismus in der Theorie Jean Piagets. In: Edelstein, W. und Hoppe-Graff (Hg.): Die Konstruktion kognitiver Strukturen. Perspektiven einer konstruktivistischen Entwicklungspsychologie. Bern (Huber) 1993

Berg, P. und Singer, M.: Die Sprache der Gene. Grundlagen der Molekulargenetik. Heidelberg (Spektrum Akademischer) 1993

Bienstein, Ch., Fröhlich, A.: Förderung und Pflege im Dialog. In: Fröhlich, A., Bienstein, Ch. und Haupt, U. (Hg.): Fördern - Pflegen und Begleiten. Beiträge zur Pflege- und Entwicklungsförderung schwerst beeinträchtigter Menschen. Düsseldorf (selbstbestimmtes leben) 1997

Bischof, N.: Aristoteles, Galilei und Lewin und die Folgen. In: Michaelis, W.: Bericht über den 32. Kongreß der Deutschen Gesellschaft für Psychologie in Zürich 1980. Göttingen (Hogrefe) 1980 [Original etwa 320 vor Chr.]

Bischof, N.: Struktur und Bedeutung. Eine Einführung in die Systemtheorie. Bern (Huber) [2]1998

Bleidick, U. und Rath, W. und Schuck, D.: Die Empfehlungen der Kultusminister-konferenz zur sonderpädagogischen Förderung in den Schulen der Bundes-republik Deutschland. Zeitschrift für Pädagogik, 41. Jg. (1995) 247 - 264

Bleidick, U.: Pädagogik der Behinderten: Ein Ausblick. In: Opp, G. und Peterander, F. (Hg.): Focus Heilpädagogik. Projekt Zukunft. München (Reinhardt) 1996

Böhm, O.: Fakten, Daten und Konstrukte - alles ganz klar?. Z. Heilpäd. 48. Jg. (1997), 285 - 288

Böse, R. und Schiepek, G.: Systemische Theorie und Therapie. Ein Handwörter-buch. Heidelberg (Asanger) 1989

Braitenberg, V.: Wie kommen Ideen ins Gehirn. In: Braitenberg, V. und Hsop, I. (Hg.): Evolution. Entwicklung und Organisation in der Natur. Reinbek (roro-ro) 1994

Brandstätter, V. und Gollwitzer, P.M.: Motivation und Volition. In: Dörner, D. und Selg, H. (Hg.): Psychologie. Eine Einführung in ihre Grundlagen und Anwen-dungsfelder. Stuttgart (Kohlhammer) [2]1996

Buggle, F.: Die Entwicklungspsychologie Jean Piagets. Stuttgart (Kohlhammer) 1985

Ciompi, L.: Affektlogik – die Untrennbarkeit von Fühlen und Denken. In: Fedro-witz, J., Matejovski, D und Kaiser, G. (Hg.): Neuroworlds. Gehirn - Geist - Kultur. Frankfurt Campus 1994

Ciompi, L.: Affektlogik. Konzepte der Humanwissenschaften. Stuttgart (Klett-Cotta) 1982

Ciompi, L.: Außenwelt und Innenwelt. Die Entstehung von Zeit und Raum und psychischen Strukturen. Göttingen 1988

Ciompi, L.: Die emotionalen Grundlagen des Denkens. Entwurf einer fraktalen Affektlogik. Göttingen (Vandenhoeck & Ruprecht) 1997

Ciompi, L.: Zur Integration von Fühlen und Denken im Licht der "Affektlogik". Die Psyche als Teil eines autopoietischen Systems. In: Kisker, K.P. u.a.: Neurosen, Psychosomatische Erkrankungen, Psychotherapie. Psychiatrie der Gegenwart 1. Berlin (Springer) [3]1986

Cranach, M. v. und Chan, F.: Handlungspsychologie. In: Straub, J. Kempf, W. und Werbik, H. (Hg.): Psychologie. Eine Einführung. Grundlagen, Methoden, Per-spektiven. München (dtv) [2]1998

Cranach, M. v. : Die Unterscheidung von Handlungstypen - Ein Vorschlag zur Weiterentwicklung der Handlungspsychologie. In: Bergmann, B. und Richter, P. (Hg.): Die Handlungsregulationstheorie. Von der Praxis zur Theorie. Göt-tingen (Hogrefe) 1994

Csikszentmihalyi, M.: Das flow-Erlebnis. Jenseits von Angst und Langeweile: im Tun aufgehen. Stuttgart (Klett-Cotta)[5]1993

Csikszentmihalyi, M.: Flow: Das Geheimnis des Glücks. Stuttgart (Klett-Cotta)[6]1998

Daheim, H.: Die strukturell-funktionale Theorie. In: Endruweit, G. (Hg.): Moderne Theorien der Soziologie. Strukturell-funktionale Theorie, Konflikttheorie, Verhaltenstheorie. Ein Lehrbuch. Stuttgart (Enke) 1993

Damerow, P und Lefèvre, W.: Wissenssysteme im geschichtlichen Wandel. In: Klix, F. und Spada, H.: (Hg.): Wissen. Themenbereich C: Praxisgebiete. Serie II, Kognition Band 2. Enzyklopädie der Psychologie, herausgegeben von Birbaumer, N. u.a. Göttingen (Hogrefe) 1998

Dawkins, R.: Das egoistische Gen. Reinbek (rororo) [2]1996

Dörner, D. und Selg, H. (Hg.): Psychologie. Eine Einführung in ihre Grundlagen und Anwendungsfelder. Stuttgart (Kohlhammer) [2]1996; Weiner, B.: Motivationspsychologie. Weinheim (Weinheim (Beltz, PVU) 1996) [2]1988

Dörner, D. und Stäudel, Th.: Emotion und Kognition. In: Scherer, K.R. (Hg.): Psychologie der Emotionen. Themenbereich C: Serie IV: Motivation und Emotion Band 3. Enzyklopädie der Psychologie, herausgegeben von Birbaumer, N. u.a. Göttingen (Hogrefe) 1990

Dörner, D.: Emotionen, kognitive Prozesse und der Gebrauch von Wissen. In: Klix, F. und Spada, H.: (Hg.): Wissen. Themenbereich C: Praxisgebiete. Serie II, Kognition Band 6. Enzyklopädie der Psychologie, herausgegeben von Birbaumer, N. u.a. Göttingen (Hogrefe) 1998

Dupuis, G. und Kerkhoff, W. (Hg.): Enzyklopädie der Sonderpädagogik, der Heilpädagogik und ihrer Nachbargebiete. Berlin (Spiess; Ed. Marhold) 1992

Eberwein, H.: Lernbehinderung - Faktum oder Konstrukt? Z. Heilpäd. 48. Jg. (1997) 14 - 22)

Eberwein, H.: Zur Kritik und Revision des lernbehindertenpädagogischen Paradigmas. In: Eberwein, H. (Hg.): Handbuch Lernen und Lern-Behinderungen. Aneignungsprobleme. Neues Verständnis von Lernen. Integrationspädagogische Lösungsansätze. Weinheim (Beltz) 1996

Eckensberger, L.H. und Keller, H.: Menschenbilder und Entwicklungskonzepte. In: Keller, H. (Hg.): Lehrbuch Entwicklungspsychologie. Bern (Huber) 1998

Edelmann, W.: Lernen. In: In: Asanger R. und Wenninger, G.: Handwörterbuch Psychologie. Weinheim (Beltz, PVU) [5]1994

Edelmann, W.: Lernpsychologie. Weinheim (Beltz, PVU) [5]1996

Fischer, H.R. (Hg.): Autopoiese. Eine Theorie im Brennpunkt der Kritik. Heidelberg (C. Auer) [2]1993

Foerster, H. v.: Wissen und Gewissen. Versuch einer Brücke. Frankfurt (Suhrkamp, stw) 1983 [Zitat abgedruckt in Anhang von Rusch, G. (Hg.): Konstruktivismus und Ethik. Delfin 1995. Frankfurt (stw) 1995

Fornefeld, B.: Das schwerstbehinderte Kind und seine Erziehung. Beiträge zu einer Theorie der Erziehung. Heidelberg (Ed. Schindele; C. Winter) 1995

Franck, D.: Verhaltensbiologie. Stuttgart (Thieme) 1997

Mandl, H. und Friedrich, H.F.: Lern- und Denkstrategien - ein Problemaufriß. In: Mandl, H. und Friedrich, H.F. (Hg.): Lern- und Denkstrategien. Analyse und Intervention. Göttingen (Hogrefe) 1992

Furth, H.G.: Wissen als Leidenschaft. Frankfurt (suhrkamp) 1990

Geppert, U. und Heckhausen, H.: Ontogenese der Emotionen. In: Scherer, K.R. (Hg.): Psychologie der Emotionen. Themenbereich C: Serie IV: Motivation und Emotion Band 3. Enzyklopädie der Psychologie, herausgegeben von Birbaumer, N. u.a. Göttingen (Hogrefe) 1990

Gergen, K: Der Gedanke von Gergen ist dem Artikel von Deissler, K. u.a. : Sozialer Konstruktivismus – ein Interview mit Ken Gergen". Zeitschrift für Systemische Therapie,12. Jg. (1994), 118 – 126).

Glasersfeld, von E.: Piagets konstruktivistisches Modell: Wissen und Lernen. In: Rusch, G. und Schmidt, S.J. (Hg.): Piaget und der Radikale Konstruktivismus. Delfin 1994. Frankfurt (Suhrkamp; stw) 1994

Gollwitzer, P.M. und Malzacher J.T.: Absichten und Vorsätze. In: Kuhl, J. und Heckhausen, H. (Hg.): Motivation, Volition und Handlung. Themenbereich C: Theorie und Forschung; Serie IV: Motivation und Emotion Band 4. Enzyklopädie der Psychologie, herausgegeben von Birbaumer, N. u.a. Göttingen (Hogrefe) 1996

Gollwitzer, P.M.: Das Rubikonmodell der Handlungsphasen. In: Kuhl, J. und Heckhausen, H. (Hg.): Motivation, Volition und Handlung. Themenbereich C: Theorie und Forschung; Serie IV: Motivation und Emotion Band 4. Enzyklopädie der Psychologie, herausgegeben von Birbaumer, N. u.a. Göttingen (Hogrefe) 1996

Gollwitzer, P.M.: Suchen, Finden und Festigen der eigenen Identität: Unstillbare Zielintentionen. In: Heckhausen, H., Gollwitzer, P.M. und Weinert, F.E. (Hg.): Jenseits des Rubikon. Der Wille in den Humanwissenschaften. Berlin (Springer) 1987

Goschke, Th.: Kontrolle, exekutive. In: Strube, G. (Hg.): Wörterbuch der Kognitionswissenschaft. Stuttgart (Klett-Cotta) 1996

Goschke, Th.: Wille und Kognition: Zur funktionalen Architektur der intentionalen Handlungssteuerung. In: Kuhl, J. und Heckhausen, H. (Hg.): Motivation, Volition und Handlung. Themenbereich C: Theorie und Forschung; Serie IV: Motivation und Emotion Band 4. Enzyklopädie der Psychologie, herausgegeben von Birbaumer, N. u.a. Göttingen (Hogrefe) 1996

Gottwald, P.: Freie Psychologie als Wahrnehmen und Wahrgeben. In: Opp, G. und Peterander, F. (Hg.): Focus Heilpädagogik. Projekt Zukunft. München (Reinhardt) 1996

Gräfrath, E.: Evolutionäre Ethik? Philosophische Programme, Probleme und Perspektiven der Soziobiologie. Berlin (de Gruyter) 1997

Grammer, K.: Biologische Grundlagen des Sozialverhaltens. Verhaltensforschung in Kindergruppen. Darmstadt (wissenschaftliche Buchgesellschaft) 1995

Grawe, K.: Psychologische Therapie. Göttingen (Hogrefe) 1998

Hacker, W: Handlung: In: Asanger R. und Wenninger, G.: Handwörterbuch Psychologie. Weinheim (Beltz, PVU) [5]1994 S. 275 - 281

Heckhausen, H., Gollwitzer, P.M. und Weinert, F.E. (Hg.): Jenseits des Rubikon. Der Wille in den Humanwissenschaften. Berlin (Springer) 1987

Heckhausen, H.: Motivation und Handeln. Berlin (Springer) [2]1989

Heidtmann, H.: Sprachentwicklungsstörung. In: Dupuis, G. und Kerkhoff, W. (Hg.): Enzyklopädie der Sonderpädagogik, der Heilpädagogik und ihrer Nachbargebiete. Berlin (Spiess; Ed. Marhold) 1992

Hernegger, R.: Wahrnehmung und Bewußtsein. Eine Diskussionsbeitrag zur Neuropsychologie. Heidelberg (Spektrum) 1995

Hertzberg: Planen (planing). In: Strube, G. (Hg.): Wörterbuch der Kognitionswissenschaft. Stuttgart (Klett-Cotta) 1996

Heuer, H.: Psychomotorik. In: Spada, H. (Hg.): Lehrbuch Allgemeine Psychologie. Bern (Huber) [2]1992

Hügli, A. und Lübcke, P. (Hg.): Philosophie-Lexikon. Personen und Begriffe der abendländischen Philosophie von der Antike bis zur Gegenwart. Reinbek (rororo, rowohlts enzyklopädie) 1997

Irrgang, B.: Lehrbuch der evolutionären Erkenntnistheorie. München (UTB; Reinhardt) 1993

Izard, C.E.: Die Emotionen des Menschen. Weinheim, Basel [4]1994

Jansen, F. und Streit, U.: Eltern als Therapeuten. Ein Leitfaden zum Umgang mit Schul- und Lernproblemen. Berlin (Springer) 1992

Jantzen, W.: Allgemeine Behindertenpädagogik. Bd. 1. Sozialwissenschaftliche und psychologische Grundlagen. Weinheim (Beltz) 1987

Jordan, M.J.: Komputationale Aspekte der Bewegungssteuerung und des motorischen Lernens. In: Heuer, H. und Keele, S.W.) (Hg.): Psychomotorik. Enzyklopädie der Psychologie. Themenbereich C: Theorie und Forschung, Serie II, Kognition Band 3: Birbaumer, N u.a. (Hg.) Göttingen. (Hogrefe) 1994

Kandel E.R., Schwartz, J.H. und Jessel, Th., M. (Hg.): Neurowissenschaften. Eine Einführung. Heidelberg (Spektrum) 1995

Karmiloff-Smith, A.: Beyond modularity: A developmental perspective on cognitive Science. Cambridge, Berlin (Spiess, Ed. Marhold) 1992 (MIR Press) 1992; zitiert in Waldmann; a.a.O.

Keller, H.: Entwicklungspsychopathologie. In: Keller, H. (Hg.): Handbuch der Kleinkindforschung. Bern (Huber) [2]1997

Kerkhoff, W. und Pflüger, L.: Entwicklung. In: Gesellschaft für Erwachsenenbildung und Behinderung e.V. (Hg.): Baumgart, E. und Bücheler, H. (Bearbeitung): Lexikon. Wissenswertes zur Erwachsenenbildung unter besonderer Berücksichtigung von geistiger Behinderung. Neuwied (Luchterhand) 1998

Kerkhoff, W.: Arbeitszeit und Arbeitsbelastung des Schülers (einschließlich Ermü-
    dung, Tagesrhythmus und Stundenplangestaltung). In: Klauer, K.-J. und
    Reinartz, A. (Hg.): Sonderpädagogik in allgemeinen Schulen. Handbuch der
    Sonderpädagogik, Bd. 9. Berlin (Marhold) 1978
Kesselring, Th.: Jean Piaget. München (Beck) 1988
Kiss, G.: Grundzüge und Entwicklung der Luhmannschen Systemtheorie. Stuttgart
    (Enke) [2]1990
Klein, G.: Die Schüler der Förderschule (Schule für Lernbehinderte) in der Wahr-
    nehmung der Sonderpädagogik. Z. Heilpäd. 50 Jg. 1999, 4 - 10
Klix, F.: Erwachen des Denken. Geistige Leistungen aus evolutionspsychologischer
    Sicht. Heidelberg (Spektrum) 1993
Klix, F.: Evolutionsbiologische Spuren in kognitiven Strukturbildungen und Leistun-
    gen des Menschen. In: Klix, F. und Spada, H.: (Hg.): Wissen. Themenbereich
    C: Praxisgebiete. Serie II, Kognition Band 2. Enzyklopädie der Psychologie,
    herausgegeben von Birbaumer, N. u.a.; Göttingen (Hogrefe) 1998
Köck, W.K.: Autopoiese, Kognition und Kommunikation. Einige kritische Bemer-
    kungen zu Humberto R. Maturanas Bio-Epistemologie und ihren Konsequen-
    zen. In: Riegas, V. und Vetter, Ch.: Zur Biologie der Kognition. Ein Gespräch
    mit Humberto Maturana und Beiträge zur Diskussion seines Werkes. Frank-
    furt (suhrkamp)1990
Koelega, H.S.: Vigilanz. . Neumann, O. und Sanders, A.F. (Hg.): Aufmerksamkeit.
    Themenbereich C: Theorie und Forschung. Serie II, Kognition Bd. 2. Enzy-
    klopädie der Psychologie, Herausgeber: Birbaumer, N. u.a.: Göttingen (Ho-
    grefe) 1996
Kratsch, S.: Entwicklungsphasen. In: Dupuis, G. und Kerkhoff, W. (Hg.): Enzyklopä-
    die der Sonderpädagogik, der Heilpädagogik und ihrer Nachbargebiete. Ber-
    lin (Spiess; Ed. Marhold) 1992
Krohn, W. und Küppers, G. (Hg.): Emergenz: die Entstehung von Ordnung, Orga-
    nisation und Bedeutung. Frankfurt (stw) 1992
Kuhl, J.: Wille und Freiheitserleben. Formen der Selbststeuerung. In: Kuhl, J. und
    Heckhausen, H. (Hg.): Motivation, Volition und Handlung. Themenbereich
    C: Theorie und Forschung; Serie IV: Motivation und Emotion Band 4. Enzy-
    klopädie der Psychologie, herausgegeben von Birbaumer, N. u.a. Göttingen
    (Hogrefe) 1996
Kullmann, W.: Zum Gedanken der Teleologie in der Naturphilosophie des Ari-
    stoteles und seiner Beurteilung in der Neuzeit. In: Pleines, J.E. (Hg.): Zum
    teleologischen Argument in der Philosophie. Aristoteles – Kant – Hegel.
    Würzburg (Könighausen & Neumann) 1991
Lüer, G. und Spada, H.: Denken und Problemlosen. In: Spada, H. (Hg.): Lehrbuch
    Allgemeine Psychologie. Bern (Huber) 1992
Luhmann, N.: Die Gesellschaft der Gesellschaft. Band I (bis Seite 594) und Band II
    . Frankfurt (suhrkamp) 1997

Luhmann, N.: Soziale Systeme. Frankfurt (suhrkamp) 1987

Mangold, R.: Die Simulation von Lernprozessen in konnektionistischen Netzwerken. In: Hoffmann, J. und Kintsch, W. (Hg.): Lernen. Themenbereich C: Theorie und Forschung. Serie II, Kognition Band 7. Enzyklopädie der Psychologie, herausgegeben von Birbaumer, N. u.a. Göttingen (Hogrefe) 1996

Mayr, E.: Evolution und die Vielfalt des Lebens. Berlin (Springer) 1979

Miller, P.: Theorien der Entwicklungspsychologie. Heidelberg (Spektrum) 1993

Möbus, C: Wissenserwerb. In: Strube, G. (Hg.): Wörterbuch der Kognitionswissenschaft. Stuttgart (Klett-Cotta) 1996

Mohr, H.: Natur und Moral. Ethik in der Biologie. Darmstadt (wissenschaftliche Buchgesellschaft) 1995

Mönks, F.J. und Knoers, A.M.P.: Lehrbuch der Entwicklungspsychologie. München (Reinhardt) 1996

Müsseler, J., Aschersleben, G. und Prinz, W.: Die Steuerung von Handlungen. In: Roth, G. und Prinz, W. (Hg.): Kopf-Arbeit. Gehirnfunktion und kognitive Leistungen. Heidelberg (Spektrum) 1996

Neumann, O.: Theorien der Aufmerksamkeit. Neumann, O. und Sanders, A.F. (Hg.): Aufmerksamkeit. Themenbereich C: Theorie und Forschung. Serie II, Kognition Bd. 2. Enzyklopädie der Psychologie, herausgegeben von: Birbaumer, N. u.a.: Göttingen (Hogrefe) 1996

Neumann, O.: Theorien der Aufmerksamkeit: von Metaphern zu Mechanismen. Psychologische Rundschau 43. Jg. (1992) 83 - 101

Oerter, R.: Kultur, Ökologie und Entwicklung. In: Oerter, R. und Montada, L. (Hg.): Entwicklungspsychologie. Weinheim (Beltz, PVU) [3]1995

Oeser, E.: Psychozoikum. Evolution und Mechanismus der menschlichen Erkenntnisfähigkeit. Berlin (Parey) 1987

Oeser, E.: System, Klassifikation, Evolution. Historische Analyse und Rekonstruktion der wissenschaftstheoretischen Grundlagen der Biologie. Wien (Braumüller) [2]1996

Oskamp, U.: Apraxie, pädagogische Aufgabe. In: Dupuis, G. und Kerkhoff, W. (Hg.): Enzyklopädie der Sonderpädagogik, der Heilpädagogik und ihrer Nachbargebiete. Berlin (Spiess; Ed. Marhold) 1992

Pechmann, v. A.: Akt/Potenz. In: Sandkühler, H.J. (Hg.): Europäische Enzyklopädie zu Philosophie und Wissenschaften. Vier Bände. Hamburg (Meiner) 1990

Perler, D.: René Descartes. München (Beck) 1998

Pflüger, L.: Denken. In: Gesellschaft für Erwachsenenbildung und Behinderung e.V. (Hg.): Baumgart, E. und Bücheler H. (Bearbeitung): Lexikon. Wissenswertes zur Erwachsenenbildung unter besonderer Berücksichtigung von geistiger Behinderung. Neuwied (Luchterhand) 1998a

Pflüger, L.: Handeln. In: Gesellschaft für Erwachsenenbildung und Behinderung e.V. (Hg.): Baumgart, E. und Bücheler, H. (Bearbeitung): Lexikon. Wissenswertes

zur Erwachsenenbildung unter besonderer Berücksichtigung von geistiger
Behinderung. Neuwied (Luchterhand) 1998b

Pflüger, L: Systemisches Denken. In: Gesellschaft für Erwachsenenbildung und Behinderung e.V. (Hg.): Baumgart, E. und Bücheler H. (Bearbeitung): Lexikon.
Wissenswertes zur Erwachsenenbildung unter besonderer Berücksichtigung
von geistiger Behinderung. Neuwied (Luchterhand) 1998

Pflüger, L.: Neurogene Entwicklungsstörungen. (Reinhardt; UTB) München 1991

Pflüger, L.: Unser Kind braucht Hilfe. (Trias) Stuttgart 1993

Piaget, J. und Inhelder, B.: Die Psychologie des Kindes. Frankfurt (Fischer Tb) 1978

Piaget, J.: Biologie und Erkenntnis. Über die Beziehungen zwischen organischen
Regulationen und kognitiven Prozessen. Frankfurt (Fischer tb) 1983

Piaget, J.: Biologische Anpassung und Psychologie der Intelligenz. Konzepte der
Humanwissenschaften. Stuttgart (Klett Cotta) 1975

Piaget, J.: Der Strukturalismus. Olten (Walter / Klett Cotta 1980) 1973

Piaget, J.: Erkenntnistheorie der Wissenschaften vom Menschen. Frankfurt (Fischer
Tb) 1972 (Original herausgegeben von der UNESCO 1970)

Piaget, J.: Genetische Epistemologie. In: Schneider, N. (Hg.): Erkenntnistheorie im
20. Jahrhundert. Stuttgart (Reclam) 1998

Piaget, J.: Intelligenz und Affektivität in der Entwicklung des Kindes. Frankfurt
(Suhrkamp) 1995

Piaget, J.: Lebendige Entwicklung. Zeitschrift. f. Päd. 20 (1974), 1 – 6

Piaget, J.: Probleme der Entwicklungspsychologie. Kleine Schriften Frankfurt (Syn-
dikat) 1984

Piaget, J.: Weisheit und Illusion der Philosophie. Frankfurt (stw) (Original Sagasse
et illusions de la philosophie, Paris 1965) 1985 [zitiert bei Reusser]

Reinmann-Rothmeier, G. und Mandl, H.: Wissensvermittlung: Ansätze zur Förderung des Wissenserwerbs. In: In: Klix, F. und Spada, H.: (Hg.): Wissen. Themenbereich C: Praxisgebiete. Serie II, Kognition Band 2. Enzyklopädie der
Psychologie, herausgegeben von Birbaumer, N. u.a.; Göttingen (Hogrefe)
1998

Resch, F.: Entwicklungspsychopathologie. In: Reinelt, T., Bogyi, G. und Schuch, B.:
Lehrbuch der Kinderpsychotherapie. München (Reinhardt) 1997; Seite 100f.

Reusser, K.: Denkstrukturen und Wissenserwerb in der Ontogenese. In: Klix, F.
und Spada, H.: (Hg.): Wissen. Themenbereich C: Praxisgebiete. Serie II, Kognition Band 6. Enzyklopädie der Psychologie, herausgegeben von Birbaumer, N. u.a.; Göttingen (Hogrefe) 1998

Reusser, K: Entwicklung. In: Strube, G. (Hg.): Wörterbuch der Kognitionswissenschaft. Stuttgart (Klett-Cotta) 1996

Riedl, R.: Biologie der Erkenntnis. Die stammesgeschichtlichen Grundlagen der
Vernunft. München (dtv) 1981

Riegas, V. und Vetter, Ch. : Gespräch mit Humberto R. Maturana: In: Riegas, V.
und Vetter, Ch.: Zur Biologie der Kognition. Ein Gespräch mit Humberto

Maturana und Beiträge zur Diskussion seines Werkes. Frankfurt (suhr-kamp)1990

Riegel, K.: Zur Ontogenese dialektischer Operationen. Frankfurt (Suhrkamp; stw) 1978

Roth, W.: Entelechie. Dupuis, G. und Kerkhoff, W. (Hg.): Enzyklopädie der Son-derpädagogik, der Heilpädagogik und ihrer Nachbargebiete. Berlin (Spiess; Ed. Marhold) 1992

Roth, W.: Fertigkeiten. In: Haider, H.: Strube, G. (Hg.): Wörterbuch der Kogniti-onswissenschaft. Stuttgart (Klett-Cotta) 1996

Rusch, G. und Schmidt, S.J. (Hg.): Piaget und der Radikale Konstruktivismus. Delfin 1994. Frankfurt (stw) 1994

Sandkühler, H.J.: Enzyklopädie. In: Sandkühler, H.J. (Hg.): Europäische Enzyklopädie zu Philosophie und Wissenschaften. Vier Bände. Hamburg (Meiner) 1990

Schaub, H.: Denken. In: Straub, J., Kempf, W. und Werbik, H. (Hg.): Psychologie. Eine Einführung. Grundlagen, Methoden, Perspektiven. München (dtv) [2]1998

Scherer, K.R. (Hg.): Psychologie der Emotionen. Themenbereich C: Serie IV: Moti-vation und Emotion Band 3. Enzyklopädie der Psychologie, herausgegeben von Birbaumer u.a. Göttingen (Hogrefe) 1990

Schiepek, G.: Systemtheorie der Klinischen Psychologie. Braunschweig (Vieweg) 1991

Schlippe, A. von und Schweitzer, J.: Lehrbuch der systemischen Therapie und Be-ratung. Göttingen (Vandenhoeck und Ruprecht) [3]1997

Schmalt, H.-D.: Zur Kohärenz von Motivation und Kognition. In: Kuhl, J. und Heck-hausen, H. (Hg.): Motivation, Volition und Handlung. Themenbereich C: Theorie und Forschung; Serie IV: Motivation und Emotion Band 4. Enzyklo-pädie der Psychologie, herausgegeben von Birbaumer, N. u.a. Göttingen (Hogrefe) 1996

Schmid-Schönbein, Ch.: Eine Piagetsche Perspektive. In: In: Keller, H. (Hg.): Hand-buch der Kleinkindforschung. Bern (Huber) [2]1997

Schmidt, S.J. (Hg.): Der Diskurs des Radikalen Konstruktivismus. Frankfurt (suhr-kamp) [4]1991

Schmidt-Atzert, L.: Lehrbuch der Emotionspsychologie. Stuttgart (Kohlhammer) 1996

Schneewind, K.A. und Pekrun, R.: Theorien der Erziehungs- und Sozialisationspsy-chologie. In.: Schneewind, K.A. (Hg.): Psychologie der Erziehung und Soziali-sation. Enzyklopädie der Psychologie, herausgegeben von Birbaumer, N. u.a. Göttingen (Hogrefe) 1994

Schneider, W.: Metakognition. . In: Strube, G. (Hg.): Wörterbuch der Kognitions-wissenschaft. Stuttgart (Klett-Cotta) 1996

Schulteiss, O.C. und Brunstein, J.C.: Motivation. In: Straub, J., Kempf, W. und Wer-bik, H. (Hg.): Psychologie. Eine Einführung. Grundlagen, Methoden, Perspek-tiven. München (dtv) 21998

Seiler, Th., B.: Ist Jean Piagets strukturgenetische Erklärung des Denkens eine kon-struktivistische Theorie? In: Rusch, G. und Schmidt, S.J. (Hg.): Piaget und der Radikale Konstruktivismus. Delfin 1994. Frankfurt (Suhrkamp; stw) 1994

Sieland, B.: Klinische Psychologie, Bd. I: Grundlagen. Stuttgart (Kohlhammer) 1994

Sokolowski, K.: Emotion und Volition. Motivationsforschung Band 14. Göttingen (Hogrefe) 1993

Spada, H. Ernst, A.M. und Ketterer, W.: Klassische und operante Konditionierung. In: Spada, H. (Hg.): Lehrbuch Allgemeine Psychologie. Bern (Huber) ^{2}1992

Speck, O.: Chaos und Autonomie in der Erziehung. Erziehungsschwierigkeiten unter moralischem Aspekt. München (Reinhardt 1991

Speck, O.: System Heilpädagogik. Eine ökologisch reflexive Grundlegung. München (Reinhardt) ^{3}1996

Spiel, W. und G.: Kompendium der Kinder- und Jugendneuropsychiatrie. München (Reinhardt) 1987

Staudinger, U.M. und Baltes, P.B.: Gedächtnis, Weisheit und Lebenserfahrung im Alter: Zur Ontogenese als Zusammenwirken von Biologie und Kultur. In: Dörner, D. und Meer, E. van der (Hg.): Das Gedächtnis. Probleme - Trends - Perspektiven. Göttingen (Hogrefe) 1995

Steiner, G.: Emotionen und Reflexivität aus äquilibrationstheoretischer Sicht. In: Eckensberger, L.H. und Lantermann, E.D. (Hg.): Emotion und Reflexivität. München (Urban und Schwarzenberg) 1985

Steinhausen, Ch.: Psychische Störungen bei Kindern und Jugendlichen. Lehrbuch Kinder- und Jugendpsychiatrie. München (Uran & Schwarzenberg) ^{2}1993

Störig, H.J.: Kleine Weltgeschichte der Philosophie. Frankfurt (Fischer) 1993

Strube, G. u.a. :Kognition. In: Görz, G. (Hg.): Künstliche Intelligenz. München (Ol-denbourg) 1995

Süß, H.-M.: Fähigkeit. In: Strube, G. (Hg.): Wörterbuch der Kognitionswissenschaft. Stuttgart (Klett-Cotta) 1996

Trautner, H.-M.: Lehrbuch der Entwicklungspsychologie. Bd. 1: Grundlagen und Methoden. Göttingen (Hogrefe) ^{2}1992

Ulich, D.: Emotionen. In: Dörner, D. und Selg, H. (Hg.): Psychologie. Eine Einfüh-rung in ihre Grundlagen und Anwendungsfelder. Stuttgart (Kohlhammer) ^{2}1996

Varela, F.J.: Autonomie und Autopoiese. In: Schmidt, S.J. (Hg.): Der Diskurs des Radikalen Konstruktivismus. Frankfurt (suhrkamp)^{4}1991

Voland, E.: Grundriß der Soziobiologie. Stuttgart (Fischer) 1993

Vollmer, G.: Evolutionäre Erkenntnistheorie. Angeborene Erkenntnisstrukturen im Kontext von Biologie, Psychologie, Linguistik, Philosophie und Wissen-schaftstheorie. Stuttgart (Hirzel wissenschaftliche Verlagsgesellschaft) ^{6}1994

Vorberg, D. und Wing, A.: Modelle für die Variabilität und Abhängigkeit bei der zeitlichen Steuerung. In: Heuer, H. und Keele, S.W. (Hg.).: Motorik. The-menbereich C: Theorie und Forschung, Serie II: Kognition Bd. 3. Enzyklopädie der Psychologie, herausgegeben von Birbaumer, N. u.a. Göttingen. (Hogrefe) 1994

Waldmann, M.R.: Wissengeleitetes Lernen. In: Hoffmann, J. und Kintsch, W. (Hg.): Lernen. Themenbereich C: Theorie und Forschung. Serie II, Kognition Bd. 7. Enzyklopädie der Psychologie, herausgegeben von Birbaumer, N. u.a. Göttingen (Hogrefe) 1996

Weber, G.: Netz, semantisches: In: Strube, G. (Hg.): Wörterbuch der Kognitionswissenschaft. Stuttgart (Klett-Cotta) 1996

Weiner, B.: Motivationspsychologie. Weinheim (Weinheim (Beltz, PVU) 1996) [2]1988

Wimmer, M.: Kernkonzepte von Lorenz vergleichend ethologischem Programm. In: Wimmer, M. (Hg.): Freud – Piaget . Lorenz. Von den biologischen Grundlagen des Denkens und Fühlens. Wien (Universitätsverlag WUV) 1998

Wuketits, F.M.: Gene, Kultur und Moral. Soziobiologie – Pro und Contra. Darmstadt (wissenschaftliche Buchgesellschaft) 1990

Wuketits, F.M.: Soziobiologie. Die Macht der Gene und die Evolution sozialen Verhaltens. Heidelberg (Spektrum) 1997

Zach, U.: Familie und Kindheit. Perspektiven der psychologischen Familienforschung und der Evolutionsbiologie. In: Keller, H. (Hg.): Handbuch der Kleinkindforschung. Bern (Huber) [2]1997

Zapf, D.: Handlung, Handlungspsychologie. Strube, G. (Hg.): Wörterbuch der Kognitionswissenschaft. Stuttgart (Klett-Cotta) 1996

Alex Baumgartner

Ästhetische Möglichkeitsräume - Chance für die Sonderpädagogik

1. Die ästhetische Dimension im Bildungsprozeß

Als zentrale Aufgabe betrachtet Pädagogik seit ihrem Bestehen die Bedingungen zur Konstitution autonomer Handlungsfähigkeit und Subjektivität zu schaffen, wobei das Erkennen der eigenen Antriebsbasis, das
Erkennen der physikalischen - und sozialen Objektwelt, so wie die Ex-
plikation der Entwicklung formallogischer Strukturen der Erkenntnis
(logische und moralische Urteilskraft). die vier grundlegenden Erkenntnisfunktionen bilden (Oevermann 1975). Diese Erkenntnisfunktionen
sind gattungsspezifische Funktionen, wobei es hinsichtlich der Ausbildung dieser Fähigkeiten keine Ungleichheit unter den Menschen geben
dürfte. Pädagogik und vor allem Sonderpädagogik müßte sich der Förderung dieser Erkenntnisfunktionen und dem Ausgleich der darin zum
Ausdruck kommenden Ungleichheiten zuwenden.

Gelungene Bildung wird gebunden an die Bestimmung autonomer
Subjektivität und ist auf unreduzierte Erfahrungen angewiesen, denn
nur diese ermöglichen eine genetische Rekonstruktion verschiedener,
aufeinander aufbauender Erfahrungsqualitäten. "Erfahrung bezeichnet
dabei das (für das Subjekt verbindliche). Sich-Einlassen auf den zu be-
greifenden Gegenstand als Bedingung dafür, daß dieser Prozeß, der
dem Gegenstand umfassend gerecht zu werden sucht, für Selbstdefinition wie für theoretische und praktische Orientierung des Subjekts Bedeutung gewinnen kann" (Schäfer 1988, S. 45).

Im argumentativ-diskursiven Repertoire der heutigen Schule mit ihrer
eigentümlichen Tendenz der Verengung der expliziten Realitätsbezüge
auf eine auf Zweck-Mittel-Relation reduzierte Didaktik bleibt das im
Lernprozeß Erworbene den Schülern "vielfach äußerlich und findet

weder in ihre Selbstdefinition noch in ihre Handlungsentwürfe Eingang"
(Schäfer 1988, S. 44). Hand in Hand mit der Instrumentalisierung des
Gelernten geht der Zwang zur Einhaltung einer Konformität einher.
Durch die Instrumentalisierung und Unverbindlichkeit des Gelernten
wird Erfahrung eingeengt und ist gleichsam erledigt, bevor sie über-
haupt angefangen hat.

Die zunehmende Entsinnlichung aller Lebensbereiche korrespondiert
mit einer Einschränkung der Erfahrungsfähigkeit. "Bereits im Kleinkind
werden damit die Voraussetzungen zu differenziertem Selbst- und
Weltbezug gestört " (Mattheis 1992, S.221).

Die pädagogische Frage angesichts der Tendenzen zur arbeitsteiligen
Subjektivität, Verdinglichung und Erfahrungsverlust ist die, welcher Umstände Kinder bedürfen, um sich als Subjekt auch zum Selbst bilden zu
können. Anzusetzen ist am frühkindlichen 'Potential der Spontaneität'
(Vogel). Dies gelingt im Erziehungsprozeß immer dann, wenn Erfahrungen als unmittelbare zum Tragen kommen, wenn für die Lernenden
lebensgeschichtlich bedeutsame Episoden einbezogen werden; das
heißt Erfahrung darf in einem Bildungsprozeß nicht um seinen Reali-
tätsanteil verkürzt werden. Im präsentativen Bereich wird es dem Lernenden ermöglicht, dem Bedürfnis nach selbstsymbolischem Ausdruck
zu entsprechen, wodurch Lernen zu einer individuellen Erfahrung werden kann, da das Kind sich und seine Selbstanteile in den anzueignen-
den Inhalten finden kann. Damit ist die sinnlich-ästhetische Dimension
in dem Lernprozeß eingefordert, denn nur das Zusammenspiel von
Vernunft und Sinnlichkeit gewährleistet die Entwicklung einer unredu-
zierten authentischen Erfahrung, die Selbstbesinnung ermöglicht; die
bedeutsame Voraussetzung einer sich bildenden Selbstbestimmungs-
kompetenz und Ichfestigkeit.

Ästhetische Erfahrung fragt nach Formen der Selbsterfahrung, die im
herkömmlichen Repertoire offensichtlich nicht realisiert werden können. Die ästhetische Erfahrung als eine integrale erweitert menschliche
Selbsterfahrung und Sinngestaltungsmöglichkeit und vertieft damit

gleichzeitig den Zugang zu relevanten Aspekten der Lebenswelt der Lernenden.

Ästhetische Bildung hat an der bislang verhinderten Erfahrung und am unerfüllten Verlangen nach Glück anzusetzen. "Gerade im ästhetischen Prozeß bildet ein Sich-selbst-Fühlen und Bei-sich-Sein ein wesentliches Moment des gestalterischen Tuns in der Auseinandersetzung mit sich und seiner Außenwelt" (Hampe 1997, S. 217). Ästhetische Erziehung bezieht den Menschen in seiner Leib-Seele-Einheit in den Gestaltungs-prozeß mit ein. Da sinnlich-ganzheitliche Erlebnisse im Kontext kon-kreter Handlungen die Grundlage von ästhetischen Erfahrungen bilden, vereinigt diese affektive und kognitive Strukturen in einem ganzheitli-chen Erlebniszusammenhang.

Damit holt der poietisch-gestaltende Selbstbezug in der ästhetischen Erfahrung die verdrängte Naturseite des Subjekts als Tiefendimension des Menschen wieder ins Leben. Ästhetische Erfahrung, die senso-motorische Erfahrungen und kognitive Aktivitäten verbindet und Prä-Rationales und Affektives zurück- oder einzuholen vermag, wird als lustvoll erlebt. "Die Welterschließung durch das Gefühl der Lust ist rei-cher als der nach innen umgekehrte Zustand der Reflexion. Die ästhe-tische Lust umfaßt den Horizont des Möglichen und ist nicht objektiv sondern weltoffen im eigentlichen Sinne des Wortes. Sie läßt sich als Funktion der gefühlsmäßigen Welterschließung begreifen, die auf im-mer neue Erfahrung, auf Erweiterung des Erfahrenshorizontes ausge-richtet ist" (Fellsches 1989, S. 166).

Die Pädagogik hat hier Chancen, "Möglichkeitsräume" für die Inszenie-rung unreduzierter Erfahrungen zu schaffen, damit die Fähigkeit zur Selbstgestaltung als praktische Erfahrung mit sich selbst entstehen kann (Baumgartner 1998). Eine Bildung, die auch die ästhetische Dimension einbezieht hat die Chance, mehr an Lebens- und Handlungsmöglich-keiten zu entbinden, da im ästhetischen Prozeß Imagination, Korre-spondenz und Kontemplation zusammentreffen.

Ästhetische Erziehung verbindet somit sinnliche Praxis und emotionale Anteilnahme. Ästhetisches Verhalten realisiert sich in Prozessen des Wahrnehmens, Gestaltens und Sammeln und Sich-Einlassens auf Kunstwerke. Wird ästhetische Kompetenz allerdings von einer additiven Summierung einzelner, unverbundener ästhetischer Ereignisse erwartet, verschwindet die konstitutive Bedeutung des ästhetischen Verhaltens für die Konstitution autonomer Subjektivität. Ästhetische Erziehung ist dann lediglich ein Instrument des gesellschaftlich intendierten Steuerungsprozesses menschlicher Vernunft und die Gefahr ihrer möglichen Instrumentalisierung wird übersehen. Ästhetische Erziehung, die eine unverzichtbare Dimension zeitgenössischer Allgemeinbildung darstellt, muß subjekttheoretisch fundiert sein. "Subjektiver Leistungsursprung ästhetischer Produkte (Kant)., das vorherrschende Prinzip der inneren Subjektivität (Hegel). sind es, die produktions- und rezeptionsästhetische Konkretisierungsoffenheit bewirken und das besondere emanzipatorische-therapeutische Potential der ästhetischen Phänomene mit sich führen" (Richter-Reichenbach 1992, S. 103).

2. Die Genese der symbolischen Funktion

Die subjektzentrierte pädagogische Struktur muß die Voraussetzungslage der Adressaten einbeziehen. Dabei ist es relevant, die Transformationsstufen des Selbst näher zu betrachten. Der kindliche Selbstwerdungsprozeß entfaltet sich von der unbewußten Erfahrung abhängiger Selbsterfahrung und Körpererfahrung zum jugendlichen Selbstgefühl und schließlich zum Selbstbewußtsein. "Im jugendlichen Transformationsprozeß des Selbst werden Sexualität, Liebe und soziale Geschlechtsbeziehungen zur zentralen Selbstbeziehungssphäre" (Vogel 1992, S. 29). Das in der kindlichen Phase aus der Selbsterhaltungsabhängigkeit entstandene Selbstgefühl verselbständigt sich und führt zum Erwerb neuer und reifer Beziehungen zu Altersgenossen beiderlei Geschlechts und zur Gewinnung emotionaler Unabhängigkeit von den Eltern und anderen Erwachsenen.

Die Kindheitserlebnisse stellen aufgrund der Einbettung in die objektiven latenten Sinnstrukturen der 'sozialisatorischen Interaktion' ein einschneidendes Erfahrungspotential dar (Oevermann 1975). Im früheren Kindesalter konstituieren sich "innere Bilder", die meist durch lebensgeschichtlich frühe Sinneseindrücke der äußeren Realität geprägt sind. Diese frühen Eindrücke, gleichsam Erinnerungsspuren werden in Bilder überführt und mit bedeutsamen Affekten verbunden. Es bildet sich ein rudimentäres Gedächtnis über affektives Erleben aus, das an die objektive Bedeutungsstruktur der Interaktionen, an denen das Kind teilgenommen hat, gebunden ist. Im Laufe der Ontogenese kommt es zu einer situativen Einbettung der affektiven Reaktionen und es erfolgt ein kontinuierlicher Aufbau von Erinnerungsbildern. Innere Bilder und Phantasien gehen auf leiblich wahrgenommene Erfahrungen und Szenen zurück, die präsentativen Charakter haben und als integrative Ganzheiten, die in hohem Maße ausdeutungsfähig sind, aufzufassen sind. Das szenische Verstehen geschieht somit auf der präsentativen Ebene in den verschiedenen Wahrnehmungsformen: taktil, propriozeptiv, visuell, auditiv und kinästhetisch. Diese Konzeption bietet eine Erklärung für die außerordentliche Persistenz der unbewußten bzw. vorbewußten Kommunikations- und Interaktionserfahrungen, die auf "leiblicher Ebene" stattfinden und sich in Mimik, Gestik, Körperhaltung und Blickkontakt mitteilen und unterhalb der Schwelle der bewußten, verbalen Kommunikation liegen (Lorenzer, 1983).

Vom 2. Lebensjahr an kann das Kleinkind aufgeschobene Nachahmungen vollziehen (Piaget)., was die relevante Voraussetzung dafür ist, daß der Reichtum der Erinnerungsbilder und der Reichtum der Symbolisierungen sich enorm steigert. Es entsteht die Fähigkeit zu bewußtem Phantasieren. Die Funktion dieser Phantasie ist eine konkretistische; "sie dient als Korrektur der Wahrnehmung (primär der affektiven).; sie korrigiert und verwandelt Bilder vom Selbst und vom Objekt in erträgliche Formen" (Moser und Zeppelin, 1996, S. 52).; d.h. Phantasien verändern die Objektbeziehungen derart, daß unangenehme Affekte zum Verschwinden gebracht werden. In der Kindheit gestaltet sich das Interaktionsgeschehen in der Familie reichhaltig und stellt dadurch ein Erinnerungsbild zur Verfügung, an dem spätere Erlebnisse angeschlossen werden können. Das Erfahrungspotential der Kindheitserlebnisse ist ein Gefüge von generalisierten Innenbildern mit einer ganzheitlichen affektgebundenen Synthese von Interaktionsformen.

Handlungsfähigkeit ergibt sich u.a. für das einzelne Individuum aus einer rationaler Verfügung über die eigene Antriebsbasis. Dazu muß alles, was in der frühen Kindheit an latenter Traumatisierung vorgefallen - und als Erinnerungsspur archiviert ist, einer Aufklärung durch das rekonstruierende Subjekt zugefügt werden; was allerdings nur approximativ möglich - und wahrscheinlich nicht ohne Rest erklärbar ist (Oevermann 1975). Diesen Individuationsprozeß, der mit einem Gefühl von Kohärenz und Kontinuität des Selbsterlebens zusammenhängt, unterstützen Selbst-Symbole. Das "Selbst", an sich verborgen, unscheinbar, ist auf seine "Verwirklichung" in der realen Außenwelt angewiesen, um sich erleben und wachsen zu können. Symbole verleihen als Selbst-Symbole diesen Prozessen und Vorgängen eine gewisse Sichtbarkeit. Das Kind schafft sich nun Phänomene des Übergangs, die zum Bereich entstehender Illusionen gehören und die Grundlage für Kreativität und Symbolbildung schaffen. Solche "Räume illusionärer Vor-Erfahrung schaffen eine Verbindung zwischen innerer und äußerer Realität und bilden - wie im Spiel und in den Träumen - Brücken zum Aufbau des abgegrenzten Selbst" (Engelke 1993, S. 198).

Lebte das Kind bis zum 2. Lebensjahr mit einem "Aktions-Ich" in einer Aktionswelt, in welcher es sich primär um eine befriedigende Teilnahme an interpersonellen Beziehungen handelt, so ändert sich mit dem Aufbau des Symbols im Alter von zwei Jahren die kindliche Psyche. Die Libido wird zunehmend an Objekte gebunden; das Kind beginnt sich seine Symbole zu schaffen. Das Ich des Kindes löst sich von der aktuellen Aktion und verwandelt sich in ein [..] nach Lust strebendes Symbolisierungs-Ich (Furth 1990, S. 106). Furth ist der Meinung, daß die Kinder ihre erste libidinöse Bindung an genau jenen Objekten vollziehen, an denen sie emotional hängen. So konstruieren sich die Kinder mit ihren Symbolen eine idiosynkratische Welt der Lust. Es entstehen Übergangsphänomene, die zwischen den äußeren Wahrnehmungen und den inneren magischen Teilobjekten stehen. Die ersten kindlichen

Wahrnehmungen von Unterschied und Ähnlichkeit stellen vermutlich die Wurzeln der Symbolbildung dar.

Die Entwicklung vom präverbalen Stadium bis zur sprachlich strukturierten Welt vollzieht sich über das, was Winnicott mit "Übergangsobjekt" bezeichnete. Übergangsobjekte etablieren die imaginativen Räume, in denen Kinder spielen. "Übergangsobjekte" und "Übergangsphänomene" kennzeichnen "[...] einen intermediären Raum [...], den Erlebnis- und Erfahrungsbereich, der zwischen dem Daumenlutschen und der Liebe zum Teddybären liegt, zwischen der oralen Autoerotik und der echten Objektbeziehung, zwischen der ersten schöpferischen Aktivität und der Projektion dessen, was bereits introjiziert wurde, zwischen frühester Unkenntnis und Kenntnisnahme dieser Verpflichtung ("sag: danke!")" (Winnicott 1979, S. 11). Übergangsobjekte sind die erste symbolische Leistung und der erste symbolische Besitz der Kinder und kennzeichnen einen intermediären Raum. "Das Kind kann sich zunehmend zu dem Übergangsobjekt wie zu einem selbständigen Ding in der Welt verhalten, sieht im Objekt aber gleichzeitig die Bestimmung seiner Einbildungskraft. Das Übergangsobjekt fungiert also als Zwischenstadium zwischen der narzißtischen Phantasie und der sprachlich vermittelten Welt (Sample 1995, S. 223).

Durch das Übergangsobjekt erkennt das Kind, daß der es umgebende Raum "begreifbar" ist und damit zum eigenen Besitz gemacht werden kann. Die Konstitution des Übergangsobjektes beruht ebenfalls in einer neu erworbenen Fähigkeit sich zu erinnern und eröffnet dem Kind die kognitive Möglichkeit, Vergangenes mit Gegenwärtigem zu verbinden. Die Struktur der Zeitlichkeit tritt hier erstmal in rudimentärer Form auf.

Mit der Konstruktion weiterer Symbole erfährt das Kind sich zunehmend als Urheber seiner eigenen Welt, was dazu führt, daß die Symbolwelt zunehmend als "Ich-will-mein-Objekt" erfahren wird, da logische Operationen zur Überprüfung des Realitätsgehaltes der konstanten Symbole noch fehlen und erst noch entwickelt werden müssen. Furth erläutert: "Die Besetzungen sind logisch und emotional instabil, da die Kinder sich um logische Konsistenz und umfassendere soziale Realität nicht kümmern. Entsprechend werden die in den Symbolen gebundenen Affekte frei verschoben und entladen. Die Privatwelt, die mit der Grundlage dieser Symbole konstruiert wird, ist - in Freuds Terminologie - die Ödipusphantasie. Primärprozeßhafte Psychologie und ein vorsoziales Ego sind am Werk" (Furth 1990, S. 105).

Der Umwelt kommt hier für den Aufbau der symbolischen Welt die Funktion des "Förderns" und "Haltens" zu. Für Winnicott ist die "fördernde Umwelt" gewissermaßen als "Erweiterung der fürsorglichen Haltung der Mutter der notwendige Kontext, der 'Übergangserfahrung' in all ihren Konnotationen erst ermöglicht" (Winnicott 1974, S. 134f). Deren Aufgabe besteht vor allem darin, dem Kind Angebote bereitzuhalten und einen Spielraum zu gewähren, um seine Wahrnehmungsmöglichkeiten und -fähigkeiten zu fördern, als ihm auch angemessene Identifikations- und Projektionsmöglichkeiten anzubieten durch das Bereitstellen von Objekten, die es für sich kreativ verwandeln kann. Gelingt der Mutter das Eingehen auf die kindlichen Bedürfnisse, "dann wird sie dem Kind damit die Illusion geben, daß es eine äußere Realität gibt, die mit seinen eigenen schöpferischen Fähigkeiten korrespondiert" (Winnicott 1979, S. 189).

Völlige Anpassung der Mutter an kindliche Bedürfnisse, gleichsam ihre Selbstaufgabe, vernichtet beim Säugling das Gefühl für den "lebendigen Anderen". Mißlingt die Gratwanderung zwischen Anpassung und Abgrenzung durch die Mutter, wird der Prozeß der Symbolbildung gehemmt (Winnicott 1974). Gelingt in der Mutter-Kind-Dyade eine Balance zwischen Abgrenzung und Anpassung, hat das Kind eine Chance, sein Selbst auszubilden und einen Grad der Integration zu erreichen. "Zunächst unter dem Schirm der Ich-Unterstützung (der Anpassung der Mutter).; mit der Zeit wird diese Integration immer mehr eine selbständige Leistung" (Winnicott 1974, S. 42f).
Was treibt also Kinder dazu, ihre symbolische Erkenntnis der sozialen Welt gegenüber zu öffnen. In Bereichen der biologischen Systeme innerhalb des senso-motorischen Stadiums, in denen es ausschließlich um die gegenwärtige Aktion geht, reicht ein Ungleichgewicht und eine

Störung in der aktuellen Organismus-Umwelt-Interaktion aus, um angemessene Erkenntnis zu konstruieren. Für die Ebene der symbolischen Aktionen gilt dies nicht mehr. Hier läuft das Argument einer äußeren Wirklichkeit, der sich das Kind anpassen muß, ins Leere, da symbolische Erkenntnis in ihren Anfängen grenzenlos und somit realitäts- und wirklichkeitslos ist. Furth löst dieses Problem durch die Erweiterung des Paradigmas von Piaget um die Dimension der Intersubjektivität. Erkenntnis steht im Dienste der Aktion, und Aktion geschieht um der Freundschaft und Solidarität willen. Entwicklung hat somit ihre Basis in einer positiven Einstellung gegenüber dem Anderen, wobei dadurch interpersonelle Beziehung und soziale Solidarität subjektiv begehrenswert wird. "In interpersonellen Aktionen suchen wir in erster Linie die Teilhabe an symbolischen Werten, die die Grundlage von persönlichen Beziehungen ausmacht" (Furth 1990, S. 175).

Ohne ein Streben nach Koordination der eigenen symbolischen Welt mit der der anderen Personen, würden Kinder ihre private symbolische Welt nicht verdrängen. "Ohne eine konstruktive Einstellung gegenüber anderen würden wir nicht die symbolischen Regulierungen konstruieren, die schließlich zum logischen Gerüst der notwendigen Aktionskoordinaten werden" (Furth 1990, S. 148).

Das Paradigma des wechselseitigen Bedürfnisses nach Anerkennung ist ebenfalls eine zentrale Denkfigur in Winnicotts Werk. Das Bedürfnis nach Anerkennung scheint damit die Schnittfläche, die übergeordnete Konzeption zu sein, unter die sich die verschiedenen Aspekte der intersubjektiven Theorie der Selbstentwicklung einordnen lassen.

Kinder leben vom 2. Lebensjahr an in zwei Arten von symbolischen Welten. Die eine ist die der persönlichen Begierde unterliegende private Symbolwelt, die von frühen tiefen affektiven Bindungen herrührt, die privat und idiosynkratisch ist und mit anderen nicht geteilt wird. Diese Welt wird in der Folgezeit der Urverdrängung unterliegen, wobei der 'Untergang des Ödipus' die entscheidende Zeit der Urverdrängung ist. Die zweite Symbolwelt wird vom gleichen Ursprung der libidinösen Besetzung an mit anderen Kindern geteilt, wodurch sie sich

der Sozialisation und weiterer Erkenntnisentwicklung öffnet. Diese beiden Welten werden von den Kindern simultan aufgebaut, aber nicht
unterschieden. Hierzu bedarf es der Konstruktion von ersten vollent-
falteten geistigen Operationen; wobei die Bildung der Erkenntnisfunktionen einerseits gebunden ist an die Aneignung der universellen
Strukturen von Kompetenzen, andererseits an die Verinnerlichung immer auch historisch gebundener Interpretationsregeln und Normen. So
steht mit etwa sechs Jahren das Ich der Kinder als Real-Ich, d.h. als ein
sozialisiert symbolisches Ich, "dem Teil der persönlich-symbolischen
Welt gegenüber, der nicht mit anderen geteilt wurde und jetzt für die
Sozialisationseinflüsse anderer nicht mehr unmittelbar zugänglich ist.
Dieser Teil wird jetzt definitiv aus dem Bewußtsein und dem Bereich
der Kommunikation verdrängt. In der Urverdrängung werden Es und
unbewußter Symbolismus fest etabliert - als Gegensatz gegenüber dem
Ich mit seiner Ausrichtung mit Soziabilität und logische Kohäsion"
(Furth 1990, S. 149f).

Die Kinder erfahren, daß Erkenntnis in widerspruchsfreier Form eine
persönliche Stärke ist, die ihnen die Welt anderer eröffnet. Sie sind zur
Erweiterung ihrer symbolischen Konstruktionen in einer sozialen Welt
bereit, ohne dabei die Bindung an ihre persönlichen Symbolkonstruk-
tionen, die im unbewußten Es sicher verwahrt sind, zu verlieren. Damit
kann sich ein verantwortliches Ich aufbauen, wobei dieses Ich als das
dynamische Zentrum der Autonomie und der Identitätsbildung betrachtet werden kann. Es ist diese Instanz, die sich als Resultat des Er-
kennens der eigenen Handlungsbasis selbst erzeugt. Identität bildet sich
auf dem Weg der nachträglichen Sinnauffüllung infantiler Szenen; somit
ist die Bildung des Subjekts ein permanenter Rekonstruktionsprozeß.
Das autonome selbst-reflexive Subjekt verfügt über seine Vergangenheit und kann dadurch bewußt einen Handlungsplan für seine Zukunft
entwerfen und auch in jenen Situationen entscheiden, in denen sichere
Begründungen nicht problemlos zur Verfügung stehen. Im Falle von
Erfahrungskrisen strukturiert der Rückgriff auf die immer schon, wenn
auch nicht bewußt vorliegenden Erfahrungen der Kindheit den Prozeß
der Bildung neuer Überzeugungen.

Für Winnicott erscheint das Kreative, das Schöpferische nicht als Privileg der Wenigen, vielmehr ein existentielles Grundmuster, das gesundes psychisches Wachstum ermöglicht. Für ihn ist das schöpferische Potential eine conditio sine qua non, wenn "Leben" in seiner psychosomatischen und sozialen Dimension etwas anderes sein soll als nur zu vegetieren. "Gehen wir von normaler Hirnkapazität und ausreichender Intelligenz aus, die den einzelnen zum Leben und als Teil einer Gemeinschaft befähigt, so ist alles Geschehen kreativ, es sei denn, es handelt sich um Menschen, die krank sind oder durch anhaltende Umwelteinflüsse, die seine Entfaltung unterdrücken, gehemmt sind" (Winnicott 1979, S. 80f).

Nach Winnicott vermögen selbst pathologisierende Beziehungen und Umwelteinflüsse es nicht, den kreativen Impuls als 'universelle' Kraft vollständig zu zerstören, sondern nur zu verschütten, den Zugang zum Schöpferischen zu verbauen.

Er glaubt auch daran, daß selbst bei gravierender Behinderung ein kreativer Impuls erfahren und ausgelebt werden kann. Im Spannungsfeld der Beziehungen zwischen den Individuen in ihrem Spiel permanenten Vertrautseins und einander Neu-Entdeckens ist für Winnicott die Wurzel für die Entfaltung von Kreativität verankert.

Winnicott sieht die Aufgabe der Umwelt im Bereitstellen von Möglichkeiten für die kreative Entfaltung des schöpferischen Potentials des Kindes. "Für ihn stellt das Schaffen von Selbst-Symbolen eine notwendige Dimension der Entwicklung dar, denn "die spontane Geste ist das wahre Selbst in Aktion. Nur das wahre Selbst kann kreativ sein und nur das wahre Selbst kann sich real fühlen" (Winnicott 1974, S. 193).

Die Übergangsphänomene sind durch Vieldeutigkeit und Durchlässigkeit der Grenzen sowie durch eine hohe affektive Besetzung gekennzeichnet. Diese nicht-sprachliche Symbolschicht zeichnet sich durch vielfach verschiebbare Konnotationen aus, den inneren Bildern ähnlich. "Bildhafte Symbolisierungen können dann gleichzeitig Ansätze zur Transzendierung früherer traumatischen Erfahrung bilden" (Engelke 1993, S. 209). Wiederholungen von traumatischen Erlebnissen in einem ästhetischen Zwischenraum lassen symbolische Äquivalenzen erneut entstehen, so daß die Gestaltung von Bildern einen Zugang zum sich bildenden Ich in bezug auf Grenzbildung und Symbolisierungsfähigkeit zuläßt (Engelke 1993). Ästhetische Gebilde sind ein Mittel die Kindheitserinnerung mit ihren verschütteten, aber latent immer schon daliegenden Erfahrungen ins Bewußtsein zu heben. So vollzieht sich im ästhetischen Handeln durch denkenden Zugriff auf die Kindheit eine gesteigerte Form von Subjektivität (Oevermann 1991). Die relative Triebabfuhr, die ästhetisches Handeln ermöglicht, entlastet "und zwar nicht um einer leicht erreichbaren Wunscherfüllung willen, sondern um Handeln in der Realität wieder möglich zu machen" (Kessler 1981, S. 151). Die in dem ästhetischen Verhalten innewohnende Einbildungskraft und Phantasie ist eine Anweisung auf Erfahrung, "und zwar in zwei Richtungen, gemäß den 'Realitäten', die in ihr gemeint sind. Sie ist Anweisung auf Erfahrung mit dem Objekt wie mit mir selbst" (Kessler 1981, S. 155). Damit darf ästhetisches Handeln als eine bedeutsame Kraft kindlicher Entwicklung eingestuft werden, die dem Kind neue Erfahrungen und erweiterte Handlungsmöglichkeiten eröffnet.

3. Ästhetische Erfahrung - ästhetische Erziehung

Ästhetische Erziehung vollzieht sich ganzheitlich, im Einklang von Sinnlichkeit und Vernunft. So entsprechen Lernprozesse auf der Ebene der 'präsentativen' Symbolik dem Bedürfnis nach selbstsymbolischem Ausdruck und Darstellung, da sich der Bedeutungsinhalt dem Lernenden offenbart, wodurch Lernen durch den Prozeß der persönlichen Bedeutungsgebung zu einer individuell relevanten Erfahrung werden kann. "Zudem gehen Ausdrucks- und Darstellungsabsichten des Produzenten im ästhetischen Produkt eine Synthese mit den ebenfalls nach eigenen Vorstellungen geformten Materialien ein und bilden so nicht gänzlich zu vereindeutigende Mehrdeutigkeit aus ("Polyvalenz") (Richter-Reichenbach 1992, S. 62).

Kompensatorischer ästhetischer Erziehung geht es auch um Wiedererinnerung fundamentaler Sinnestätigkeit (tasten, riechen, schmecken, wahrnehmen u.a.). und ist in dieser Ausrichtung einer Übergangspraxis angeschlossen, die auf die schöpferische Dimension von Neuanfängen gerichtet ist (Hampe 1997). Die Kontinuität von Sinnlichkeit und Sinn gewährleistet eine allseitige Förderung.

Ästhetisches Lernen mit Selbst-Symbolen erweist sich als ein Lernen, das nach zwei Seiten gerichtet ist, zwischen den Polen einer Beziehung, die der Lernende mit seinem Gegenstand eingeht und diesen auf sich zurück wirken läßt.

Da Sonderschüler in der Regel einen Motivations- und Erfahrungsverlust haben und damit auch über eingeschränkte Handlungsmöglichkeiten verfügen, hilft ästhetische Erziehung von entwicklungs- und sozialisationsbedingten Einschränkungen freizumachen und damit ermöglicht ästhetische Erziehung auch Handlungsspielräume zurückzugewinnen und neue zu erschließen.

"Die ästhetischen Wirkungsmöglichkeiten selbst sind es, die sie gleichermaßen für eine ganzheitliche 'Instandsetzung' sowohl im präsentativ-bildenden, Fähigkeitsentwicklungen vermeidenden als auch im rehabilitativ-wiederherstellenden Sinne zweckmäßig erscheinen lassen" (Richter-Reichenbach 1993, S. 98). Gefordert ist nicht eine Normiertheit des technischen, handwerklichen Könnens, sondern vor allem eine Unterstützung des individuellen Gestaltungsvermögens.

Der ästhetische Lernprozeß vollzieht sich so im Spannungsbogen der Dialektik von Freiheit des pädagogischen Raumes und seiner Regulierung durch Grenzsetzungen. Die Binnenstruktur des "Raumes" sollte flexibel sein und sich selbst prozeßhaft durch die besondere Qualität der Beziehung zwischen den Lernenden auszeichnen, die besonderen individuellen Eigenheiten der Beziehungen zwischen Kindern und Erwachsenen einbeziehen, so daß ihre jeweilige "Geschichte" in diesen "Raum" einfließen kann. Kleine Rituale (u.a. magische Sätze, eine Erkennungsmelodie für jeden). schaffen einen Rahmen für eine Raum- und Zeiteinheit, die von der Alltagswelt abgrenzt. Das Ritual erleichtert das gemeinsam Handeln, "sowohl seine Formulierung, wie durch die soziale

Kompetenz und sichert so gegen die Auswirkungen überschießender Emotionalität [..], anders gesagt, es erhöht die Wahrscheinlichkeit einer positiven Verstärkung des Handlungspotentials" (Boesch 1983, S. 130).

Die vorgegebene Struktur der Aufgabe und der Handlung hat somit eine "haltende" Funktion und gibt in der Wiederholung der Handlungsstruktur im ästhetischen Prozeß den Lernenden ein Gefühl der Sicherheit.
Um ästhetische Prozesse anzubahnen, bedarf es in der Sonderschule eines Rahmens, der Vorgaben für einen ästhetischen Interaktionsprozeß bereitstellt. Die Abgrenzungen, durch die der Rahmen und die Hilfestellungen gestaltet sind, betreffen vor allem die Sensibilität und Verantwortlichkeit des Pädagogen, der die Frage nach der Enge und Weite von Grenzen immer wieder neu situativ beantworten muß.

Für eine ästhetische Erziehung sind folgende vier konzeptuelle Gesichtspunkte zu beachten, die eine ästhetische Erfahrung anbahnen und fördern helfen:
- Triebnähe des Materials [u.a. Materialien und Medien, die als Träger für Primärprozeßhaftes und Selbstsymbolisches, auch in seiner leiblichen Dimension, geeignet sind],
- gute Strukturierbarkeit des Materials [u.a. Ornamente, Netze, Rasterbildung];
- Übersetzbarkeit der Vorgänge und der Produkte ins Verbale [u.a. Collagen, Graffiti],
- Gruppendynamische Relevanz [u.a. Assemblagen, Körperbemalung, Additive Konstruktionen mit Trivialmaterial].

Insgesamt wird ästhetische Erziehung als subjektzentrierter Aufbauprozeß konzipiert. Ästhetische Erziehung stellt einen Sinnbezug her im Sinne der Aufmerksamkeit für Korrespondenzen mit der eigenen Situation, da der Leib- und Lebensbezug in der ästhetischen Erziehung ins Zentrum gerückt wird (Ruge 1994).

Sonderpädagogische ästhetische Erziehung muß die Entwicklungsschritte, die bei anderen Kindern mehr oder weniger spontan ablaufen, fördern und unterstützen, da Entwicklung hier in besonderem Maße des unterstützenden Zuspruchs bedarf. Eine Hilfe liegt in der besonderen Struktur des Ästhetischen selbst, die keine zwingende Erarbeitungs- und Ausdrucksweise festlegt. "Damit ist ein Kennzeichen der ästhetischen Erziehung ihre Offenheit. Ästhetischer Gestaltung kann sich in den weit gestreckten Grenzen der künstlerischen Entwürfe bewegen" (Richter 1984, S. 84). Ästhetische Arbeit ist frei von Hierarchien des diskursiven Realitätskonzepts, so gibt es auch keine richtigen oder falschen Lösungen in der Erarbeitung eines Sachverhalts. Der ästhetische Prozeß kann durch die Prinzipien der Selbstleitung und Konkretisierungsoffenheit bestimmt werden. Das gesamte Spektrum vom Umgang mit "rohem", vorgefundenen Materialien bis hin zu rein imaginativen Vorgängen kann in die ästhetische Erziehung einbezogen werden. Durch die Offenheit des ästhetischen Materials können sich Selbstklärungs-, Ausdruck- und problemlösende Gestaltungsaktivitäten verschränken.

Lernbehinderten Schülern, die in der Auseinandersetzung mit symbolischen Repräsentationen Schwierigkeiten aufweisen (Kritzelreste, Perseverationen u.ä. mehr). müssen Hilfestellungen gegeben werden, gleichsam eine basale Erziehung, um regressive Tendenzen aufzuarbeiten (Theunissen 1997). Lern- und Anschauungshilfen durch Spiele sind dafür relevante Angebote. Motive des Polyästhetischen, d.h. der Einbezug und die Mobilisierung von operatorischen Aktivitäten anderer ästhetischen Felder (u.a. Musik, Tanz, Bewegung). kann für die Initiierung ästhetischer Prozesse hilfreich sein. Da die gestörte Entwicklung des körpernahen Selbstempfindens Ursprung lebenslanger Wiederholungsversuche ist (Richter 1997)., ist für die basale Förderung eine coenästhetische Sensibilisierung erforderlich.

Basale ästhetische Erziehung greift auf elementare Formen ästhetischer Aneignungsformen zurück (u.a. rhythmisch-motorische Bewegungen; Aneignung und Wiederaneignung von Raumvorstellungen und Raumbegriffen)., die vielfach schon in der Kindheit unausgelebt geblieben sind. Ein Grund für die Intensität, Affektbesetzung und Effizienz basaler Methoden liegt in der Reaktivierung jener vernachlässigten leiblichen und primären Prozesse, die schon sehr früh in der Ontogenese durch den institutionellen Zwang zur Verdrängung und Verleugnung dieser Ebene führte, d.h. basale Erfahrung gewährt ihren unmittelbaren Zu-

gang zur Welt aufs Neue. Die außerordentlich hoch motivierte Lernbereitschaft, die auf der Rekonstruktion und Revitalisierung von ver-
drängten Erfahrungen beruht, kann als Ergebnis der Anerkennung dieser Persönlichkeitsanteile gewertet werden, die dem authentischen
Selbst zugehören.

Auch das narrative Element hat in der ästhetischen Erziehung der Sonderschule seinen Stellenwert. "Ein schönes Erlebnis", "Wut", "Ich-bin-
sauer" u.a. mehr sind Ausdruck des subjektiven Lebensraumes dieser
Schüler. Bei jüngeren Kindern sind oft phantastische Inhalte wie ferne
Planeten, Roboter, Batman aber auch Märchenfiguren die Themen, an
denen sie ihre Wünsche, Ängste und Projektionen festmachen können
(Bröcher 1997). Zeichnungen und Bilder sind oft der einzige Raum, in
dem Kinder ihre Leiden und Versagungen -, aber auch Hoffnungen
ausdrücken. Im Zeichnen und Malen mit seinen angstfreien Aus-
drucksmöglichkeiten wird es zudem einfacher, auch triebnahe Phanta-
sieinhalte zuzulassen, was befreiend wirken kann.

Ästhetische Erziehung in der Adoleszenzzeit mit ihren Bedrohungsäng-
sten, Geborgenheitswünschen und Liebesambivalenzen gegenüber den
Eltern sowie der Vereinzelung- und Verlusterfahrung hat die Aufgabe,
subjektzentrierte Aktivitäten zur Selbstidentifikation anzubieten, d.h.
das bildnerische Motiv muß auf das Lebensgeschehen hin formuliert
werden. Gerade in dieser diffizilen Zeit der Adoleszenz erlauben Symbole und ästhetische Erzeugnisse dem Jugendlichen, "höchst Privates
und Negatives in geschützter Form auszudrücken und sich zugleich davon zu distanzieren" (Richter-Reichenbach 1992, S. 83).

Elementar-ästhetische Erfahrung geschieht oft in Verbindung mit der
Natur. Über ästhetische Erziehung wird eine Vermittlungsebene zwischen Mensch und Natur geschaffen, die als Brücke von der Natur zur
Kultur weiter entwickelt werden kann. So kommt der Naturerfahrung
eine antizipierende Funktion zu, die "die Natur - und das Naturschöne
in Absetzung zum Kunstschönen als neues Bezugs- und Erfahrungsfeld
ästhetischer Erziehung begründet" (Richter-Reichenbach 1988, Vor-
wort).

Strukturen und Ordnungen, (Spiralen, Kreise, Symmetrien, Ornamente)., Zeichen und Spuren entdecken die Schüler in der Natur, die sie auch in der geschaffenen Umwelt und in künstlerischen Gebilden wiederfinden.

So ist das Naturschöne als eines der beiden Einheitssysteme des Ästhetischen in die ästhetische Arbeit einzubeziehen; das andere System ist die Kunst. Kunstwerke bringen das Leben zu sich ins Verhältnis, was zu einer Befreiung und Beglückung werden kann. Die Vergegenwärtigung des Lebensganges ist nur über Kunst möglich, denn allen Gegenständen der Natur fehlen die Verweisungszusammenhänge auf Subjektivität. So bestimmt Naturerfahrung das ontologische Feld, in dem primär die Erscheinungen als das, was sie sind, konstituiert werden; während das einzelne Kunstwerk die Objektivierung der subjektiven Bewegungsgesetzlichkeit des Künstlers ausdrückt. Damit ist das Kunstwerk so etwas wie eine lebendige Praxis; so sind im Bild spurenbildendes Tun und ordnendes Gestalten von Inhalten verwoben (u.a. Klee, Wols, Pollock).

Natur nehmen wir wahr, Kunstwerke betrachten wir, da nur ein verweilendes Gewahren uns das Kunstwerk erschließt. Das Betrachten von Bildern vermag Identifikationen wie Glück, Befreiung, Erschütterung auszulösen. Bilder sprechen gleichsam von Zuständen, da sie das Zuständliche im Menschen aussprechen. Dies läßt erkennen, "daß das Bildbewußtsein nicht primär intentional ist, sondern zuständlich, da Zuständlichkeit die Art und Weise betrachtet, wie man sich bei der Betrachtung der Bilder fühlt (Fellmann 1997, S. 153). Bilder machen Ängste faßbar und können Hoffnungen erreichbar erscheinen lassen und schaffen einen Ausgleich für psychische Spannungen.

Die Rezeption von ausgewählten Kunstwerken hat auch in der ästhetischen Erziehung der Sonderschule seinen Stellenwert. In der Primarstufe werden spielerische Erkundungen im Vordergrund stehen, während in späteren Stufen der semiotische Gehalt des Werkes in die Interpretation einbezogen wird. Hilfreich kann es sein, über den Weg der leiblichen Erfahrung Werke der bildenden Kunst verstehen zu lernen und auf demselben Weg dem Ausdrucksbedürfnis ganzheitliche Gestaltungsmöglichkeiten zu erschließen (Hasselbach 1991, S. 17).

"Pädagogisch bedeutsam ist es, verwandte Bilder und Bildreihen für ästhetische Inszenierungen zu suchen" (Baumgartner 1998, S. 88). Da Zuständlichkeit des Bildes die Art und Weise beinhaltet, wie das Subjekt sich selbst bei der Betrachtung der Bilder erfährt, ist die pädagogische Frage, welche Werke ein imaginärer Spiegel für die Schüler sein können; welche Bilder zu einer imaginären Vervollständigung des Subjektes beitragen helfen? (Baumgartner 1998).

Welche Art von Bildern kommt den Adressaten wann, wo und auf welche Weise entgegen? ist die Frage nach der Auswahl der zu rezipierenden Werke. Anzuknüpfen ist an die Alltagserfahrungen, aber auch an die natürlichen Darstellungs- und Ausdrucksbedürfnisse der Heranwachsenden (Richter 1990).

Jüngere Kinder imaginieren und intensivieren beim Betrachten des Bildes "Karneval der Harlekine", bei Calders "Zirkus" und bei Klees und Dubuffets Zeichnungen ihre eigenen Erfahrungen und Erlebnisse.

Für ältere Schüler ist die Auseinandersetzung mit bedeutsamen Bildern für die Subjektwerdung besonders relevant, um ihnen dadurch bei der Bewältigung der oft zerstückelten Lebenserfahrung zu helfen. Die Herkunft einzelner Bilder vom Plakat, vom Comic, Graffiti, vom Plattencover, d.h. vom Alltäglichen erleichtert dem Jugendlichen den Zugang.

So wurden in einem Projekt von Bröcher "Rigor Mortis", eine Sammlung sadomasochistischer Zeichnungen aus der Feder von T. Ungerer bevorzugt von Jugendlichen mit eigenen Projektionen angereichert (Bröcher 1995; 1997). Exotische Momente bei Pop-Art, Comics und den übrigen Angeboten des Erlebnismarktes (u.a. Zeitschriften, Videos). können als Identifikationsangebote einbezogen werden, um beim Jugendlichen kein Abspalten libidinöser Projektionen aufkommen zu lassen. Außerdem gehört auch die Groteske, der Witz und die Ironie in dem Bereich des Ästhetischen; Dimensionen, die nur allzu oft nicht mehr in das Nadelöhr des Pädagogischen eingefädelt werden.

Das hier entworfene Konzept ist gleichsam ein idealtypisches. Die spezielle Methodik für verhaltensauffällige und lernbehinderte Schüler wird bewußt nicht erörtert, da es den hier gesetzten Rahmen sprengen würde. In der Praxis der Schule läßt sich diese Trennung ohnehin kaum aufrechterhalten, denn ästhetische Erziehung betrifft Förderung und Rehabilitation in gleichem Maße. Wir gehen allerdings davon aus, daß eine subjektorientierte, lebensorientierte ästhetische Erziehung, die an den Voraussetzungen der Adressaten anknüpft, den "Versprechungen des Ästhetischen" (Ehrenspeck). gerecht wird, ohne diese jemals vollends einlösen zu können. Da ästhetische Prozesse ein Höchstmaß an Subjektbeteiligung aufweisen, kann sich eine autonome Subjektivität auch in der Sonderschule entfalten. Pädagogik ist an der Teilhabe an der sozialen Welt statt Segregation orientiert. Dies kann die ästhetische Erziehung alles auch bei Sonderschülern weitgehend einlösen.

Das Empfänglichmachen für Atmosphären verweist auf unsere Leiblichkeit; diese Dimension muß Ausgangspunkt ästhetischer Erziehung sein. Dies beinhaltet die pädagogische Maxime, Gegenstände und Medien anzubieten, die als Träger des Selbstsymbolischen geeignet sind, die der Lernende mag und mit denen er wachsen kann. Die Anerkennung der Leiblichkeit ermöglicht dem Kind eine lebendige Beziehung zu seinem Lernmedium und -gegenstand.

Leibsinnliche Grundlagen ästhetischer Erziehung werden im Gegenstandsbereich erworben, der Leib und Sinne als basale ästhetische Erziehung reflektiert. Diese knüpft an die coenästhetische Organisation (Spitz). der frühen Kindheit mit ihrer Tiefensensibilität für Gleichgewicht, Körperhaltung, Rhythmus, Dauer, Tonhöhe, Klangfarbe, Haut- und Körperkontakt, Resonanz u.a. mehr, an.

Bewegungs- und Gleichgewichtsübungen ermöglichen den Kindern die Wahrnehmung ihrer Leibgrenze (Mattenklott 1997). Wahrnehmung und Bewegung aktivieren und entwickeln sich gleichzeitig. In den basalen Übungen gehören u.a. Matschen mit Sand, Fingermalen, gegenständliches Beidhandzeichnen, Durchgehen eines leeren Raumes; Verändern eines Raumes durch farbige Tafeln (Theunissen 1997). Kinder formen mit den Händen einen Sandberg. Sie graben mit einer Hand in den Sandberg und suchen nach den Händen der anderen (von Engelhardt 1997). Im Erspüren erfolgt eine vorsichtige Kontaktaufnahme. Aus den in den Sand gezogenen Bewegungsspuren werden allmählich erkennbare Gestalten. Zu zweit können dann mit geschlossenen Augen mit je einem Finger Spuren in den Sand gezeichnet werden. Ein Tast-Memory hilft den Kindern ihren Tastsinn zu differenzieren. Es werden Strukturierungserfahrungen gemacht und unterschiedliche Oberflächenstrukturen und Kontraste erfahren. Ein Tastrelief aus Naturmaterialien verschafft eine Fülle von Tasterfahrungen. Nach und nach können die Materialien im Sinne fortschreitender Veränderung der Tasterfahrung zusammengestellt werden, so daß die Strukturhaftigkeit der Naturmaterialien wie weiches Moos, feinkörniger Sand, Kies, Rinde, Holz, Laub u.ä. immer subtiler und differenzierter erfaßt werden kann.

Ein natürlicher oder künstlicher Parcour aus Naturmaterialien mit Hindernissen (u.a. Keulen, Stämme, Steine, Bäume). trägt zur Restituierung von Raumvorstellungen bei (Theunissen 1997). Elementare Bewegungen zur Musik können zu einer einfachen Improvisation zum Erwachen der Natur mit der Erfahrung des Aufsteigens- und Fallenlassens führen und läßt die Sprache des bewegten Körpers wiederentdecken. Eine vielfältige Animation der Sinne begünstigt den kommunikativen Austausch mit der Umwelt und steigert den Bezug zur Welt.

Ein wichtiger Inhalt der basalen Förderung ist auch die Hand. Beim Matschen, in Sandspielen und Fingerspielen, wird die Aufmerksamkeit für die Handoberfläche geweckt. "Die Kinder betrachten die eigene Hand und entdecken in ihr Geheimnisvolles - Linien und Wege. Sie vergegenständlichen sie sich im Spiegel eines Handdrucks [..] oder gießen ihren Handabdruck im Sand oder Ton mit Gips aus, um nach dem Abbinden des Gipses gewissermaßen die eigene Hand in der Hand zu halten" (Mattenklott 1997, S. 100).

Basale ästhetische Erziehung geht vom eigenen Leib aus und führt zur ästhetischen Naturerfahrung, denn Elementarästhetik und Naturerfahrung sind aufeinander bezogen. Im Winter zeichnen die Schüler in den Schnee Kreise und Spiralen, legen mit Steinen Muster. Dies kann zur Erstellung eines Objektes durch ordnendes Legen vorgefundener Materialien führen. Aus Früchten, Blättern, Rinde, Steine u.a. mehr bilden die Lernenden ein Rasterbild, wobei nun das Erfassen der Wechselwirkung von Materialauswahl und Materialanordnung im Vordergrund steht (Hettig u.a. 1986).

In diesen und ähnlichen Gestaltungsprozessen erwirbt der Schüler Arbeitsweisen des Unterscheidens, Ordnens und Zuordnens sowie Handlungsstrukturen des Planens und Organisierens von vielfältigen Erfahrungen. Die Sensibilisierung der Sinne führt zu einer differenzierten Wahrnehmung; Gleichheiten, Ähnlichkeiten, Kontraste und Abstufungen werden immer subtiler erfaßt.

Bei einem Spaziergang im unmittelbaren Umfeld erkennen die Schüler weitere Raster, so die Pflasteranordnung an dem Marktplatz, Gartenzäune, Dachziegel, geschmiedete Gitter, Sichtbetonwände und anderes mehr. In Einzel- oder Gemeinschaftsarbeit kann eine Fläche mit Ornamenten gegliedert und das bisher Angeeignete vertieft werden.

Beim Betrachten von Spinnetzen in der Natur oder auf Dias entdecken die Schüler das "Verspannungsprinzip" (u.a. regelmäßig/unregelmäßig). Sie spannen selbst mit Fäden ein Netz im Klassenzimmer, wobei das Prinzip der Überkreuzung anschaulich erlebt wird. Im folgenden wird ein Netzmuster in eine Kleistermasse eingearbeitet (Limberg; Becker 1981). Weitere Schritte führen über das Bespannen eines Rahmens zu einem Kordeldruck.

Die Voraussetzungen für bildnerische Grunderfahrungen sind nun geschaffen. Balance, Punkt und Linie, Symmetrie und Asymmetrie, gleichähnlich, Kontraste, Raumkonstellationen u.a. mehr können erfaßt - und gestaltet werden. Durch Gesten entstehen Linien im Raum. So können

Punkte in die Luft gesetzt werden. Mit der Taschenlampe lassen sich ausdrucksvolle Lichtspuren zeichnen, die beidhändig auf große Papierbögen übertragen werden können (Hasselbach 1991). Für einen faszinierenden Einstieg in das Geheimnis des Lichts eignet sich der Diaprojektor. "Der Projektor macht das Licht sichtbar, als leuchtende Fläche an der Wand, die zum Schattenspiel herausfordert, .." (Mattenklott 1997, S. 108). Im Schatten können Medienfiguren (u.a. Batman, Alien, E.T.). und auch Märchenfiguren pantomimisch dargestellt werden. Szenen mit Händen bereiten diese Pantomimen vor. Die Hände sprechen miteinander. Einer beginnt, der andere antwortet mit einer Geste oder einer Berührung und es entwickelt sich ein Dialog der Gesten (Hasselbach 1991). Dieser Dialog kann sich zu einem reizvollen Gesten-Ratespiel entwickeln.

Illusionen und Zauberei begeistern Kinder immer aufs Neue. Im Licht des Projektors können Bilder gestellt werden, wobei eine Person verschwindet, eine andere sich verwandelt, die Personen gruppieren sich auf unterschiedliche Weise.

Die Spirale wird durch einen gemeinsamen Spiraltanz erlebt; Spiralimprovisationen einzelner Schüler können darauf aufbauen. Das empfundene Spiralerlebnis kann auf großen Papierbögen gezeichnet werden. Raumkonstellationen wie z.B. in den Bildern Hundertwassers und Eschers, die sich auch Sonderschülern erschließen, können gemeinsam betrachtet und besprochen werden. Kandinskys Grafik "Freie Gebogene zum Punkt" kann als bildnerischer Entwurf einer Bewegungsimprovisation gelesen und umgesetzt werden; ebenso Klees "Schwankendes Gleichgewicht".

In der Naturerfahrung der elementaren ästhetischen Erziehung steht das Ausdruckserlebnis im Vordergrund, da Sinn in der Wahrnehmung selbst entsteht. Er wird in ihr erfaßt und unmittelbar erfahren. In der Ebene der Darstellung, die nun einbezogen werden kann, wird zudem eine bestimmte seelische Zuständlichkeit ergriffen und repräsentiert. Die unmittelbare Wahrnehmung von Natur wird zu einem Gewahren der gestalteten Erlebniswirklichkeit des gezeigten Bildes.

Rahmen und Fenster bahnen den Prozeß des ästhetischen Sehens beim Kinde an. Mit Pappröhren und Papprahmen zum Durchgucken betrachten Kinder ein Stück Landschaft, schneiden quasi ein Stück Raum aus, und finden mit jeder Bewegung neue Bilder (Mattenklott 1997). In einem Garten oder Park läßt sich ein selbst gefundenes Bild der Natur rahmen; der Zusammenhang von Bild und Natur, von Ausschnitt und Ganzem wird dem Lernenden ersichtlich. Die Unmittelbarkeit des Weltbezuges wird unterbrochen und ein Verweilen des Betrachters bahnt sich an, da der Rahmen zwischen Ausschnitt und Betrachter eine Distanz legt. Expressive und gestalterische Qualitäten eines Bildes sind nun erkennbar. Bilder und Skulpturen könnten nun als Medium ästhetischer Erziehung eingesetzt werden.

Beim Betrachten von Bildern von Klee, Miro, Magritte, Picasso, Marc und anderen mehr werden eigene Phantasien und Imaginationen aktiviert und intensiviert, da das Bild die Möglichkeit einer lustvollen Begegnung mit unserer eigenen Erfahrung eröffnet. Jean Tinquelys "Kostüm zur Basler Fastnacht - 1979" und Max Ernsts "Maske" laden förmlich zum Verkleiden und zum Basteln von Masken ein. Marc Chagalls Bilder veranlassen uns, unsere eigenen Hoffnungen, Wünsche und Träume zu imaginieren. Jawlewskys farbige expressionistische Gesichter fordern nach der Betrachtung geradezu zu einem lustvollen individuellen und auch gegenseitigen Schminken auf. Es vollzieht sich direkt vor den Augen der Prozeß der Verwandlung "und läßt neue Erfahrung mit dem eigenen Gesicht, der bedeutungstragenden Mimik und dem eigenen Selbstbewußtsein zu" (Richter-Reichenbach 1992, S. 185).

Zeichnungen von Masson, Dubuffet und Pollock können Anregungen zum surrealistischen Imperativ sein: Zeichnet alles, was dir spontan einfällt! Im Wechsel von zufallsgeleitetem Selbstausdruck und spontan entstehenden Farb- und Formwirkung bildet sie allmählich eine symbolische Ordnung, die sich zu Farbrhythmen und gestalteter Form verdichtet (Richter-Reichenbach 1992). Die Kinder experimentieren mit verschiedenen Materialien: Papier, Kleister, Kämme, Schwämmchen,

Läppchen u.a., um auf die Differenz der je entstehenden Strukturen zu reagieren. Dieser Experimentierphase folgt die Phase der Formfindung.

Ästhetische Erziehung schafft eine Kommunikationsbrücke, die neben dem ästhetischen Selbsterleben auch eine Mitteilungsfunktion zum Anderen umfaßt. Selbstverwirklichung und soziale Bezogenheit sind im Ästhetischen aufeinander bezogen. "Über das ästhetische Gestalten kann in Anlehnung an Martin Buber [..] ein Werden in der Begegnung wirksam werden" (Hampe 1992, S. 26). Der gemeinsamen ästhetischen Erfahrung kommt eine therapeutische Funktion zu, die soziale Handlungsfähigkeit fördert, da die Lernenden sich an einem gemeinsamen Gestaltungsprozeß orientieren. Ästhetische Erziehung erleichtert somit den Übergang von instrumentellen zu intersubjektiven Umweltverhältnissen.

Beim gemeinsamen Gestalten einer Fläche kommt es zu einem linienhaft aufeinander Zugehen, die Farbtöne müssen auf den Partner abgestimmt werden. "Wer sich schwer tut, auf andere zuzugehen; beim gemeinsamen Gestalten eines Bildes kann er üben seine Scheu zu überwinden, kann kommunizieren mit Gesten, Blicken, Pinselstrichen, Bewegungen - ja auch Worten" (Bilder - Objekte - Klänge u.a.O., Diakonie Stetten 1996).

Eine Variation dieser Aufgabe ist das abwechselnde Malen. Ein Schüler beginnt mit Abtönfarben Bildsymbole zu malen, ein anderer führt dies weiter durch übermalen bis zu dem Punkt, wo keine weiße Farbe mehr übrig bleibt. Seine Bildfläche abzugrenzen und Zeichen zu erfinden wird erprobt.

Mehrere Schüler können gemeinsam eine Hauptstraße aus der Phantasie mit Oelkreide auf einer langen Papierbahn gestalten, während nebenan eine weitere Gruppe die dazu passenden Häuserfronten malt, wobei jeder Beteiligte einen Teilabschnitt aus seiner Phantasie übernimmt.

Das Malen kann als Selbsterfahrung und Begegnungsform eingesetzt werden. Zu Musik kann das eigene Gesicht mit geschlossenen Augen bis in die Einzelheiten ertastet und befühlt werden, um das innere Selbstbild zu erspüren. Dieses wird dann auf farbigen Malgrund mit der Lieblingsfarbe aufgemalt (Hampe 1992). Ein weiterer Schritt beinhaltet die direkte Auseinandersetzung mit seinem Gegenüber, der ebenfalls mit geschlossenen Augen erspürt wird, um ihn dann zu porträtieren.

Aktionsorientierte ästhetische Arbeitsformen finden sich zahlreich in der Kunst der Moderne, so bei Environments, Installationen, Happenings und Performances. Diese Aktionskunst läßt sich auch für die ästhetische Erziehung in Sonderschulen fruchtbar machen, wobei die Verfahren der Montage, Assemblage und Collage einbezogen werden können. Diese Techniken erlauben im hohen Maße eine selbstbiographische Ausdrucksweise. Gemeinsame Aktionen lassen sich als Problemlösungsprozesse entwickeln. Aus Kreppband läßt sich eine Collage mit sich kreuzenden Bandelementen ähnlicher Länge entwickeln. Verfremden und Verkleiden macht nicht nur bei Personen Spaß, sondern auch mit Objekten. Oberkörper und Beine können umwickelt werden (Wörner 1977). Tischbeine werden mit Kreppstreifen umwickelt; anschließend die nebeneinander stehenden Stühle verbunden. Die Schüler bemalen ihre Gesichter und hüllen sich in Papierbahnen und ähnliche Materialien. Beim Aufreißen wird das Spiel mit den Papierfetzen als lustvoll empfunden; dazu gehört auch das Trampolinspielen mit gleichzeitigem Papieraufwühlen (Buss/Theunissen 1997). Das Prinzip Zufall wird zu einer Methode entwickelt, um den ästhetischen Prozeß in Gang zu bringen. Das Happening wird zum Gemeinschaftserlebnis und hat Ereignis-, nicht Objektcharakter.

In der Adoleszenz erfahren besonders die Schüler der Sonderschule die schmerzlichen Erfahrungen ihrer individuellen Geschichte. Sie fühlen sich dem übermächtigen Augenblick ausgeliefert und reagieren teilweise mit aggressiven Tendenzen und Hilflosigkeit "angesichts des eigenen Lebensprozesses als eines unfaßbaren und unbeeinflußbaren Vorgangs" (Bröcher 1997, S. 302). Die in der Adoleszenz aufkommenden Anerkennungswünsche und -bedürfnisse bleiben unbeantwortet und unbefriedigt, gerade in der Zeit, in der die Wertorientierung der Schüler besonders auf Selbstdarstellung und Selbstverwirklichung aus ist. Hier liegt für ästhetische Erziehung eine Chance, da diese Option der Jugendlichen für Selbstdarstellung dem ästhetischen Arrangement in besonderem Maße verpflichtet ist.

Im Ästhetischem kann eine Symbolisierung konflikthafter Lebenserfahrungen erfolgen und bearbeitet werden. Vor allem sind die Formen symbolischer Aktionen einzusetzen, die Selbsterfahrung und Selbstverwirklichung ermöglichen. Da die Einstellung zum eigenen Körper ein bedeutsames Konstituens von Identität ist, muß diese Dimension in der ästhetischen Erziehung zum Tragen kommen.

Eine Konfrontation mit einem selbstgestalteten Selbstbild kann zu einer Steigerung des Selbstwertgefühls und zu einer tieferen Beziehung zum Selbst führen. Mit vergrößerten Photos der Schüler werden Collagen hergestellt, die "Vermischungen zwischen Realitätsfragmenten, Realem und Imaginiertem, von Selbst- und Fremdanteilen hervorbringen" (Richter-Reichenbach 1992, S. 143). und zu einer Auseinandersetzung zwischen Selbst und äußerer Wirklichkeit anstiften. Körperumrisse auf großen Papierbögen können durch Farbgebung ausgestaltet werden, wobei das Ergebnis als imaginärer Spiegel für die Schüler wirkt und ein körperhaftes Erspüren der eigenen Existenz stiftet. Das von fünf behinderten Jugendlichen in einem Weddinger Freizeitclub gestaltete Werk "Mix Max" läßt etwas von der befreienden Wirkung solchen Tuns erahnen. "So hat der Jugendliche, der sich als Modell zur Verfügung stellte, anschließend fasziniert vor dem Abdruck seines Körperumrisses gestanden und vermittelte den Eindruck, als würde er sich im Spiegel betrachtend neu begreifen" (Baumgartner 1998, S. 91). Eine Variation läßt sich durch den Projektor erreichen, der die Schatten der Jugendlichen auf ein Bettlaken wirft, die nachgezeichnet und ausgestaltet werden können. Als Scharaden oder Schattenspiele erfolgt eine pantomimische Darstellung der "Traumrolle", gleichsam eine Inszenierung des "ungelebten Lebens", wobei anschließend davon eine Bildercollage angefertigt werden kann, wodurch das Wiedererkennen des imaginierten Ichs mit seinem Ich-Ideal erleichtert wird und im gestal-

teten Selbstausdruck zugleich subjektiv gedeutete Realität, Phantasie-
erfahrung und Wunschprojektion verknüpft wird.

Ein Wiedererkennen des eigenen imaginierten Ichs ist eine Voraussetzung der Konstituierung eines reifen Selbst, das kommunikationsfähig
und anerkennungsfähig sein kann. Nach Lacan ist die imaginäre Ordnung des Spiegelstadiums lebenslang "Bildner der Ichfunktion. Das Bild
ist formierend, ist Antrieb und Struktur, zugleich emotionale und damit
verwoben kognitive Basis" (Pazzini 1992, S. 99).

Die Unterrichtsreihe "Das Ich hinter den Spiegeln" von M. Piepenklötter 1982 verwendet den Spiegel als Medium für Selbst- und Fremd-
wahrnehmungsprozesse. Die Schüler werden mit dem eigenen Spiegelbild konfrontiert, aber auch mit dem Spiegelbild eines Zerrspiegels
und einer Spiegelfolie. Da die Veränderungen des Abbildes der Spiegelfolie durch die Reflexbrechung nur schwer vorherbestimmbar sind,
kommt es zu einer permanenten Oszillation von Selbst- und Fremdwahrnehmung. Die Veränderungen im Zerrspiegel (dick/dünn). werden
mit einer Polaroidkamera festgehalten. Diese Spiegelungen und Ver-
zerrungen, die lustvoll erlebt werden, gehen gleichsam von selbst in
mimisch-pantomimisches Spiel über und werden als Schattentheater
hinter einer Leinwand weitergeführt (M. Piepenklötter 1981).

Ein Identitätsschaukasten (Setzkasten). wird darauf angefertigt, in dem
Fundstücke, Souvenirs arrangiert, montiert und geklebt - und mit
Wörtern und Zeichen ergänzt werden. Barbara Wichelhaus läßt ihre
Schüler ein "Ahneneck", ebenfalls einen Objektkasten herstellen. In der
Adoleszenz werden die Fragen nach der eigenen Herkunft virulent,
aber auch das Geheimnisvolle, aber kulturell eingebettete, löst Faszina-
tion aus (Wichelhaus 1981). In der Abschlußklasse der Sonderschule
fertigen Peter Barths Schüler ebenfalls ein Objekt mit dem Titel "Wer
bin ich?" - Wer ich bin? - Bin ich wer?, an. Eine Collage der Vergangenheit, der Gegenwart und der Zukunft der Schüler dient als Vorbereitung. Anschließend fertigen die Schüler Gesichtsmasken des eigenen
Gesichts an, die in Regale eingebaut werden und mit Fotos, Zeichnungen u.a. angereichert werden (Barth 1981).

Die letzten Beispiele zeigen, wie Versetzungen in die Vergangenheit in ästhetischer Form sich als Sinnstiftung oder Sinnverdeutlichung der Gegenwart konstituieren, da es sich um die symbolische Verarbeitung der Gegenwart im Sinne einer Vertiefung handelt. Vergangene Ereignisse werden im Sinne nachfolgender Ereignisse reorganisiert und in einen sinnvollen Zusammenhang gebracht. Die in der Gestaltung von Objekten gewonnene Erfahrung ist vor allem Niederschlag von biographischem Erleben, Hoffen und Erleiden.

Auch Kunstwerke können dem Jugendlichen als imaginäre Spiegel und Vorbilder wirken. In den Werken der Polin Magdalena Abakanowicz spüren wir den Zusammenhang ihrer Werke mit dem Prozeß der eigenen Subjektwerdung. "Crowd" - eine Figurengruppe von Abakanowicz zeigt eine kopflose Menschengruppe, die erstarrt wirkt. Die Plastiken sind Halbschalen, zur anderen Seite hin offen aus sackleinenähnlichem Material.

Eine Schülergruppe verharrt eine Weile ganz still, um sich in die Figuren hineinzuversetzen (Kirchner 1996). Mit Kartoffelsäcken, die in Weißleim getaucht sind, wird die Figurengruppe nachgestellt. Es können auch neue, eigene Installationen erprobt werden.

Die Gleichheit und Vielzahl der Figuren verweist auf die Dialektik von individuell Konkretem und Verallgemeinerungen. Die Wiederholung der Abformung zeigt das Thema 'Menschenmassen' auf. Photos von Demos, Faschingsumzügen, Menschen am Meer, Militärparaden, können in Bezug auf die Gruppe "Crowd" unter dem Aspekt Individuum und Gesellschaft, Vereinzelung und Solidarität thematisiert werden, da Abakanowicz mit ihrer Arbeit uns zeigt, wie durch eine mehrfache Abformung Besonderheit entsteht. Eine Ergänzung der mimetischen Erarbeitung der Figurengruppe "Crowd" kann die Figurengruppe "Tischgesellschaft" von Katarina Fritsch bilden, bei der 32 völlig identische Polyesterfiguren auf hellgrauen Bänken an einer langen, perspektivisch auf die Raumflucht zulaufenden Tischreihe sitzen. Der Einzelne scheint sich in der Gruppe zu verlieren, das Individuelle geht im Kol-

lektiven auf (Kirschenmann, Schulz 1996). Auch hier wird das Verhältnis vom Original zur Vervielfältigung, vom Einzelnen zum Kollektiv,
thematisiert.

Aus einer weiteren Anknüpfung kann die Figurengruppe "Schüler" von
Abakanowicz betrachtet werden. Die Figuren, erneut kopflos mit einer
sackleinenähnlichen Oberflächenstruktur aus Bronze, stehen zusammen. Im Hintergrund erkennt man die Künstlerin.

Die meisten Kinder beunruhigt die Kopflosigkeit. "Ich hab doch einen
Kopf, die Figur da nicht" Die Hilflosigkeit und Verletzlichkeit des Einzelnen kann hier auch der Sonderschüler erspüren und mit seiner je
eigenen Situation in Beziehung bringen. Tadeusz Kantors Installation
"Tote Klasse", von der Abakanowicz inspiriert ist, verstärkt beim Schüler den Prozeß der Identifikation mit den Figuren von Abakanowicz.
Die Schüler erahnen, daß Kunst nicht nur auf Persönliches, sondern
auch auf Intersubjektives in spezifischer Formsprache verweist.

Ästhetische Erziehung vermag eine Brückenfunktion vom "Ich zum Du"
auf verschiedenen Ebene herzustellen um die soziale Integration der
Sonderschüler anzubahnen und zu stützen.

Momentaufnahmen des Dialogs mit Körperteilen (Hand, Fuß). werden
fotographisch festgehalten. Szenen mit Händen und Füßen werden anschließend gespielt. An der Hand erkennen die Schüler sowohl Individuelles als auch Allgemeines. Sie betrachten die Abdrucke der Hände
im Sand. Auf einem Laken werden die Handabdrucke (Finger- bzw.
Temperafarbe). zu einem "Handtheater" gestaltet. Anschließend können die Hände mit den Unterarmen in Gips abgeformt werden und zu
einer Installation zusammen gestellt werden. Von Giacometti erfolgt
eine Werkbetrachtung seiner 1947 geschaffenen Skulptur "Hand".
Gipsabgüsse der eigenen Hand, die an Fäden befestigt werden, fordern
ein Spiel von Handszenen förmlich heraus. In den letzten Vorhaben
ahnen die Schüler, daß die Skulptur eine objektivierte Gebärde, eine
zur Form geronnene Bewegung ist.

In diesen letzten ästhetischen Vorhaben wird das Organische der Reflexion zugänglich gemacht. Es entstehen daraus Entwürfe einer "Raumkunst" und "Personenkunst", die "sich der Selbstinszenierung des Körpers im öffentlichen Raum widmet (..). - diese künstlerischen wie kunsttheoretischen Entwürfe bilden durchaus eine Handhabe, Lebensverhältnisse, welche leiden machen, mit bildnerischen Mitteln darzustellen, zu materialisieren - und das ist das eigentliche kunsttherapeutische Ziel" (Menzen 1995, S. 122).

Eine ästhetische Erziehung der Sonderschüler muß besonders in der Jugendphase an ihren Lebensverhältnissen ansetzen, um sie ihrer regressiv symbiotisch -, wie destruktiv orientierten Reaktionsmuster entbinden zu helfen, da die Grundlage für eine Veränderung dieses Erlebens umfassende biographische und lebensweltbezogene Rekonstruktionen bilden (Bröcher 1994).

Ein Rückgriff auf den Bereich der Alltagsästhetik (Musik, Plattencover, Zeitschriften, Videofilme). und auf die jugendkulturelle Szene motivieren die Jugendlichen, die hier verwendeten Zeichen und Symbolsysteme ästhetisch zu bearbeiten. Bildliche Darstellung gibt dem Jugendlichen die Möglichkeit, seine Ängste und Konflikte zu thematisieren, und zwar in einer weniger bedrohlichen Weise als durch die Sprache.

Als Einstieg können gemeinsam die für die Schüler relevanten Orte wie z.B. ein Jugendzentrum oder eine Disco besucht werden. Im gemeinsamen Betrachten von Graffiti auf Schulbänken, an Wänden, sowie von Zeitschriften, Plattencovers u.a. lassen sich die Lebensthemen der Sonderschüler herausarbeiten (Bröcher 1997).

Der Erlebnismarkt für die Jugendlichen ist durch eine Standardisierung von industriell vorgeformten Zeichen, Symbolen und Materialien gekennzeichnet und wird in der ästhetischen Erziehung aufgegriffen. "Im Variieren, Kombinieren, Umgestalten usw. zeigen sich Reaktionsformen, die mit Aktivität und Initiative in Zusammenhang stehen, wenn es etwa darum geht, die eigene Identität nach außen darzustellen" (Bröcher 1997, S. 263).

Da das Darstellungs- und Ausdrucksrepertoire dieser Schüler eingeschränkt ist, liegt es nahe, auf vorhandene Bildmittel zurückzugreifen, so auf Poster und Plakate; aber auch auf Kunstwerke, die etwas von den Konfliktthemen der Jugendlichen enthalten, wie z.b. die schon erwähnte Bildreihe "Rigor Mortis" von Tomi Ungerer oder Zeichnungen von Grosz. Die Verwendung des Prinzips Décollage liegt nahe, d.h. "den Zufall im wahrsten Sinne des Wortes aus dem Leben herausreißen, das ist das mit der Décollage verbundene Prinzip: das Auseinanderreißen von Übereinandergeklebten, insbesondere von Plakaten" (Kirschenmann, Schulz 1996). Die Schüler sprühen, überkleben, zerreißen gezeichnete Bildteile, überkleben aufs Neue usf. Die Übermalungen sind Auseinandersetzungen der Jugendlichen mit ihren Problemen; sie arbeiten diese an den Motiven ab. Es entstehen Manifestationen von Lebensausschnitten der Jugendlichen mit den Themen Autoritätskonflikte, Liebe, Gewalt, Sexualität, Kindheit und Erwachsensein und ähnliches mehr. "Die Bilder der Schüler haben nicht nur diagnostische Bedeutung, sie können ebenfalls eine Grundlage für Reflexion und Verhaltensänderung sein und geben Impulse für weiterführende ästhetische Prozesse und sie ermöglichen eine kritische Bestandsaufnahme von 'Pathologien der Lebenswelt' [J. Habermas], die sie als individuelle Konfliktbelastungen und Verhaltensauffälligkeiten manifestieren können", (Bröcher 1997, S. 312). Somit ist die erfolgte Dekonstruktion zugleich ein Prozeß einer neuen Konstruktion.

Flure, Treppenhäuser oder Schulhöfe bieten Gestaltungsmöglichkeiten, in denen Kooperation, Bedürfnisbezogenheit und Produktorientierung und Mitplanung der Schüler zusammentreffen. Das Ergebnis läßt sich als objektive Vorstellung von jugendlichen Weltausschnitten lesen; es ist ästhetisch entäußerte Subjektivität der am Werk Beteiligten.

Ästhetische Erziehung schafft geschützte Räume für affine Lernphasen, in denen einer den anderen anzuregen vermag. Ästhetische Erziehung bedarf, wie sie Raum braucht auch Zeit. Zeitschleifen im Lernprozeß müssen eingeplant werden; dem Schüler muß Gelegenheit gegeben werden, seine Lernprozesse in Vor- und Rückgriffen ablaufen zu lassen.

Die Zeit in der ästhetischen Arbeit wird zur erlebten Zeit, denn äs-
thetisch geprägte Erfahrung ist durch ein Ensemble von Szenen und
Zeitgestalten konstituiert. Der Lernprozeß vollzieht sich somit in einer
Balance zwischen Strukturierung und Prozeßhaftigkeit.

Aufgrund der bisherigen negativen Schulerfahrungen ziehen sich viele
Sonderschüler in eine Sicherheitszone zurück, die in eine konkretistische Welt führt und deren Affektsystem verkümmert. Im Laufe der
Schulzeit wird das emotionale Involvement immer mehr eingeschränkt
und die affektiven Besetzungen werden defensiv (Moser, Zeppelin
1996). Der Schüler erlebt permanent Irritationen, die zu einer aggressiven Bereitschaft führen.

Da ästhetische Erziehung die subjektive Lernbiographie einbezieht, erweitert sie den Zugang zu wichtigen Aspekten der Lebenswelt des
Sonderschülers. In der ästhetischen Erfahrung, die über eine gewisse
Breite und Tiefe verfügt, kommt es zu einer Erweiterung der Subjekt-
grenzen und damit einhergehend zu einer Selbstthematisierungsfähig-
keit der Schüler. Die Lernhaltung kann expansiv werden, da der lernende Weltaufschluß erweitert und die Lebensqualität erhöht wird.

Pädagogen kommt im Prozeß des ästhetischen Lernens die Rolle der
Unterstützung bei der Organisation bestimmter Erfahrungsbereiche zu.
Entscheidende Lernfortschritte vollziehen sich gerade beim Sonderschüler vorwiegend in Situationen geleiteter Erfahrung. In der ästhetischen Erziehung folgt nach einer Phase mit orientierendem Angebot
eine Aufbauphase, in der die Ausdrucksförderung im Zentrum der pädagogischen Bemühungen steht. Die letzte Phase, die Stabilisierungsphase ist meist projektorientiert, die wechselseitige kommunikative Erlebnisse der Beteiligten hervorruft (Richter 1984). Die Orientierungsphase versucht, verschüttete Erlebnisweisen zu reaktivieren und die
körperhaft-sensitive Kompetenz der Schüler zu stärken. Da Ideen uns
nur in leiblicher Erfahrung zugänglich sind, ist die körperlich-sinnliche
Kompetenz ein transzendentales Bedingungsmoment aller Erfahrung.

In der Aufbauphase steht die Stärkung des Selbst und die Unterstützung von Selbstidentifikationen im Mittelpunkt ästhetischer Förderung. Auseinandersetzungen mit dem eigenen Spiegelbild, der Körperbewegung und dem Körperausdruck geben vielfache Anreize zur Selbstauseinandersetzung, "denn nur Authentisches ist wirklich identifizierbar und kann der Selbstidentifikation dienen" (Selle 1988, S. 143). Erfolgt durch Selbstbildnisse und Ganzkörper-Zeichnungen eine Akzeptanz und Wertschätzung des eigenen Körpers, so kann dies zu einem gesteigerten Interesse an auch außerhalb des eigenen Selbst liegenden Objekten führen (Aissen-Crewett 1986). Im Aspekt der Körpereinstellung zeigt sich die Körpererfahrung in ihrer sozialen Dimension.

In der Stabilisierungsphase können Äußerungsängste abgebaut werden. Da im Kooperationsprozeß die Beteiligten sich an einem gemeinsamen Produkt und Prozeß orientieren, wird partizipatives- und kooperatives Lernen verschränkt. Die Schüler machen gemeinsame Erfahrungen, erleben Freude und Spaß, aber auch Enttäuschungen gemeinsam. "Das gemeinsame Erleben affektiver Zustände ist das mächtigste Werkzeug zur Herstellung von Intersubjektivität" (Hildebrand-Nilshon 1996, S. 242). Die aufkommende Resonanz für die Gefühle und Zustände der Gruppe ermöglicht Verständnis für sich und die Anderen und wird als positiver Zustand der Gemeinsamkeit empfunden. Der beschriebene Aufbau einer Sicherheitszone mit all den negativen Folgeerscheinungen (u.a. Aggressionstendenz, Isolation, Regression, Irritation). kann nun vom Schüler aufgegeben und abgebaut werden (Moser, Zeppelin 1996).

Der Sonderschüler hat nun eine Sicherheit erreicht, sich auch von weniger Vertrautem anziehen zu lassen, da positive Emotionen ein Vertrauen für neue Situationen schaffen und Vertrauen gleichsam ein funktionales Äquivalent für die kognitive Organisation der Motivation darstellt (Baumgartner 1994). Ästhetische Erfahrung, die in Projekten vollzogen wird, ist meist durch gemeinsames Betrachten und Schaffen von Objekten und Ereignissen gekennzeichnet und wird als lustvoll erlebt. "Es entsteht die Möglichkeit, mit symbolischen Mitteln über sich selbst und seine Beziehungen zur Welt und zu den Bezugspersonen zu reflektieren und die eigenen Erfahrungen und Emotionen symbolisch zu verarbeiten" (Hildebrand-Nilshon 1996, S. 242). Ästhetische Erziehung hilft dem Sonderschüler, mit seinen Möglichkeiten zu spielen, was zur Differenzierung seiner Ausdrucks-, Darstellungs- und Kommunikationsfähigkeiten führt.

Eine Rekonstruktion der eigenen Biographie im symbolischen Medium wird möglich, da die Kinder gelernt haben, sich und ihre Geschichte symbolisch und narrativ zu konstruieren.
Es ist für den Schüler lustvoll zu erleben, wie er in der ästhetischen Erfahrung sein Erkenntniserleben spielerisch betätigt und spürt, wie sich die Erfahrungen gegenseitig intensivieren und er in der gestaltenden Arbeit völlig aufgeht. Im Ästhetischen gelingt es auch dem Sonderschüler, sich auf seine eigene Entwurfsenergie und deren Kontrolle einzulassen. Die ästhetische Welterfassung ermöglicht auch ihm, die Reihe der bisherigen Erlebnisse zu einem gestalteten Dasein zu führen, denn "Aneignung von Erfahrung und Verarbeiten ist immer auch Selbstaneignung, ein Innewerden und Entwickeln von Fähigkeiten, die man erprobt, bestätigt und auswertet" (Selle 1988, S. 201).

Literatur:

Aissen-Crewett, M., Kunsttherapie in der Heilpädagogik. In: Zeitschrift für Heilpädagogik, 37. Jg. (1986). 245 - 253

Barth, P., Selbstdarstellungsobjekte. In: H.-G. Richter, G. Waßarmé (Hg.).: Kunst als Lernhilfe, Frankfurt/M. 1981

Baumgartner, A., Die Dialektik von Bildung und Bildern. In: Kaiser, D. und Kerkhoff, W. (Hg.).: Kunst und Kommunikation. Pfaffenweiler (Centaurus). 1998

Baumgartner, A., Pädagogische Dimensionen strukturellen Lernens In: Pädagogische Rundschau, 48. Jg. (1994).

Boesch, E.E., Das Magische und das Schöne, Stuttgart 1983

Bröcher, J.: Destruktive Tendenzen und Adoleszenz - Kunsttherapie als Chance, Lebensprobleme zu erarbeiten und konstruktive Lebensperspektiven zu erschließen. In: Musik-, Tanz- und Kunsttherapie, 5. Jg. 1994

Bröcher, J.: Die Verbildlichung einer zerrissenen Welt. Schülerzeichnungen zwischen kunsttherapeutischer Nutzbarmachung und Kulturkritik. In: Musik-, Tanz- und Kunsttherapie, 6. Jg. 1995

Bröcher, J.: Lebenswelt und Didaktik, Unterricht mit verhaltensauffälligen Jugendlichen auf der Basis ihrer (alltags).-ästhetischen Produktionen. Heidelberg (Universitätsverlag Winter, Ed. Schindele). 1997

Buss, H. und Theunissen, G. : Möglichkeiten aktionsorientierter Arbeitsformen im Kunstunterricht mit geistig behinderten Schülern. In: Theunissen G. (Hg.).: Kunst, ästhetische Praxis und geistige Behinderung. Bad Heilbrunn (Klinkhardt). 1997

Diakonie Stetten: Bilder - Objekte - Klänge; Tänze - Gärten - Stimmen – Masken. Stetten 1996

Engelhardt, G.v. : Kunstpädagogische und kreativitätstherapeutische Arbeit mit Naturmaterialien; speziell Sand und Steinen, Diss., Universität Tübingen, 1997

Engelke, W.: Struktur und Symbol im Bild der Ich-Störung. In: Wichelhaus, B. (Hg.).: Kunsttheorie, Kunstpsychologie: Festschrift für Hans-Günther Richter zum 60. Geburtstag, Düsseldorf 1993

Fellmann, F. : Wovon sprechen die Bilder? Aspekte der Bild-Semantik. In: Recki, B. und Wiesing, L. (Hg.).: Bild und Reflexion. München (Fink). 1997

Felsches, F. : Der Geltungsanspruch des ästhetischen Urteils. In: Zeitschrift für Ästhetik und allgemeine Kunstwissenschaft, 34. Jg. (1989).

Furth, H.G. : Wissen als Leidenschaft. Eine Untersuchung über Freud und Piaget. Frankfurt (suhrkamp). 1990

Hampe, R. : Ästhetische Praxis als integratives Medium im kulturellen Raum. In: Theunissen, G. (Hg.).: op. cit., Bad Heilbrunn (Klinkhardt). 1997

Hampe, R. : Erfahrungen aus der ästhetischen Praxis mit der Schülergruppe. In: Ich und Du, - Leben wie in Afrika, Übersee Museum, Bremen 1992

Hasselbach, B. : Tanz und bildende Kunst, Stuttgart 1991

Hettig, A., Hensel, D., Stütz, W. : Kunst, die man begreifen kann, Sonderschulmagazin 4.Jg. (1986). 5Jg. (1986).

Hildebrand-Nilshon, M. : Kommunikation - Emotion - Sprache. Integrationspädagogische Aspekte der Arbeit mit lautsprachlich eingeschränkten Kindern und Jugendlichen. In: Eberwein, H. (Hg.).: Einführung in die Integrationspädagogik. Weinheim (Dt. Studien Verlag). 1996

Kessler, A. : Das Reale als Moment der Phantasie. Eine These. In: Schöpf, A. (Hg.).: Phantasie als anthropologisches Problem. Würzburg 1981

Kirchner, C. : "Ich und andere". Ein fächerverbindendes Projekt im Dialog mit Werken von Magdalena Abakanowicz. In: Kirchner, C. und Kirschenmann, J (Hg.).: Wenn Bilder lebendig werden. Anstöße zum Umgang mit Kunstwerken. Hannover 1996

Kirschenmann, J. und Schulz, F. : Praktiken der modernen Kunst, Stuttgart 1996

Limberg, R. und Becker-Arning, J. : "Verspannungen". In: Richter, H.-G. und Waßarmé, G. (Hg.).: op. cit., Frankfurt/M. 1981

Lorenzer, A. : Sprache, Lebenspraxis und szenisches Verstehen in der psychoanalytischen Therapie. In: Psyche 1983

Mattenklott, G. : Grundschule der Künste. Vorschläge zur Musisch-Ästhetischen Erziehung, Hohengehren 1988

Mattheis, R. : Ästhetische Bildung und Selbstwerdung. In: Grubauer F. u.a. (Hg.).: Subjektivität-Bildung-Reproduktion, Weinheim 1992

Menzen, K.-H. : Was tut die Kunst in der Kunsttherapie?. In: Musik-, Tanz- und Kunsttherapie, 6. Jg. 1995

Moser, U. und Zeppelin. I. v. : Die Entwicklung des Affektsystems. In: Psyche 1996

Myschker, N. : Schulleistungsentlastende und leistungsmotivierende Methoden in Erziehung und Unterricht verhaltensgestörter Kinder - Zum Beispiel Musikmalen. In: Richter, H.-G. (Hg.).: Therapeutischer Kunstunterricht, Düsseldorf 1977

Oevermann, U. : Genetischer Strukturalismus und das sozialwissenschaftliche Problem der Erklärung der Entstehung des Neuen. In: Müller-Doohm, St. (Hg.).: Jenseits der Utopie. Frankfurt (suhrkamp). 1991

Oevermann, U. : Zur Integration der Freudschen Psychoanalyse in die Programmatik einer Theorie der Bildungsprozesse, Ms, Frankfurt 1975

Pazzini, K.-J. : Bildung und Bildung, Münster 1992

Piaget, J. : Nachahmung, Spiel und Traum, Stuttgart (Klett-Cotta). 1969

Piepenkötter, M. : Das Ich hinter den Spiegeln. In: H.-G. Richter, G. Waßarmé (Hg.).: op. cit. Frankfurt/M. 1981

Richter, H.-G. : Pädagogische Kunsttherapie, Düsseldorf 1994

Richter, H.-G. : Vom ästhetischen Niemandsland. In: Z. für Pädagogik, H. 4, 1990

Richter, H.-G. : Zur Bildnerei von Menschen mit geistiger Behinderung. In: G. Theunissen (Hg.).: op. cit., Bad Heilbrunn 1997

Richter, H.-G. : Zur Grundlegung pädagogisch-therapeutischer Arbeitsformen in der ästhetischen Erziehung. In: Richter, G. (Hg.).: op. cit., Düsseldorf 1977

Richter-Reichenbach, K.-S. : Aktivitäts- und Motivationssteigerung im Medium ästhetisch-therpeutischer Prozesse. In: R. Merkert (Hg.).: Wandlungen der Pädagogik in 30 Jahren: Festschrift für Gerhard Wehle zum 65. Geburtstag, Düsseldorf 1989

Richter-Reichenbach, K.-S. : Pädagogische Kunsttherapie: Pädagogisierung von Therapie oder Therapeutisierung von Pädagogik. In: B. Wichelhaus (Hg.).: op. cit. Düsseldorf 1993

Richter-Reichenbach, K.-S. Identität und ästhetisches Handeln, Weinheim (Dt. Studien Verlag). 1992

Richter-Reichenbach, K.-S., Ästhetische Bildung. Grundlagen ästhetischer Erziehung, Aachen 1998

Ruge, E. : Sinndimensionen ästhetischer Erfahrung. Bildungsrelevante Aspekte der Ästhetik Benjamins. Phil. Diss. Universität Hamburg 1994

Sample, C. : Sprachliche Interpretation und projektive Wahrnehmung. In: Koch, G.: Auge und Affekt. Wahrnehmung und Interaktion, Frankfurt/M. 1995

Schäfer, A. : Verhinderte Erfahrung. Zum Ausgangspunkt der Bildungskonzeptionen Rousseaus und Adornos. In: Hansmann, O. und Marotzki, W.: Diskurs Bildungstheorie II, Problemgeschichtliche Orientierung, Weinheim (Dt. Studien Verlag). 1988

Selle, G. : Gebrauch der Sinne, Hamburg 1988

Theunissen, G. : Basale Anthropologie und ästhetische Erziehung, Bad Heilbrunn (Klinkhardt). 1997

Theunissen, G. : Zur ästhetischen Erziehung beim Menschen mit geistiger Behinderung. In: Theunissen G. (Hg.).: op. cit. : Bad Heilbrunn (Klinkhardt). 1997

Vogel, M.R. : Bildung zum Subjekt-Selbst und gesellschaftliche Form. In: F. Grubauer u.a. (Hg.).: Subjektivität-Bildung-Reproduktion, Weinheim (Dt. Studien Verlag). 1992

Wichelhaus, B. : Das "Ahneneck" - Herstellung eines Objektkastens. In: H.-G. Richter und G. Waßarmé (Hg.).: Frankfurt 1981

Winnicott, D.W. : Reifungsprozesse und fördernde Umwelt, München (Kindler). 1974

Winnicott, D.W. : Vom Spiel zur Kreativität. Stuttgart (Klett-Cotta). 1970

Wörner, G. : Aktionsorientierte Arbeitsformen in der ästhetischen Erziehung. In: Richter, H.-G. (Hg.).: op. cit., Düsseldorf 1977

Bernhard Klingmüller

Lernbehinderung und Stigma.
Zur Abklärung des Verhältnisses von "Behinderung" und "Stigma" aus soziologischer Perspektive

Eines der Dauerthemen in der Pädagogik der Lernbehinderung, nämlich die Beziehung zwischen Lernbehinderung und Stigma, beinhaltet
nach wie vor ein beträchtliches Ausmaß an disparaten und diskrepan-
ten Vorstellungen. Deshalb scheint es sinnvoll, einen aktuellen Klä-
rungsvorschlag zu unternehmen. Beabsichtigt ist insbesondere, die sozialen Dimensionen beim Phänomen Lernbehinderung klarer zuzuordnen. Vorweg ist zu betonen, daß Klarheit nicht eindeutige Festlegung
sozialer Einflüsse bedeuten kann, sondern eindeutige Bestimmung der
jeweiligen sozialen Relativierungen.
Soziale Relativierungen fließen erstens in die Versuche eine Begrifflichkeit zu konstituieren ein, zweitens in die Beschreibung der Lebenswelt
und deren kritischer Analyse und drittens in die Beschreibung sozialer
Situationen von Personen mit dem Attribut Lernbehinderung.
Wenn man das Thema Lernbehinderung und Stigma auf der Folie der
jüngeren Entwicklungen der Pädagogik der Lernbehinderung betrachtet, fällt auf, daß der Begriff der Lernbehinderung so sehr problemati-
siert wird, wie der Begriff Stigma unhinterfragt benutzt wird. "Stigma"
und seine Derivate wie Stigmatisierung, Stigmatisierer, Stigmatisierte
werden in der Diskussion ohne weitere Legitimationsaufwendungen
verwendet. Beim Begriff Lernbehinderung wird diese Sicherheit in der
sonderpädagogischen Diskussion nicht angetroffen.
Die Fülle der Definitionen und Diskussionen und die damit verbundene Fülle von Unsicherheiten machen es nahezu redundant, eine weitere Positionierung vorzunehmen. Wenn man allerdings dem klassischen
methodischen Prinzip folgt, Begrifflichkeiten entlang von möglichst wenigen Annahmen zu entwickeln, können die vielfach verwendeten Ka-
talogdefinitionen, die diffusen Verweise auf Interdisziplinarität und die

Bestrebungen, politische Unkorrektheiten zu vermeiden, nicht befriedigen.

Behinderung definiert sich prinzipiell über Beeinträchtigung und Dauerhaftigkeit. Alle weiteren Beifügungen lassen sich auf die beiden Dimensionen Beeinträchtigung und Dauerhaftigkeit der Beeinträchtigung zurückführen.

Der erste zentrale Aspekt bei Behinderung ist also das Thema und das soziale Problem der Konstatierung von Beeinträchtigung.

Ein Versuch zur Klärung besteht in der Unterscheidung von individuellen und sozialen Faktoren. Häufig wird hier die individuelle Perspektive mit einer medizinischen Defektorientierung gleichgesetzt. Zunächst sind alle medizinischen Vorstellungen auch als gesellschaftlich vermittelte zu begreifen. Medizinische Begrifflichkeiten bieten keinen absolut sicheren Grund. Die WHO-Gliederung von Schädigung, Beeinträchtigung, Behinderung, das vier- bzw. dreifache Paradigmen-Schema von Bleidick (1985), die Typologie von Jantzen (1978) setzen jeweils einen ahistorischen, un-sozialen Begriff von Schädigung an den Anfang. Die medizinischen Definitionen von Gesundheit und Krankheit, von Funktionseinschränkung, von Schädigung sind jedoch ohne gesellschaftlichen und historischen Bezug nicht denkbar. Dieser Bezug ist sowohl bestimmt durch die individuellen und kollektiven Vorstellungen über Körperlichkeit, über Leben und Tod, über Schönheit und Häßlichkeit wie durch die Formen, die Gesellschaften entwickelt haben, lebenserhaltende, gesellschaftserhaltende und gesellschaftsverändernde Aufgabenerfüllungen untereinander aufzuteilen und gegebenenfalls zu erleichtern. Insofern verschleiert eine Zuordnung von Individuum und Defekt die sozialen Dimensionen medizinischen Handelns. Bei aller Kompetenz der Medizin unterliegt die Definition von Defekt in dem Moment, in dem seine Begrifflichkeit im sozialen und pädagogischen Bereich weiterverarbeitet wird, dieser Begrifflichkeit und nicht mehr der Begrifflichkeit der Medizin. Davon sind selbst scheinbar objektive Daten nicht ausgeschlossen. Davon zu abstrahieren führt zu dem, was Marx Verdinglichung (und Jantzen 1974 Ontologisierung) nannte. Medizinische Erkenntnisse werden durch diese Relativierung nicht obsolet, sondern sozial und pädagogisch gerahmt.

Weiterhin gibt es Individualität nicht absolut als solche. Die Dimension von Individualität, mit der wir es in der Pädagogik der Lernbehinderung zu tun haben, ist eine sozial Konstruierte, eine persönliche Identität im Sinne Goffmans (1967, Kap. 2) und nicht im Sinne der Psychoanalyse.

Die soziale Dimension der Individualität und die soziale Dimension der Defektbestimmung müssen also immer mitgedacht werden, wenn man mit diesen Begriffen arbeitet. Ein solcher ent-identitätisierter Begriff von Lernbehinderung verringert Stigmatisierungsverdächtigungen.

In die Diskussion der sozialen Dimension des Phänomens Lernbehinderung drängt sich eine andere Auseinandersetzung, bei der ebenfalls üblicherweise Stigma-Bezüge hergestellt werden. Insbesondere bei dem Problem der Lernbehinderung ist es überdeutlich, daß das Phänomen vielfältig mit den verschiedensten sozialen Bedingungen und Strukturen zusammenhängt:

- mit Interaktionsordnungen,

- mit Bedingungen schulischer und anderer psychosozialer Organisation, mit gesamtgesellschaftlichen Strukturen und

- mit der normativen Kultur einer Gesellschaft.

Es gibt in der Sonderpädagogik die Tendenz, diese sozialen Faktoren als arbiträr, willkürlich gesetzte und prinzipiell zu verändernde zu betrachten. Die Antwort liegt jedoch, anders als die 11. Feuerbach-These von Marx suggeriert, nicht im Verändern, sondern in der Klärung dessen, was verändert und was beibehalten werden sollte und den darauf zu folgenden Handlungen. Außerdem kann man sich nicht befreien von dem Doppelverhältnis zur Gesellschaft, nämlich, daß wir einerseits Gesellschaftlichkeit machen, andererseits Gesellschaftlichkeit uns bestimmt. Beide Positionen zur Gesellschaftlichkeit, die individualistische und die antagonistische finden somit immer ein fundamentum in re, sind in der Lage Plausibilität zu erzeugen. Somit klingt sowohl eine vom

Defekt aus gehende Position wie eine von der Gesellschaft ausgehende Position immer einsichtig, bleibt aber unvollständig.

Ein analoges wissenschaftstheoretisches Problem verbirgt sich in den Überlegungen, die die phänomenologische oder konstruktivistische Wende einbeziehen, also die Diskussion um Lernbehinderung als Faktum oder als Fiktion (Eberwein 1995). Hier ist als erstes kritisch anzumerken, daß tendenziell "Fiktion" und "Konstrukt" gleichgesetzt wird, daß man also Konstruktionen zu Fiktionen erklärt. Der Rückgriff auf Positionen des radikalen und auch des sozialen Konstruktivismus wird reduziert auf einzelne Begriffe, insbesondere also auf "Lernbehinderung". Alle anderen Begriffe, die in der Diskussion verwendet werden (wie beispielsweise der Begriff der "Integration") werden nach traditioneller Wissenschaftslogik beibehalten, ohne konstruktivistische Relativierung, wodurch sich wissenschaftstheoretisch keine Konsistenz ergeben kann. Zum anderen ist beim Rückgriff auf phänomenologische Argumentationen zu fragen, ob nicht doch die soziale Dimensionen der Wahrnehmung von Phänomenen einzubeziehen ist, so wie es beispielsweise Goffman vorgeschlagen hat (Goffman 1980, 620).

Die Komplexität der Problematik der "Lernbehinderung" wird in der sonderpädagogischen Diskussion oft in einen Zusammenhang gebracht mit diesem arbiträren Gesellschaftsbegriff (oder einer scheinbar vorgelagerten arbiträren Wissenschaftstheorie), wobei die zugrundeliegende Gesellschaftskritik entweder einer entsprechenden politischen Haltung entspricht oder einer naiver Übernahme von gängigen Positionen mit diffuser Gesellschaftskritik (z.B. Beck 1986). Für den Begriff der Lernbehinderung hatte das zur Folge, daß Lernbehinderung oft nur noch als durch Gesellschaft verursacht gesehen wird und nicht mehr in dem komplizierten Wechselspiel der Konfigurationen, in dem Lernbehinderung sowohl in der Perspektive der Beeinflußbarkeit wie der - sozial reflektivierten - Faktizität gesehen werden muß.

Einen Unteraspekt der Thematisierung von Beeinträchtigung stellt die Unterscheidung von "echter" und "unechter" Lernbehinderung dar. Über längere Zeit dachte man, daß man mit dem IQ ein objektives Maß hätte, um "echter" von "unechter" Lernbehinderung zu unterscheiden. Die Verbindung von IQ-Werten und Normalverteilung erzeugt ein hoch plausibles Bild, das schwer zu hinterfragen ist. Andererseits hat dieses Bild Bestandteile, das mit egalitären Orientierungen zu konfligieren scheint (für eine alternative Version Gottfredson 1989). In der Pädagogik der Lernbehinderung zeigt sich eine Tendenz, sich überhaupt nicht mehr auf die Niederungen der IQ-Kontroverse einzulassen, wie es sich beispielsweise in der Rezeption der Rosenthal und Jacobson (1968) und demgegenüber in der geringen Berücksichtigung der gründlichen methodischen Kritik (z.B. Elashoff 1971) finden läßt. Eine Erklärung könnte darin bestehen, daß es verunsichernd ist, die Kontingenz zu ertragen, wenn man IQ-Werte als pädagogisch "weiche" Daten gewichten möchte.

Die Unterscheidungsfähigkeit zwischen "echter" und "unechter" Lernbehinderung hatte sich in den siebziger Jahren institutionell etabliert als eine Kompetenz von Sonderschullehrern, über die Grundschullehrer nicht ohne weiteres verfügten. Aus Untersuchungen zum Überweisungsverfahren weiß man, daß die Bereitschaft, Lernbehinderung zu konstatieren, bei Grundschullehrer/innen wesentlich höher ist als bei Sonderschullehrer/innen. Das Überweisungsverfahren und insbesondere das sonderpädagogische Gutachten funktionierte somit als ein Filter, das die Definitionen der Grundschule substanziell infrage stellte (Neumann 1980). Der Perspektivenwechsel in der Pädagogik der Lernbehinderung von der gesonderten Beschulung zur Förderung in unterschiedlichen Schulorten oder zum "gemeinsamen Lernen" kann den Sinn der Unterscheidung von "echter" und "unechter" Lernbehinderung nicht auflösen.

Es gibt daneben eine andere Lösung für die Unterscheidung zwischen "echter" und "unechter" Lernbehinderung, die in der deutschen sonderpädagogischen Diskussion erst in Ansätzen auftauchen, aber durch ihre jeweilige Attraktivität eventuell Einfluß gewinnen könnten. In der amerikanischen Begriffsbestimmung wird "Learning Disability" unterschieden von schicht-, kultur- und intelligenzabhängigem Schulscheitern (zusammenfassend Singh 1992). Es wurde somit ein Begriff von Lernbehinderung geschaffen, der Lernbehinderung beschränkt auf psychologisch-kognitive Dimensionen im Sinn von Wahrnehmungsstörung, MCD, hyperkinetisches Syndrom u.ä. (Gaddes und Edgell 1995). Da zudem durch die Stigmatisierung der Intelligenzdiagnostik entsprechende Tests nicht mehr zum Bestand gehören, hat sich hier ein Begriff von Lernbehinderung herausgebildet, der vor allem lernschwachen Kinder aus der Mittelschicht zusätzliche gesellschaftliche Mittel zur Verfügung stellt (Franklin 1987).

Weitere Verwirrung wird dadurch geschaffen, daß die Linie zwischen echter und unechter Lernbehinderung in Großbritannien wiederum anders gezogen wird, zumindest in behinderungspolitisch aktiven Gruppen. Hier hat sich für den Personenkreis, der in Deutschland mit Menschen mit geistiger Behinderung umschrieben wird, die Bezeichnung "people with learning disabilities" eingebürgert, weil dieser Personenkreis über vielfältige Kompetenzen verfügt und nur mit dem Lernen Schwierigkeiten hat. Analog gab es zumindest zeitweise, in den USA, die Bezeichnung "borderline mental retardation" für das Phänomen, das in Deutschland mit Lernbehinderung bezeichnet wird.

Wenden wir uns dem zweiten Aspekt zu. Dauerhaftigkeit gilt in der Fachdiskussion dermassen als Selbstverständlichkeit, daß es beispielsweise in der dreigegliederten WHO-Definition von 1980 nicht gesondert aufgeführt wurde.

Dauerhaftigkeit der Beeinträchtigung als Bestandteil einer Behinderungsdefinition beinhaltet die Möglichkeit der Abgrenzung zu Beeinträchtigungen, die durch zeitliche Begrenztheit gekennzeichnet sind.

Es tauchen in der Pädagogik der Lernbehinderung immer wieder Kontroversen über die Dimension Dauerhaftigkeit auf. Einem traditionellen Begriff von Lernbehinderung wird die Unterstellung von Dauerhaftigkeit vorgeworfen, einem aktuellen Begriff von Lernbehinderung wird zugeordnet, daß er keine Aussage über Dauerhaftigkeit beinhalten dürfte, weil da prinzipiell eine Kategorisierung, Stigmatisierung, Individualisierung, Defektorientierung enthalten sei. Ein Begriff von Lernbehinderung, der von der Dimension der Dauerhaftigkeit abstrahiert, ist unsinnig. Dauerhaftigkeit kann aber nicht heißen, daß man Dauerhaftigkeit prinzipiell unterstellt, sondern daß man sich über die jeweiligen

Vorstellungen und Erfahrungen von Dauerhaftigkeit Rechenschaft ablegt.

Dauerhaftigkeit war in der Pädagogik der Lernbehinderung traditionell auf einen Zeitraum von mindestens zwei Jahren bezogen (Hofsäss 1993).

Dauerhaftigkeit ist weiterhin in der Pädagogik der Lernbehinderung meistens beschränkt auf die Schule. Jenseits der Schule gibt es dann Vorstellungen vom Verschwinden der Lernbehinderung. Demgegenüber gibt es - viel zu wenige - spezielle Einrichtungen im Erwachsenenbereich, die offensichtliche Versorgungsdefizite ausgleichen müssen. Aussagen über Dauerhaftigkeit gehen bis hin zu dem manchmal konstatierten, aber empirisch kaum untersuchten Zyklus der Lernbehinderung, also einer Dauerhaftigkeit, die sich innerhalb von Familien, über die einzelnen Individuen hinweg, herstellt. Auch Schulmodelle, die dem "gemeinsamen Lernen" verpflichtet sind, kennen das Problem der Dauerhaftigkeit der Beeinträchtigung von beispielsweise "Gutachtenkindern". Wie viele "Gutachtenkinder" haben sich von ihrem Status als "Gutachtenkinder" lösen können?!

Dauerhaftigkeit bedeutet darüber hinaus, daß man jeweils klärt, wie sie entsteht und wie sie perpetuiert wird, wie weit sie schulisch verändert und beeinflußt werden kann oder wie weit eine Lernbehinderung mit den gegenwärtigen pädagogischen Interventionen nicht erheblich verändert werden kann. Dauerhaftigkeit darf keine Festschreibung werden, sondern muß eine immer wieder hinterfragte vorläufige Annahme bleiben.

Dennoch kann es sinnvoll sein, Dauerhaftigkeit sogar so weit ernst zu nehmen, daß sie für pädagogische Zielsetzungen relevant wird. Im Bereich der geistigen Behinderung verbirgt sich eine spezifische Antwort auf die Dauerhaftigkeit in der Kontroverse um lebenspraktische gegenüber kulturtechnischen Erziehungszielen. Eine Entscheidung für lebenspraktische Ziele beinhaltet das Anerkennen von Dauerhaftigkeit der begrenzten Entwicklungsmöglichkeiten (Klingmüller 1990). Eine Möglichkeit ist die Entwicklung von Coping Strategien (Polloway u.a. 1992). Im Bereich der Lernbehinderung wäre es dementsprechend zumindest sinnvoll, den heimlichen akademischen Lehrplan wie den heimlichen sozialen Lehrplan in Bezug zu setzen zu Vorstellungen über die Dauerhaftigkeit. Das kann bedeuten, daß man die hypothetische Dauerhaftigkeit berücksichtigt oder daß man sich gegen deren Berücksichtigung entscheidet. In beiden Fällen kann man sich jeweils überlegen, welche Folgen die Entscheidung besitzt. Entscheidet man sich für die Berücksichtigung der Dauerhaftigkeit, bedeutet es in der Folge, die Lernbeeinträchtigung für einen angebbaren Zeitraum als gegeben zu nehmen. Dieser Zeitraum, also die mit Lernbehinderung verbundene Dauerhaftigkeit, bleibt somit als Setzung transparent. Diese Setzung als rein willkürliche zu verstehen, verkürzt die Problemlage, denn in diese Setzung fließen vielfältige Erfahrungen und pädagogische Zielvorstellungen ein. Erfahrungen, die sich auf Dauerhaftigkeit beziehen, unterscheiden sich sehr im Bereich der Pädagogik der Lernbehinderung. Beispielsweise kann die Erfahrung des Praktikers vor Ort, des Lehrers, vielfältig bestimmt sein, in der ganzen Breite von pädagogischem Engagement bis hin zu latenten Phantasien über Arbeitsplatzsicherheit und Arbeitsplatzsstrukturbestand.

Wenn man sich gegen eine Berücksichtigung der reflektierten Erfahrung von Dauerhaftigkeit entscheidet, was im Sinne einer lebenssituationsoffenen Pädagogik (z.B. der Integrationspädagogik) als die einzig legitime Möglichkeit erscheint, dann ist neben der Fülle der positiven Aspekte, wie sie vielfältig von deren Vertretern entwickelt wurde, auch zu überlegen, ob es nicht ebenfalls negative Kosten gibt. Entscheidet man sich für zeitoffene Erziehungsziele, kann das beispielsweise zur Folge haben, daß nicht tatsächliche Selbständigkeit im erwachsenen Berufsleben erreicht wird, sondern verschleierte Unselbständigkeit (z.B. in der Form des "Kompetenzmantels" von mehr oder auch weniger gutwilligen Bekannten (Edgerton 1967).

Es geht bei dem Thema der Dauerhaftigkeit also nicht um eine Entscheidung pro oder contra, sondern um eine Relativierung. Eine Relativierung von Dauerhaftigkeit wird nicht das Problem der Dauerhaftigkeit obsolet machen können, sondern ist in Bezug zu setzen zu sozialen Prozessen wie den oben genannten. Das heißt wiederum, daß die

Fragwürdigkeit der konkreten Dauerhaftigkeitsbenennung als Bestimmungselement einer Definition von Lernbehinderung nicht die Reflexion über die Dauerhaftigkeit verschwinden lassen darf.

Beeinträchtigung und Dauerhaftigkeit als die zentralen Aspekte des Behinderungsbegriffs und dementsprechend des Begriffs Lernbehinderung können dann der conditio humana verpflichtet bleiben, wenn man dessen soziale Relativität immer mitbedenkt, sowohl bezogen auf die Dimension Beeinträchtigung wie auf die Dimension Dauerhaftigkeit. Das würde für die Beibehaltung des Begriffs "Lernbehinderung" sprechen. Begriffe wie Förderschule, Förderschüler usw. sind demgegenüber wahrscheinlich diskriminierungsgefährdeter, wenn man an die Geschichte der sprachlich nahen Begriffe "Hilfsschule" und "Hilfsschüler" denkt.

Aus den bisherigen Überlegungen ergeben sich für eine Reihe von Themen der Pädagogik der Lernbehinderung, daß es sich bei ihnen nicht um Probleme von Stigma handelt, sondern allgemein um die Bedeutung sozialer Dimensionen. Goffman hat in seinem Buch "Stigma" jedoch einen Gliederungsvorschlag gemacht, der eindeutig zwischen Behinderung und Stigma unterscheidet. Darum geht es im Folgenden.

Ein zentraler Begriff für die Berücksichtigung soziologischer Argumentationen in der Pädagogik der Lernbehinderung ist nach wie vor der der "Stigmatisierung".

Er wird herangezogen, wenn es um Klärungen geht, welcher Begriff zur Bezeichnung des Phänomens und des Personenkreises herangezogen wird. Zum zweiten wird von Stigmatisierung her der Bezugspunkt gewonnen, von dem aus man über die verschiedenen Formen der Beschulung verlässliche Urteile abzugeben glaubt. Demgegenüber ist der text- und inhaltsgenaue Rückgriff auf den klassischen Text von Goffman, auf den die Verbreitung des Begriff "Stigma" eindeutig zurückgeht, nur rudimentär entwickelt (Goffman 1967).

Das wäre nicht weiter problematisch, wenn es nicht Ungenauigkeiten in der Rezeption des Textes gibt, die sich an zentralen Punkten der Goffmanschen Argumentation festmachen lassen und die vielleicht in der begrifflich diffusen Situation von heute nach wie vor einiges zu bieten hat. Zudem haben die Ungenauigkeiten dazu geführt, daß die Komplexität des Goffmanschen Textes weniger erfaßt wurde, was gerade im Zusammenhang mit dem Phänomen Lernbehinderung und der zugrundeliegenden Erziehungsaufgabe ein Gewinn hätte sein können. Wenn Kerkhoff (1993) hervorgehoben hat, daß die Thematisierung der Lernbehinderung zu sehr auf Unterricht beschränkt ist und darüber die pädagogische Orientierung und Zielsetzung leidet, dann können die folgenden Überlegungen vielleicht zu der Präzisierung eines solchen Verständnis von Erziehung beitragen.

Um welche Ungenauigkeiten handelt es sich? Goffman geht zunächst davon aus, daß es einen gesellschaftlichen Prozeß gibt, durch den die Kategorien von Personen (Hausfrau, Bäcker, Lehrer, Anwalt) und die Attribute jeder Kategorie gesellschaftlich etabliert werden. Diese etablierten Kategorien erleichtern den sozialen Verkehr, so daß fremde Personen in spezifischen Situationen routinemässig interagieren können. Diese etablierten Kategorien ("Schubladen") und die zugehörigen Attribute bezeichnet Goffman mit Identität.

Mit diesem Begriff von Identität sind keine psychodynamischen Vorstellungen verbunden, sondern es handelt sich um eine rein soziologische Definition. Krappmann (1969) und Habermas (1977; Erstveröffentlichung 1968) entwickelten in Anlehnung an Erikson und Mead einen Begriff von Identität, der als ein soziologisch erweiterter psychodynamischer Identitätsbegriff einzuordnen ist. Goffman bleibt auf der Ebene soziologischer Reflektionen, wenn er das normative Schicksal der Kategorien und Attribute verfolgt, in dem er davon ausgeht, daß aus den erwarteten Identitäten normativ erwartete Identitäten werden. Diese Verbindung von "Schublade" und Moral ist der eigentliche "Sündenfall" in der Stigma-Perspektive, wie Goffman in der weiteren Argumentation (insb. im vierten Kapitel) deutlich herausarbeitet.

Die Unterscheidung zwischen virtualer und sozialer Identität, die fast immer zitiert wird, wenn auf den Goffmanschen Text zurückgegriffen wird, ist demgegenüber ephemer für die grundsätzliche Einordnung seines Argumentationsgang.

Zweitens: Die Relativität des Stigma-Prozesses, daß also prinzipiell jedes Attribut zum Stigma werden kann, gehört ebenfalls nicht zur selbstverständlichen Rezeption der Goffmanschen Perspektiven, wie sich an der häufig anzutreffenden naiven Gleichsetzung von Stigma und Behinderung feststellen läßt. Auf der Suche nach interaktiven Erklärungen des Phänomens Behinderung liegt diese Gleichsetzung nahe, die zudem durch einen Übersetzungsfehler (Attribut wird an dieser Stelle fälschlicherweise mit Eigenschaft übersetzt) begünstigt wird.

Der dritte zentrale Aspekt der Goffmanschen Definition von Stigma, der in der Rezeption nahezu verloren gegangen ist, betrifft die Abgrenzung der Stigma-Thematik von anderen. Diese Abgrenzung ist zwar deutlich benannt, aber von Goffman ansonsten argumentativ nicht hervorgehoben. Dieser Aspekt ist in dem Zitat enthalten, von dem er selbst sagt, daß er damit die "soziologischen Merkmale" bezeichnet: "Ein Individuum, das leicht in gewöhnlichen sozialen Verkehr hätte aufgenommen werden können, besitzt ein Merkmal, das sich der Aufmerksamkeit aufdrängen und bewirken kann, daß wir uns bei der Begegnung mit diesem Individuum von ihm abwenden, wodurch der Anspruch, den seine anderen Eigenschaften an uns stellen, gebrochen wird." (Goffman 1967,13)

Goffman versteht seine Stigma-Theorie also nicht als Erklärungsmuster für Interaktionen von Situationen, in denen das Gegenüber NICHT leicht "in gewöhnlichen sozialen Verkehr" aufgenommen werden kann. Zwei Themenkreise werden dadurch vor allem aus der Stigma-Perspektive herausgenommen, nämlich Kompetenz und Devianz. Die Abgrenzung zur Devianz thematisiert er am Schluß seiner Untersuchung. Über die Abgrenzung zur Kompetenz macht er fast keine Aussagen. Er definiert Stigma als eine "besondere Beziehung zwischen Eigenschaft und Stereotyp" (Goffman 1967,12), woraus sich schließen läßt, daß es vielleicht noch andere Beziehungen zwischen Eigenschaft und Stereotyp geben kann. Wenn er beispielsweise konkrete Behinderungen anspricht, dann thematisiert er Behinderung konsequent als Attribut, das zur Akzeptanzbedrohung führen kann, geht aber nicht darauf ein, daß es Situationen gibt, in denen von den Beteiligten be-

stimmte Eigenschaften verlangt werden. Die Bedeutung von Eigenschaften als notwendigem Bestandteil von Interaktionen wird innerhalb
der Soziologie klassischerweise im Rahmen der Rollentheorie in seiner
sozialen Relativiertheit behandelt. Goffmans Stigma-Perspektive ist also
keine Theorie der sozialen Relativierung des Verständnisses von Behinderung als Kompetenz/Inkompetenz-Problem. Behinderung ist im
Zusammenhang der Stigma-Perspektive ein Attribut, das stigmatisiert
werden kann. Für die Interaktionslogik der Stigmatisierung unterscheidet sich Behinderung somit nicht fundamental von anderen Attributen.
Behinderung kann als spezifische Eigenschaft die Zugehörigkeit zu bestimmten Situationen verunmöglichen oder ermöglichen, genau so wie
andere erworbene (z.B. Prüfungsleistung) oder erhaltene (z.B. Körper-
größe für bestimmte Sportarten) Eigenschaften.

Goffmans Abtrennung der Probleme von notwendigen Eigenschaften
und Devianz führt zunächst zu einer besseren Unterscheidung der verschiedenen Interaktionsprobleme. Auf der Grundlage sind darüber hinaus insbesondere die Übergänge und gegenseitigen Beeinflussungen
zwischen Akzeptanz und Kompetenz, zwischen Akzeptanz und Devianz
klarer bestimmbar. Gerade im Zusammenhang mit "Lernbehinderung"
kann sich hier eine spezifische Komplexität besserer Reflektierbarkeit
zugänglich machen.

Ein letzter grundsätzlicher Punkt sei hervorgehoben. Goffman betont,
daß eine Voraussetzung für den Stigmatisierungsprozeß darin besteht,
daß beide Beteiligten die gleichen Identitätsnormen hochhalten. Seine
Perspektive ist somit nicht die der Macht oder der Diskriminierung,
unabhängig davon, was "das Opfer" denkt, sondern das der Orientierung auf die gleichen Normen und der sozialen und interaktiven Entwicklungen, die sich aufgrund dieser Normenorientierungen ergeben.
Goffman arbeitet insofern in "Stigma" stringent soziologisch, als er für
einen bestimmten Aspekt sozialen Handelns die Perspektive der Normen durchgängig analysiert. Er bietet dadurch ein Verstehen von bestimmten vielfältig beobachtbaren interaktiven und organisationsstruk-
turierenden Verhaltensweisen, die einem Dekonstruktivismus eher
entgleiten.

Goffmans Vorschlag beinhaltet also, deutlich zu trennen zwischen Lernbehinderung als Beeinträchtigung und Lernbehinderung als Attribut, das Akzeptanz bedroht, also ein Stigma. In der Wissenschaft ist es üblich, daß ein Begriff so verwendet wird, wie er von einem, meistens erstbeschreibenden, Hauptautor vorgegeben ist oder so, daß man nicht hinter dessen Argumentation zurückfällt. Lernbehinderung als Stigma ist demnach deutlich zu unterscheiden von Lernbehinderung als Etikett, der Diskriminierung von Lernbehinderung und Lernbehinderung als Stimulus einer sozialen Reaktion im Sinne eines Vorurteils. Es ist nicht so, daß Lernbehinderung als Attribut keine Lernbehinderung mehr ist, sondern daß die Beeinträchtigung an der Lernbehinderung als Alibi zur Nichtakzeptanz benutzt wird oder als Problem der Nichtbefassung. Es ist also immer die Frage zu klären, in welchen Situationen Lernbehinderung ein stigmatisiertes Attribut darstellt oder als Bestandteil der Kategoriedefinition die "leichte Aufnahme in gewöhnlichen sozialen Verkehr" beeinträchtigt. An dieser Grenze bewegt sich das Alltagshandeln von Pädagogen mit Kindern, die in den Bereich der Pädagogik der Lernbehinderung geraten, aber auch die Lebenswelt dieser Kinder und ihre spätere Biographie.

Literatur

Beck, U.: Risikogesellschaft. Frankfurt (suhrkamp) 1986

Bleidick, U.: "Historische Theorien: Heilpädagogik, Sonderpädagogik, Pädagogik der Behinderten". In: Bleidick, U. (Hg.): Theorien der Behindertenpädagogik. Berlin (Marhold) 1985

Edgerton, R.B.: The Cloak of Competence. Berkeley (UCLA Press) 1967

Elashoff, J.O./Snow, R.E.: Pygmalion Reconsidered. Worthington, (Jones) 1971

Eberwein, H.: "Zum Selbstverständnis der Sonderpädagogik". In: Zeitschrift für Heilpädagogik 46.Jg. (1995), 468 - 476

Franklin, B. M. (Hg.): Learning Disability: Dissenting Essays. London (Falmer) 1987

Gaddes, W.H. und Edgell, D.: Learning Disabilities and Brain Function. A Neuropsychological Approach. New York (Springer) [3]1995

Gottfredson, L.S.: "The General Intelligence Factor". In: Scientific American vo. 9 (1989), Heft 4 (special edition), 24-29

Goffman, E.: Stigma. Frankfurt (suhrkamp) 1967

Goffman, E.: Rahmen-Analyse. Frankfurt (suhrkamp) 1980

Habermas, J.: Stichworte zur Theorie der Sozialisation. In: Habermas, J.: Kultur und Kritik. Verstreute Aufsätze. (Frankfurt (stw) [2]1977 Erstveröffentlichung als Raubdruck 1968)

Hofsäss, Th.: Die Überweisung von Schülern auf die Hilfsschule und die Schule für Lernbehinderte in Deutschland seit 1918. Eine historisch-vergleichende Untersuchung. Berlin (Spiess Ed. Marhold) 1993

Jantzen, W.: Sozialisation und Behinderung. Gießen (Focus) 1974

Jantzen, W.: Allgemeine Behindertenpädagogik. Bd. I und B. II. Weinheim (Beltz) 1987 und 1990.

Kerkhoff, W.: "Das Begriffspaar Erziehung und Unterricht. Ein Streifzug durch die Fachliteratur". In: Vierteljahresschrift für Heilpädagogik und ihre Nachbargebiete. 62 Jg. (1993), 20 - 28

Klingmüller, B.: "Soziologische Bemerkungen zum pädagogischen Umgang mit individuellen und sozialen Grenzen der Selbständigkeit". Zeitschrift für Heilpädagogik. Beiheft 17, 1990, 139 - 143

Krappmann, L: Soziologische Dimensionen der Identität. Stuttgart (Klett-Cotta) 1969.

Neumann, G.: Probleme sonderpädagogischer Diagnostik im Aufnahmeverfahren zur Sonderschule für Lernbehinderte - am Beispiel des Verwaltungsgebietes Berlin/West. Unveröff. Dissertation Berlin (Freie Universität) 1980

Polloway, E. A., Schewel, R. und Patton, J. R.: "Learning disabilities in adulthood: Personal perspectives". In: Journal of Learning Disabilities 25. Jg. (1992), 520 - 522

Rosenthal, R. und Jacobson, L.: Pygmalion in the Classroom. New York (Holt, Rinehart and Winston) 1968

Singh, N. N. und Beale, I. L.(Hg.): Learning Disabilities. Nature, Theory and Treatment. New York (Springer) 1992

Thomas Hofsäss

Aktuelle Aufgabenstellungen der Lernbehindertenpädagogik

Der Begriff "Lernbehinderung" und in Folge "Lernbehindertenpädagogik" ist und bleibt sehr komplex. Und dies, obwohl aufgrund dessen vereinzelt Vorschläge unterbreitet werden, den Begriff, den damit verknüpften fachgeschichtlichen und handlungsfeldbezogenen Kontext abzuschaffen (vgl. u.a. Eberwein 1996, 52).

Unabhängig davon spiegelt die Vielzahl der Versuche zur Begriffsklärung, die insbesondere in den siebziger Jahren für eine ausführliche Diskussion sorgte, das aufgeregte Interesse verschiedenster Fachdisziplinen an einem Phänomen wider, welches, ursprünglich eng verknüpft mit der Institution der Schule, inzwischen auch lebensweltliche und biographieumspannende Bezüge herstellt und Handlungsnotwendigkeiten erkennen läßt.
Der Ausgangs- und Schlußpunkt, dessen fachliche Heimat sozusagen, liegt in der interdisziplinär schillernden Lernbehindertenpädagogik. Der Begriff "Lernbehinderung" ist nach wie vor unumstritten umstritten. Seine Streitbarkeit liegt insbesondere in seiner instrumentellen Ideologisierung begründet, die dem Fach in der Theoriediskussion zwar zu Polen, aber zu keiner substantiellen Mitte verholfen hat und damit den eigentlichen legitimatorischen Bezugspunkt, nämlich die Praxis, vernachlässigt und möglicherweise schädigt.

Was also tun mit diesem Begriff, der vorhandene Phänomene zu klären versucht?

1. Zur Ausgangslage des Begriffes Lernbehinderung

Zur Einführung einige beispielhafte Aussagen aus einem sonderpädagogischen Fördergutachten über eine Schülerin, die von der Grundschule zur sonderpädagogischen Überprüfung gemeldet wurde:
"Die 10;9-jährige A., die ein Jahr vom Schulbesuch zurückgestellt war,
besucht zum wiederholten Mal die 3. Klasse einer Grundschule. Sie
kann einzelne Wörter im Rahmen eines zweistündigen wöchentlichen
Förderunterrichtes in einer Kleingruppe richtig lesen und schreiben.
Mathematische Operationen im Zahlenraum bis 100 gelingen ihr mit
Hilfe von Murmeln, Pfennigstücken usw. (...). Im Pausenhof steht sie
außerhalb, keiner will mit ihr spielen.(...). Vor zwei Tagen hat sie einen
Klassenkameraden die Treppe hinuntergeschubst. (...).Unregelmäßig
näßt sie in der Nacht ein. Die alleinerziehende Mutter von drei Kindern äußert in einem Telefonat mit der Klassenlehrerin, daß sie nicht
mehr aus noch ein wisse. Sie ist offensichtlich mit der Situation ihrer
ältesten Tochter überfordert."

Diese Lebenslage, wie sich ausschnitthaft in diesem Beispiel darstellt,
zeigt alltägliche Problemlagen auf, wie sie sich einerseits an der Schnitt-
stelle Grundschule und Förderschule, andererseits aber auch an den
Verbindungsstücken von Schule und Jugendhilfe konzentrieren können.
Das genannte Beispiel gibt einen möglichen exemplarischen Ausschnitt
aus einer Lebenswelt von Kindern und Jugendlichen wieder, die aufgrund von Lern- und Verhaltensbeeinträchtigungen in normativen Bezugssystemen öffentlicher Institutionen vom biographischen Scheitern
bedroht oder sogar schon vom Scheitern durchwirkt sind.
Öffentliche Institutionen stellen für die Erziehungsberechtigten oft auch
eine kritische Funktion dar: So werden erst durch Schule erheblich
normabweichende Entwicklungen öffentlich und aus familiärer Pri-
vatheit (oder auch familiärem Versteckspiel) herausgehoben. Dies geschieht oft auch zum Ärger von Erziehungsberechtigten, die bis zum

Schulpflichtalter ausschließliche Entwicklungsmacht über Kinder aus-
üben. Im Unterschied zum o.g. Beispiel sind Eltern häufig nicht in der
Lage, ihren Unterstützungsbedarf zu formulieren beziehungsweise
überhaupt zu erkennen. So gilt bis heute, wie Kerkhoff bereits 1979
feststellt: "Die ungünstige Lern- und Leistungsentwicklung potentiell
lernbehinderter Kinder und Lernbehinderter in der Sonderschule ist in
Abhängigkeit von verschiedenen familiaren Angeboten bzw. deren
Mangel und intrafamiliaren Beziehungen zu sehen" (1979, 19).
Schule bietet also auch einen ersten möglichen Schutz-, Schon- und
Entwicklungsrahmen für Kinder vor ihren Erziehungsberechtigten an.
Insbesondere Schüler an Förderschulen nehmen dies auch subjektiv so
wahr. Jedoch ist in der Struktur und Ressourcenlage der Förderschulen
der Förderaspekt nur einseitig, nämlich auf das schulische Lernen hin
konzentriert und weniger auf die Einbettung ganzheitlicher För-
deraspekte. Deshalb kann dieser fördernde Rahmen häufig nur rudimentär ausgefüllt werden und muß seine Schülerinnen und Schüler
entsprechend strukturell enttäuschen. Hinzu kommt, daß öffentliche
Institutionen auch im Sinne von Unterstützung nur im Rahmen ihres
öffentlichen Auftrages handeln, weshalb es im Wesentlichen auch nur
zu einer Außensicht von behindernden und beeinträchtigenden Verhältnissen kommen kann. Präventions- und Interventionsstrategien
können deshalb nur primär von außen ansetzen. Familienverhältnisse,
und seien sie noch so entwicklungshemmend, genießen vorrangigen
Schutz durch den Staat; individuelle Fehlentwicklungen in Familiensy-
stemen werden nur als nachrangige Problemgröße behandelt.

Darauf lassen sich nun die bisherigen Klärungsansätze von Lernbeeinträchtigungen und in Folge Lernbehinderungen beziehen, die im Wesentlichen aus vier Bedingungsfeldern gespeist und bestenfalls auch
miteinander verknüpft werden und zwar mit den Bedingungsfeldern
niedrige Intelligenz, hirnorganische Störungen, soziokulturelle Benachteiligung und Grundschulversagen.
Die beiden ersten Bedingungsfelder beziehen sich auf ein im weitesten
Sinne naturwissenschaftliches Konzept und Weltbild, welches empi-

risch verdichtet wird, währenddessen die beiden letztgenannten Ansätze sozialwissenschaftliche und bildungstheoretische Konzepte in den Vordergrund stellen. Faktische Betrachtungen der Beeinträchtigungen des Lernens zeigen auf, daß sie komplex angelegt sind und nicht nur den Schulalltag bestimmen, sondern alle Bereiche der Lebenswelt in allen Altersstufen betreffen können. Eine Eingrenzung auf Institutionen, Lebens- und Entwicklungsphasen sowie auf Lerninhalte greift zu kurz. Lernbehinderungen umfassen zum Beispiel nach Kanter "Entwicklungs-, Lern- und Kommunikationsprobleme" (ders. 1993, 23) und somit alle entscheidenden Bereiche der sozialen Interaktion.

Wenn der inhaltliche Ausschnitt des o.g. Fördergutachtens auf der Ebene der schulorganisatorischen Konsequenzen von Leistungs- und Verhaltensäußerungen von A. weitergeführt wird, verdeutlichen sich die Folgewirkungen von vermuteten Lernbeeinträchtigungen: Die Grundschule meldet Schüler zur sonderpädagogischen Überprüfung und Diagnostik auf Lernbehinderung dann an, wenn sich das in der Regelschule sichtbare und nicht mehr ausgleichbare Scheitern umfassend manifestiert hat und somit weit über die der Grundschule schulpolitisch zugestandenen Fördermöglichkeiten hinausgehen, weil das mittelfristige Scheitern im Schulleistungsbereich unmittelbar durch die Gesamtbelastungen in A.'s Lebenswelt bedingt ist, also u.a. im sozialen, emotionalen und im familiären Bereich. Als Ausgangspunkt der Meldung an die Förderschule ist deshalb für die Grundschule das Phänomen mittelfristigen Schulleistungsversagens relevant, da sich auch ihr pädagogischer Auftrag im Wesentlichen auf die Erbringung von angemessenen Schulleistungen bezieht. Die Sonderpädagogin/der Sonderpädagoge hat nun zu prüfen, inwieweit die phänomenologisch getroffene Feststellung einer drohenden oder realen Lernbehinderung als zutreffend zu bewerten oder abzuweisen ist.

Spezielle schulische Förderung durch förderpädagogische Maßnahmen setzt häufig erst dann ein, wenn kaum noch Ansatzpunkte vorhanden sind, um einen komplexen Lernaufbau auch nur im Ansatz altersgemäß gestalten zu können. Dieses Dilemma wird häufig erst offensichtlich, wenn die Grundschule und mit Einschränkung die Hauptschule ihre spezifischen Fördermöglichkeiten methodisch-didaktischer Art, insbesondere der Binnendifferenzierung ausgeschöpft hat. Die individuelle Ausprägung des Lernverhaltens und die individuelle Lerngeschichte kann unter den Bedingungen einer letztlich an festgelegten jahrgangsbezogenen Schulleistungsnormen orientierten Institution nicht oder kaum mehr aufgefangen werden. Der zunehmend verspätete Einsatz sonderpädagogischer Fördermaßnahmen wird nicht zuletzt durch die Facetten einer integrationspädagogischen Diskussion mitbedingt, die einerseits unterstellt, daß Grundschule zu wenig entlang individueller Entwicklungsförderung arbeiten würde (was auch gar nicht ihre Aufgabenstellung ist), andererseits würde ein frühzeitiger Einsatz sonderpädagogischer Maßnahmen Stigma- und Segregationsprozesse nach sich ziehen.

Deshalb gelten lernproblemorientierte spezielle Fördermaßnahmen in speziellen Institutionen erst dann als die probaten Interventionsmöglichkeiten, wenn das Kind schon häufig am Brunnnenrand steht, wenn nicht sogar schon hineingefallen ist, was dann eine komplizierte und aufwendige Bergungstechnik verlangt, um im Bild zu bleiben. Deshalb werfen sich die folgenden Fragenkomplexe auf:

- Warum ist die Grundschule trotz Bildungsreform und differenzierter Didaktik nicht in der Lage, Kinder mit schwerwiegenden Lernbeeinträchtigungen zu behalten?

- Wie kommt es, daß Grundschule nach wie vor individuelle Lernversagensgeschichten mitbedingen kann?

- Warum gibt es überhaupt noch die Schule für Lernbehinderte? Könnten nicht Lernstationen an Grundschulen eingerichtet werden, so daß bereits präventiv auf der Ebene der Lernstörungen und Lernschwierigkeiten gearbeitet werden kann, bevor die Lernbehinderung überhaupt entsteht?

- Wie folgenreich wäre ein umfassendes sozialräumlich orientierten Frühförderkonzept?

- Warum müssen Schüler überhaupt an der Schule scheitern?

Zu diesen Fragen gibt es gibt es verschiedene Antworten: So heißt es etwa bei Bleidick: "Lernbehindert ist, wer die Lernbehindertenschule

besucht" und weiter: "Es muß eben irgendwie verteilt werden" (u.a.
1993). Lernbehinderungen würden somit also bewußt aus verteilungs-
politischen Gründen produziert. Hierzu würde auch die Argumentation
passen, daß Lernbehinderung nur wegen des Berufsstandes der Lernbehindertenpädagogen bestünde. Der Berufsstand würde die Segregation vorantreiben. Lernbehinderungen gäbe es im eigentlichen Sinne
nicht, sie würden durch Lernbehindertenpädagogen auf der Grundlage
eines selbstreferentiellen Systems geschaffen. Häufig wird hierbei auch
historisch argumentiert: Lernbehindertenpädagogik müsse eigentlich
Lernbehindertenschulpädagogik heißen; es wird unterstellt, daß Lernbehindertenpädagogik sich auf die Sonderschule bezieht (so etwa
Eberwein 1996a; Heimlich 1994) und nicht auf das Problemfeld von
Lernbeeinträchtigungen, welche auch schulunabhängig erhebliche Bela-
stungen bei einer Alltags- und somit Lebensbewältigung in einer differenzierten und technologisierten Gesellschaft mit sich bringen.
Dennoch: Mit solchen plakativen Thesen kann öffentliche Wirkung er-
zielt werden. Die differenzierte Betrachtung der Geschichte der Lernbehindertenpädagogik bleibt dabei auf der Strecke und dabei insbesondere der Argumentationsstrang, daß die Hilfsschulpädagogik eine
Folgewirkung qualifikations- und somit selektionsorientierter Volks-
schulpädagogik gewesen sei, die sich primär an curricularen und sozialen Normen orientiert und erst danach am Individuum Schüle-
rin/Schüler. Und dies ist doch ansatzweise bis heute so geblieben und
mag für die Fortschreibung der sogenannten Leistungsgesellschaft auch
Sinn machen. Jedenfalls wird dies weder bildungstheoretisch noch bil-
dungspolitisch angezweifelt.
Da jedoch die Reform des Schulsystems komplexer Anstrengungen
bedarf (dies hat u.a. der Deutsche Bildungsrat in seinen Empfehlungen
u.a. 1973 deutlich zum Ausdruck gebracht), wird erst einmal insbesondere die Schule für Lernbehinderte vorgeführt, in der sich sowohl die
Misere der Regelschule, als auch der gesamten Schuldiskussion, wie in
einem Brennglas bündelt. Nicht zuletzt deshalb ist die politische Lage
der Förderschule für Lernbehinderte hoch sensibel. Lernbehindertenpädagogik scheint im Gegenzug sogar die Utopie einer gemeinsamen

Schule für alle Kinder zu konterkarieren und birgt somit in sich ein kritisches Potential, das nach vielen Seiten hin offen ist. So heißt es etwa bei Eberwein: "Die vielbeschriebene Legitimationskrise der Schule für Lernbehinderte kann nur durch die Abschaffung dieser Schulart und die Nichtaussonderung ihrer Schüler in einer reformpädagogisch veränderten allgemeinen Schule gelöst werden" (1996a, 52). Was heißt das?

Die Existenz der Schule für Lernbehinderte sowie auch der Bedarf an ihr bewirkt eine Offenlegung der Bedingungen und der Zustände des jeweils aktuellen Zustandes des Bildungssystems, das nach wie vor einzelnen Schülern das umfängliche Scheitern von Lernprozessen innerhalb des regulären Schul- und Bildungssystems ermöglicht.

Anhand der Drohung mit der Förderschule, wie sie allenthalben vor allem an Grundschulen vorgenommen wird und an den Schülerinnen und Schülern an Förderschulen für Lernbehinderte selbst, wird schon sehr frühzeitig exemplifiziert, wie dramatisch es ist, außerhalb gesellschaftsbestimmender Leistungs- und Verhaltensnormen zu stehen. Insofern wird im Regelschulsystem Sozial- und Leistungshygiene auf Kosten der lernschwachen beziehungsweise der schwachbefähigten Schüler, wie Kanter (1990) in Referenz auf Stötzner sagt, betrieben. Dadurch werden den Schülerinnen und Schülern die prototypischen Verteilungsmuster der Leistungsgesellschaft veranschaulicht. Dabei wird aber auch ein historisches Problem der Hilfsschule/Förderschule benannt: Ist sie deshalb auch final eine Leistungsschule mit zusätzlichem Förderangebot, oder ist sie primär eine Förderschule mit Leistungsangeboten?

Sind es die humanen Grundlagen der Gesellschaft, die diesen Schülerinnen und Schülern mit erheblichen Lernbeeinträchtigungen noch eine spezielle Förderung außerhalb des Regelschulsystems zugestehen? Wird sich die verbindliche Schulpflichtregelung auch mittelfristig noch halten?

Historisch ließe sich die Antwort durch die Bestimmung des kontinuierlichen Verhältnisses zwischen Regelschule und Hilfsschule beziehungsweise Lernbehindertenschule erschließen.

Seit der Expansion von Hilfsschulen ab Beginn der zwanziger Jahre erfolgt die Zuordnung dieser Förderung für als schwachbegabt (Stötzner), schwachsinnig (Fuchs) oder lernbehindert (Bleidick) diagnostizierte Schüler nahezu ausschließlich in Sonderschulen bzw. Förderschulen. Dieser Förderort wurde den Schülern, auch aus historischer
Sicht, durch die Grund- und Volksschule zugewiesen. Die Absonderung
von primär durch das Phänomen dauerhaften und umfassenden Schulleistungsversagens auffälligen Schülerinnen und Schülern durch das Regelschulsystem begründet die Entstehung und Expansion von Hilfsschulen.
Arno Fuchs (1869-1945) stellt in seinem Grundlagenwerk "Schwachsinnige Kinder, ihre sittlich-religiöse, intellektuelle und wirtschaftliche
Rettung" fest:
"Die Hilfsschule ist die selbständige Sondereinrichtung der allgemeinen
Volksschule, die die schwachsinnigen Kinder nach einem 1-2jährigen
erfolglosen Besuch der Volksschulunterstufe aufnimmt und durch besonders geartete Erziehungs- und Unterrichtsmethoden für das Leben
ausbildet" (Fuchs 1912, 313). An anderer Stelle heißt es dezidiert: "Die
Volksschulmethodik hat in der Behandlung der geistig schwachen Kin-
der versagt" (1912, 286).
Waren anfängliche Bemühungen, Nachhilfeklassen für schwachbefähigte und schwachsinnige Kinder an Volksschulen anzugliedern, erfolgreich, zeigte sich jedoch bald, daß die spezifischen Förderbedürfnisse
der nach Stötzner (1832-1910) schwachbefähigten Schüler, die die
Zielstellung der Reintegration mit sich führten, in der Elementar- und
Volksschule nicht realisierbar sind. Es setzt sich, ausgehend von der
Volksschule und argumentativ vor allem durch Arno Fuchs mit dem
Schwachsinnsbegriff unterlegt die Ansicht durch, daß diese Kinder nicht
nur weniger intelligent, sondern auch von einem anderen Wesen sei-
en, weshalb sie spezieller Einrichtungen bedürften. Mit dem Entstehen
der Hilfsschulen als eigene Schulart wird somit auch ein eigenes Hilfs-
schulcurriculum, eine Hilfsschuldidaktik und eine Professionalisierung
für den Hilfsschulbereich als notwendig erachtet.

Dies ist nicht zuletzt auch von Hilfsschulpädagogen immer wieder kritisiert worden, die übrigens bis in die sechziger Jahre hinein ausschließlich aus der Regelschule kamen und sich somit berufsbiographisch durchaus den Standards der Regelschule verpflichtet sahen. So heißt es 1930 in einem Aufsatz von Wegner-Etzrodt mit dem Thema "Das Hilfsschulkind in der Normalschule": "Hilfsschule ist öffentliche Abstempelung von Minderwertigkeit" (1930, 653) und zwar eine von der Volksschule produzierte Minderwertigkeit, deren Ergebnis in der Hilfsschule weiterzuverarbeiten ist.

Durch die Beschlüsse der Reichsschulkonferenz von 1920 werden den Ideen einer gemeinsamen Bildung in einer Einheitsschule keine organisatorischen Grundlagen gegeben. Das gegliederte Schulsystem des Kaiserreichs wird fortgesetzt und ausgebaut. Die Kriterien der Übergangsauslese werden entsprechend ausdifferenziert, auch unter Zuhilfenahme der Intelligenztestverfahren von Binet und Simon, die 1912 in einer deutschsprachigen Fassung erschienen (vgl. Ingenkamp 1990). So entwickelt sich auch in der Hilfsschulpädagogik eine Vielzahl diagnostischer Ansätze, die sich von ihrer pädagogischen beziehungsweise psychologischen Grundorientierung her unterscheiden (vgl. Hofsäss 1993). Ist es in der pädagogisch orientierten Diagnostik im Sinne einer lebensweltorientierten Leistungsdiagnostik wichtig, das Gesamt des Kindes einschließlich seiner sozialen Bezüge zu erheben und zu überlegen, über welche pädagogische Maßnahmen ein Kind gefördert werden kann, sind es in der psychologisch orientierten Diagnostik im wesentlichen die Auswertungen aus standardisierten Intelligenztestverfahren, die das Leitmerkmal "Schwachsinn" und die entsprechende Maßnahme "Hilfsschule" festlegen.

Nach Speck (1988, 261) zeigt sich, und dies kann durchaus als historische Analyse gelten, daß "die Regelschule nach wie vor ihre eigenen Systemnormen dadurch zu erhalten sucht, daß sie die Sonderschule benutzt. Sie bestätigt dadurch, daß sie das Prinzip der homogenen Leistungsgruppe als Leitprinzip priorisiert und heteronom differenzierende

Fördermaßnahmen als Belastung wertet, ihr Pendant-Verhältnis zur
Sonderschule und damit ihr eigenes System".

Diese Problemorientierung wird im Laufe der historischen Entwicklung
dieses Jahrhunderts immer stärker durch die Institutionalisierungsdis-
kussion überlagert. Seit den "Empfehlungen des Deutschen Bildungs-
rates" 1973 kommt es jedoch zu einer zunehmenden Betonung der
Lernortunabhängigkeit der sonderpädagogischen Förderung einschließlich der entsprechenden an das jeweilige Umfeld angepassten Inter-
ventionsformen (vgl. Preuß 1985). Darin spiegelte sich auch der Optimismus wider, daß es zu einer erheblichen Zunahme von Unterstüt-
zungsressourcen für Menschen mit Behinderungen käme, und zwar unabhängig von ihrem Lebensalter und ihrem institutionellen Ort. Aus
heutiger Sicht ist dieser Optimismus gegenstandslos geworden, weil
nach wie vor ein breiter gesellschaftlicher Diskurs über die soziale Frage in der Postmoderne aussteht.

2. Aktuelle Anforderungen der Lernbehinderten-
   pädagogik

Die aktuellen Aufgabenstellungen und Anforderungen der Lernbehindertenpädagogik leiten sich aus Praxis- und Entwicklungsanforderungen
ab und lassen sich auf den folgenden Ebenen kennzeichnen:

- Professionalisierung von pädagogischem Fachpersonal im Handlungsfeld "Lernbeeinträchtigungen"

- Praxis- und Politikberatung (auch im landes- und bundesübergreifenden Kontext)

- Lernbehindertenpädagogik und Erwachsenenbildung

- selbstreflexive und handlungsorientierte Forschung in der Lernbehindertenpädagogik.

2.1 Professionalisierung von pädagogischem Fachpersonal im Handlungsfeld "Lernbeeinträchtigungen"

Die Vermittlung einer differenzierten, aber auch professionellen, nicht überfordernden Handlungskompetenz ist für pädagogisches Fachpersonal vielschichtig. Das Personal, das potentiell, zeitweise oder permanent mit Menschen mit Lernbeeinträchtigungen tätig ist, kommt in sehr unterschiedlichen Arbeitsfeldern und Berufsbildern vor. Vorrangig sind hierbei schulische Institutionen, aber auch Jugendämter, Volkshochschulen, Berufsbildungseinrichtungen, soziale Beratungsstellen, therapeutische Einrichtungen bis hin zu Strafanstalten bzw. Justiz- und Polizeibehörden.

Bezogen auf den inhaltlichen Professionalisierungsaspekt soll in dieser Darstellung eine Beschränkung auf die Berufsgruppe von Sonderschullehrerinnen und -lehrer vorgenommen werden.

In der ersten, zweiten und dritte Phase der Lehrerbildung sind dabei insbesondere die folgenden kompetenzvermittelnden Aspekte umfassend zu berücksichtigen, um das Problemfeld "Lernbeeinträchtigungen" sowohl im Ausschnitt von Regel- und Förderschule, als auch in der vor-, neben- und nachschulischen Betreuung angemessen bearbeiten zu können:

a) Diagnostische Kompetenz,

b) Therapieorientierte Kompetenz,

c) Didaktisch-methodische Kompetenz,

d) Sozialpädagogische und sozialarbeitswissenschaftliche Kompetenz,

d) Interkulturelle Kompetenz.

a) Diagnostische Kompetenz

Lernbeeinträchtigungen, die Lernstörungen, Lernschwierigkeiten und Lernbehinderungen umfassen, verdeutlichen im Begriff die Dynamik des Lernverhaltens. Die Handlungskompetenz, den jeweiligen Schwerpunkt der Lernbeeinträchtigung zu erkennen, ergibt sich aus einer unverzichtbar breit angelegten prozessdiagnostischen Kompetenz. Diese prozessdiagnostische Kompetenz im pädagogischen, psychologischen und medizinischen Bereich stellt die Leitkompetenz der Förderpädagogin und des Förderpädagogen dar, da sie die Lernentwicklung in einen multidisziplinären, aber pädagogisch geleiteten Blick nehmen können.

Die kompetente Einschätzung von Beeinträchtigungen auf der Grundlage eines komplexen diagnostischen Vorgehens entscheidet über Förderansprüche und daraus resultierende Fördermaßnahmen. Das Zwischenergebnis einer Diagnose ist Ausgangspunkt für Unterstützung und Förderung. Dabei ist hinzuzufügen, daß eine ansatzweise diesbezügliche diagnostische Kompetenz auch vor allem bei Kindergärtnerinnen sowie Grund- und Hauptschullehrern unverzichtbar ist; denn sie treffen Vorentscheidungen über Schülerbiographien und Lerngeschichten. Je frühzeitiger eine Lernbeeinträchtigung erkannt wird, desto eher kann die Struktur ihrer Beeinträchtigung und deren soziale Aus- und Rückwirkung reduziert werden. Dem kann etwa durch niederschwellige und klientennahe Frühfördersysteme, wie beispielsweise in Baden-Württemberg, Rechnung getragen werden.

b) Therapieorientierte Kompetenz

Die therapieorientierte Kompetenz ist gefragt, sobald sich eine Schülerin oder ein Schüler im Übergang zu oder bereits in speziellen Fördermaßnahmen befindet. Sie setzt deshalb vor allem bei Lernstörungen und Lernbehinderungen ein. Dabei steht der Aspekt der Individualisierung im Vordergrund. Auf der Grundlage einer vorläufigen Prozessdiagnose vermittelt sich ein Bild der Schwerpunkte der Lernprobleme und damit verknüpfter psychosozialer Probleme und somit der Lerngeschichte. Neben individualisierenden Verfahren, wie individuelle Differenzierung, ist es vor allem der Schulalltag selbst, der unterstützend und heilend wirksam werden muß: Die Anfangsbegegnungen im förderpädagogischen Kontext müssen Schonraumbegegnungen sein. Die Schonraumfunktion ist für Kinder und Jugendliche mit Lernbehinderungen deshalb wichtig, weil sie durch die bisherigen Bedingungen als

Schulversager im Lernen erheblich behindert wurden und erhebliche außerschulische, psychosoziale Belastungsfaktoren verkraften müssen. Über die Schonraumfunktion, die in der inneren und äußeren Organisationsform der Förderschule ansatzweise zu erkennen ist, also über ein therapieorientiertes Milieu, kann Lernbereitschaft und Lernerfolg mithergestellt werden; es kann ein Beitrag zur Enttraumatisierung von der jeweils individuellen Versagensgeschichte, die für die Zeit nach den speziellen Maßnahmen unverzichtbar sind, geleistet werden (siehe auch Pflüger 1992, 546).

c) Didaktisch-methodische Kompetenz

Die spezifische didaktisch-methodische Kompetenz ergibt sich aus der spezifischen Aufgabenstellung der Förderschule: Hier ist es notwendig, die Anforderungen des Bildungsplanes mit der Ausgangslage der Schülerinnen und Schüler zu verknüpfen.

Binnendifferenzierung und Handlungsorientierung ist somit als permanentes didaktisch-methodisches Prinzip zu beachten. Die Kompetenzen des Lehrers liegen hierbei im Erkennen der Lernziele und Lernvoraussetzungen des Lernstoffes, seiner Vermittelbarkeit, seiner Anschaulichkeit und seiner Aufteilung in kleine Schritte. Dies zu realisieren ist sowohl in offenen, projektorientierten, aber auch gruppenunterrichtlichen Verfahren möglich. Nach Nestle (1996, 287) soll maßgeblich sein, daß dabei "die Subjekt- und Objektseite" im Unterrichtsgeschehen gleichermaßen "in einem offenen Wechselspiel" zu fördern ist, um "in dieser Auseinandersetzung kognitive, sprachlich-kommunikative und soziale Kompetenzen" zu erwerben (ebd.).

Damit diese Verfahren von Lehrerinnen und Lehrern verstanden werden können, ist auch die Hochschuldidaktik gefordert, Vermittlungsprozesse partiell analog dazu zu gestalten, um den künftigen Lehrerinnen und Lehrern die Lernerfahrung in unterschiedlichsten Lernsituationen transparent machen zu können und somit über das Transferlernen Kompetenzaneignung vorantreiben zu können.

d) Interkulturelle Kompetenz

Schülerinnen und Schüler mit schwerwiegenden Lernbeeinträchtigungen in den unterschiedlichsten Schularten und Berufsvorbereitungs- und Berufsausbildungsgängen kommen überproportional oft aus anderen kulturellen Bezugssystemen. Allgemein wird als Sammelbegriff für diese Schülergruppe lapidar "Ausländerkinder" oder "Migrantenkinder" beziehungsweise in der Schulstatistik "ausländische Schüler" gebraucht. Diese Bezeichnungen wirken zu kurz und auch fälschlich, da sich diese Schülerinnen und Schüler nicht nur aufgrund der sie prägenden heterogenen kulturellen Bezugssysteme unterscheiden, sondern auch unterschiedlich lange und intensive Erfahrungen mit der hiesigen Kultur haben. Dies wird zudem noch komplexer, wenn die Kinder der sogenannten "deutschstämmigen Aussiedler" hinzugerechnet werden, die statistisch nicht benannt sind, sich aber vorrangig in den Bildungsgängen des unteren Drittels des Bildungssystems befinden.

Der offizielle durchschnittliche Anteil von Kindern, deren Erziehungsberechtigte nichtdeutscher Herkunft sind (in der Statistik als "ausländische Schüler" bezeichnet) unter allen Schülern in Baden-Württemberg lag im Schuljahr 1993/94 bei 14,2%; an den Förderschulen für Lernbehinderte jedoch bei 37,7%; Baden-Württemberg nimmt hierbei eine bundesdeutsche Spitzenstellung ein, gefolgt von Nordrhein-Westfalen mit 27,3% (vgl. Kornmann u.a. 1996).

Interkulturelle Kompetenz meint sowohl über Verstehens- und Verständnisressourcen zu verfügen, weshalb andere kulturelle Bezüge auch zu unterschiedlicher Betrachtung zum Themenfeld Schule beitragen, als auch zu verstehen, worin sich die psychosoziale Ausgangslage von Menschen anderer Herkunftsbezüge eklatant von den hiesigen unterscheidet. Im Praxisfeld Förderschule für Lernbehinderte kann in den Altbundesländern mit einem durchschnittlichen Anteil von bis zu 50% bei Schülerinnen und Schülern aus anderen nationalkulturellen Milieus gerechnet werden. Dies hat deutliche Rückwirkungen auch auf ein didaktisches Konzept: Die Heterogenität der Lebenweltbezüge allein aus

kultureller Sicht führt bei Schülern zu heterogenen Bildungsbedürfnis-
sen und sozialen Interaktionsformen. Dies kann häufig nur über die
Ebene mentaler Zugänge geklärt und verstanden werden. So verwundert es, daß die Ansätze interkultureller Pädagogik im Kontext der
Lernbehindertenpädagogik seit etwa Mitte der achtziger Jahre im fachlichen Diskurs kaum mehr eine Rolle spielen und die so notwendigen
auch mehrsprachigen Ratgeber und Informationsschriften für Erziehungsberechtigte (Kerkhoff 1984) nahezu ausbleiben.

e) Sozialpädagogische und sozialarbeitswissenschaftliche Kompetenz

Lernbehindertenpädagogik und die Arbeitsfelder mit Menschen mit
Lernbeeinträchtigungen weisen deutliche Schnittstellen zu sozialpädagogischen, also erziehungsorientierten und sozialarbeitswissen-
schaftlichen, also an lebensweltlichen und organisatorischen Ressourcen orientierten Handlungsformen und Handlungsinhalten auf. Wenn
ein Mensch mit erheblichen Lernbeeinträchtigungen Unterstützung beziehungsweise Förderung erfährt oder erfahren soll, bedarf es eines
Ressourcenmanagements, welches präzisieren kann, wie unter optimaler Ausschöpfung der Selbsthilfepotentiale eine Stärkung derselben
durch präventions- bzw. interventionsorientierte Maßnahmen erfolgen
kann. Durch das anwaltschaftliche Prinzip von "Advocacy" kann dem
Klienten/der Klientin die Möglichkeit zur Selbststeuerung und zur
Selbstverhandlung ermöglicht werden, was zu einer Stabilisierung der
je eigenen Lebenswelt führen kann und dies vor allem dann, wenn die
Professionellen eine voraussetzungslose Akzeptanz gegenüber der
Ausgangslage des Klienten mitbringen und von dort ausgehend versuchen, die Lebenswelt kooperativ weiterzuentwickeln.
In diese Perspektive gehört vor allem auch der Bereich förderpädagogischer Maßnahmen und Hilfen hinein, der weit über die Institution
Schule hinausreicht: Sei es beim Übergang von der Förderschule in be-
rufsvorbereitende beziehungsweise berufsorientierende Maßnahmen,
sei es in Kooperation mit anderen psychosozialen Diensten oder sei es
unter Ausschöpfung eines dialogischen Vertrauensverhältnisses von

Schülern und Lehrern, um Perspektiven für die Weiterentwicklung der
individuellen Lebenswelt zu entwickeln.

Insofern sind hierin die Kompetenzmerkmale von Kooperation und Beratung essentiell einzubetten, die es überhaupt erst ermöglichen, Teilausschnitte individueller Problemlagen zu öffnen und mit anderen
professionellen Aufgabenfeldern und Handlungsprofilen zu verknüpfen.

2.2 Praxis- und Politikberatung

Die Förderung von Kindern und Jugendlichen mit Lernbehinderungen
bedarf einer Einbettung in organisatorische und rechtliche Rahmenbedingungen, die sich aus einer inhaltlichen Bestimmung der speziellen
Förderung abzuleiten haben. Insofern bedarf es der Vermittlung durch
Transparenz entsprechender Kenntnisse an die Schulpraxis, die Schul-
verwaltung sowie an die Bildungspolititiker selbst. Insbesondere Bildungspolitik sieht sich heutzutage oftmals nicht mehr im hinreichenden
Maße für das verantwortlich, was aus schul- und förderpädagogischer
Perspektive betrachtet problematisch ist. Das bundesweite Ansteigen
der Schülerzahlen an Förderschulen, insbesondere an Förderschulen
für Lernbehinderte, zeigt eine aktuelle Verstärkung der selektiven Bedürfnisse und Funktionen des regulären Schulsystems aufgrund einer
zunehmend schlechteren Rahmenabsicherung der Regelschule auf. So
sind die jeweiligen landespolitischen Diskussionen und Umsetzungen
der 1994 durch die Kultusministerkonferenz beschlossenen "Empfehlungen zur sonderpädagogischen Förderung in den Schulen der Bundesrepublik Deutschland" unkoordiniert und oftmals sehr vage. Die
Anzeichen, die jedoch zu erkennen sind, deuten eher auf einen weiteren Qualitätsabbau im Bereich der Förderung bei Lern- und Verhaltensbeeinträchtigungen hin als auf Qualitätssicherung.

Die Bestrebungen zur Vereinheitlichung des europäischen Binnen-
marktes zeigen auch Bestrebungen zur Vereinheitlichung der bildungspolitischen Rahmenbedingungen auf. So gibt es Bestrebungen bei der

Europäischen Kommission, daß in den Mitgliedsstaaten sonderpädagogische Förderung vorrangig in integrativen Einrichtungen zu erfolgen habe. Darüber hinaus gibt es europaweite Maßnahmen zur Beschäftigungspolitik für benachteiligte Jugendliche. Die Erschließung dieser Ressourcen, die Verdeutlichung ihrer bildungspolitischen Implikationen hinsichtlich der Organisationsformen und Professionalisierungsaspekte steht insbesondere im Bereich der Sonderpädagogik/Lernbehindertenpädagogik erst am Anfang und europabezogen ziemlich am Ende. Diese europabezogene Tür im Bereich der Lernbehindertenpädagogik muß erst noch aufgestossen werden; in anderen sonderpädagogischen Bereichen ist das bereits intensiv geschehen.

2.3 Lernbehindertenpädagogik und Erwachsenenbildung

Es ist offenkundig, daß es auch im Erwachsenenalter zu Lernbeeinträchtigungen kommen kann, beziehungsweise die vorhandenen Lernbeeinträchtigungen ins Erwachsenenalter mit eingebracht werden. Erwachsene mit Lernbeeinträchtigungen werden gesellschaftlich in erheblicher Weise ausgegrenzt, weil sie elementare gesellschaftliche und kulturelle Standards unzureichend oder gar nicht erfüllen können. Das Problemfeld von Lernbeeinträchtigungen ist nicht nach der Pflichtschulzeit gelöst. Auch Lernbeeinträchtigungen können eine lebenslange und somit lebensbegleitende Beeinträchtigung bleiben; Angebote zur Bearbeitung dieser Beeinträchtigungen bestehen kaum. Insofern ist die Integration der Erwachsenen in diesem Spektrum vollzogen.
Jährlich verlassen zwischen 1 - 3% der Pflichtschulabgänger die Schule (und nicht nur die Förderschule) als funktionale Analphabeten und insofern in ihren Handlungs- und Entscheidungsmöglichkeiten beeinträchtigte Menschen, die durchaus als lernbeeinträchtigt bezeichnet werden könnten. Dies führt zu Erschwernissen bei der beruflichen Eingliederung und somit zu andauernder Beschäftigungslosigkeit. Erhebliche Beeinträchtigung erfährt jedoch auch der soziale Alltag, der stark

auf der Grundlage von Zeichensystemen beruht. Auch Menschen aus anderen Kulturkreisen, zum Teil ohne Schulbildung, sollten einen Förderbedarf realisieren können. Ihnen bleiben elementare Grundlagen der Bildung und Kultur verschlossen, sie erleben eine erhebliche Behinderung ihres gesamten Alltages. Auch erwachsenen Menschen zur Schrift, zum selbständigen Lernen zu verhelfen, ist eine originäre Aufgabe der Lernbehindertenpädagogik, die interdisziplinär anzulegen ist und bislang erheblich vernachlässigt wurde. Es bestehen nur konzeptionelle Ansätze, kaum bildungspolitische Unterstützung. So heißt es etwa 1985 bei Klein: "Lebensläufe von lernbehinderten Kindern und Jugendlichen führen vor Augen, daß sonderpädagogische Hilfen, die sich auf das Schulalter beschränken, immer zu spät beginnen und oft zu früh enden" (1985, 9).

2.4 Selbstreflexive und handlungsorientierte Forschung in der Lernbehindertenpädagogik

Selbstreflexive und handlungsorientierte Forschung in der Lernbehindertenpädagogik scheint mir aus Sicht der folgenden Zielsetzungen notwendig:

- Ausbau der auf Interdisziplinarität angewiesenen Forschungsanteile (Sonderpädagogische Fachdisziplinen, Sozialpädagogik / Sozialarbeitswissenschaft, Psychologie, Soziologie) ohne deren Eigenständigkeit in Frage zu stellen, sondern diese weiter zu begründen.

- Akzentuierung der Praxisforschung in den Bereichen Schule, Familie, sozialer Lebensraum und Bildungspolitik, um die Handlungsorientierung in pädagogischer Verantwortung auch nach außen hin zu dokumentieren.

- Bearbeitung des Problemfeldes einer integrativ wirksamen didaktischen Konzeption bei Kindern und Jugendlichen mit Lernbehinderungen, um die Lernortunabhängigkeit förderpädagogischen Handelns weiter zu entwickeln.

- Betonung der historischen und vergleichenden Forschung in der Lernbehindertenpädagogik, um eine kritische Relation der aktuellen Problemlagen zu anderen Entwicklungsschüben herstellen zu können.

Dabei muß es darum gehen, die verschiedenen hier explizit ausgewiesenen Schwerpunkte auch als gleichwertig und bedeutsam zu gewichten. Die Krise der Lernbehindertenpädagogik als Fachwissenschaft rührt nicht zuletzt von einem in der Allgemeinen Erziehungswissenschaft schon zur Gewohnheit gewordenen Ekklektizismus her. Dieser Ekklektizismus wird in der Lernbehindertenpädagogik u.a. dadurch mitbetrieben, daß die Erforschung schulischer Integration als Ausgangs- und Schlußpunkt der Lernbehindertenpädagogik betrachtet wird und nicht mehr das Problemfeld "Lernbehinderung" selbst . Ein entsprechender Qualitätsverlust zeichnet sich auch hier ab.

3. Zusammenfassung und Ausblick

Lernbehindertenpädagogik erfüllt nach wie vor wesentliche Aufgabenstellungen, die sich ihr nicht nur aus historischen Gründen angedient haben, sondern die sich in der präsenten gesellschaftlichen Wirklichkeit widerspiegeln. Schule ist ein Fokus der Gesellschaft: Und gerade deshalb zeigt sich deutlich, daß sich lernbehindertenpädagogische Aufgabenstellungen nicht nur auf Schule beziehen können und auf diese einwirken, sondern daß sie sich im gesellschaftlichen Kontext und hier vor allem im Handlungskontext befindet. Ihre Professionalität kann Lernbehindertenpädagogik dazu nutzen, Menschen zu unterstützen, die, aus welchen Bedingungen heraus auch immer, Schwierigkeiten mit wesentlichen Lern - und Interaktionsformen in unserer Gesellschaft haben, also Schwierigkeiten, die sie hemmen, einen Entwurf eigener Lebenswelt zu entfalten, der auf der Grundlage autonomer Entscheidungskompetenzen entsteht. Grundlage von autonomer Lebensführung ist mehr denn je die Möglichkeit, sich mündig, also eigenverantwortlich und eigenständig entscheiden zu können. Grundlage für Entscheidungsprozesse sind Informationen und deren Verarbeitung für das eigene lebensweltliche Konzept. Und an Unterstützungsbedarf hierfür gibt es wahrlich keinen Mangel.

Das Bestehen der Lernbehindertenpädagogik kann wenigstens dafür sorgen, genau auf dieses Dilemma des Unterstützungsbedarfes für Entscheidungskompetenzen im lebensweltlichen Bezug beständig hinzuweisen und demgemäß zu handeln: Das ist ihre Pflicht, eine Pflicht, die nach ihrer immer wieder geforderten Auflösung keiner mehr wahrnähme- schon gar nicht die regelschulbezogene Integrationspädagogik.

Literatur

Arbeitsgruppe Bildungsbericht am Max-Planck-Institut für Bildungsforschung (Hrsg.): Das Bildungswesen in der Bundesrepublik Deutschland. Strukturen und Entwicklungen im Überblick. Reinbek (rororo) 1994

Bleidick, U.: Methodologische Probleme einer Geschichte der Behindertenpädagogik. In: Sonderschule 38(1993), 2-17

Deutscher Bildungsrat (Hrsg.): Empfehlungen der Bildungskommission. Zur pädagogischen Förderung behinderter und von Behinderung bedrohter Kinder und Jugendlicher. Stuttgart (Klett-Cotta) 1973

Eberwein, H. (Hrsg.): Handbuch Lernen und Lern-Behinderungen. Weinheim (Beltz) 1996

Eberwein, H.: Lernbehinderung- Faktum oder Konstrukt? Zum Begriff sowie zu Ursachen und Erscheinungsformen von Lern-Behinderung. In: Eberwein, Hans (Hg.): Handbuch Lernen und Lern-Behinderungen. Weinheim (Beltz) 1996a, 33-55

Fuchs, A.: Schwachsinnige Kinder. Ihre sittlich-religiöse, intellektuelle und wirtschaftliche Rettung", Halle 1899; 2. Auflage 1912

Heimlich, U.: Der Situationsansatz in seiner Bedeutung für die Lernbehindertenpädagogik. In: Zeitschrift für Heilpädagogik 45 Jg. (1994), 578-587

Hofsäss, Th.: Die Überweisung von Schülern auf die Hilfsschule und die Schule für Lernbehinderte. Eine historisch-vergleichende Untersuchung, Berlin (Marhold) 1993

Ingenkamp, K.: Pädagogische Diagnostik in Deutschland 1885-1932, Weinheim 1990

Kanter, G.. Lernbehinderungen und die Personengruppe der Lernbehinderten. In: Kanter, Gustav/Speck, Otto (Hg.): Handbuch der Sonderpädagogik Bd. 4. Pädagogik der Lernbehinderten, Berlin 1977

Kanter, G.: Entwicklungstrends in der Lernbehindertenpädagogik. in: Die Sonderschule 38(1993), 18-26

Kanter, G.: Zum Scheitern der Versuche, eine systemkonforme Bildungsorganisation für "schwachbefähigte Kinder" schaffen zu wollen. In: Ellger-Rüttgardt, Sieglind (Hg.): Bildungs- und Sozialpolitik für Behinderte, München (Reinhardt) 1990

Kerkhoff, W.: Die Situation der Eltern von Kindern und Jugendlichen mit Lernbehinderungen. In: Ders. (Hrsg.): Eltern und Lernbehindertenschule, Berlin 1979, 3-24

Kerkhoff, W.: Bundesarbeitsgemeinschaft Hilfen für Behinderte (Hg.): Ratgeber für ausländische Eltern mit lernbehinderten Kindern; (in mehreren Übersetzungen) Düsseldorf 1984

Klein, G.: Lernbehinderte Kinder und Jugendliche, Stuttgart 1985

Kornmann, R. und Klingele, Ch.: Ausländische Kinder und Jugendliche an Schulen für Lernbehinderte in den alten Bundesländern. In: Zeitschrift für Heilpädagogik 47. Jg. (1996) 2 - 9

Nestle, W.: Zum Allgemeinheitscharakter von "Lernbehinderung". In: Eberwein, Hans (Hrsg.): Handbuch Lernen und Lern-Behinderungen. Weinheim (Beltz) 1996, 279 -292

Pflüger, L.: Schonraum. In: Dupuis, Gregor und Kerkhoff, Winfried (Hrsg.): Enzyklopädie der Sonderpädagogik, Heilpädagogik und ihrer Nachbargebiete, Berlin 1992

Preuß, E. (Hrsg.): Berliner Sonderpädagogik. Neue Alltagspraxis durch Kooperation, Berlin 1985

Schröder, U. Alle reden von Integration - und die Zahl der Sonderschüler steigt!? Sonderpädagogik 23 (1993), 130-141

Speck, O. System Heilpädagogik. eine ökologisch-reflexive Grundlegung. München (Reinhardt) 1988

Stötzner, E.: Schulen für schwachbefähigte Kinder. Ein erster Entwurf zur Begründung derselben, Leipzig 1864

Wegner-Etzrodt, W.: Das Hilfsschulkind in der Normalschule. In "Die Hilfsschule" 23. Jg. (1930) 652 - 655

Gerlind Schulze

Unterricht mit lernbehinderten Kindern zur Förderung der Lernfähigkeit

1. Die Schule im Handlungszwang

Die allgemeinen Umweltanforderungen und die mit ihr einhergehende Bildungsexpansion führten in den vergangenen 20 Jahren zu einem kontinuierlich-beträchtlichen Anstieg des Personenkreises mit Hochschulreife von 19% auf nunmehr 33%. So gar nicht in dieses Bild hineinpassend ist eine ebenfalls steigende Tendenz: die Zahl der Abbrecher höherer Bildungsgänge und der Abgänger mit Haupt- oder Sonderschulabschluß (s. Abb. 1). Die Anforderungen an flexible Bewältigungsformen werden immer höher, doch damit halten die in Schule und Umwelt erworbenen Fähigkeiten schwachbegabter Kindern unter den gegebenen Bedingungen nicht Schritt. Widerspiegelung dessen ist der sich sukzessive erhöhende Prozentsatz von Hauptschulabgängern von 15% der Schüler eines Jahrganges in den siebziger Jahren auf nunmehr 20%. Jeder fünfte Schulabgänger ist somit von der negativen Seite der Bildungsexpansion betroffen (Fritz u.a. 1989, Willand 1995).

Abb. 1: Schulabschlüsse und Qualifikationen

Zeitraum / Qualifikation	um 1975	um 1985	um 1995
Hauptschulabschluß	15 %	16 %	20 %
Hochschulreife	19 %	27 %	33 %

Lernbehinderte Jugendliche befinden sich nach ihrem Schulabschluß bzw. ihrer Berufsausbildung in einer katastrophalen Situation. Der Pfad zu einer günstigen Berufseinmündung wird immer schmaler. Die Anforderungen an Auszubildende und Facharbeiter haben sich in nahezu allen Bereichen erhöht. Bei der Knappheit der Ausbildungsplätze wirkt ein Verdrängungswettbewerb, der lernbeeinträchtigten Jugendlichen kaum noch Chancen auf einen Ausbildungsplatz und im Anschluß daran auf einen Arbeitsplatz einräumt. Zwischen 30% und 40% dieses Personenkreises sind am Beginn ihres 3. Lebensjahrzehnts in Dauerarbeitslosigkeit und empfangen Sozialhilfe (Stoellger 1991). Eine daraus dringend abzuleitende Schlußfolgerung ist die Forderung nach einer Umgestaltung der Schulen für Lernbeeinträchtigte zu einer realitätsnahen Schule und eine entsprechende Änderung der Berufshinführung und -ausbildung (Hiller 1989). Bei Modellversuchen zur Neustrukturierung der industrieellen Metall- und Elektroberufe, bei denen sich Lernbeeinträchtigte in dreieinhalbjähriger Ausbildungszeit zum Werkzeugmaschinenspaner qualifizieren konnten, spielte die spezielle Förderung der Lernfähigkeit eine wesentliche Rolle (Willand 1995). Damit ist die Erwartung verknüpft, diese Jugendliche zu befähigen, ihre Lebensbedingungen aktiv mitzubestimmen. Zu Beginn der Ausbildungszeit sind die Jugendlichen jedoch schon siebzehn oder achtzehn Jahre alt, wertvolle Schuljahre zum Ausbau und zur Erweiterung der Lernfähigkeit sind bisher nur partiell genutzt worden. Rahmenpläne der Sonderschulen oder auch die Empfehlungen zur sonderpädagogischen Förderung in den Schulen der Bundesrepublik Deutschland (1994) weisen auf die Notwendigkeit hin, flexible Bewältigungsformen zu erlernen. Sollte die Ausbildung dieser so dringend notwendigen Eigenschafen nicht stärker in das Blickfeld schulischer Erziehung und Bildung gerückt werden (vgl. Fritz 1989, Lauth 1991, Keller 1991)?

In den letzten Jahren ist die Diskussion um die Daseinsberechtigung der Schule für Lernbehinderte und die integrative Beschulung lernbehinderter Kinder und Jugendlicher erneut und heftig entbrannt (Eberwein 1996, AKGEM 1998). Aufgabe der Schule ist es, allen Kindern gleichermaßen Hilfen für individuell angemessene Aneignungs- und

Bewältigungsformen zu vermitteln. Offensichtlich ist dies unter den gegebenen Bedingungen, sowohl bei segregativer als auch bei integrativer Beschulung, nur in Ansätzen zu realisieren. Lernbeeinträchtigte Kinder erwerben Schulabschlüsse, die in unserer auf Höchstleistungen ausgerichteten Gesellschaft nur wenig zählen. Die Schule für Lernbehinderte und die integrative Beschulung von Kindern nach dem Rahmenplan der Sonderschule sehen ihren Auftrag darin, die Schülerschaft dem Leistungs- und Entwicklungsstand der nichtbehinderten Schüler anzunähern. Mit diesem Selbstverständnis bleiben alle Bemühungen in die Wertvorstellung des allgemeinen Schulsystems eingebunden, das von der ranghöchsten Einrichtung, dem Gymnasium, dominiert wird. Die jeweils rangniedrigere Schule (Realschule, Hauptschule und schließlich die Schule für Lernbehinderte) strebt eine Annäherung an die nächsthöhere an. So wird die „Effektivität der Schule für Lernbehinderte ...an ihren Rückschulungsquoten gemessen und ihre Lehrpläne müssen sich darum an den Lehrplänen der Hauptschule orientieren" (Klein 1991, 200). Als Alternative zu diesem Annäherungskonzept wird in dem Zusammenhang eine in ihrer inhaltlichen und organisatorischen Konzeption auf die Bedürfnisse der Schüler ausgerichtete Sonderschule vorgeschlagen. Zu den prägnanten Merkmalen dieser Alternativschule, die sich an Hillers realitätsnaher Schule (1989) orientiert, zählt individuelles Lernen und Selbsttätigkeit in regelmäßiger Freiarbeit (Kerkhoff 1986, 1992;217; Klein 1991; Müller 1991). Dieser offene Unterricht eignet sich besser als Frontalunterricht zur Aneignung von Verfahrenskenntnissen. Im Schulalltag steht, unabhängig von der Schulart, aber immer noch die frontale Vermittlung von Faktenwissen und das aufgabenlösende Lernen im Vordergrund. Das Erfahren von Wegen zur selbstgesteuerten und selbständigen Wissensaneignung, die Auseinandersetzung mit Problemen als Voraussetzung einer flexibleren Einstellung auf gesellschaftliche Erfordernisse, wird teilweise unterschätzt (Kretschmann 1997).

Die folgenden Ausführungen sind auf eine Unterrichtsgestaltung für Schülerinnen und Schüler mit Beeinträchtigungen im schulischen Lernen gerichtet, die dem problemlösenden Lernen einen höheren Stellenwert einräumt und dennoch aufgabenlösendes Lernen nicht vernachlässigt.

2. Lernfähigkeit und Wissenserwerb

Im ersten Kapitel wurde auf Modellversuche in der Berufsausbildung zur speziellen Förderung von Lernfähigkeit bei Lernbehinderten hingewiesen. Der Begriff der Lernfähigkeit wird häufig und in vielfältigen Zusammenhängen genutzt, doch welche Bedeutung läßt sich vor allem unter schulischem Aspekt ableiten?

In Guthkes Auseinandersetzung mit den Konstrukten Intelligenz, Wissen und Lernfähigkeit (1998) werden die unterschiedlichen Tendenzen, die sowohl in der Wissenschaft als auch in der Alltagspsychologie hinsichtlich der Verwendung dieser Begriffe sichtbar werden, beleuchtet. So werde einerseits von deren engen Beziehung und Wechselwirkung, andererseits aber auch von einer starren Gegenüberstellung der Intelligenz und des Wissen ausgegangen. Gerade in öffentlichen und fachspezifischen pädagogischen Diskussionen werde betont, es komme im heutigen Zeitalter des schnell veraltenden Wissens nicht mehr so sehr auf die Wissensaneignung, sondern eher auf die Entwicklung allgemeiner geistiger Fähigkeiten an, für die stellvertretend „Schlüsselqualifikationen" wie Lernfähigkeit, Flexibilität, systemisches, vernetztes oder kreatives Denken stehen. Wissenspsychologen bemerkten demgegenüber, daß Intelligenz und „formale Bildung" als allgemeine geistige Kompetenzen in der Vergangenheit in ihrer Rolle als Determinanten schulischer und beruflicher Leistungen überbetont worden seien. Dagegen gestatte das erworbene domäne-spezifische Wissen am ehesten eine Voraussage für die Bewältigung zukünftiger Aufgaben.

Diese doch gegensätzlich anmutenden Aussagen lassen für die tägliche pädagogische Arbeit viele Fragen offen, wenn es darum geht, die Schüler, im vorliegenden Fall insbesondere lernbehinderte Schüler, in ihrer Lernfähigkeitsentwicklung zu unterstützen. Bekannt ist, daß für die Qualität des Wissenserwerbs vor allem auch die Qualität des Unterrichts entscheidend ist. Als relevant für pädagogisches Handeln werden daher die folgenden Befunde angesehen:

Ein Zusammenhang zwischen Intelligenz und Lernfähigkeit stellt sich stichprobenabhängig dar: Bei jüngeren Kindern und bei Kindern mit Leistungen im unteren Leistungsbereich sind geringere oder eher negative Korrelationen zwischen Lerntest- und Intelligentestergebnissen zu erwarten (Guthke u.a. 1991). Für „lernfähige", aber intelligenzschwache Kinder erweist sich die Unterrichtsweise als bedeutsam; sie erzielen bei adaptiver Unterrichtsgestaltung bessere Schulerfolge als bei Frontalunterricht (Wiedl & Herring 1978). Befunde von Snow (1989) lassen darauf schließen, daß der Grad der Strukturiertheit der Unterrichtssituation den Lerngewinn intelligenzschwacher Schüler beeinflußt; er ist höher bei stärker strukturiertem Unterricht als bei geringer strukturiertem.

Die Darlegungen von Simons (1992) zum Lernen des selbständigen Lernens zielen in breitem Umfang auf eine Unterrichtsgestaltung, die zur Entwicklung der Lernfähigkeit beiträgt. Die Fähigkeit, selbständig zu lernen, wird definiert als „das Ausmaß, in dem eine Person fähig ist, ihr eigenes Lernen - ohne Hilfe anderer Instanzen - zu steuern und zu kontrollieren" (S. 251). Dazu bedarf es gewisser Fähigkeiten, die der Lernende vor allem dann gewinnt, wenn im Unterrichtsprozeß die Aktivitäten von der Verantwortung des Lehrers in die Verantwortung des Schülers übergeben werden. In der Abb. 2 werden die wichtigsten Lernfähigkeiten benannt und mit Teilfähigkeiten untersetzt (modifiziert nach Simons 1992, S. 251).

Eine ähnliche Auffassung zum Lernen des Lernens vertritt bereits Stukkert (1980, 41), indem er darin einen „Prozeß der Vermittlung und Sicherung von Verfahren, durch deren Ergebnis der Lernende zukünftig imstande ist, kulturelle, gesellschaftliche und personale Aufgaben besser zu erkennen und leichter zu bewältigen" versteht.

Abb. 2: Lernfähigkeiten

die wichtigsten Lernfähigkeiten	Teilfähigkeiten
(1) Das Lernen selber vorbe-reiten	• Sich über Ziele und Handlungen orientieren • Lernziele auswählen und sich ihre Bedeutung klar-machen • Sich selber motivieren, Lernhandlungen in Gang setzen, Aufmerksamkeit aktivieren • Sich rückbesinnen auf frühere Lernprozesse und auf Vorwissen.
(2) Die erforderlichen Lern-schritte ausführen	• Gelerntes verstehen und behalten, es integrieren und anwenden.
(3) Das Lernen überwachen und kontrollieren	• Bei Problemen alternative Lernstrategien anwen-den, Lernhandlungen auswerten • Sich auf den Verlauf des Lernens rückbesinnen können.
(4) Sich selber Rückmeldung geben und diese auswerten	• Ergebnis kontrollieren und mit der Zielstellung vergleichen • Schlüsse ziehen

Als Bündelung der hier referierten Aussagen gilt unter der Schwer-punktsetzung „Förderung der Lernfähigkeit lernbehinderter Schüler":
Man kann nicht von einer allgemeinen Lernfähigkeit ausgehen; sie ist abhängig u. a. vom erworbenen Wissen, der Intelligenz und, insbeson-dere bei intelligenzschwachen Schülern, von der Unterrichtsweise. Daraus leitet sich ab, daß die Lernfähigkeit als isolierte Eigenschaft nicht gefördert werden kann, wohl aber unter Berücksichtigung indivi-dueller Dispositionen und in Verbindung mit dem Erwerb von Wissen in einer Mischung von offener und strukturierter Unterrichtsgestaltung. Das bedeutet, im Unterricht soll gleichermaßen Faktenwissen und die Fähigkeit zum selbständigen, problemlösenden Lernen erworben wer-den.
Im weiteren konzentriert sich der Beitrag auf Überlegungen, wie der Unterricht für lernbeeinträchtigte Kinder gestaltet werden könnte, da-mit er zunehmend der Anforderung nach Erwerb sowohl von Fakten- als auch Verfahrenswissen gerecht wird. Die Betrachtungen richten sich deshalb insbesondere auf zwei Lernarten, das aufgabenlösende und das problemlösende Lernen. Das Aufgabenlösen wird vom Lehrer

angeleitet und organisiert, es zielt auf den Erwerb und die Festigung von Faktenwissen; beim problemlösenden Lernen liegt die Verantwortung eher in der Hand des Lernenden, es wird relativ selbständig organisiert, Lösungswege und Lösungsverfahren müssen erst entdeckt werden.

3. Merkmale problemlösenden und aufgabenlösenden Lernens

Unter didaktischem Aspekt läßt sich die Aneignung von Fakten- und Verfahrenswissen durch ein In-Beziehung-Setzen von problemlösendem und aufgabenlösendem Lernen verdeutlichen. Die in Abbildung 3 zusammengestellten Merkmale der beiden Lernarten weisen auf dabei angewendete Verfahren, Sozialformen und Resultate hin.

Abb. 3: Kennzeichnung von problem- und aufgabenlösendem Lernen

Lernen	
Problemlösend	Aufgabenlösend
Hauptinhalt des zu Lernenden wird nicht vollständig gegeben	Gesamter Inhalt dessen, was gelernt werden soll, wird dem Lernenden in seiner Endform präsentiert
mit Freiheitsgraden bei Ziel- und Wegbestimmung	Ziel und Weg sind vom Lehrer vorgegeben
selbständig-kreativ	angeleitet-reproduktiv
häufig Partner-/Gruppenarbeit	häufig Frontal-/Einzelarbeit
Flexibilität	Erfahrungsgebundenheit

Während beim Problemlöseweg ein Hindernis, eine Barriere im Wege steht und damit das Ziel nicht auf direktem Wege erreichbar ist, verfügen wir bei der Aufgabenlösung über Regeln, über entsprechendes Wissen oder das Know how zu deren Bewältigung. Sie ist somit durch die Kenntnis und Vorgabe von Lösungsweg und Lösungsziel gekennzeichnet, der Wissenserwerb ist an einen Vermittler gebunden; ein Abweichen von der vorgegebenen Struktur ist nicht vorgesehen. Problemlösendes Lernen ist, da der Hauptinhalt des Stoffes nur teilweise vorgegeben wird, an das Finden von Lernwegen und somit an Hypothesenbildungen, Entdeckungen und auch Irrtümer gebunden. Lernziel und Lernweg sind also bis zu einem gewissen Grad wählbar. Weitere Unterscheidungsmerkmale sind im Vorwissen zu finden. Beim Problemlösen reicht das bisherige Wissen nicht aus, einen Zielzustand auf direktem Wege anzustreben, beim Aufgabenlösen wird das bisher erworbene Wissen reproduziert und gefestigt (Edelmann 1996, 313-315). Duckworth (1995, 17) schließt aus ihren Erfahrungen, die sie mit Kindern beim entdeckenden Lernen gesammelt hat: „Wenn ein Mensch über etwas Wissen verfügt, kann er versuchen, mit Hilfe dieses Wissens neue Erfahrungen, die damit verwandt sind, zu deuten. Er paßt die neue Erfahrung dem vorhandenen Wissen an. ...Je mehr Ideen Menschen über etwas zur Verfügung haben, desto mehr neue Ideen kommen ihnen, und desto mehr können sie diese neu verknüpfen, um noch kompliziertere Schemata aufzubauen".

Durch die Suche nach Lösungswegen und deren differenzierte Bearbeitung ist problemlösendes Lernen eher mit Partner- oder Gruppenlernen gekoppelt, während aufgabenlösendes Lernen häufig an Einzelarbeit oder Frontalunterricht gebunden ist, wobei Umfang und Schwierigkeitsgrad der Aufgaben durchaus gestaffelt sein können.

Bei aufgabenlösendem Lernen werden bekannte Lösungswege aktiviert. Durch diese Art des Unterrichtens werden Erfahrungen vertieft, es werden wertvolle Fähigkeiten und Fertigkeiten angebahnt und Lösungsalgorithmen geübt. Was nur in geringem Ausmaß gefördert wird, ist, und das liegt in der kognitiven Struktur des Aufgabenlösens begründet und ist auch nicht Ziel des Aufgabenlösens, die selbständige Problembewältigung (Angerhoefer 1981, Edelmann 1996). Doch gerade dies ist in der heutigen Zeit so dringend notwendig. Flexibles Handeln ist Ausgangs- und Zielpunkt des entdeckenden, problemlösenden Lernens. Das schließt die Auseinandersetzung mit Problemen sowie Transferleistungen und schlußfolgerndes Denken ein. Wenn die einleitend beschriebene Tendenz gebremst werden soll, ist eine Modifikation des Wissensbestandes unumgänglich. Gefragt sind neben soliden Basiskenntnissen eben auch die flexible und somit bewußte Anwendung von Lernstrategien und metakognitiven Strukturen sowie die Erarbeitung von Handlungsplänen (Foster 1972, Guthke 1998).

4. Möglichkeiten zur Förderung der Problemlösefähigkeit

4.1 Berücksichtigung des Aneignungsweges lernbehinderter Kinder

Die Fähigkeiten zur Bewältigung problemlösenden Lernens müssen bei lernbehinderten Kindern erst entwickelt werden. Im Unterricht der Lernbehindertenschule nimmt die Vermittlung von Faktenwissen einen breiten Raum ein. Dies geschieht mit hoher didaktischer und methodischer Kompetenz. Diese Kompetenz sollte unter allen Umständen auch bei der Ausrichtung auf problemorientiertes Unterrichten genutzt werden (Klein 1991). Andererseits werden auch die Grenzen der gegenwärtigen Unterrichtspraxis im Hinblick auf die umfassende Wirksamkeit sonderpädagogischer Prinzipien, wie etwa die Isolierung der Schwierigkeiten, deutlich. Die Vorgabe fester Lösungswege verleitet zu einer eher passiven Lernhaltung. Die Selbsttätigkeit der Schüler hat bereits in der Hilfsschuldidaktik einen hohen Stellenwert, ist aber eher auf motorische Aktivitäten ausgerichtet. Jetzt gilt es, sie stärker auf geistige Aktivitäten zu übertragen (Scherer 1995). Deshalb müßte unter dem Aspekt der Förderung von Lernfähigkeit eine offene Unterrichtsgestaltung in für lernbehinderte Kinder einsichtige Strukturen gegliedert werden.

Um die Effekte hervorzubringen, die das problemlösende Lernen auf die Förderung der Lernfähigkeit haben kann, muß es didaktisch und methodisch dem Aneignungsprozeß lernbehinderter Kinder angepaßt werden. Man könnte dies vielleicht mit einem Balanceakt zwischen dem stark strukturierten Aufgabenlösen mit Weg- und Zielbestimmtheit und dem kreativen, selbstbestimmten Problemlöseprozeß beim entdeckenden Lernen vergleichen. Dieses Ineinandergreifen der Unterrichtsweisen scheint aussichtsreich und praktikabel, denn es bietet

• einerseits das Beibehalten von Strukturiertheit beim Aufgabenlösen und

• andererseits Freiräume zum Entdecken des Lösungsweges bei problemhaftem Arbeiten.

Auf diesem Wege kann das Wesentliche des Lerngegenstandes entdeckt, gefunden, erkannt, geübt und gefestigt werden. Das Verstehen geschieht dann weniger durch Abarbeiten einer gewohnten Anforderung, einer Aufgabe, sondern eher durch nachvollziehendes Wiedererfinden mit entsprechenden didaktisch-methodischen Hilfestellungen (Rowland 1987, Le Bohec 1994). Auf Beispiele erfolgreicher Unterrichtsversuche, die das entdeckende, handlungsorientierte, problemlösende Lernen als Konzeption verfolgen, wird im letzten Kapitel eingegangen.
In der Literatur findet sich eine Vielzahl von fundierten Vorschlägen zum Erwerb von effizienten Lernstrategien. Für die Umsetzung problemlösenden Lernens in die Unterrichtspraxis der Lernbehindertenschule bietet sich die nähere Betrachtung zweier Bereiche für eine zielgerichtete Einflußnahme an: die in den vergangenen Jahren erfolgreich erprobten Trainingsprogramme zum Erwerb von Lern- und Denkstrategien und den seit langem in der Pädagogik genutzten Weg über die originale Begegnung mit dem Lerngegenstand.

4.2 Kognitives Training zum Erwerb von Problemlösestrategien

Untersuchungsergebnisse belegen, daß lernbeeinträchtigte Kinder von Trainingsprogrammen bezüglich der Ausbildung geeigneter Denkstrategien profitieren (Lauth 1988, Klauer 1989 und 1992, Schulze 1993). Doch ebensowenig wie man die allgemeine Lernfähigkeit trainieren kann, läßt sich eine allgemeine Problemlösefähigkeit trainieren. Denkbar ist es jedoch, daß „wenigstens Teilprozesse oder Komponenten oder Aspekte des Problemlösens trainierbar seien. Von einem solchen Training würde man dann nicht erwarten können, daß es zur Lösung eines jeden Problems befähigte, daß es aber - bescheidener - doch die Wahrscheinlichkeit der Lösung von Problemen mindestens etwas erhöhen würde" (Klauer 1992, 58). In der Auseinandersetzung damit, ob eher bereichsspezifische oder eher allgemeine Problemlösestrategien trainiert werden sollten, weist Klauer (1992) nach, daß ein bereichsspezifisches Training von induktiven Aufgaben dem allgemeinen Problemlösetraining erheblich überlegen ist. Er führt dies auf die konkreten Hilfen zurück, die das Training für die Aufgaben des fraglichen Bereichs gewährt.

Zur Verdeutlichung des Aufbaus bereichsspezifischen Problemlösetrainings werden nachfolgend zwei Programme in ihrer Grundstruktur vorgestellt:

- ein von Klauer (1989) entwickeltes Trainingsprogramm zur Förderung des induktiven Denkens für fünf- bis siebenjährige Kinder und

- das von Sydow & Meincke (1994) konzipierte DenkMit - Programm zur Förderung des Denkens und der Wahrnehmung für drei-bis sechjährige Kinder.

Die Fähigkeit zum induktiven Denken übt einen gravierenden Einfluß auf den Schulerfolg und auf weiterführende Qualifikationen aus. Dem induktiven Denken liegen analytische Vergleichsstrategien zugrunde, bei denen Objekte „im Hinblick auf ihre Merkmale oder auf Relationen zwischen ihnen verglichen werden. Dementsprechend wird das induktive Denken definiert als die „Feststellung von Gleichheit oder Ver-

schiedenheit oder von beidem im Hinblick auf Merkmale oder im Hinblick auf Relationen" (Klauer 1992, 65). Daraus leitet Klauer sechs
grundlegende Klassen von Aufgaben für das Trainingsprogramm ab.
Zum Vergleich von Merkmalen werden die Strategien des Generalisieren, des Diskriminierens und der Kreuzklassifikation trainiert. Zum Vergleich von Relationen die des Beziehungserfassens, des Beziehungsun-
terscheidens sowie der Systembildung. Anhand von insgesamt 120
Aufgaben, je 20 für die genannten Aufgabenklassen, werden die sechs
Varianten von Lösungs- und Kontrollstrategien des induktiven Denkens
trainiert. Als Objekte dienen in jeder Aufgabenklasse - zugeschnitten
auf die Interessengebiete der Kinder - Bauklötzchen, paradigmatische
Bildaufgaben, lebensnahe Bildaufgaben und symbolartiges Material;
trainiert wird nach der Methode des gelenkten Entdeckens. Zwei Kinder üben gleichzeitig, der Trainingsleiter nimmt sie für diese Zeit aus
dem Unterricht heraus.

Das DenkMit Programm von Sydow & Meincke (1994) zielt auf Erlernen des analogen Schließens in Verbindung mit einer immer selbstän-
digeren Bewältigung der Anforderung. Die dazu erarbeitete Aufga-
benfolge ist hierarchisch geordnet. Sie erfordert Vergleichen, Puzzlen,
Transformieren und analoges Schließen. Die Grundanforderung ist der
einfache Vergleich von Objektpaaren. Der Schwierigkeitsgrad wird erhöht durch das identische Nachpuzzlen von Objekten hin zum erst
anschaulich präsentierten, anschließend zum vorgestellten Transformieren. Die letzte und schwierigste Anforderung ist das analoge Schließen.
Das Programm wurde mit sechs- bis achtjährigen schwerer lernenden
Kindern, die sich in einem Vorschulteil der Lernbehindertenschule auf
ihre Einschulung vorbereiteten, bearbeitet (Schulze 1993). Ähnlich wie
bei der Durchführung des Klauerschen Programmes wurde mit jeweils
zwei Kinder trainiert, die für ca. 20 bis 25 Minuten aus ihrer Gruppe
herausgenommen wurden. Die Trainingsergebnisse zeigen, daß solch
anspruchvolle kognitive Operationen wie das Transformieren und das
analoge Schließen durch gezieltes Üben verbessert und auch noch
nach einem längeren Zeitraum angewendet werden können.

Die Skizzierung der beiden Programme zeigt die ihnen innewohnenden Potenzen zur Förderung von Elementen der Lernfähigkeit. Gleichzeitig ist aber auch ersichtlich, daß sie, was ihre praktische Durchführbarkeit im Unterricht betrifft, in ihrer ursprünglichen Form nur partiell genutzt werden können, vielleicht in speziellen Förderstunden mit nur zwei Schülern. Ihre Anwendung bei Frontalunterricht ist undenkbar, da die Leistungsvoraussetzungen und Besonderheiten der Kinder einer Klasse zu heterogen sind. Vorbehalte sind auch für die Bearbeitung der Denktrainingsprogramme im offenen Unterricht geltend zu machen: Das Training wird gelenkt-entdeckend gestaltet, ist somit also an die Person des Lehrers gebunden. Der Lehrer muß aber als Ansprechpartner für alle Schüler präsent sein. Bei der Suche nach einem praktikablen Weg für die Nutzung der erfolgreich erprobten Programme im Unterrichtsalltag muß demzufolge Abstand von einem Training in der oben beschriebenen Form, aber nicht von dessen Konstruktionsprinzipien genommen werden. Klauers Theorie des induktiven Denkens erfordert das Erkennen von Gemeinsamkeiten und Unterschieden im Hinblick auf Merkmale und Relationen. Da diese Leistungen in nahezu allen Unterrichtsfächern gefordert werden, „dürfte es sinnvoll sein, auch ohne formelles Trainingsprogramm im allgemeinen Unterricht jene Prinzipien zu beachten, die dem Training des induktiven Denkens zugrundeliegen." (Klauer 1992, 75).

4.3 Die „originale Begegnung" mit dem Lerngegenstand als Bestandteil problemlösenden Lernens

Genau an diesem Punkt treffen sich kognitionspsychologische und pädagogische Sichtweisen. Für Roth (1983) ist das Problemlösen eine methodische Angelegenheit. Basiskomponenten des induktiven Lernens werden zur Förderung bereichsspezifischer Problemlösestrategien mit Unterrichtsinhalten verknüpft und für die Unterrichtsführung didaktisch-methodisch aufbereitet. Dabei ist die „originale Begegnung"

mit dem Lerngegenstand eine wichtige Voraussetzung. In der Begegnung wird zwischen dem Lernenden und dem Lerngegenstand ein
wechselseitiger Bezug hergestellt. Hier kommt es vor allem auf „die
vom Lehrer herbeigeführte richtige Inbeziehungsetzung eines nach seinem Wesensgehalt aufgeschlossenen Gegenstandes mit der Verste-
hensfähigkeit des Kindes..." an (Roth 1983, 109). Für den Lehrer bedeutet dies notwendigerweise die genaue Kenntnis des Wesentlichen
vom Kind und vom Lerngegenstand. Und es beinhaltet auch die Akzeptanz dessen, daß das Wesentliche des Lerngegenstandes von Kind
zu Kind differieren kann. Die originale Begegnung verlangt immer die
wirkliche Begegnung mit dem Gegenstand, nur darüber zu reden,
reicht nicht. Für den Unterricht bei lernbehinderten Kindern ist dies ein
vertrautes Prinzip; so fordert schon Fuchs (1899) als wichtigen didaktisch-methodischen Grundsatz für die Unterrichtung schwachsinniger
Kinder Anschaulichkeit und elementare Fassung des gesamten Unterrichts. Am Beginn einer jeder Methodik sollte deshalb eine Verbindung
zwischen dem Kind und dem originalen Gegenstand hergestellt werden. Und zwar so, daß das Kind fragt, weil ihm der Gegenstand Fragen
stellt. Und der Gegenstand gibt deshalb Fragen auf, weil ihm eine kindgemäße Antwort innewohnt. Für den Unterricht heißt die methodische
Umsetzung: Erkanntes, Erforschtes, Geschaffenes wieder nacherken-
nen, nacherforschen, nachschaffen lassen. Dazu bedarf es der Kunst
der Pädagogen, denn Erkanntes muß wieder in Erkennen, Erforschtes
wieder in Erforschen und Geschaffenes wieder in Schaffen zurückver-
wandelt werden (Roth 1983, Foster 1972, Rowland 1987, Le Bohec
1994). Hierbei bietet sich die Einbeziehung der Prinzipien an, die dem
Training des induktiven Denkens zugrundeliegen. Die originale Begegnung mit dem Lerngegenstand sollte so gelenkt werden, daß bereichsspezifische Problemlösestrategien, hierarchisch geordnet und dem
Kenntnisstand der Schüler angepaßt, gezielt zur Anwendung gelangen.
Wenn auf diese Weise Strategien „entdeckt" werden, bedeutet das
noch lange nicht deren lückenlos-konsequente Anwendung. Im Gegenteil, nur in seltenen Fällen wird auf die „Erfindung" zurückgegriffen.
Oftmals ist sich das Kind der besonderen Bedeutung der Entdeckung

überhaupt nicht bewußt. Die Strategie wird erfunden, ohne daß ihre Reichweite, ihre Anwendungsbreite, erkannt wird; sie wird nahezu „beiläufig" gelernt (Stern 1992, 105). So vertrauen Vorschulkinder z.B. auf das Anschauen, um ihren Gedächtnisbesitz zu erweitern, während Strategien wie das Benennen oder Gruppieren selten genutzt werden, obwohl bereits entsprechende Fähigkeiten ausgebildet sind. Erst im mittleren Schulalter (etwa 6. Klasse) vollzieht sich ein Wechsel in der Präferenz, das Gruppieren wird als die effektivere Strategie erkannt und angewendet (Schneider 1989).

Im Prozeß der Anwendung von Lernverfahren sollte der Lehrer als Vermittler zwischen dem Lernenden mit all seinen subjektiven Eigenschaften und dem zu Lernenden mit seinen Wesensmerkmalen fungieren. Damit löst sich der scheinbare Widerspruch in der Begrifflichkeit des gelenkten Entdeckens. Lernbehinderte Kinder erfahren so individuelle Betreuung und die Sicherheit bekannter Strukturen in Verbindung mit der Möglichkeit, ihre Vermutungen zu überprüfen. Entscheidend für den Unterrichtsablauf sind die Intentionen des Lehrers, die er nach sorgfältigem Inbeziehungsetzen von Kind, Stoff und Umfeld formuliert. Er muß den Entdeckungsprozeß didaktisch antizipieren und strukturieren dafür sorgen, daß Strategien entdeckt und bewußt genutzt werden.

5. Förderung der Lernfähigkeit durch das Verbinden von Aufgaben- und Problemlösen

Auf die Merkmale des aufgaben- und des problemlösenden Unterrichts wurde oben bereits eingegangen. Nach der Darstellung von Möglichkeiten zur Gestaltung von problemlösendem Unterricht durch das modifizierte Anwenden von Trainingsprogrammen zur Aneignung von Denkstrategien und der Begegnung mit Originalen soll, ausgehend von den didaktischen Strukturen des Aufgaben- und des Problemlösens, ein Modell zum Ineinandergreifen beider Lernarten vorgestellt werden (s. Abb. 4).

Der Aufgabenlöseprozeß läßt sich in drei Etappen verdeutlichen:

- In der Stimulationsphase erfolgt eine emotionale Einstimmung und Motivation, das zur Aufgabenlösung notwendige Wissen wird reaktiviert, die Schüler orientieren sich und die Aufgabe wird formuliert.

- Mit einer Besinnung auf die Aufgabenstellung beginnt die Realisierungsphase. Die Aufgabe wird nach einem vertrauten Muster gelöst, begleitet von Zwischenkontrollen.

- In der Bestätigungsphase werden die Lösungen dargestellt, kontrolliert, ausgewertet und sich ergebende Fragen abgeleitet (Angerhoefer 1981).

Abb. 4: Das Ineinandergreifen von Aufgaben- und Problemlöseprozeß

Aufgabenlösen   Problemlösen

Stimulation   Problem(er)finden
Emotionale Einstimmung,   Ideen sammeln,
Motivation,   Erkennen eines
Sachliche Fundamentierung,   Widerspruchs,
Orientieren,   Erfassen der
Formulieren der Aufgabe   Problemsituation,
                                                         Hilfen geben

                                                         Problemanalyse
                                                         Teilfragen ableiten,
                                                         Teilprobleme erkennen,
                                                         Vermutungen aufstellen,

Realisation   Lösungswege abwägen,
Vorbesinnung,   Impulse geben,
Lösen der Aufgabe   Ordnen
Zwischenkontrollen

                                                         Lösen des Problems
                                                         Bearbeiten des Problems,
                                                         Zwischenkorrekturen,
                                                         Darstellen der Ergebnisse

Bestätigung   Reflexion
Kontrollieren,   Ergebnis einschätzen,
Auswerten,   Lösungsweg reflektieren,
Darstellen der Ergebnisse,   Lösungsschritte
Ableitung von Fragen   bewußtmachen,
                                                         Ableitung weiterführender Fragen

Für den Problemlöseprozeß bietet sich eine Strukturierung in vier Phasen an, beginnend mit dem Aufgreifen der für die Kinder bedeutsamen Probleme und dem Bewußtmachen des Widerspruches. Daran anschließend erfolgt die Analyse des Problems mit dem Sichtbarmachen von Teilfragen und Teilproblemen, dem Aufstellen von Hypothesen, dem Abwägen von Lösungswegen und dem Ordnen der Teilschritte. Erst dann wird das Problem bearbeitet, Zwischenlösungen werden korrigiert und Ergebnisse dargestellt. Abschließend wird das Ergebnis eingeschätzt, die Lösungswege werden reflektiert und bewußtgemacht und neue Fragestellungen können abgeleitet werden (Edelmann 1996, Klauer 1992).

Bei der Umsetzung im Unterricht können schrittweise Elemente des Problemlöseprozesses in einzelne Stufen des Aufgabenlösens einbezogen werden. Fähigkeiten, die sich im Aufgabenlösungsprozeß entwikkeln, können verstärkt dazu genutzt werden, Probleme mit Hilfe vorgegebener Strukturen zu lösen, dabei aber Freiheitsgrade einzuräumen. Wenn die Wege zur Bearbeitung des Problems vertraut sind , werden sie zum Bestandteil des Aufgabenlöseprozesses. Der nun erreichte Wissenbestand, sowohl Fakten- als auch Strategiewissen, ist reproduzierbar, Lösungen lassen sich über die Anwendung von Regeln und Know how erreichen.

Auf dieser Grundlage, mit den gewonnen Erfahrungen, den nun vorhandenen Fähigkeiten und Fertigkeiten, werden durch das Zusammenspiel von Aufgaben- und Problemlösen Strukturen in ihrem Zusammenhang tiefer erkannt und Strategien zum selbständigen Kenntniserwerb angeeignet. In der Folgezeit können Aufgaben und Probleme auf höherer Ebene aufgegriffen und weitere bereichsspezifische Problemlösestrategien erlernt werden. Problemlösendes, entdeckendes Lernen in Verbindung mit angeleitetem Vollziehen von Lernprozessen sind Unterrrichtsformen, die reiche Möglichkeiten zur flexibleren Bewältigung von Anforderungen bieten. Die so entstandene Unterrichtsweise verkörpert also weder aufgaben- noch problemlösenden Unterricht in einer reinen Form, sondern ein den Fähigkeiten lernbehinderter Kinder angepaßter, strukturiert-problemlösender Unterricht.

6. Unterricht zur Förderung von Lernfähigkeit

Neben theoretischen Grundlagen gibt es auch schon erfolgreiche pra-
xiswirksame Ansätze zur Förderung der Lernfähigkeit im Rahmen des
Unterrichts.

Eine Orientierung findet sich z.B. bereits in den Konzepten der Re-
formpädagogen. Hervorzuheben ist hier besonders einer von Montes-
soris Leitgedanken für die kindliche Entwicklung, bei dem das Kind fordert „Hilf mir, es selbst zu tun".

Aufgegriffen und den Erfordernissen der Gegenwart und Zukunft angepaßt, spiegeln sich diese Unterrichtsformen in den Erfahrungsbe-
richten zum Handelnden Unterricht des Fachbereiches Sonderpädagogik der Pädagoischen Hochschule Heidelberg (Kornmann 1988, Korn-
mann/Wagner 1992) wider. Hier wird eindrucksvoll aufgezeigt, wie
lernbehinderte Schülern Einsichten in die Entstehungsprinzipien und
Strukturen von Lerngegenständen auf der Grundlage handelnden und
entdeckenden Unterrichts durch Impulsgebung und sorgfältig ausgewählte Lerngegenstände gewinnen.

Scherer (1995, 13) verweist auf den grundlegenden „Paradigmenwechsel im Verständnis von Mathematiklernen, demzufolge Lernen als konstruktive Aufbauleistung des Individuums" gesehen wird. Neben einem
theoretischen Konzept wird auch die entsprechende unterrichtliche
Gestaltung aufgezeigt. Die Unterrichtsführung ist auf die aktive Erarbeitung und Entwicklung eigener Strategien ausgerichtet; die individuellen Fähigkeiten der Kinder kommen zur Geltung, indem ihre Vorstellungen und Sichtweisen zugelassen werden. Besonderes Gewicht wird
auf die Orientierungsphase gelegt, um das mentale Operieren zu fördern. Eine der Leitideen des Unterrichts ist das Lernen in Zusammenhängen. Im Ergebnis des Unterrichts zeigten sich viele Kinder in der
Lage, Strategien zu übertragen und flexibel einzusetzen. Vermutlich
läßt sich diese Fähigkeit auf die Reflexion über eigene Lösungswege

oder Strategien der Mitschüler zurückführen. Als weitere positive Veränderung war ein gestärktes Selbstvertrauen, das ja gerade im Hinblick auf Transferleistungen in ungewohnten Situationen ausschlaggebend ist, zu beobachten.

Reichens Ansatz zum Erwerb der Schriftsprache über das Lesenlernen durch Schreiben (Reichen o.J.) zeigt weiterführende Konsequenzen: Soll dem Schüler tatsächlich die Möglichkeit zum problemlösenden, entdeckenden Unterricht eingeräumt werden, muß man seinem Lernen möglichst viel individuellen Entfaltungsspielraum lassen. In der herkömmlichen Klassenzimmerausstattung ist das nur begrenzt möglich, deshalb wird die Schulstube zu einer Werkstatt umfunktioniert. Hier findet „Lernen als individualisierter, aktiver, konstruktiver, teilweise spielerischer Aneignungsprozeß, selbstbestimmt und selbstkontrolliert (statt). Es erscheint in Formen wie Handeln-Probieren-Entdecken-Formulieren, durcharbeitendes Üben, Problemlösen und Erfahrungslernen" (Reichen 1995, 17).

Angeregt und ermutigt durch diese Beispiele unternahmen Studenten des Institutes für Rehabilitationswissenschaften der Humboldt-Universität zu Berlin in Vorbereitung auf ihr Unterrichtspraktikum ihre ersten „entdeckenden" Unterrichtsversuche in einer Lernbhindertenschule. Entstanden sind in deren Ergebnis Dokumentationen, die einen Einblick in den projektorientiert-problemhaft gestalteten Sachkundeunterricht in der 3. und 4. Klasse gestatten (Schulze 1996/1997/1998). Anhand solcher rahmenplangebundenen Themen wie „Unser Körper", „Tiere" oder „Umweltverschmutzung" wurden Stunden erteilt, die aufgaben- und problemlösenden Unterricht miteinander verknüpfen, strukturiert-entdeckende Unterrichtsformen miteinander verbinden und Originale in den Unterricht einbeziehen. Besonderer Wert wurde auf das bewußte Anwenden von Vergleichsoperationen gelegt. Dabei standen das Generalisieren und Diskriminieren von Merkmalen und das Erfassen und Unterscheiden von Relationen im Vordergrund. Unterstützend wirkte sich dabei aus, daß jeweils zwei Studenten im

Teamteaching mit der Klasse arbeiteten und damit alle Schüler eine individuelle Zuwendung erfahren konnten.

Als Resümee der Lehrveranstaltung wurden erste Vermutungen formuliert:

(1) Projektorientiertes Arbeiten mit lernbehinderten Kindern sollte offene Angebote, deren Rahmen und Strukturen erkennbar angedeutet sind, enthalten.

(2) Die Kinder müssen ausreichend Zeit für den Problemlöseprozeß eingeräumt bekommen. So fällt es den Schülern z. B. schwer, Widersprüche zu erkennen und die Problemsituation zu erfassen oder Vermutungen über den Lösungsweg aufzustellen. Keinesfalls sollte versäumt werden, den Beweis für die Bestätigung/Ablehnung der von ihnen aufgestellten Hypothesen erbringen zu lassen.

(3) Die Kinder sollten Angebote und Hilfen für das zielgerichtete Vergleichen erhalten. Je nach Lösungsmöglichkeit können sie auf den Wahrnehmungsbereich, die Sprache, die Vorstellung usw. ausgerichtet sein.

(4) Die Arbeit in Gruppen mit unterschiedlichen Angeboten ist effektiv; haben die Kinder jedoch noch keine Erfahrung mit offenem Unterricht, sollte jedes Kind die Gelegenheit haben, alle Angebote auszuprobieren.

(5) Es ist günstig, zu Beginn und zum Ende des Unterrrichts einen Gesprächskreis zur gemeinsamen Einstimmung und Orientierung bzw. zur Reflexion und Zusammenfassung durchzuführen.

(6) Projektorientiert-problemhaftes Arbeiten zeigt, daß lernbehinderte Kinder Freude am Entdecken haben und gerne ihre Überlegungen äußern, dabei aber auch feinfühlige Hilfe brauchen (Schulze 1997, 159)

Dem Modell des Ineinandergreifens von aufgaben- und problemlösendem Unterricht sehr nahe kommen die Konzepte der „Schule zum Anfassen" (Fritz u.a. 1989) bzw. des spiel- und handlungsorientierten Unterrichts (Keller/Fritz 1995). Hier wurde mit Grundschulkindern des 1. und 2. Schuljahres und - leicht modifiziert auch mit lernbehinderten Kindern - ein Förderkonzept zum Aufbau von Handlungsfähigkeit, sozialer Kompetenz und erfolgszuversichtlicher Leistungsmotivation erprobt. Dabei wurde auf der Grundlage eines handlungstheoretisch orientierten Lernmodells an der Verbesserung kognitiver Fähigkeiten ge-

arbeitet. In einer Turnhalle, die mit entsprechendem Material ausge-
stattet war, erwarben die Kinder bei konkretem, bewegungszentrier-
tem Handeln Fähigkeiten zur Erweiterung ihrer Handlungskompetenz.
Über einen dreiphasigen Aufbau wurden die Bedingungen kennenge-
lernt, Geschichten wie z.B. „Die Geisterbahn", „Zwerge", Schiffe" oder
„Urwald" nachgestaltet bzw. selbständig entwickelt. Die Phasen dienten
in ihrer Reihung von Orientieren, Ausprobieren und Modifizieren

- dem Kennenlernen der Handlungsbedingungen und dem Erwerb von Fertigkeiten im Umgang mit den Handlungsbedingungen,

- der Ausführung und Erweiterung vorgegebener Handlungspläne,

- der Entwicklung selbständigen Handelns durch Planung und Realisierung eigener Spielideen.

Die Ergebnisse der Erprobung lassen den Schluß zu, daß die stufenwei-
se Reduzierung des Ausmaßes von vorgegebenen festen Strukturen hin
zu Freiräumen und zur selbständigen Umsetzung von Ideen zu kom-
petenterem Handeln befähigt.

Zusammenfassend kann festgehalten werden:
Die Schule befindet sich im Handlungszwang. Eine Modifikation des
Wissensbestandes ist dringlich geboten. Als eine praktikable Aktions-
möglichkeit wird die stärkere Ausrichtung des Wissenserwerbes auf
die Fähigkeitsentwicklung angesehen. Denkbar ist dies durch eine Unterrichtsgestaltung, in der aufgaben- und problemlösendes Arbeiten
ineinandergreifen. Um das Problemlösen lernbehindertengerecht zu
strukturieren, scheint ein Zugriff auf den logischen Aufbau von bereichsspezifischen Denktrainingsprogrammen in Verbindung mit dem
Prinzip der originalen Begegnung sinnvoll. Dem Lehrer obliegt dabei
die Antizipation und didaktische Aufbereitung des Entdeckungsprozes-
ses.

Literatur

Angerhoefer, U.: Einführung in die Didaktik des Unterrichts in Hilfsschulen. Technisches Zentrum der Pädagogischen Hochschule Potsdam. 1981

AK GEM (Preuss-Lausitz, U. u.a.): Neue Schritte zur Weiterentwicklung der gemeinsamen Erziehung und des gemeinsamen Unterrichts von Kindern mit und ohne Behinderung in der Berliner Schule! Forderungen des Arbeitskreises Gemeinsame Erziehung TU Berlin, September 1998

Bohec, Paul Le: Verstehen heißt wiedererfinden. Natürliche Methode und Mathematik Pädagogik-Kooperative e.V. Bremen 1994

Duckworth, E.: Wundervolle Ideen haben (1978) In: Spinnendifferenzierung 36 / 1995, S. 6-18, Lernwerkstatt Technische Universität Berlin

Eberwein, H.: (Hrsg.): Lernen und Lernbehinderungen. Beltz. Weinheim 1996, S. 33-55

Edelmann, W.: Lernpsychologie. Weinheim (Beltz; Psychologie Verlags Union) [5]1996

Empfehlungen zur sonderpädagogischen Förderung in den Schulen der Bundesrepublik Deutschland. Beschluß der KMK vom 06. 05. 1994.

Foster, J.: Discovery Learning in the Primary School. Routledge & Kegan Paul Ltd. London 1972

Fritz, A./Frobese, R./Esser, O./Keller, R./Spengler, U.: Schule zum Anfassen. Ein Förderkonzept zum Aufbau von Anstrengungsbereitschaft, Sozialfähigkeit und Handlungsfähigkeit in der Grundschule. Heidelberg. Schindele. 1989

Fuchs, A.: Schwachsinnige Kinder, ihre sittliche und intellektuelle Rettung. Bertelsmann. Gütersloh 1899

Guthke, J/ Böttcher, H.R. & Sprung, L. (Hrsg.): Psychodiagnostik. Band 2, Berlin. Deutscher Verlag der Wissenschaften. 1991

Guthke, J.: Intelligenz, Wissen und Lernfähigkeit. Zeitschrift für Pädagogische Psychologie. 12 (1). 1998, S. 5-9

Hiller, G.G.: Ausbruch aus dem Bildungskeller. Pädagogische Provokationen, Langenau-Ulm 1989

Keller, R./Fritz, A.: Auf leisen Sohlen durch den Unterricht. Reihe Motorik, Band 15, Schorndorf. Karl Hofmann. 1995

Keller, G.: Lehrer helfen lernen. Donauwörth. Ludwig Auer. 1991

Kerkhoff, W.: Freie Arbeit in der Schule für Kinder mit Lernbehinderungen. In: Sonderpädagogik, 16.Jg. (1986), S. 145-153

Kerkhoff, W.: Freie Arbeit. In: Dupuis, G. und Kerkhoff, W. (Hg.): Enzyklopädie der Sonderpädagogik, der Heilpädagogik und ihrer Nachbargebiete. Berlin (Spiess; Ed. Marhold) 1992

Klauer, K. J.: Denktraining für Kinder I. Ein Programm zur intellektuellen Förderung. Göttingen. Verlag für Psychologie. 1989

Klauer, K. J.: Problemlösestrategien im experimentellen Vergleich: Effekte einer allgemeinen und einer bereichsspezifischen Strategie. In: Mandl, H./Friedrich, H.F. (Hrsg.): Lern- und Denkstrategien. Hogrefe Göttingen, 1992, S. 57-78

Klein, G.: Auftrag und Dilemma der Sonderschule - gestern, heute und morgen. Die Sonderschule 36 (1991) 4, S. 194-206

Kornmann, R.: Erfahrungsberichte zum Handelnden Unterricht in der Sonderschule für Lernbehinderte. Zeitschrift für Heilpädagogik 39 (1988) Beiheft 14, S. 49-58

Kornmann, R./Wagner, H.-J.: Unterrichtseinheiten zur Vermittlung angemessener Konzepte für das Rechnen mit der Null (Addition und Subtraktion) bei Kindern mit Lernschwierigkeiten. Unveröffentliches Manuskript. 1992

Kretschmann, R., Dobrindt, Y. und Behring, K.: Das Lernen lehren. Anleitung zum Lernen im Lebensraum Schule. Zeitschrift für Heilpädagogik 4/97 S. 134-151

Lauth, G.W.: Entwicklungsförderung bei sozial-kognitiver Retardierung. Heilpädagogische Forschung Band XVII, Heft 4, 1991, S. 174-183

Lauth, G.W.: Trainingsmanual zur Vermittlung kognitiver Fertigkeiten bei retardierten Kindern. Oldenburg. Zentrum für pädagogische Berufspraxis. 1988

Müller, W.:Die Schule für Lernbehinderte am Scheideweg - Notwendigkeiten und Möglichkeiten einer pädagogischen Fundierung und Weiterentwicklung. In: Behindertenpädagogik in Bayern 33. Jg. Nr. 4, S. 413-437

Reichen, J.: Lesen durch Schreiben. Info für Lehrer. sabe Zürich, Heinevetter Hamburg o.J.

Reichen, J.: Sachunterricht und Sachbegegnung. Reihe Mensch und Umwelt, sabe Zürich 1995

Roth, H.: Pädagogische Psychologie des Lehrens und Lernens Hannover, Schroedel Schulbuchverlag 1983, 16. Aufl.

Rowland, S.: The inquiring classroom. An introduction to children's learnimg. The palmer press. London and New York 1987

Scherer, P.: Entdeckendes Lernen im Mathematikunterricht der Schule für Lernbehinderte. Theoretische Grundlegung und evaluierte unterrichtspraktische Erprobung. Programm „Edition Schindele" im Universitätsverlag C. Winter Heidelberg 1995

Schneider, W.: Zur Entwicklung des Metagedächtnisses bei Kindern. Bern. Huber. 1989

Schulze,G.: Das Lernen lernen-Kognitive Förderung in der Lernbehindertenschule. In: Siepmann, G. (Hg.): Lernbehinderung Berlin. Ullstein Mosby GmbH 1993

Schulze, G. (Hg): Unterricht und Erziehung bei Lernbehinderten - Sachkunde, Dokumentation der ersten Unterrichtsversuche. Humboldt-Universität zu Berlin, Institut für Rehabilitationswissenschaften, Abt. Lernbehindertenpädagogik 1996/1997/1998, unveröffentlicht

Simons, P. R. J.: Lernen, selbständig zu lernen - ein Rahmenmodell. In: In: Mandl, H./Friedrich, H.F. (Hrsg.): Lern- und Denkstrategien. Hogrefe Göttingen, 1992, S.251-264

Snow, R.E.: Aptitude-treatment interaction as a framework for research on individual differences in learning. In: P.L. Ackermann, R.J. Sternberg, R. Glaser (Eds.)Learning and individual differences: Advances in theory and research. New York: W.H. Freeman Company, 1989, S. 13-59

Stern E.: Die spontane Strategieentwicklung in der Arithmetik. In Mandl, H./Friedrich, H.F. (Hrsg.): Lern-und Denkstrategien. Hogrefe Göttingen, 1992, S. 101-122

Stoellger, N.: Beruf - Kernstück von Integration. in: Lernen Fördern 11 (1991)

Stuckert, G.: „Lernen des Lernens" als bildungspolitisches Postulat. In: Geppert, K./Preuss, E. (Hrsg.): Selbständiges Lernen. Bad Heilbrunn. Klinkhardt. 1980

Sydow, H. und Meincke, J.: Denkmit. Simbach/Inn (ZAK) 1995

Wiedl, K.H. & Herring, D.: Ökologische Validität und Schulerfolgsprognose im Lern- und Intelligenztest: Eine exemplarische Studie. Diagnostica, 24, (1978) S. 175-186

Willand, H.: Berufsausbildung lernbeeinträchtigter Jugendlicher zwischen Erfolg und Mißerfolg. Sonderdruck aus: Pädagogische Varia, Steinbach bei Gießen 1995

Gudrun Doll-Tepper

Fördermöglichkeiten von Kindern und Jugendlichen mit Behinderungen durch Bewegung, Spiel und Sport

Einleitung

Trotz erheblicher Einstellungsveränderungen und Integrationsbemühungen in unserer Gesellschaft im Hinblick auf Menschen mit Behinderungen müssen wir feststellen, daß dieser Personenkreis in sehr viel geringerem Maß sportlich aktiv ist als die sog. Nichtbehinderten. Diese Feststellung gilt in besonders drastischer Weise für den Kinder- und Jugendbereich, obwohl immer wieder auf die besondere Bedeutung von Bewegung, Spiel und Sport gerade für diese Personen hingewiesen wird. Verglichen mit nichtbehinderten Gleichaltrigen finden wesentlich weniger Kinder und Jugendliche mit Behinderungen den Weg in einen Sportverein oder schließen sich einer Freizeitsportgruppe an. Stattdessen dominieren Beschäftigungen, die wenig körperliche Aktivität erfordern und häufig in sozialer Isolation stattfinden. Auf die Notwendigkeit, den Schülerinnen und Schülern mit Behinderungen sinnvolle Freizeitgestaltung innerhalb und außerhalb der Schule zu vermitteln, hat Kerkhoff bereits 1982 hingewiesen. Dem Bereich von Bewegung, Spiel und Sport kommt in diesem Kontext eine besondere Bedeutung zu.

Neben positiven Effekten auf die physische und psychische Gesundheit wird vor allem die sozialisierende Funktion des Sports genannt. Wenn im folgenden der Begriff „Sport" verwendet wird, so sei darauf hingewiesen, daß er in einem sehr weiten Sinne verstanden wird, d. h. er umfaßt alle spielerischen und sportlichen Aktivitäten und ist keineswegs nur auf wettkampforientiertes Sporttreiben begrenzt.

Im Entwicklungsprozeß ist der Bereich der Motorik von entscheiden-
der Bedeutung für eine umfassende und ausgeglichene Ausbildung der
Gesamtpersönlichkeit (vgl. Kiphard 1979). Die Bedeutung sportlicher
Aktivität gilt für Menschen mit und ohne Behinderung gleichermaßen.
Aufgrund besonderer Lebensumstände oder behinderungsspezifischer
Konstellationen kann der Stellenwert sportlicher Betätigung für behin-
derte Menschen unter Umständen größer sein als für nichtbehinderte
Menschen. Insbesondere kommt dem Sport eine präventive, therapeutische und Rehabilitationsfunktion zu. Er kann zur Vermeidung von sozialer Isolation und zu einer Stärkung des Selbstbewußtseins beitragen.
Um so kritischer ist die weitgehende Abstinenz zu beurteilen.
Eine Analyse der Ursachen für diesen Sachverhalt soll an dieser Stelle
nicht erfolgen. Sicherlich ist dafür die Auseinandersetzung mit einem
sehr komplexen Bedingungsgefüge erforderlich, zu denen aber sicherlich der schulische Sport und die dort gemachten Erfahrungen im Umgang mit dem eigenen Körper, mit anderen Menschen und dem Phänomen Sport gehören.
Auf diese Aspekte sowie Veränderungsmöglichkeiten in der Gestaltung
des Faches und in der Ausbildung der Sportfachkräfte will ich im folgenden eingehen.

1. Zur Situation des Sportunterrichts an Regel- und Sonderschulen

In den einzelnen Bundesländern Deutschlands haben sich in den letzten Jahren zum Teil deutliche Veränderungen in der schulischen Ausbildung von Kindern mit Behinderungen und Beeinträchtigungen vollzogen. Auch wenn ein deutlicher Trend zu stärkerer Integration von
Kindern mit Lern- und Verhaltensproblemen sowie mit Körper- und
Sinnesbehinderungen nachzuweisen ist, besuchen dennoch viele behinderte Kinder und Jugendliche auch weiterhin Sonderschulen.

Auf die einzelnen Sonderschulformen soll hier nicht eingegangen werden, vielmehr soll generell der Umgang mit sog. Problemkindern in den Mittelpunkt der Analyse und der weitergehenden Überlegungen zu Veränderungen gestellt werden.

Die deutliche Zunahme an gemeinsamem Unterricht für behinderte und nichtbehinderte Kinder in Integrationsklassen bzw. -schulen berührt selbstverständlich auch das Fach Sport. Eine Auseinandersetzung mit den Konsequenzen und mit praktischen Lösungsmöglichkeiten erfolgt jedoch bisher nur sehr zögernd.

Das verwundert um so mehr, als auf nationaler und internationaler Ebene bereits seit vielen Jahren auf diesen Mangel hingewiesen wird.

Drei Dokumente sollen als Beleg dafür genannt werden:

- Das 1985 veröffentlichte, gemeinsam von KMK, DSB und den kommunalen Spitzenverbänden erstellte, 2. Aktionsprogramm für den Schulsport. Darin enthalten sind richtungsweisende Aussagen zu aktuellen Problemen des Sportunterrichts für behinderte Kinder im Regel- und Sonderschulsystem sowie zur Sportlehrerausbildung, die nach wie vor Gültigkeit haben.

- Die vom Europarat 1987 herausgegebene "European Charter on Sport for All: Disabled Perrons", die feststellt, daß in den letzten Jahrzehnten die meisten europäischen Länder behinderte Kinder ins Regelschulsystem aufgenommen haben. Fazit: Obwohl es einige erfolgreiche Konzepte gibt, hat dies insgesamt jedoch zu einer erheblichen Verschlechterung für viele behinderte Kinder im Fach Bewegungserziehung und Sport geführt. Sportlehrer sehen sich heutzutage in ihrem Unterricht ein oder zwei behinderten Kindern gegenüber, für deren Förderung sie entweder nicht ausgebildet sind oder sich zu unerfahren fühlen. Oft finden sie keine andere Lösung, als die Kinder vom Sportunterricht zu befreien. Obwohl in der Lehrerausbildung Verbesserungen erfolgt sind, muß dieses Problem jedoch als eines der vorrangig zu lösenden betrachtet werden, denn: behinderte Kinder müssen das gleiche Recht wie nichtbehinderte Kinder haben, an Bewegungsaktivitäten und am Sport teilzunehmen (Council of Europe 1987, 20). Im weiteren Text wird dann auch auf die Rolle der Sondereinrichtungen und Sonderschulen im Zusammenhang mit Sport und Sportunterricht eingegangen, wobei die Bedeutung einer vielseitigen Bewegungserziehung hervorgehoben und darüber hinaus die Schaffung von Kompetenzen und längerfristiger Motivation zum Sporttreiben betont wird.

- Der 1991 vorgelegte Abschlußbericht der internen Arbeitsgruppe der Kommission "Sport" der KMK, der sich ausführlich mit Fragen der Integration behinderter Schüler und Schülerinnen in den Sportunterricht an allgemeinen Schulen beschäftigt.

2. "Problemkinder" im Sportunterricht

Allen in der Praxis tätigen Erzieherinnen, Lehrerinnen und Sportfach-
leuten sind die Termini wohlbekannt, die zur Beschreibung von sog.
"Problemkindern" verwendet werden. Bei diesen Kindern kann es sich
um im engen Sinne "behinderte" Kinder handeln, also solche mit körperlichen Behinderungen (Cerebralparese, Spina bifida u. a.), Hör-,
Seh- und Sprachbehinderungen oder graduell unterschiedlich ausgeprägten Lernbehinderungen, bis hin zu starken intellektuellen Beeinträchtigungen (geistigen Behinderungen).

Im alltäglichen Unterrichtsgeschehen bereiten häufig aber auch diejeni-
gen Kinder erhebliche Probleme, die gar keine sichtbare und bereits
klar diagnostizierte Schwierigkeit haben. Gemeint sind hier Kinder mit
Verhaltens- und Lernproblemen, die - je nach Fachdisziplin - mit Begriffen wie minimale cerebrale Dysfunktion, Infantiles psycho-
organisches Syndrom, Hyperkinese-Syndrom, Sensorische Integrations-
störungen, motorische Entwicklungsverzögerungen, Aufmerksamkeits-
störungen mit und ohne Hyperaktivität, etc. belegt werden. (vgl. von
Lüpke 1988; Eggert 1994; u. a.)

Zu den sicherlich sehr unterschiedlichen Schwierigkeiten vieler dieser
Kinder gehört es, daß es ihnen an Zutrauen zu sich selbst und an einer
realistischen Selbsteinschätzung mangelt. Ihre "perceived competence",
also ihre von ihnen selbst wahrgenommene Kompetenz, entspricht
nicht ihren tatsächlichen Leistungen. Alltäglichen Anforderungen fühlen
sie sich oft nicht gewachsen, über Problemlösestrategien verfügen sie
nur in sehr eingeschränktem Maße. Vermeer und van Rossum (1991)
in den Niederlanden berichten über Forschungsarbeiten in diesem Bereich, den sie mit "Motorischem Remedial Teaching" (eine Art "Sport-
förderunterricht") bezeichnen, und der für Kinder mit Lern- und Verhaltensproblemen konzipiert ist. Die beschriebenen Schwierigkeiten
werden oft erst in den ersten Grundschuljahren zu einem wirklichen

Hindernis, allerdings bereitet die Früherkennung derartiger Auffälligkeiten nach wie vor den Fachleuten Probleme und ist - darüber besteht Konsens - oft überhaupt nur durch Beteiligung verschiedener
Fachdisziplinen und unter Mithilfe der Eltern möglich. Von vielen be-
klagt wird eine Zunahme dieser sog. Problemfälle, die eng mit der Lebenssituation von Kindern in unserer Gesellschaft zusammenhängen.
Charakteristisch dafür sind:

- weniger verfügbare Zeit als früher (Kinder, Eltern, andere Bezugspersonen)
- Konsumverhalten
- Reduktion an Spielaktivität und Eigentätigkeit.

Zimmer (1991) spricht in diesem Zusammenhang von "Bewegungsbar-
rieren in der Umwelt von Kindern."

Zusammenfassend kann festgestellt werden, daß der Begriff "Problemkinder" bzw. der Terminus technicus "Kinder mit besonderem Förderbedarf" also nicht nur solche Kinder mit manifesten Behinderungen
umfaßt, sondern auch die, die sich den Anforderungen im kognitiven,
motorischen, emotional-sozialen Bereich nicht gewachsen fühlen oder
auch nicht gewachsen sind.

3. Bewegungsorientierte Förderkonzepte im Schul-
sport unter organisatorischen und inhaltlichen
Gesichtspunkten

Der Frage nach den Möglichkeiten eines integrationspädagogisch orientierten Unterrichts soll zunächst auf drei Ebenen nachgegangen
werden: Administration, Einstellung und Qualifikation, wobei dies den
allgemeinen schulischen Kontext sowie fachspezifische, also bewegungsorientierte Förderung betrifft.
Neben den administrativen bzw. organisatorischen Problemen, die die
Klassenstärke, die Anzahl und Qualifikation zur Verfügung stehender

Lehrkräfte sowie zusätzliches Fachpersonal und die Sportstätten und Materialfrage betreffen, werden häufig auch Einstellungsprobleme der Lehrkräfte gegenüber Kindern und Jugendlichen mit Behinderungen genannt (vgl. Depauw und Goc Karp 1990; Doll-Tepper u.a.. 1994).

Ein besonderes Augenmerk ist auf die häufig unzureichende Qualifikation der Lehrkräfte zu richten, die im Schulsport bei Kindern und Jugendlichen mit Behinderungen eingesetzt sind. Insbesondere in den USA sind in den letzten zwanzig Jahren verstärkt Anstrengungen unternommen worden, das Qualifikationsniveau durch Pflichtausbildungen im Bereich „Adapted Physical Education" (vgl. Winnick 1984, Sherrill 1988, Seaman und Depauw 1988) zu heben. Hier besteht in vielen Ländern, auch in der Bundesrepublik Deutschland noch erheblicher Nachholbedarf, auch wenn bereits vereinzelt Hochschulausbildungen auf die veränderte schulische Situation reagiert haben.

Daß die Beschäftigung mit dem Thema "Integration" im schulischen Bereich, besonders im Bereich der Bewegungserziehung und des Sports, in verschiedenen Ländern unter gänzlich anderen Rahmenbedingungen erfolgt, soll anhand einer grob vereinfachter Übersicht (Abb. I) verdeutlicht werden (vgl. Doll-Tepper, von Selzam und Lienert 1992).

Abb. I: Vergleich der Rahmenbedingungen USA - Deutschland

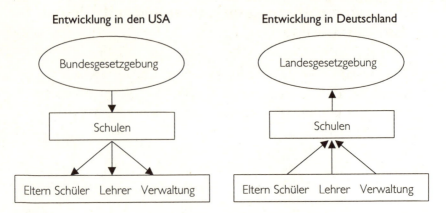

In der seit 1975 als Bundesgesetz "The Education of All Handicapped Children Act" (jetzt: "Individuals with Disabilities Education Act") vorgeschriebenen "weitgehenden" Integration behinderter Kinder in das Regelschulsystem ("least restrictive environment") und der Vorschrift, für jedes behinderte Kind ein "IEP (Individual Education Plan)" anzufertigen, liegen grundsätzliche Unterschiede zur Situation in Deutschland, zumindest soweit es die meisten Bundesländer betrifft. Es lassen sich sehr hilfreiche Anregungen aus diesen dort bestehenden Vorgaben sowie der Praxis ableiten, so beispielsweise der partielle gemeinsame Unterricht von Problemkindern ("Kaskadenmodell"; Abb. 2) und nicht-behinderten Kindern sowie das "peer teaching".

Abb. 2: Kaskadenmodell "Least restrictive environment"

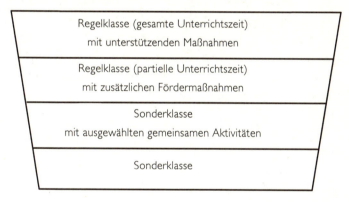

All dies sind jedoch nur organisatorische Lösungsmöglichkeiten, die noch immer die Frage nach den Zielen, Inhalten und Methoden offenlassen.

Eine Beschäftigung mit einschlägiger aktueller Fachliteratur sowie die Praxis vielerorts bei uns belegen, daß wir hier durchaus über hervorragende Konzepte verfügen.

Die von seiten der Psychomotorik / Motopädagogik (Kiphard 1979, Irmischer und Fischer 1990, Zimmer und Cicurs 1990 u. a.) vorgelegten Beiträge, die eine Arbeitsweise beschreiben, in der es um eine bewegungsorientierte ganzheitliche Förderung des Kindes geht, sind hier an erster Stelle zu nennen. Dieses Konzept zielt auf:

- Erwerb motorischer Handlungskompetenz
- Entwicklung breitgefächerter Wahrnehmungs- und Bewegungserfahrungen
- Förderung der Selbständigkeit und Kreativität
- Erwerb von Problemlösestrategien
- Entwicklung von Handlungsmöglichkeiten in unterschiedlichen Anforderungssituationen sowie
- Aufbau sozialer Kommunikationsstrategien (vgl. Zimmer und Cicurs 1987, Treeß, Trees und Möller 1990; Kiphard 1979 u. a.).

Am Beispiel der Kinder mit Lernbeeinträchtigungen bzw. –behinderung soll auf die Bedeutung pädagogisch-therapeutischer Maßnahmen einerseits, aber auch auf den Aspekt der Prävention andererseits kurz eingegangen werden. Der Sportunterricht, ebenso wie zusätzliche Fördermaßnahmen innerhalb und außerhalb der Schule, muß auf Veränderungen im Bereich der motorischen Schwierigkeiten und der Verbesserung der Konzentration und Aufmerksamkeit und auf Verbesserungen im Hinblick auf eine realistische Selbsteinschätzung und ein realistisches Selbstwertgefühl zielen. Er hat damit eine pädagogisch-therapeutische Funktion.

Präventive Bedeutung hat das Sportangebot dann, wenn frühzeitig dissoziales Verhalten vermieden werden kann, weitere Lernbeeinträchtigungen verhindert werden, und die Spiel- und Sportaktivitäten zu einer Ich-Stärkung ("empowerment") beitragen.

In diesem Zusammenhang lassen sich als Beispiel die Konzepte heranziehen, die eine vielseitige Spielerziehung (vgl. Ehni, Kretschmer und Scherler 1985, JOST 1985 u. a.) beinhalten oder den Bereich der Körpererfahrung als eine wichtige Grundlage für Sport und Sportunterricht hervorheben (vgl. Funke 1983).

Es ist außerordentlich hilfreich, bestehende Konzepte, deren zentrales Anliegen das Entwickeln von Problemlösestrategien ist, wie sie beispielsweise Miedzinski (1983) mit der Bewegungsbaustelle oder Pauly

(1992) mit Gerätelandschaften beschrieben haben, auf ihre Eignung für Unterrichtssituationen mit Kindern und Jugendlichen, die Lern- und Verhaltensprobleme zeigen, hin zu prüfen. Besonders bedeutsam erscheint mir in diesem Zusammenhang auch Hölters (1987) Hinweis, als Pädagoge von Therapien zu lernen.

"Problemlösendes Lernen" wie es Brodtmann (1992) beim Kongreß "Kinder brauchen Bewegung" für den Bereich der Grundschule dargestellt hat, kann besonders auch dem entwicklungsverzögerten, dem verhaltensschwierigen oder behinderten Kind eine Möglichkeit geben, sich auf Neues einzulassen und Strategien für sich selbst und mit anderen gemeinsam zu entwickeln. Wie wichtig dies auch im Zusammenhang mit der tatsächlichen und wahrgenommenen Kompetenz sowie dem Entwickeln eines "Mehr an Unabhängigkeit" (vgl. Hahn 1981), einem wichtigen Lernziel gerade für Menschen mit Beeinträchtigungen und Behinderungen ist, bedarf sicher keiner weiteren Erklärung.
Auch außerhalb des schulischen Bereichs liegen eine Vielzahl von Vorschlägen bereit, so z. B. in den Beiträgen der Hessischen Sportjugend ("Bewegung Kunterbunt" - Spiel und Sport für behinderte und nichtbehinderte Kinder 1991) für den Vereins- und Freizeitbereich.

All den vorgestellten Ansätzen, Praxisvorschlägen etc. ist gemeinsam, daß sie die besondere Bedeutung von Bewegung, Spiel und Sport für die Entwicklung und Erziehung **aller** Kinder betonen. Und noch etwas ist ihnen gemeinsam: sie thematisieren die besondere Rolle, die Verantwortung der am Erziehungs- bzw. Unterrichtsprozeß beteiligten Fachkräfte. Zur veränderten Rolle gehört u. a. das genaue Beobachten des Verhaltens der Kinder sowie des eigenen Verhaltens. Gerade hier lägen auch Chancen - die bisher oft noch ungenutzt sind - Kindern mit Lern-, Verhaltens- und Bewegungsproblemen bessere Hilfestellung - im weitesten Sinne des Wortes - zu geben oder zusätzliche Fördermaßnahmen zu initiieren (z.B. Physiotherapie, Logopädie, Mototherapie).

4. Konsequenzen für die Sportlehrerausbildung und die sportwissenschaftliche Forschung

Es läßt sich feststellen, daß die Bedeutung von Bewegung, Spiel und Sport für Kinder und insbesondere für "Problemkinder" im Kindergarten- und Schulalter hinreichend hervorgehoben wird. Dabei gilt der sozialen Integration im und durch Sport in unserer Gesellschaft besonderes Interesse - zumindest soweit wir es aus Absichtserklärungen und aus Äußerungen von Wunschvorstellungen ableiten können. Es läßt sich belegen, daß es <u>nicht</u> an geeigneten Konzepten für eine vielseitige Bewegungserziehung bzw. für einen Sport für alle mangelt, der das unterschiedliche Leistungsvermögen und die Interessen der Kinder berücksichtigt. Eine relativ verblüffende Erkenntnis, wenn man sich die Klagen vieler Schulpolitiker, aber auch Praktiker im Sport anhört. Woran fehlt es dann?

Es fehlt m. E. an der Übertragung dieser Konzepte auf sogenannte sonder- und integrationspädagogische Felder, d. h. auf Kindergarten, Vorschule, Schule, Sportverein, Freizeitgruppe. Eine Hauptschwierigkeit, vielleicht die entscheidende Barriere überhaupt, liegt in der bereits beschriebenen Einstellungsproblematik, die ja auch etwas mit persönlichen Erfahrungen im Umgang mit "andersartigen" Menschen zu tun hat; und nicht zuletzt an der noch unzureichend geleisteten zeitgemäßen Qualifizierung von Sportlehrkräften. Was kann, was sollte geschehen?

- Reform der Sportlehrerausbildung; stärkere Integration von sonderpädagogischen bzw. integrationspädagogischen Arbeiten für <u>alle</u> Lehrer und Sportlehrer (vgl. Doll-Tepper 1988, Eggert 1994). Die im Zusammenhang mit Kindern erörterten Aspekte einer Diskrepanz zwischen "wahrgenommener" und tatsächlicher Kompetenz treten sicherlich auch bei den in verschiedenen pädagogischen Feldern Tätigen auf; so ist es sicherlich auch unsere Aufgabe, "auf das Umfeld im Sinne der Integrationsbestrebungen erzieherisch Einfluß zu nehmen" (KMK Arbeitsgruppe 1991, S. 12). Aber auch Aufnahme bewegungsorientierter Inhalte in die Sonderpädagogen-Ausbildung (vgl. Eggert 1987)

- Intensivierung der Lehrerfortbildungsangebote

- Einrichtung neuer Studiengänge zur Spezialisierung (z. B. Aufbaustudiengänge, europäisches Zusatzstudium-Programm "European Master's Degree in Adapted Physical Activity")

Das europäische Zusatzstudium "European Master's Degree in Adapted Physical Activity" stellt ein besonderes Beispiel interdisziplinärer und länderübergreifender Kooperation dar.

Seit 1991 können sich Studierende aus Universitäten verschiedener europäischer Länder an einem einjährigen Postgraduierten-Studium beteiligen, das von der katholischen Universität Leuven (Belgien) koordiniert wird, um eine spezielle Qualifikation im Bereich "Bewegung, Spiel und Sport" bezogen auf verschiedene Behinderungsarten zu erwerben. Die zunehmende Beteiligung von Universitäten, zur Zeit sind es 26 Hochschulen, und die große Nachfrage von Studierenden zeigt die Notwendigkeit neuer Ausbildungsangebote, die von einer einzelnen Institution kaum zu leisten sind.

Darüber hinaus sind größere Anstrengungen auch im Forschungsbereich zu unternehmen, z. B. wissenschaftliche Begleitung von Sportprojekten in den verschiedenen Handlungsfeldern der Schule und der Freizeit hinsichtlich geeigneter Fördermaßnahmen für Kinder und Jugendliche mit Lern-, Verhaltens- und Bewegungsproblemen.

Paul Roper (1991) hat sich in einem - vor allem in amerikanischen Fachkreisen mit großem Interesse aufgenommenen Artikel unter der Überschrift "Are Researchers Missing the Boat on Inclusion" (Verpassen die Wissenschaftler den Anschluß bezogen auf "Integration") mit der Verantwortung der Wissenschaftler auseinandergesetzt.

Er konstatiert, daß Forschungsarbeiten häufig den Zustand der Segregation verfestigen und weitertransportieren, dagegen neueren Entwicklungen und Tendenzen in Gesellschaft und Erziehung nicht angemessen Rechnung tragen.

So wird eher die Frage gestellt, soll man überhaupt integrieren, welche Vorteile bieten sich wem, als daß Fragen nachgegangen wird wie:

- Wie kann man integrative Prozesse fördern?
- Welche Voraussetzungen erleichtern/erschweren integrativen Unterricht?
- Welche didaktisch-methodischen Modifikationen sind erforderlich?
- Welche Unterrichtsinhalte sind besonders geeignet/ungeeignet?
- Welche technischen Hilfsmittel, welche Unterrichtsmaterialien können eingesetzt werden?

Für die sportwissenschaftliche Forschung besteht in diesem Themen-
komplex eine gesellschaftliche Herausforderung und Verpflichtung, sich
einerseits verstärkt den genannten aktuellen Fragen zuzuwenden und
sich dabei auch für interdisziplinäre Herangehensweisen zu öffnen, z. B.
durch Kooperation u. a. mit den Bereichen der Sonder-, Rehabilita-
tions- bzw. Integrationspädagogik, der Psychologie und der Medizin.
Daß sich hier bereits an vorliegende Arbeiten, die in fächerübergrei-
fender Kooperation entstanden sind, anknüpfen läßt (vgl. Doll-Tepper
in Zusammenarbeit mit Kerkhoff 1985, Kiphard 1989, Irmischer und
Fischer 1989), sollte Mut machen.

5. Ausblick

Aus sportwissenschaftlicher bzw. sportpädagogischer Sicht stellen sich
gegenwärtig eine Reihe von Fragen, die sich keineswegs nur im engen
fachbezogenen Kontext, sondern insbesondere auch aus interdisziplinärer Betrachtungsweise erörtern lassen:

- Wie läßt sich die Situation von Kindern und Jugendlichen mit Behinderungen
  im Sport beschreiben?

- Wie hat sich der Sport von Kindern und Jugendlichen mit unterschiedlichen
  Behinderungen im Handlungsfeld Schule entwickelt?

- Welche pädagogisch-therapeutischen Möglichkeiten der Förderung im und
  durch Sport gibt es?

- Welche Entwicklungen zeichnen sich im Freizeitsport und im Freizeitverhalten
  ab?

- Welche integrativen Bemühungen lassen sich in Theorie und Praxis in unterschiedlichen Handlungsfeldern des Sports identifizieren?

Die Darstellung von Fortschritten hinsichtlich verstärkter Integrationsbestrebungen zugunsten von Menschen mit Behinderungen in verschiedenen gesellschaftlichen Bereichen inklusive der Schule, der Freizeit und des Sports machen deutlich, daß ohne Zweifel ein positiver
Wandel stattgefunden hat. Gleichzeitig zeigen sich aber zunehmend

neue Herausforderungen, die nicht zuletzt mit den Veränderungen der Lebens- und Bewegungswelt von Kindern zusammenhängen. Zunehmende Technisierung, Bewegungsmangel, soziale "Verinselung", um nur einige Phänomene zu nennen, betreffen auch Kinder und Jugendliche mit Behinderungen. Die Reduzierung von Schulsportangeboten und Verlagerung von Sportaktivitäten in den Freizeitbereich macht es erforderlich, neue Ansätze und Kooperationsmodelle, z. B. von Schule und Verein, zu entwickeln und aufzubauen. Hier gibt es bereits ermutigende Beispiele in der Praxis (z. B. "Bewegung Integrale"), für die es aber noch eine flächendeckende Verbreitung zu schaffen gilt.

Daß sich Herausforderungen auch für die Ausbildung von Fachkräften sowie für die fachspezifische und interdisziplinäre Forschung ergeben, ist bereits hervorgehoben worden. Die umfangreichen Arbeiten von Kerkhoff haben für diesen Entwicklungsprozeß - weit über den Bereich der Sonderpädagogik hinaus - richtungsweisende Bedeutung.

Für diesen wichtigen Beitrag und die langjährige Kooperation, die auch in verschiedenen Teilgebieten die Sportwissenschaft in den letzten Jahren beeinflußt hat, sei abschließend Winfried Kerkhoff herzlich gedankt.

Literatur

Brodtmann, D.: Problemlösendes Lernen im Sportunterricht der Grundschule. In: Zimmer, R. und Cicurs, H. (Red.): Kinder brauchen Bewegung - Brauchen Kinder Sport? Aachen 1992, 158-161

Council of Europe: European Charter on Sport for All: disabled persons, Strasbourg 1987

Depauw, K. und Goc Karp, G.: Attitudes of Selected College Students Toward Including Disabled Individuals in Integrated Settings. In: Doll-Tepper, G., Dahms, C., Doll, B., von Selzam, H. (Eds.): Adapted Physical Activity - An Interdisciplinary Approach. Berlin (Springer) 1990; S. 149-157

Doll-Tepper, G.: Möglichkeiten einer motorischen Entwicklungsförderung von Kindern und Jugendlichen an Schulen für Lernbehinderte durch Sportunterricht. Berlin (Marhold) 1985

Doll-Tepper, G.: Behindertensport als Bestandteil der Lehreraus-, -fort- und –weiterbildung. In: Allgemeiner Deutscher Hochschulsportverband/FU Berlin (Hg.): Freizeit- und Breitensport-Symposium 1988

Doll-Tepper, G., von Selzam, H. und Lienert, C.: Teach the Teachers: Including Individuals with Disabilities in Physical Education, in: Journal of ICHPER, Vol. XXVIII, No. 2, 1992, 23-27

Doll-Tepper, G., Schmidt-Gotz, E., Lienert, C., Döen, U., Hecker, R.: Einstellungen von Sportlehrkräften zur Integration von Menschen mit Behinderungen in Schule und Verein. Köln 1994

Eggert, D.: Grundlagen und Inhalte eines Konzeptes zur Integration der Psychomotorik in die Sonderpädagogen-Ausbildung. Motorik, 10 (1987), 135-144

Eggert, D.: Integration, Motopädagogik und Sport, Teil I und II. In: Motorik 1994 (2) 39-45, u. (3) 74-80

Ehni, H., Kretschmer, J. und Scherler, K.: Spiel und Sport mit Kindern. Reinbek (rororo) 1985

Frankfurter Arbeitsgruppe (Hrsg.): Offener Sportunterricht - analysieren und planen, Reinbek (rororo) 1982

Funke, J. (Hrsg.): Sportunterricht als Körpererfahrung, Reinbek 1983

Hahn, M.: Behinderung als soziale Abhängigkeit. Gammertingen 1981

Henke, E. und Rieder, H.: Verbesserte Ausbildung behinderter Kinder im Sport als Folge gesetzgeberischer Initiativen in den USA und zentrale amerikanische Begriffe der sportlichen Förderung Behinderter. Motorik 4 Jg. (1981), S. 95-102

Hölter, G.: Bewegung und Therapie im Sportunterricht, In: Hölter, G. (Hrsg.): Bewegung und Therapie - interdisziplinär betrachtet. Dortmund 1988 (modernes lernen) S. 33-52

Interne Arbeitsgruppe der Kommission "Sport" der KMK, Berichterstatter R. FRANK, Integration behinderter Schüler(innen) in den Sportunterricht an allgemeinen Schulen, 1991

Irmischer, T. und Fischer, K. (Red.): Psychomotorik in der Entwicklung. Schorndorf (Hofmann) 1989

Jost, E. (Hrsg.): Spielanregungen - Bewegungsspiele, Reinbek (rororo) 1985

Kerkhoff, W. (Hrsg): Freizeitchancen und Freizeitlernen für behinderte Kinder und Jugendliche. Berlin (Marhold) 1982

Kiphard, E.J.: Motopädagogik. Dortmund (Modernes Lernen) 1979

Kiphard, E.J.: Psychomotorik in Praxis und Theorie, Ausgewählte Themen der Motopädagogik und Mototherapie, Gütersloh (Flötmann) 1989

Miedzinski, K.: Bewegungsbaustelle. Dortmund (modernes lernen) 1983

Pauly, P.: Gerätelandschaften - Kindgerechte Nutzung der Großgeräte, in: Zimmer, R. und Cicurs, H. (Red.): Kinder brauchen Bewegung - Brauchen Kinder Sport? Aachen 1992, 114-115

Roper, Paul A.: Are Researchers Missing the Boat on Inclusion? In: Palaestra, Vol. 8, No. 1, 1991, S. 50-54

Seaman, J. und Depauw, K.: The New Adapted Physical Education: A Developmental Approach, Mountain View 1988[2]

Sherill, C.: Leadership Training in Adapted Physical Education, Illinois: Champaign 1988

Sportjugend Hessen (Hrsg.): Bewegung Kunterbunt, Frankfurt 1991

Ständige Konferenz der Kultusminister der Länder; Deutscher Sportbund; Kommunale Spitzenverbände: Zweites Aktionsprogramm für den Schulsport, Bonn 1985

Treeß, H., Treeß, U. und Möller, M.: Soziale Kommunikation und Integration. Dortmund (modernes lernen) 1990

Van Coppenolle, H., Simons, J. Neerinckx, E. Van Landewijck, Y., Verwilt, M. (Eds.): European Master's Degree in Adapted Physical Activity. Leuven Amersfoort 1993

Vermeer, A. und Van Rossum, J.: Zielorientierter Unterricht für Kinder mit Entwicklungsstörungen in der Grundschule - Entwicklung von Motorik und wahrgenommener Kompetenz. In: Motorik 2/1991, 63-69

Von Lüpke, H.: "Kinder, die nicht tun, was sie tun könnten", Motorische Entwicklungsverzögerungen unter psychodynamischen Aspekten, in: Hölter, G. (Hrsg.): Bewegung und Therapie - interdisziplinär betrachtet -. Dortmund (modernes lernen) 1988, S. 24-32

Winnick, J.: Recent Advances Related to Special Physical Education and Sport. Zschr.: Adapted Physical Activity Quarterly 1 (1984), S. 197-206

Zimmer, R. und Cicurs, H. (Red.): Kinder brauchen Bewegung - Brauchen Kinder Sport? Aachen 1992

Zimmer, R. und Cicurs, H.: Psychomotorik. Schorndorf (Hofmann) 1987

Gregor Dupuis

Sprachtherapie für Kinder und Jugendliche mit kognitiven und sozialen Beeinträchtigungen

1. Sprachliche Fähigkeiten und Sprachstörungen im Zusammenhang mit kognitiven Beeinträchtigungen

Pädagogen und Mediziner haben bei der Betrachtung von „Sprachkrankheiten" schon früh die u.a. von F. de Saussure[1] vorgeschlagenen Betrachtungsebenen in eine grobe Einteilung der Sprachstörungen in Sprach-, Sprech-, Rede- und Stimmstörungen übernommen. Bei der ersten Kategorie – den Sprachstörungen im engeren Sinne – handelt es sich um Störungen und Verzögerungen der Erwerbs-Prozesse sowie um den Abbau der sprachlichen und kommunikativen Fähigkeiten, die auf sensorische und motorische Grundfunktionen aufbauen und darüber hinaus in einem engen Zusammenhang mit emotionalen und kognitiven Leistungen stehen. Aphasien können dieser ersten Gruppe als ein Verlust der „inneren" Sprache zugeordnet werden[2]; bei Erscheinungsbildern des Dysgrammatismus, der A- und Dyslexie, der Dysgraphie, Störungen des Sprachverständnisses (Dyslogie) muss ebenfalls von Interdependenzen zur Gesamtentwicklung der Denk- und Handlungsfähigkeit ausgegangen werden. Bei den übrigen Kategorien

---

[1] Im Zusammenhang mit einer Neuordnung der Philologie schlug er vor, zwischen einer Betrachtung der Sprache als universelle innere Fähigkeit des Menschen (le langage), der Sprache als Besitz einer Sprachgemeinschaft (la langue) und den individuellen Sprechakten (la parole) zu unterscheiden. (Ferdinand de Saussure: Grundfragen der allgemeinen Sprachwissenschaft. 2. Auflage (Reprint der dt. Übersetzung von 1931) Berlin 1967.

[2] Roman Jakobson geht in seiner Schrift "Kindersprache, Aphasie und allgemeine Lautgesetze" (Uppsala 1941) von einer Analogie zwischen dem Auf- und dem Abbau sprachlicher Fähigkeiten aus.

braucht dieser Zusammenhang im idealen Falle dagegen nicht betroffen zu sein, Sprech-, Rede- und Stimmstörungen wären dann auf Störungen der Artikulation, des Redeflusses und des Stimmklanges beschränkt. Nur die korrekte Verwirklichung lautsprachlicher Normen –
die Performanz – wäre eingeschränkt , die innere Sprache – die
sprachliche Kompetenz[3] – wäre davon unberührt.

Auf der Ebene einer Symptom-Zuordnung ermöglicht eine solche Systematik klare Unterscheidungen und Akzentuierungen. Bei Kindern
mit einer Lernbehinderung, für die eine Sprachtherapie notwendig ist
und verordnet wird[4], sind isolierte Sprech-, Rede- und Stimmstörungen
eher selten. Auch wenn zunächst lediglich eine Artikulations-
Abweichung beobachtet wurde, stellt sich bei einer professionellen
diagnostischen Arbeit sehr oft heraus, dass es sich beim Stammeln lediglich um die „Spitze eines Eisbergs" handelt. Die Artikulations-
Abweichung ist dann ein „Indikator" z.B. für schwerer zu beobachtende
Komponenten komplexer Sprachentwicklungsstörungen wie z.B. semantische Störungen, aber auch für mittelgradige Hörschädigungen,
Teilleistungsstörungen, bzw. Zustände nach einem ungünstig verlaufe-
nen Spracherwerb, nach einer verspäteten Früherkennung.

Während bei rechtzeitig festgestellten Sinnes-Schädigungen und motorischen Beeinträchtigungen, zum Beispiel bei einer hochgradigen Hör-
schädigung oder bei spastischen Lähmungen im Zusammenhang mit
einer Infantilen Zerebral-Parese in der Regel eine umfassendere Frühförderung mit sprachtherapeutischen Anteilen stattgefunden hat, besteht bei geringergradigen Schädigungen die Gefahr, dass die Auswirkungen – insbesondere auch eine fehlende Beteiligung des Kindes an
sozialen Gruppenprozessen – falsch interpretiert werden. Oftmals mit

---

[3] Zwischen dem Begriffs-Paar Kompetenz und Performanz und einer Differenzierung zwischen
Tiefen- und Oberflächenstrukturen der Sprache, wie sie Noam Chomsky in seiner Grammatik-
Theorie beschreibt, besteht eine gedankliche Verbindung.

[4] Die Übernahme der Kosten durch eine Krankenversicherung setzt eine ärztliche Untersuchung und Verordnung voraus (Begutachtungsanleitung bei Stimm- Sprech- und Sprachstörungen des medizinischen Dienstes der Spitzenverbände der Krankenkassen, Formblatt Muster
14).

der Folge, dass eine Intelligenzschwäche[5] zugeordnet wird, die sich dann im Sinne einer sich selbst bestätigenden Prognose (self fullfilling prophecy) tatsächlich ausprägt. Untersuchungen von Kindern mit einer Lernbehinderung decken immer wieder auf, dass bei einem relativ hohen Anteile dieser Klientel nicht oder nicht rechtzeitig diagnostizierte sensorische und motorische Beeinträchtigungen vorliegen[6]. Wenn die Chancen einer Frühdiagnostik während der Familienerziehung und im Elementarbereich versäumt werden, kann die kognitive und sprachliche Entwicklung in einem Ausmaß beeinträchtigt sein, das dann faktisch zu einer Lernbehinderung führt.

Neben solchen Feststellungen wird häufig ungünstigen Familienverhältnissen und anderen sozialen Faktoren eine verursachende Wirkung zugeschrieben – auch solchen, die nicht von den Betroffenen sondern von den institutionellen und gesellschaftlichen Strukturen ausgehen[7] (soziale Benachteiligung). Die früher übliche Zuordnung einer unterdurchschnittlichen Intelligenz (IQ ≤85) ist zwar einer dynamischeren Betrachtung kognitiver Fähigkeiten gewichen, bleibt aber dennoch in der Praxis der schulischen Eingangs- und Verlaufsdiagnostik von Bedeutung. Bei der Analyse dessen was mit Lernbehinderung bezeichnet wird, sind beide Faktoren zu beachten: die einer Intelligenzminderung sowie die einer mehr oder minder ausgeprägten sozialen Abweichung gegenüber den in Bildungseinrichtungen charakteristischen Anforderungen.

Sonderpädagogen haben bei der Überprüfung von Kindern und Erwachsenen mit einer Lernbehinderung seit langem weniger nach der

---

[5] Winfried Kerkhoff verweist darauf, dass „Intelligenzschwäche" z.B. von Bleidick wieder aufgegriffen und Kindern mit einer Lernbehinderung zugeordnet wird (Enzyklopädie der Sonderpädagogik, der Heilpädagogik und ihrer Nachbargebiete, Hg. Gregor Dupuis und Winfried Kerkhoff, Berlin 1992).

[6] Auf die Bedeutung der Motorik ist von mehreren Autoren, z.B. von Dietrich Eggert und Ernst J. Kiphard aufmerksam gemacht worden; Langzeitstudien aus Pädaudiologischen Beratungsstellen (z.B. in Bochum unter Leitung von H.-J. Radü) verweisen darauf, dass auch vorübergehende Hörschädigungen die Gesamtentwicklung erheblich beeinträchtigen können.

[7] Vgl. Stichwörter „soziale Benachteiligung" (Dietlinde Gipser) und „soziokulturelle Bedingungen" (Winfried Kerkhoff) in der Enzyklopädie, a.a.O.

„Trennschärfe" diagnostischer Instrumentarien gefragt. Diese dienten vielfach eher der Selbstkontrolle, d.h. der Absicherung der übrigen Befunde. Seit längerem ist demgegenüber die Notwendigkeit einer „angemessenen" pädagogischen und ggf. therapeutischen Förderung mehr oder minder deutlich in den Vordergrund gestellt worden. Dass dies jetzt bei Veränderung der Rahmenbedingungen klarer als bisher hervorgehoben wird, ist sicher sehr zu begrüßen[8]. Zu fragen ist dann allerdings nach der personellen und materiellen Ausstattung schulischer Einrichtungen, die Menschen mit einer Lernbehinderung nicht nur aufbewahren, sondern individuell und spezifisch fördern und auf ein autonomes Leben vorbereiten wollen und können. Zu fragen ist nach Konzepten, mit denen die probaten Forderungen nach einer Chancen-Gerechtigkeit, sozialer Integration u.a. konkretisiert und umgesetzt werden können. Eine spezifische Sprachtherapie im schulischen Rahmen, die auch den Kriterien standhält, die für den ambulanten und den klinischen Bereich gelten, wäre m.E. unabhängig davon, ob es sich um eine Sonder– oder um eine Regelschule handelt, ein bedeutendes rehabilitatives Element.

Auf dem Hintergrund bisheriger Erfahrungen und vielfältiger Untersuchungen sind bei Klientel-Gruppen mit Lernbehinderungen an die aufnehmenden Einrichtungen neben anderem zwei aufeinander aufbauende Qualitäts-Anforderungen an eine sprachliche Betreuung festzuhalten:

Bei Bedarf muss eine spezifische individuelle Sprachtherapie im Rahmen oder in Kooperation mit der betreuenden Einrichtung angeboten werden können.

Die Sprachtherapie sollte mit den anderen Arbeitsbereichen verzahnt sein und elementare sensorische, motorische, emotionale, kognitive und soziale Entwicklungs-Bereiche einbeziehen.

---

[8] Z.B. in Nordrhein-Westfalen mit der „Verordnung zur Feststellung des Sonderpädagogischen Förderbedarfs und die Entscheidung über den schulischen Förderort" - VO-SF - vom 22.05.1995.

Wie bereits erwähnt, stehen neben den unterdurchschnittlichen kognitiven Fähigkeiten und dem Kriterium des drohenden Schul- und Leistungsversagens oftmals soziale Faktoren im Vordergrund. Vielfach sind
bei den Umgangsformen, vor allem auch bei der Sprachverwendung
Diskrepanzen gegenüber den „normalen" Verhaltensweisen zu beobachten. Es macht allerdings keinen Sinn zu meinen, dass solche abweichenden „Sprachgewohnheiten" vorwiegend ein Gegenstand der
sprachtherapeutischen Versorgung seien. Vielmehr handelt es sich hier
zunächst einmal um den elementaren Bildungsauftrag, Kindern zusätzlich zu ihrer Herkunftssprache, die für das Unterrichtsgeschehen typi-
sche gehobene Umgangssprache zu vermitteln. Dies gelingt am besten,
wenn die Herkunftssprache nicht als defizitär entwertet, andererseits
aber auch nicht, sozial-romantisch überhöht, zu einer für die Betroffenen einzigen vorgegebenen Norm erklärt wird[9]. Daraus resultiert ein
drittes Kriterium:

In der schulische Spracherziehung sind die für die Bildungsprozesse
notwendigen umgangssprachlichen Fähigkeiten zu vermitteln. Das fa-
kultative Angebot einer Sprachtherapie (als Qualitätsbegriff) muss davon auch in schulischen Einrichtungen klar unterschieden werden.

Im Folgenden soll untersucht werden, welches die Merkmale einer
spezifischen Sprachtherapie für Menschen mit einer Lernbehinderung
sind, in welcher Weise sie sich von schulischer Sprachförderung und
vom Sprachunterricht unterscheiden und wie diese Angebote aufeinander bezogen werden können.

---

[9] Die Zuordnung eines elaborierter Codes zur Mittel- und Oberschicht und eines restringierten
Codes zur Unterschicht (Bernstein-Codes) ist zwar in ihrer ursprünglichen Form seit langem
überholt, andererseits sind „Sprachbarrieren" insbesondere im Falle einer Lernbehinderung
unverkennbar. Nachteilig ist dabei nicht die Verwendung einer bestimmten Umgebungs-
Sprache, sondern die fehlende Fähigkeit, bei Bedarf zu einer sachlich angemessenen differen-
zierteren Umgangssprache wechseln zu können.

2. Zur Frage nach geeigneten Bildungseinrichtungen

Sprachliche und kommunikative Fähigkeiten sind ein Dreh- und Angel-
punkt für eine realistische schulische, berufliche und soziale Prognose.
Es wäre eine groteske Übertreibung, wollte man Erfahrungen mit weniger gesprächigen aber fachlichen kompetenten Menschen so generalisieren, dass der sprachliche Bereich im Einzelfall von vornherein zugunsten „nonverbaler" Qualitäten[10] zu vernachlässigen wäre. Bei der
Vermittlung sprachlicher und kommunikativer einschließlich schrift-
sprachlicher Fähigkeiten haben es die Bildungseinrichtungen für Menschen mit einer Lernbehinderung zwar nur mit Ausschnitten ihrer Le-
benswirklichkeit zu tun, andererseits sind dort in einem gegenüber anderen z.B. klinischen Institutionen weitaus größeren zeitlichen Rahmen
Einwirkungen, Korrekturen und Anstöße möglich. Dazu gehört die bereits erwähnte allgemeine Aufgabe, Kindern, die vorwiegend nur eine
Dialekt-Variante oder eine andere Umgebungssprache verwenden, die
gehobene Umgangssprache zu vermitteln, die für Bildungs- und Ausbildungseinrichtungen vorausgesetzt wird. Die vielfältigen Bezüge zwischen den jeweils mit bestimmten Tätigkeiten verknüpften Ausprägun-
gen sprachlichen Verhaltens und den kognitiven Fähigkeiten können in
beiden Richtungen genutzt werden: Aktives handelndes Lernen als
Ausgangspunkt für die Erweiterung der Sprache, eine größere Varianz
sprachlich-kommunikativer Verhaltensweisen als Grundlage zunehmend komplexer Lernprozesse. Die engen Verbindungen zwischen
sprachlichem Abstraktionsvermögen und effektivem Lernen brauchen
hier nicht noch einmal erläutert zu werden.
Ein bei Lernbehinderungen bestimmender Faktor ist die Tatsache, dass
es zwischen den Erfahrungswelten der Betroffenen und den sprachlichen Inhalten in den Unterrichts-Medien zum Teil relativ wenige realistische Bezüge gibt. Nach der Lesebuch-Kritik der siebziger Jahre sind

---

[10] Berichte von Menschen, die zwar kognitiv und sprachlich beeinträchtigt, aber manuell ge-
schickt sind, und die Umkehrung im Sinne eines manuell unbeholfenen Intellektuellen sind oft
überzeichnet. Zahlreiche Untersuchungen weisen darauf hin, dass zwischen diesen Bereichen
eine enge Verbindung besteht.

zwar aktuellere Inhalte in die Schulbücher aufgenommen worden, von einer durchgängigen Einbeziehung der sozialen Erfahrungen von „Randgruppen"[11] kann aber keine Rede sein. Dies liegt nicht am fehlenden guten Willen der Schulbuch-Autoren, sondern vor allem auch an der Vielfalt der Lebenssituationen. Daraus ergibt sich, dass Lehrer, die der Herkunft ihrer Schüler gerecht werden wollen, auf eigenständige Bestandsaufnahmen sowie entsprechende Erweiterungen und Ergänzungen von Unterrichtsmedien z.b. durch Kinder- und Jugendliteratur sowie selbst erstellte Materialien angewiesen sind. So verlangt z.b. der Unterricht in den Schulen der Stadtviertel mit einem sehr hohen türkischen und kurdischen Bevölkerungs-Anteil von den Pädagogen ein äußerst hohes Maß an Engagement. Ähnlich aufwendig gestaltet sich die Aufgabe, Motivationen und Anknüpfungspunkte für Kinder und Erwachsene aus „sozialen Brennpunkten" zu finden. Aus entwicklungs- und lernpsychologischer, aus sprach- und erziehungswissenschaftlicher Sicht ist jedenfalls ein zentrales Kriterium für die schulische Sprachförderung abzuleiten:
Die Vermittlung allgemeiner umgangssprachlicher Fähigkeiten muss die sprachlichen und kommunikativen Erfahrungen aus den Herkunftsfamilien einschließen[12] und gleichzeitig dazu beitragen, deren Begrenztheit zugunsten differenzierter sprachlicher Rollen zu überwinden.

Dies ist natürlich kein spezifisches sonderpädagogisches, sondern ein allgemeines Prinzip sprachlicher Bildung. Andererseits gehört es in der Lernbehindertenpädagogik zu den zentralen Anliegen. Die mangelnden sprachlichen Fähigkeiten und eine ungünstige schulische Prognose ihrer

---

[11] Schüler aus den Familien von Arbeits-Migranten werden von Ausnahmen abgesehen, von deutschsprachigen Lehrern unterrichtet, die die Herkunfts-Kulturen nur oberflächlich kennen. Hohe „Ausländeranteile" bewirken zum Teil schon eine Abwanderung von Kindern mit deutscher Muttersprache an Schulen mit einem geringeren Anteil. Damit wird deutlich, dass Chancen im Sinne einer „multikulturellen Erziehung" weitgehend verpasst worden sind.
[12] Erika und Winfried Kerkhoff haben in mehreren Publikationen die Bedeutung familien- und freizeitpädagogischer Angebote hervorgehoben. Z.B. in: Freizeitchancen und Freizeitlernen für behinderte Kinder und Jugendliche; Hilfen für Familien mit behinderten Mitgliedern; Freizeitgestaltung von Menschen mit Behinderung – Eine freizeitpädagogische Herausforderung,

Klientel-Gruppen hängen vor allem damit zusammen, dass die Ziele der sprachlichen Bildung in den Regel-Einrichtungen nicht oder nur unzureichend erreicht werden können.

Mit dem Schulbeginn ist die größte Chance bereits vertan: der „Königsweg" der Prävention durch eine gezielte Haus-Früherziehung[13] und durch Hilfen im Kindergarten. Begründungen, man könne Lernbehinderung nicht so frühzeitig erkennen, ignorieren die sehr häufige Kombination mit sozialen Faktoren, die durchaus frühzeitig feststellbar wären. Das Angebot öffentlicher gesundheitlicher und sozialer Unterstützung ist in den letzten Jahren in Deutschland eher geringer als größer geworden[14], Headstart-Programme sind zwar diskutiert und kritisiert aber nicht in einem nennenswerten Umfang aufgenommen und weiterentwickelt worden. Selbst wenn dies gelänge, wäre „nur" eine Reduzierung der vor allem durch ungünstige soziale Verhältnisse verursachten Lernbehinderungen möglich. Wie bereits erwähnt sind unabhängig davon Lernbehinderungen auf der Basis einer Intelligenzminderung und anderer – zumeist gering- bis mittelgradig ausgeprägter Sinneschädigungen, motorischer Beeinträchtigungen, Teilleistungsstörungen in allen Altersgruppen – und in allen Bildungseinrichtungen – zu beobachten.

Im Hinblick auf den objektivierbaren Grad der verursachenden Schädigungen bei Kindern im Schulalter, die hierzulande als lernbehindert bezeichnet werden, erscheint es ebenso wie bei den Kindern, die als sprachbehindert oder verhaltensgestört gelten[15], geradezu als paradox, dass bisher die Fördermöglichkeiten an Primar- und Sekundarschulen

---

[13] Noch vor der allgemeinen Früherziehungs-Bewegung war die u.a. auf A. und E. Ewing zurückgehende Hausspracherziehung gehörloser und schwerhöriger Kinder entwickelt und in Deutschland vor allem durch A. Löwe durchgesetzt und verbreitet worden. Die Prinzipien dieses Konzepts, das die Einübung und Beratung der Eltern in die gezielte sprachliche Förderung ihres Kindes innerhalb der familiären Abläufe zum Ziel hat, können als Modell einer sprachlichen Früherziehung für Kinder mit anderen Behinderungen und Risiken aufgefasst werden.

[14] So haben zum Beispiel einige Kommunen in NRW nach 1980 die „Sprachheilbeauftragten" abgebaut. In der Folgezeit nahm die Zahl der Schüler mit Sprachbehinderungen erheblich zu, die über die Grundschulzeit hinaus sonderpädagogisch betreut werden müssen.

[15] Faktisch handelt es sich nicht um alle Kinder mit der jeweiligen Behinderung, sondern um solche, bei denen Schulschwierigkeiten hinzukommen.

tatsächlich nicht ausreichen. Die Forderung nach „italienischen Verhält-nissen"[16] d.h. nach einer „Abschaffung der Sonderschulen" kann aber offensichtlich nicht ohne Weiteres erfüllt werden. Es gibt sehr hetero-gene Gründe, die dies verhindern. Vordergründig sind es „die Sonder-pädagogen", denen – zum größten Teil zu Unrecht – vorgeworfen wird, sie verhinderten ein gemeinsames Lernen mit Nicht-Behinderten. Dabei fehlt es keineswegs an Erfahrungen mit einer Verankerung son-derpädagogischer Angebote in schulischen Regeleinrichtungen. In der Regel führen entsprechende Schulversuche zu einer erheblichen An-hebung des pädagogischen Niveaus, die vor allem auch Nicht-Behinderten zugute kommt. Vergleicht man allerdings die Qualität der Förder-Angebote der entsprechend ausgestatteten, z.T. wissenschaft-lich begleiteten Projekte[17] mit jüngeren Lösungs-Ansätzen[18], die eine Zurückführung der hohen Zahl von Sonderschulen zum Ziel haben, wird deutlich, weshalb aus der Perspektive der bisherigen Sonderein-richtungen eine konstruktiv-skeptische Einstellung geboten ist: eine einfache Zuordnung knapp bemessener sonderpädagogischer Hilfen, die nicht mit erheblichen Veränderungen des „Systems Schule" ver-bunden sind, bewirkt für die Betroffenen unter Umständen keine bes-sere Betreuung sondern lediglich eine Verlagerung ihrer Ausgrenzungs-Erfahrungen aus einer relativ geschützten Sondereinrichtung in die rau-here Wirklichkeit der Regelschulen. Damit soll keineswegs einer Absa-ge an das Ziel der schulischen Integration das Wort geredet werden. Im Gegenteil: die für eine Einbeziehung der Klientel-Gruppen mit Lernbehinderungen notwendigen Veränderungen könnten einen er-heblichen Beitrag zur Verbesserung des gesamten Schulsystems leisten.

---

[16] In Anlehnung an einen Buchtitel von Jutta Schöler.
[17] Unter dem Stichwort Integration und Lernbehinderung fasst Winfried Kerkhoff in der Enzy-klopädie (a.a.O.) die positiven Erfahrungen, Argumente und Arbeitsformen für eine schulischen Integration zusammen, verweist aber auch auf die Hinderungsgründe.
[18] Die derzeitige personelle Ausstattung und Organisationsformen des Gemeinsamen Unter-richts (GU) und der Förderschulen (Zusammenfassung von Kindern mit Lern- und Sprachbe-hinderungen sowie mit Verhaltensstörungen) in Nordrhein-Westfalen können zum Beispiel kaum als ausreichend bezeichnet werden.

Bezogen auf den sprachlichen Bereich lässt sich ein allgemeines Qualitäts-Kriterium für Bildungsinstitutionen ableiten:

Das Angebot einer an die individuellen Erfordernisse angepasste Sprachförderung, ein modifizierter Sprachunterricht sowie die im Bedarfsfall notwendige Sprachdiagnostik und –therapie gehören zu den sinnvollsten Kriterien für die Ermittlung der Leistungsfähigkeit einer Bildungseinrichtung – gleich ob sie als Sonder- oder als Regeleinrichtung firmiert.

Der Ermittlung des konkreten Bedarfs sprachlicher Förderung [19] und die Entscheidung, ob zusätzlich eine sprachtherapeutische Versorgung angeboten werden muss, gehören zu den wichtigsten Aufgaben der schulischen Eingangs- und Verlaufsdiagnostik. Im Falle einer Lernbehinderung ergeben sich sehr unterschiedliche individuelle Zielsetzungen, bei denen grob zwischen zwei Bereichen unterschieden werden kann: einerseits geht es um die Ermittlung organischer und funktioneller Abweichungen, andererseits um die Erhebung relevanter sozialer Faktoren. Jeder der beiden Bereiche kann die Lernbehinderung verursacht haben, vielfach ist das individuelle Erscheinungsbild durch Interdependenzen zwischen diesen Faktoren-Bündeln geprägt.

3. Passen Sprachdiagnostik und Sprachtherapie in schulische Einrichtungen?

Weil Sprachtherapie zu den Leistungen der Krankenversorgung gehört, wird sie zum Teil als eine „Interventionsform" [20] gesehen, die nicht mit den Arbeitsformen und Zielen pädagogischer Tätigkeiten zu vereinbaren sei. Andererseits ergibt eine Analyse des Geschehens eine Reihe von Affinitäten, z.B. dass die Initiierung und Steuerung von Lernprozes-

---

[19] Als Komponente des „sonderpädagogischen Förderbedarfs". Bei der Übersetzung aus dem amerikanischen ist aus den special needs eine eher bürokratisch klingende Bezeichnung geworden.

[20] Die in manchen Ohren etwas martialisch klingende Bezeichnung verdeutlicht vor allem die Merkmale einer gezielten und zeitlich begrenzten Maßnahme.

sen in beiden Bereichen zu den Konstituenten gehört[21]. Bei einer näheren Betrachtung werden sehr unterschiedliche Arbeitsbereiche und Akzentuierungen der Sprachtherapie sichtbar. Dies wiederum veranlasste mehrere Autoren, zwischen einer medizinischen und einer pädagogischen Sprachtherapie zu unterscheiden. Die auf der nächsten Seite grob unterteilten Struktur- und Funktionsbereiche, können bei Sprachstörungen, die im Zusammenhang mit einer Lernbehinderung stehen, in den unterschiedlichsten Kombinationen betroffen sein. Was dabei zunächst den Anschein erweckt, als handle es sich um eine isolierte, nur medizinisch zu betrachtende Störung, ist bei genauer Analyse pädagogisch relevant und umgekehrt. Dazu einige Beispiele:

• Eine mundmotorische Übungsbehandlung [22], die zunächst aus kieferorthopädischen oder anderen medizinischen Gründen verordnet und durchgeführt wird, trägt vielfach in einem erheblichen Maße dazu bei, dass kommunikative Abweichungen und soziale Zuschreibungsprozesse korrigiert werden können.

• Die logopädische Behandlung von Abweichungen bei der Lautbildung und der Grammatikverwendung, die vorwiegend korrektive Ziele verfolgt, erweist sich als eine wirksame Unterstützung des Schriftsprach- und Orthographie-Erwerbs.

• In der Arbeit mit Kindern, bei denen eine Sprachentwicklungsstörung diagnostiziert wurde, ergibt sich aus Beobachtungen, dass Abklärungen z.B. auditiver Fähigkeiten sowie von Aufmerksamkeits-, Konzentrations- und Gedächtnisleistungen veranlasst und einbezogen werden.

Aus der Kenntnis solcher Zusammenhänge können Ansätze für die Analyse von Lernstörungen sowie für die Planung des Unterrichts- und der Förderung gewonnen werden. Dies spricht für eine Mitarbeit von Logopäden und Sprachtherapeuten in den Kollegien von Sonder- und von Regelschulen. Dabei ist davon auszugehen, dass nicht jede Schule die Sprachtherapie selbst anbieten kann, und dass eine einzige Sprachtherapeutin nicht alle Behandlungsbereiche kompetent vertreten kann. Deshalb gehört zu den Kriterien einer umfassenden schulischen Versorgung von Kindern mit einer Behinderung vor allem auch die Zusammenarbeit mit umliegenden Kliniken und Praxen.

---

[21] Vgl. S. Solarová, Therapie und Erziehung im Aufgabenfeld des Sonderpädagogen. Sonderpädagogik 2/71, S. 49-58. 1973
[22] Literatur: Wolfgang Bigenzahn, Orofaziale Dysfunktionen im Kindesalter, Stuttgart 1995.

Abgewandelt kann auch gefragt werden, wie sich Sonder- und Regelschulen verändern müssen, damit eine Kooperation mit benachbarten
klinischen Einrichtungen selbstverständlicher wird. Was in schulischen
Sondereinrichtungen an solchen Bezügen schon vorhanden ist, müsste
ausgebaut und auf Regelschulen übertragen werden. Die Frage nach
Hintergründen von Lernleistungen und das Angebot intensiver Hilfen
trüge in einem erheblichen Maße dazu bei, bei den Eltern die Akzeptanz der sonderpädagogischen Förderung zu erhöhen. Entsprechende
attraktive Angebote in Regeleinrichtungen könnten dazu beitragen,
vermeidbare Aufwendungen z.B. des Schülertransports zu reduzieren,
andererseits den verbleibenden Sonderschulen anstelle des abschrek-
kenden Rufs von Aussonderungseinrichtungen, die Attribute besonders
leistungsfähiger Zentren für eine pädagogische und therapeutischer
Betreuung vermitteln.

Zusammengefasst kann gesagt werden, dass die Einbeziehung der
Sprachtherapie bzw. die Kooperation mit Kliniken und Praxen in allen
schulischen Einrichtungen zu einem Prozess des Umdenkens und der
Erneuerung beitragen würde. Solche Erkenntnisse sind keinesfalls neu.
Dass sie sich nur mühsam in die Tat umsetzen lassen, geht darauf zurück, dass es sich bei den Einrichtungen des Schul- und Rehabilitati-
onswesens nicht um einen wertfreien Raum handelt. Vielmehr spiegelt
sich in ihnen die gesellschaftliche Entwicklung. Ausgesprochene und
unbewusste (z.B. die „geheimen Erziehungsziele") Normen- und Zielvorstellungen in den Institutionen des Gesundheits-, des Bildungs- und
des Sozialwesens können unter Umständen zu gravierenden Anpas-
sungsproblemen sowohl für „sozial Schwache" als auch für Angehörige
ethnischer und sozialer Minderheiten („Randgruppen", z.B. Kinder von
Arbeitsmigranten) führen. Es wäre nicht gerechtfertigt, die Institutionen
allein für die Benachteiligung von Minderheiten verantwortlich zu machen. Sie sind oft materiell und personell nicht entsprechend ausge-
stattet - überdies spiegeln sie als Teil des Gemeinwesens die gesellschaftlichen Gesamtverhältnisse wider.

In weiten Bereichen der sonderpädagogischen Diskussion wird heute anstelle einer „Defizit-" eine „Recourcen-Orientierung" propagiert. Für die Sprachförderung, den Sprachunterricht und die Sprachtherapie bildet dies gleichermaßen eine Grundlage für die Anerkennung und die Einbeziehung bereits vorhandener kommunikativer Fähigkeiten und Erfahrungen. Allerdings wäre es völlig verantwortungslos, Sprachstörungen und –behinderungen[23] gänzlich zu ignorieren. „Pathologisierende" Bezeichnungen sollten in der Tat nur dann verwendet werden, wenn dafür autorisierte Fachleute die entsprechenden Befunde in einem nachvollziehbaren diagnostischen Prozess erhoben haben und gezielte sprachtherapeutische Hilfen anbieten können. Dass eine individuelle Sprachtherapie dann nicht zur Aussonderung führt, sondern zur Rehabilitation und zur sozialen Integration beiträgt, ist sowohl eine positive Erfahrung als auch ein Prüfstein.

---

[23] „Störung" weist ebenso wie „Schädigung" auf pathologische ... Verursachungen und Zusammenhänge hin. In den Verlautbarungen wissenschaftlicher und internationaler Organisationen wie z.B. der Weltgesundheitsorganisation (WHO) beinhaltet der Begriff Krankheit die körperlichen, psychischen und geistigen Zustände, die als Störungen bzw. abnormale Veränderungen empfunden werden. Bei Sprachstörungen kann eine Einordnung im Bereich der gesundheitlichen Störungen (englisch disorders) im einen Falle z.B. hinsichtlich der Finanzierung und einer positiven sozialen Bewertung der Sprachtherapie vorteilhaft sein, im anderen Falle z.B. auch bei einer relativ geringfügigen sprechmotorischen Abweichung durch die Assoziation mit „Krankheit" zu völlig unangemessenen Ausgrenzungen und Benachteiligungen führen. Empfehlenswert ist demgemäß eine sparsame Verwendung der Bezeichnung „sprachgestört".... Die Feststellung einer „Sprachstörung" setzt vor allem einen nachvollziehbaren Vorgang im Sinne einer „Sprachdiagnose" voraus.... Als „sprachbehindert" sind Menschen dann zu bezeichnen, wenn sie aufgrund sprachlicher Abweichungen dauernd daran gehindert sind, sich im sozialen Leben angemessen zu entfalten. Wenn noch keine nachvollziehbaren Abklärungen durch entsprechende Fachleute (Fachärzte für Phoniatrie, HNO-Mediziner, Logopäden/Sprachtherapeuten, Lehrer mit entsprechender Fakultas - in NRW: „Sondererziehung und Rehabilitation der Sprachbehinderten") stattgefunden haben, empfiehlt es sich zunächst, von sprachlichen Auffälligkeiten zu sprechen. (aus G. Dupuis, Skript zur Vorlesung Systematik der Sprachstörungen und –behinderungen aus erziehungs- und sprachwissenschaftlicher Sicht.)

Tab. I: Therapeutische Aufgaben und Ziele der Logopädie / Sprachbehindertenpädagogik[24]

Funktionsbereiche, Strukturen und Funktionen sprachlichen Verhaltens	Therapeutische Aufgaben bzw. Zielsetzungen
Grundfunktionen • der **Atmung** • der **Stimmgebung** • der **Artikulation** • u. a. für kommunikatives Verhalten nutzbare **motorische Bereiche** **Wahrnehmungsleistungen** • im **auditiven Bereich** • im **visuellen Bereich** • u. a. für kommunikatives Verhalten nutzbare **sensorische Bereiche**	- **Erhalt bzw. Wiedergewinn** von Funktionen - **Korrektur von Fehlfunktionen** - **Prävention** vermeidbarer Folgewirkungen - **Kompensation** von Funktionsausfällen - **Funktions- und Übungstherapie** (Gehör, Atmung, Stimme, Artikulation, ggf. Tastsinn, Kinästhesie, intersensorielle Verflechtungen, Gestik, Mimik, Grobmotorik)
• **Aufmerksamkeit** • **Gedächtnis** • **Konzentration** • **affektive Voraussetzungen**	- **Erhöhung der Aufmerksamkeit** für akustische und optische Anteile kommunikativer Abläufe - **Steigerung der Konzentrations- und Gedächtnisleistungen** durch ein spezifisches individuelles Training - **angemessene Sprechdispositionen**, Bereitschaft zum Erwerb kompensatorischer Fähigkeiten - **Abbau von Verspannungen und Bewältigung fehlender oder übermäßiger Aktivität** (z.B. Formen des Entspannungstrainings)
Expressive Fähigkeiten und Perzeption: • **Phonematischer** • **grammatischer** • **semantischer Strukturen** Realisierung der **Redeintonation** • **Sprechrhythmus** (dynamischer Akzent) • **Sprechmelodie** (Stimmführung) Paralinguistische Funktionen der **Gestik und Mimik** sowie **anderer Bereiche der Motorik und entsprechender Perzeptionsleistungen**	- **Hörtraining, Artikulationsübungen** und **Sprechkorrektur** - **Aufbau, Erhalt, Wiedergewinn grammatischer Fähigkeiten, Begriffsbildung** - Einübung **dynamisch und melodisch akzentuierter Redeabläufe** - Einübung von **Sprechhilfen** - Einübung **kompensatorischer** Fähigkeiten z.B. Absehen der Sprechbewegungen vom Munde, Verwendung von Manualsystemen (analog: Gebärden; digital: Fingeralphabet), - **Transkodierungsübungen**, Einübung des Gebrauchs technischer **Kommunikationshilfen**
Pragmatische Funktionen (des Erwerbs sprachlicher Kompetenz und des Sprachgebrauchs)	z.B. Aufbau und Erweiterung der **sprachlichen Anteile sozialer Interaktionen**
Emotionale und affektive Aspekte	z.B. **Abbau von Sprechangst** in bestimmten Anforderungssituationen
Kognitive Sprachfunktionen	z.B. Gestaltung **sprachlicher Anteile von Lernprozessen**
Soziale Sprachfunktionen	sprachliche Rollen, **Substitution elementarer Verhaltensweisen durch sprachliche Mittel**

---

[24] Aus G. Dupuis, Sprachrehabilitation Erwachsener 1989. S. 197f.; verändert 1995.

4. Aufgaben und Organisationsformen der logopädischen Prävention und Behandlung

Die Gegenstände und Adressatengruppen der Sprachbehindertenpädagogik / Logopädie[25] umfassen ein großes Spektrum an Aufgaben der Aufklärung und Beratung, der Hausspracherziehung, der Übungs- und Funktionstherapie (-training), der Einübung von Sprechtechniken und „kommunikativen Strategien", des Sprachaufbaus, der Sprachaktivierung und des Kommunikationstrainings und schließen spezielle Applikationen psychotherapeutischer Verfahren, spezifische Unterrichtsmodifikation und spezielle Unterrichtsformen (z.B. Artikulationsunterricht für Schwerhörige), spezifische Maßnahmen im Zusammenhang mit der beruflichen Qualifikation (Einübung im Umgang mit speziellen Hilfsmitteln, z.B. im Falle einer Anarthrie d.h. bei einem Ausfall der Sprechmotorik mit einer synthetischen Sprachausgabe und einer elektronischen Sprachverarbeitung an einem Büroarbeitsplatz) sowie adaptierte Bildungsangebote ein. Adressaten sind „Behinderte und von Behinderung bedrohte Menschen", Langzeitkranke, Mehrfachbehinderte, Schwer- und Schwerstbehinderte. Die altersmäßigen Zuordnungen reichen vom Frühbereich, über das Vorschul- und Einschulungs-, das Schul-, das Jugendlichen- und Erwachsenenalter bis zu den alten und hochbetagten Menschen.
Die Tätigkeiten werden in Beratungsstellen, sprachtherapeutischen und logopädischen Praxen, im Rahmen von vorschulischen und schulischen Einrichtungen in Kliniken (Akut-Krankenhäuser), Fachkliniken (Langzeit-Krankenhäuser), Sprachheilheimen und innerhalb sowie in Kooperation mit Sonderschulen eingebracht. Ergänzt werden diese Strukturen durch spezielle seminarische und kurative Angebote (z.B. für stotternde Erwachsene, für Stimmgestörte) und kursorische Angebote von Behindertenvereinigungen und Selbsthilfegruppen (z.B. die sog. Absehkurse des Dt. Schwerhörigenbundes).

---

[25] Die beiden Begriffe sind m.E. ebenso wie die ältere Bezeichnung „Sprachheilpädagogik" Synonyme.

Die Finanzierung der Sprachtherapie[26] gehört zu den Leistungen der Krankenversicherungen. Voraussetzung ist eine Verordnung durch einen Facharzt (für Phoniatrie, Pädaudiologe, Hals-Nasen-Ohren-Heilkunde, Pädiatrie, Neurologie o.a.). Neben Logopäden können Diplompädagogen und Sonderschullehrer mit einer entsprechenden Schwerpunktbildung unter bestimmten Voraussetzungen als Behandler zugelassen werden (derzeit unterschiedliche administrative Regelungen in den Bundesländern; Gemeinsame Empfehlungen der Spitzenverbände der gesetzlichen Krankenkassen zur einheitlichen Anwendung der Zulassungsbedingungen nach § 124 Abs. 2 und 4 des Sozialgesetzbuchs, Band V).

Stationäre und ambulante Sprachtherapie gehört darüber hinaus zu den Maßnahmen der Eingliederungshilfe für Behinderte, die im Bundessozialhilfegesetz verankert sind.

Während z.B. im Umfeld von Ausbildungseinrichtungen (Logopädenschulen, Universitätsstädte) eine ausreichende Versorgung nicht behinderter Schul- und Vorschulkinder mit einer isolierten ambulanten Sprachtherapie zu beobachten ist[27], bestehen für Klienten mit einer Behinderung und/oder einer sozialen Benachteiligung noch erhebliche Engpässe. Zu einem Teil wird die Notwendigkeit einer Sprachtherapie noch gar nicht erkannt. Zur Zeit besteht die Gefahr, dass sich diese Situation mit den Kostendämpfungs-Maßnahmen im Gesundheitsbereich noch verschärft. In der Folge kann dies z.B. bei Kindern aus sozial schwachen Verhältnissen vermehrt zu Benachteiligungsprozessen im Sinne einer Um-Interpretierung und einer Ausprägung sprachlich-kommunikativer Beeinträchtigungen in Richtung einer Minderbegabung beitragen.

Die Ergänzungsbedürftigkeit der außerschulischen Versorgung im Rahmen des Gesundheitswesens durch Strukturen im Bereich des Sozial-

---

[26] Vgl. G. Dupuis, Sprachtherapie, Stichwort im Fachlexikon der Sozialen Arbeit 1977

[27] Eine Überversorgung von Schul- und Vorschulkindern aus der Mittel- und Oberschicht, die auf Drängen der Eltern eine isolierte, ärztlich verordnete Sprachtherapie erhalten, gehört zu den Ausnahmeerscheinungen und sollte nicht generalisiert werden. Behauptungen, es gäbe bereits zu viele Behandler, steht entgegen, dass es in zahlreichen Praxen und Kliniken Wartelisten gibt.

wesens ist frühzeitig erkannt worden. In Nordrhein-Westfalen existierte bis zum Beginn der achtziger Jahre eine „flächendeckende" kommunale Struktur von „Sprachheilbeauftragten". Im Auftrag der Gesundheits- und Sozialämter versorgten nebenberuflich tätige Sonderschullehrer Kinder, die in vorschulischen und schulischen Einrichtungen bei amtsärztlichen Untersuchungen als behandlungsbedürftig erkannt wurden. In vielen Kommunen sind diese Leistungen nach Inkrafttreten des Logopädengesetzes (1980) unter Verweis auf die Zuständigkeit der Krankenkassen z.T. stark eingeschränkt bzw. abgeschafft worden. Vieles deutet darauf hin, dass der Anstieg der Schülerzahlen der Schulen für Sprachbehinderte und der weiterhin im internationalen Vergleich sehr hohe Stand von Schülern an Schulen für Lernbehinderte damit nicht nur in einem zeitlichen Zusammenhang steht. Bei Kindern, die eine Sondereinrichtung besuchen, geht der Kostenträger Krankenkasse davon aus, dass dort auch die sprachtherapeutische Versorgung erfolgt und stimmt nur in Ausnahmefällen einer zusätzlichen ambulanten Versorgung in einer logopädischen oder sprachtherapeutischen Praxis zu. Eingeweihte wissen allerdings, dass eine ausreichende sprachtherapeutische Betreuung derzeit selbst in Schulen für Sprachbehinderte nur begrenzt möglich ist. Hier besteht nicht nur in NRW ein dringender Handlungsbedarf, der sich zu einer Forderung komprimieren lässt:

Die noch vorhandenen kommunalen Strukturen im Sinne der früheren „Sprachheilfürsorge" sollten reformiert und erhalten werden. Unter der Voraussetzung, dass sie von hauptamtlich tätigen, qualifizierten Logopäden und Sprachtherapeuten[28] weiterentwickelt und Schwerpunkte vor allem im Frühbereich, bei Behinderungen und bei sozialen Benachteiligungen gesetzt werden, kann damit ein aktiver Beitrag zur Prävention von Sprach- und Lernbehinderungen geleistet werden.

---

[28] Wie in anderen Arbeitsbereichen ist für Logopäden und Sprachtherapeuten eine fortlaufende Aktualisierung und Ergänzung der Ausbildungsinhalte sowie eine berufliche Fortbildung im Sinne einer Qualitäts-Sicherung notwendig (Ausbildungsstätten, Berufsverbände). Eine Organisationsform mit nebenamtlich Tätigen, wie sie vor mehreren Jahrzehnten entstanden war, kann den heutigen Anforderungen nicht mehr entsprechen.

Eine für die freiberuflich tätigen Logopäden und Sprachtherapeuten ruinösen Konkurrenz ist nicht zu befürchten, weil die genannte Klientel bisher kaum rechtzeitige sprachtherapeutische Hilfen erhält und ein großer Teil der Finanzierung nicht aus dem Bereich der Krankenversorgung erfolgt. Für ein Engagement der örtlichen und überörtlichen Träger der Sozialhilfe auf diesem Gebiet kann neben der präventiven Wirkung auch das ökonomische Hilfsargument angeführt werden, dass damit die zum Teil hohen Kosten gemindert werden können, die durch zu spät erkannte Lern- und Sprachbehinderungen an anderer Stelle entstehen.

5. Logopäden und Sprachtherapeuten in schulischen und berufsbildenden Einrichtungen

Zur Zeit besteht das pädagogische Personal an den meisten Schulen überwiegend aus Lehrern , selbst an Sonderschulen gibt es selten andere Berufsgruppen wie z.B. Sozialpädagogen und Therapeuten. Veränderungen dieser Personalstruktur wären eine Voraussetzung, um die unterschiedlichen professionellen Rollen bei den Unterrichtsaufgaben, Therapieangeboten und sozialpädagogischen Hilfen besser ausarbeiten zu können. Ziel kann nicht das heilpädagogische „Universalgenie" eines umfassend weitergebildeten Lehrers mit mehreren therapeutischen Kompetenzen und sozialpädagogischem Engagement sein, sondern eine klare Profilbildung mit einer eindeutigen Spezialisierung bei einer gleichzeitigen breiten pädagogischen und sonderpädagogischen Basisqualifikation. Kooperationsfähigkeit in einem sonderpädagogischen Team setzt neben Kenntnissen in den benachbarten Arbeitsgebieten auch persönliche Qualitäten voraus. Es geht um die Fähigkeit, spezifische Beiträge und Lösungswege in eine umfassende Rehabilitationsplanung für einzelne Schüler mit komplexen Behinderungssyndromen einzubringen. Dazu ist ein Bewußtsein der beruflichen Rollen erforderlich, die Fähigkeit, eigene Tätigkeiten transparent zu machen, Tätigkeiten anderer zu verstehen und einzuordnen. Solche Tugenden müssen erarbeitet werden, vielfach scheitern die besten Absichten schon auf der Ebene der äußeren Bedingungen wie z.B. an den unterschiedlichen Arbeitszeit-Regelungen und Bezahlungen.

Abb. I: Alles unter einem Dach, Unterscheidung und Wechselwirkungen

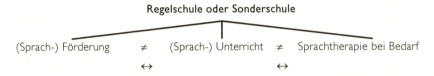

Regelschule oder Sonderschule

(Sprach-) Förderung   ≠   (Sprach-) Unterricht   ≠   Sprachtherapie bei Bedarf
                    ↔   ↔

Zusammen mit musischen und kreativen Angeboten gehört die Tätigkeit von Logopäden und Sprachtherapeuten ohne Zweifel zu den für den Bildungsprozess wirksamsten und gleichzeitig attraktivsten Bausteinen, die eine Schule Kindern mit einer Behinderung anbieten kann. Damit dies gelingt, sind weitere Voraussetzungen notwendig:

- Um ein zusammenhangsloses Neben- und Gegeneinander der fachlichen Kompetenzen zu vermeiden und Chancen einer Wechselwirkung (Modewort: Synergie-Effekte) zu nutzen zu können, sind externe Supervisionsangebote hilfreich.

- Management-Fähigkeiten gehören zu den Schlüsselqualifikationen, die bei der Verbesserung der Praxis und bei der Entwicklung eines Schul-Profils eine Rolle spielen.

Eine schulische Einbindung der Sprachtherapie – alles unter einem Dach – bietet dann gegenüber einer externen Versorgung den Vorteil, dass die unterschiedlichen Förderangebote und Arbeitsformen wesentlich stärker aufeinander bezogen werden können[29]. Im Bedarfsfall können die Prioritäten zwischen einer grundlegenden therapeutischen Förderung und unterrichtlichen Lernzielen flexibler und individueller aufeinander abgestimmt werden.

---

[29] Die vielfach geäußerte Behauptung, differenzierte schulische Organisationsformen seien unpädagogisch und das „Klassenlehrer-Prinzip" besser geeignet, ist m.E. eine grobe Vereinfachung. Vielfalt und Transparenz der Förder-Angebote sowie kindgemäße persönliche Bezüge brauchen sich nicht auszuschließen.

Weitaus schwieriger als in den schulischen Einrichtungen gestaltet sich vielfach die Situation von Jugendlichen und Erwachsenen mit Lernbehinderungen in berufsbildenden Einrichtungen. Auch wenn zusätzliche sonderpädagogische und therapeutische Hilfen angeboten werden können, scheitert manche Initiative am fehlenden sonderpädagogisch qualifizierten Personal bzw. am fehlenden Verständnis unvollständig qualifizierter Ausbilder. Wie bei den schulischen Einrichtungen kann auch hier eine Zusammenarbeit mit Logopäden und Sprachtherapeuten und in großen Einrichtungen ihre Einbeziehung zu einer Steigerung der Leistungsfähigkeit und Akzeptanz der Institutionen beitragen.

6. Argumente und Arbeitsformen für die sprachtherapeutische Arbeit mit Jugendlichen

Die starke Betonung der Notwendigkeit möglichst frühzeitiger Hilfen erweckt zuweilen den Eindruck, dass gezielte Interventionen wie die Sprachtherapie in späteren Lebensphasen weniger sinnvoll sind. Dies verstellt auch bei Jugendlichen mit einer Lernbehinderung den Blick auf die Dynamik menschlicher Biographien und auf die Chancen, die in sprachtherapeutisch intendierten Veränderungen des sprachlich-kommunikativen Verhaltens stecken können.

Dazu ein Beispiel:
Auf Initiative eines Psychologen waren in einer Berufsbildungseinrichtung mit Internat für Jugendliche mit einer Lernbehinderung mehrere Auszubildende mit Sprachstörungen als vermutlich behandlungsbedürftig ausgewählt worden. Besonders auffällig erschien dabei ein fast zwanzigjähriger junger Mann, der dem theoretischen Unterricht nicht folgen konnte, im übrigen aber nach Mitteilung der Ausbilder an der praktischen Schulung mit Erfolg teilnahm. Schriftsprachliche Fähigkeiten waren nur rudimentär vorhanden, der lautsprachliche Ausdruck in allen Strukturbereichen stark auffällig (Poltern/Stottern, starke Artikulationsstörungen, Dysgrammatismus, semantische Störungen). Da er auf ver-

bale Aufforderungen der Lehrpersonen freundlich reagierte, war das auch gegenüber Gleichaltrigen äußerst zurückgezogene Verhalten über eine lange Zeit hinweg nicht ernst genommen worden. Nachdem die ärztliche Ordination einer sprachtherapeutischen Behandlung (unter Hinweis auf den Debilitätsgrad des Patienten) erfolgt war, ergab die Anamnese, dass der aus einem abgelegenen Ort im Westerwald stammende Klient im Grundschulalter wegen seiner Redestörung bereits einmal sprachtherapeutisch behandelt worden war. Nach dem Tode seiner Eltern führten die vorher schon ausgeprägten Schulschwierigkeiten zu einer – vermutlich verspäteten – sonderpädagogischen Überprüfung und Einweisung in eine Sonderschule für Lernbehinderte, in der er seine Schulpflicht ableistete ohne einen Abschluss erreichen zu können. Die ersten Jahre nach der Schulzeit verbrachte er als Hilfsarbeiter in einem kleinen Bauunternehmen. Nach der Schließung des Betriebs wurde er arbeitslos.

Den Schwerpunkt der Sprachtherapie, die im Sprachtherapeutischen Ambulatorium der Universität Dortmund[30] stattfand, bildete die gezielte Vermittlung einfacher Sprechtechniken und ein intensives Kommunikationstraining. Außerhalb der sprachtherapeutischen Behandlung gelang es – parallel dazu – innerhalb der Einrichtung eine Gruppe mit anderen Jugendlichen zu initiieren, die sich nach dem Vorbild der Stotterer-Selbsthilfegruppen regelmäßig zu Gesprächsrunden und gemeinsamen Unternehmungen verabredete. Die Zielsetzungen dieser Aktivitäten, die bei dem Patienten relativ schnell zu einer deutlich höheren Rate verbalen Verhaltens führten, wurden den Lehrern und Ausbildern mitgeteilt. Bei Beendigung der Sprachtherapie (nach 20 Sitzungen) wurden allen Beteiligten Kriterien und Informationen zu den Schritten vermittelt, die im Falle eines erneuten Nachlassens sprachlicher und kommunikativer Fähigkeiten einzuhalten sind. Zu diesem

---

[30] Die Arbeitsweise wird beschrieben in: Gregor Dupuis, Nitza Katz-Bernstein und Katja Subellok, Das Sprachtherapeutische Ambulatorium der Universität Dortmund, Sprachheilarbeit, 1/97.

Zeitpunkt war bereits absehbar, dass die Ausbildung mit Erfolg abgeschlossen werden konnte.

Bei solchen oder ähnlichen Abläufen, bei denen vordergründig nur ein kleiner Spielraum für kommunikative Veränderungen vorhanden ist, kann eine zeitlich begrenzte und gezielte Sprachtherapie unter bestimmten Voraussetzungen eine weitaus größere Wirkung entfalten, als dies die direkten Behandlungsziele erwarten lassen. Wie im Falle einer Behandlung im Kindesalter genießt die Sprachtherapie in der Regel ein relativ hohes Ansehen – sie gilt gewissermaßen als ein Privileg. Diese vergleichsweise günstige Ausgangslage bricht aber in sich zusammen, wenn keine faktischen Verbesserungen erreicht werden. Die folgenden Faktoren und Kriterien erweisen sich in der Praxis für eine erfolgreiche Sprachtherapie als besonders wirksam:

- Eindeutige und überschaubare Therapie-Ziele sowie eine relativ enge zeitliche Begrenzung, die gemeinsam vereinbart werden.

- Vermittlung von Beobachtungskriterien für kommunikative Veränderungen unter Einbeziehung der wichtigsten Personen aus dem sozialen Umfeld.

- Klare Kriterien für die Aufnahme, den Abbruch und die Wiederaufnahme der Sprachtherapie .

- Transparenz der Therapie-Planung gegenüber anderen Rehabilitationsangeboten und ergänzende Initiativen zur Aktivierung der Eigenverantwortung der Betroffenen.

Der Spielraum für die Einbeziehung von Familienangehörigen und eine Verzahnung mit anderen Rehabilitations-Angeboten ist bei den freiberuflich sprachtherapeutisch Tätigen zeitlich meist enger begrenzt als bei den Angestellten. Auch hier ist daher eine Ergänzung durch Aktivitäten der kommunalen Gesundheits- und Sozialämter sowie überörtliche Sozialhilfeträger sinnvoll und notwendig („Sprachheilbeauftragte" s.o.).
Bei den Kostenträgern sind sprachtherapeutische Angebote oftmals leichter zu begründen, wenn die Herstellung oder der Wiedergewinn der beruflichen Leistungsfähigkeit ins Feld geführt werden kann. Zur Zeit wird allerdings vor allem die notwendige Begrenzung therapeuti-

scher Maßnahmen diskutiert – besonders intensiv auf dem Gebiet der Krankenversorgung. Dabei sollte bedacht werden, dass Jugendliche und Erwachsene mit einer Lernbehinderung zu den Klientel-Gruppen gehören, für die die Sprachtherapie bei einer Herausnahme aus den Leistungskatalogen mit hoher Wahrscheinlichkeit nur noch in Ausnahmefällen finanzierbar wäre. Auch ohne idealistische Postulate zu bemühen, gibt es Argumentations-Zusammenhänge, die für eine Beibehaltung der Leistungen und Qualitäts-Verbesserungen sprechen. Dazu gehören Argumente wie:

• Sprachtherapie kann dazu beitragen, die Auswirkungen von Behinderungen zu mildern und die Ausprägung von Folgebehinderungen zu verhindern.

• Sprachtherapie erhöht bei kommunikativen Beeinträchtigungen die „Lebensqualität"[31] oder bewirkt zumindest indirekt, dass die Betroffenen autonomer bleiben, Hilfen und die Leistungen des „sozialen Netzes" seltener in Anspruch nehmen.

Unter anderem können rechtzeitige rehabilitative Hilfen dazu beitragen, bei Jugendlichen und Erwachsenen mit einer Behinderung die proportional höhere Arbeitslosigkeit zu mindern. Nach dem Erwerbsleben geht es um die Vermeidung und Abmilderung einer Unterstützungs- und Pflegebedürftigkeit. Am Beispiel der Menschen mit Lernbehinderungen wird die häufig zu beobachtende Verflechtung von Schädigungen und Störungen mit Faktoren einer sozialen Benachteiligung zu komplexen Behinderungs-Syndromen sichtbar. Solche Interdependenzen sind auch bei anderen Behinderungen zu beobachten. Sprachtherapie wiederum kann als Beispiel für ein gezieltes Rehabilitations-Angebot gelten, das einerseits an den speziellen individuellen Problemen ansetzt und andererseits der sozialen Integration dient.

Die Anforderungen an die innerhalb von schulischen und berufsbildenden Einrichtungen sprachtherapeutisch Tätigen sind nicht geringer als in der klinischen oder ambulanten Versorgung. Damit die Vorteile eines

---

[31] Am. „Quality of life". Neben ökologischen wurden auch Bildungs- und Ausbildungschancen als Indikatoren für „Lebensqualität" betrachtet (Stichwort von Ingeborg Altstädt in der Enzyklopädie, a.a.O.).

Angebots sprachtherapeutischer Hilfen innerhalb von Bildungseinrichtungen für Menschen mit einem „Handicap" genutzt werden können, müssen prototypische Konzepte einer Einbeziehung von Behinderungs-Aspekten sowie einer Verzahnung mit Bildungsprozessen entwickelt und in die individuelle Gestaltung der Sprachtherapie eingebunden werden.

Literatur

Altstaedt, I.: Lebensqualität. In: Dupuis, G. und Kerkhoff, W. (Hg.): Enzyklopädie der Sonderpädagogik, der Heilpädagogik und ihrer Nachbargebiete. Berlin (Spiess; Ed. Marhold) 1992

Bigenzahn, W.: Orofaziale Dysfunktionen im Kindesalter. Grundlagen, Klinik, Ätiologie, Diagnostik und Therapie. Stuttgart (Thieme) 1995

Chomsky, N.: Aspekte der Syntax-Theorie. Frankfurt (stw 42) 1969

Dupuis, G., Katz-Bernstein, N. und Subellok, K.: Das Sprachtherapeutische Ambulatorium der Universität Dortmund. Sprachheilarbeit, 1997

Dupuis, G.: Skript zur Vorlesung Systematik der Sprachstörungen und –behinderungen aus erziehungs- und sprachwissenschaftlicher Sicht. Universität Dortmund

Dupuis, G.: Sprachrehabilitation Erwachsener. In: Grohnfeldt, M.(Hg.): Handbuch der Sprachtherapie Bd. 1. Berlin (Spiess, Ed. Marhold) (1989) [2]1995.

Dupuis, G.: Sprachtherapie. In: Fachlexikon der Sozialen Arbeit. Frankfurt 1997

Eggert, D.: Theorie und Praxis der psychomotorischen Förderung. Praxisband. Dortmund (borgmann publishing) 1994

Ferdinand de Saussure: Grundfragen der allgemeinen Sprachwissenschaft. 2. Auflage (Reprint der dt. Übersetzung von 1931) Berlin 1967.

Gipser. D.: Soziale Benachteiligung. In: Dupuis, G. und Kerkhoff, W. (Hg.): Enzyklopädie der Sonderpädagogik, der Heilpädagogik und ihrer Nachbargebiete. Berlin (Spiess; Ed. Marhold) 1992

Jakobson, R.: Aphasie und allgemeine Lautgesetze. Uppsala 1941

Kerkhoff, W. (Hg.): Freizeitchancen und Freizeitlernen für behinderte Kinder und Jugendliche. Berlin (Marhold) 1982.-

Kerkhoff, W. und Pflüger, L.: Hilfen für Familien mit behinderten Mitgliedern. In: M. Textor (Hg.): Hilfen für Familien. Ein Handbuch für psychosoziale Berufe. Frankfurt (Fischer-TB) 1990. –

Kerkhoff, W.: Freizeitgestaltung von Menschen mit Behinderung – Eine freizeitpädagogische Herausforderung. In: Freizeitpädagogik 15 Jg. (1993), 7 - 15

Kerkhoff, W.: Integration und Lernbehinderung. In: Dupuis, G. und Kerkhoff, W. (Hg.): Enzyklopädie der Sonderpädagogik, der Heilpädagogik und ihrer Nachbargebiete. Berlin (Spiess; Ed. Marhold) 1992

Kerkhoff, W.: Intelligenzschwäche. In: Dupuis G. und Kerkhoff, W. (Hg.): Enzyklopädie der Sonderpädagogik, der Heilpädagogik und ihrer Nachbargebiete. Berlin (Spiess, Ed. Marhold) 1992.

Kerkhoff, W.: Soziokulturelle Bedingungen. In: Dupuis, G. und Kerkhoff, W. (Hg.): Enzyklopädie der Sonderpädagogik, der Heilpädagogik und ihrer Nachbargebiete. Berlin (Spiess; Ed. Marhold) 1992

Kiphard, E. J.: Psychomotorik in Praxis und Theorie. Ausgewählte Themen der Motopädagogik und Mototherapie. Gütersloh (Flöttmann) 1989

Schöler, J.: (Hg.), Italienische Verhältnisse – insbesondere in den Schulen von Florenz. Berlin 1987.

Solarová, S.: Therapie und Erziehung im Aufgabenfeld des Sonderpädagogen. Sonderpädagogik 3. Jg. 1973. 49-58

Roswitha Romonath

Sprachdiagnostik bei Kindern mit phonologischen Störungen

Möglichkeiten und Grenzen der Prozeßanalyse[1]

1. Paradigmenwechsel in der Kennzeichnung von Aussprachestörungen

Beobachtungen, daß es manchen Kindern im Vorschul- und Grundschulalter ohne erkennbare Ursachen Schwierigkeiten bereitet, ihre Aussprache verständlich zu gestalten, haben seit Ende des 19. Jahrhunderts die Sprachpathologie beschäftigt. Begriffe wie "Stammeln", "funktionelle Dyslalie" und "Artikulationsstörungen" wurden für dieses Phänomen geprägt. Die nicht altersgemäßen lautlichen Äußerungen wurden aufgrund des damals vorherrschenden physiologisch orientierten Sprachbegriffes der mangelnden Fähigkeit zugeschrieben, Sprachlaute und Sprachlautsequenzen normgerecht zu bilden. Als zentrale Merkmale des Störungsbildes wurden Auslassungen, Ersetzungen, Vertauschungen und Fehlbildungen von Einzellauten angeführt.

Dieses traditionelle vornehmlich medizinisch geprägte Verständnis der Aussprachestörung wurde ausgehend von den USA und England unter dem Einfluß linguistischer und psycholinguistischer Theorien abgelöst und durch eine sprachwissenschaftliche Perspektive ersetzt. Sie führte zu einer Differenzierung des Störungsphänomens in ein phonetisches und ein phonologisches Störungsbild. Basale phonologische Konstrukte, wie Silben, Phoneme, distinktive Merkmale und phonologische Prozesse oder Regeln wurden nun zum integralen Bestandteil der Beschrei-

---

[1] Überarbeitete Fassung eines Vortrages gehalten anläßlich der Jahresfortbildungstagung des Deutschen Bundesverbandes für Logopädie e.V. vom 20. - 23. Mai 1998 in Augsburg

bung und Erklärung von Spracherwerbsstörungen auf der Lautebene
(Bernhardt und Stoel-Gammon 1994).
Empirische Studien zur Phänomenologie und zum Verlauf von kindlichen Aussprachestörungen (u.a. Ingram 1976, Dinnsen et. al. 1981,
Grunwell 1981, Hacker und Weiß 1986), die nun auf der Basis von
phonologischen Theorien und Methoden durchgeführt wurden,
machten deutlich, daß nicht mangelnde Fähigkeiten zur Artikulation
von Sprachlauten, sondern der Erwerb des phonologischen Systems
der Zielsprache das vordringliche Problem der betroffenen Kinder bildet. Unabhängig vom theoretischen Bezugsrahmen ließen die Untersuchungen erkennen, daß die nicht altersangemessenen Abweichungen
von den phonologischen Wörtern der jeweiligen Sprachgemeinschaft
nicht zufällig sind, sondern daß die Lautmuster der Kinder, auch wenn
sie die Kommunikation erheblich beeinträchtigen, analog zum normalen Spracherwerbsprozeß eine komplexe Systematik und Regelhaftig-
keit aufweisen. Sie entsteht durch ein fein abgestimmtes Zusammenspiel von störungsspezifischen interindividuellen Merkmalen und
kindspezifischen Variablen. Daraus ergibt sich ein umschriebenes
sprachpathologisches Störungsbild, das sich in vielfältigen qualitativen
wie auch quantitativen Parametern von den Zwischengrammatiken des
normalen phonologischen Spracherwerbs abgrenzen läßt (Leonard
1985, Leonard und McGregor 1991).

Es stellt sich nun die Frage, welche Merkmale die Unterscheidung der
Systeme von sprachentwicklungsgestörten und sprachlich unauffälligen
Kindern begründen. Inzwischen sind eine kaum überschaubare Anzahl
von Studien, insbesondere im angloamerikanischen Sprachraum, dieser
Frage nachgegangen. Dennoch erscheint es nicht unproblematisch, eine
genaue Antwort zu geben, da die Systembeschreibungen mit Rückgriff
auf phonologische Modelle vorgenommen wurden, die in ihren Zielsetzungen und Methoden erheblich differieren. Daraus resultieren nosologische Kennzeichnungen und Erklärungen von phonologischen Störungen, die kaum miteinander vergleichbar sind. In Abhängigkeit vom
jeweiligen theoretischen Rahmen werden nur spezifische Ausschnitte

des abweichenden phonologischen Systems fokussiert und die Wesensmerkmale der Störung in nicht deckungsgleichen Kategorien beschrieben. Infolgedessen lassen auch die daraus abgeleiteten Bewertungen von zugrundeliegenden phonologischen Verarbeitungsproblemen und ihre Konsequenzen für die Therapie wenig Übereinstimmung erkennen (Stoel-Gammon 1991, Schwartz 1992).

So werden im Rahmen der Prager Schule (Jakobson/Halle 1970) Untersuchungen des abweichenden phonologischen Systems unter dem Aspekt der distinktiven Merkmale, in die einzelne Phoneme zerlegbar sind, vorgenommen. Die Beschreibungen von Lautveränderungen konzentrieren sich dabei auf die Systematik von Lautersetzungen, die zur Reduktion phonemischer Oppositionen führen (u.a. Hacker und Weiß 1986).

Studien im Rahmen der Generativen Phonologie (Chomsky/Halle 1968) analysieren abweichende Lautmuster auf der Basis von phonologischen Regeln, die als eine Teilkomponente einer alle sprachlichen Strukturebenen umfassenden Transformationsgrammatik definiert sind. Von besonderem Interesse ist dabei das interne Sprachwissen eines Kindes. Nicht altersgemäße Abweichungen in der Lautproduktion werden durch Beschränkungen beim Aufbau der Wortrepräsentationen erklärt, die sich auf das Phoneminventar, die Verteilung der Phoneme im System und auf ihre Kombinierbarkeit beziehen (u.a. Dinnsen 1981 et. al., Elbert und Gierut 1986, Dinnsen und Chin 1995).

Analysen, die die "Natürliche Phonologie" von Stampe (1979) heranziehen, beschreiben die Lautabweichung bei sprachauffälligen Kindern als natürliche phonologische Prozesse, die die Begrenzung einer nicht altersgemäß entwickelten Sprechkapazität widerspiegeln (u.a. Ingram 1976, Grunwell 1981, Stoel-Gammon und Dunn 1985).

Die Theorie der natürlichen phonologischen Prozesse (NP) hat eine weite Verbreitung bei der Deskription normaler wie auch gestörter Spracherwerbsprozesse gefunden. Daher soll eine Kennzeichnung des phonologischen Störungsbildes im Rahmen dieses Ansatzes vorgenommen werden. Sie basiert sowohl auf Beobachtungen an Englisch sprechenden Kindern (Ingram 1976, Grunwell 1981, 1991, Stoel-Gammon und Dunn 1985), als auch auf einer vergleichenden Studie an sprachauffälligen und nicht sprachauffälligen Deutsch sprechenden Kindern (Romonath 1991).

Die Ergebnisse dieser Untersuchungen weisen folgende Merkmale als kennzeichnend für eine phonologische Spracherwerbsstörung aus:

- Das Phoneminventar und die Verteilung der Phoneme im System, d.h. in an-, in- und aus-lautender Silbenposition, sind eingeschränkt.

- Spracherwerbstypische phonologische Prozesse, die auch bei einer normal verlaufenden Sprachentwicklung noch optional im Vorschulalter auftreten, sind bei Kindern mit phonologischen Störungen mit einer deutlich höheren Frequenz zu finden. Dazu gehören z.B. die Prozesse der Reduktion von Konsonantenverbindungen.

- Vokalische und konsonantische Prozesse persistieren, die normalerweise bereits in früheren Phasen des Spracherwerbs abgebaut werden, z.B. Deaffrizierung /Z/ → [s], Plosivierung von Frikativen und die Hinzufügen von Initialkonsonanten. Der Aufbau entspricht der normalen Abfolge.

- Die Systematik des Abbaus der phonologischen Prozesse kann vom normalen Entwicklungsprofil abweichen. Es existieren ganz frühe Prozesse weiterhin neben Prozessen, die in einer späteren Phase dominant sind. Im allgemeinen sind sie aber quantitativ unbedeutend.

- Reduktionen von Lautverbindungen am Wortanfang weisen frühkindliche Formen auf. Nicht die Position des Segments ist von Bedeutung, sondern seine phonologische Qualität.

- Die Variabilität phonologischer Prozesse, die im normalen Spracherwerbsprozeß der Um- strukturierung des Lautsystems vorangehen, stagniert. Es findet keine Annäherung an das Zielsystem statt.

- Lautpräferenzen sind erkennbar. Bei Substitutionsprozessen werden bestimmte Lautklassen durch einen einzigen Sprachlaut ersetzt; z.B. werden alle Frikativa durch den Sprachlaut [d] ersetzt.

Daraus ergibt sich, daß die phonologischen Systeme sprachentwicklungsgestörter Kinder kommunikativ inadäquat sind, da sie konventionalisierte lexikalische und grammatische Bedeutungsunterschiede lautlich nicht darstellen können. Die konstrastive Kapazität der Zielsprache wird sowohl im Hinblick auf die paradigmatischen als auch syntagmatischen lautlichen Beziehungen nicht ausgeschöpft.

2. Aufgaben und Ziele einer phonologischen Diagnostik

Der durch den Rekurs auf linguistische Theorien begründete nosologische Paradigmenwechsel in der Sprachpathologie war weitreichend. Die wissenschaftliche Rekonstruktion von allgemeinen Organisationsprinzipien gestörter Lautsysteme mündete in Forderungen nach einer veränderten Sprachdiagnostik und Sprachtherapie, die der Komplexität des linguistischen Störungsgeschehens Rechnung trägt (Grunwell 1991, Leinonen 1991, Romonath 1991).

Von einer phonologischen Diagnostik wird heute erwartet, daß sie eine vollständige wie differenzierte, theoretisch begründete und methodologischen Normen verpflichtete Charakterisierung und Erklärung des abweichenden Verhaltens vornimmt. Ihr Ziel liegt in der zuverlässigen Abgrenzung einer phonologischen Sörung gegenüber normalen Entwicklungsverläufen und darüber hinaus in der Bereitstellung von störungsbezogenen sprachlichen Informationen, die eine Ableitung einer strukturierten am individuellen Fähigkeitsprofil eines Kindes orientierten sprachtherapeutischen Vorgehensweise ermöglichen.

Neben der Beschreibung des phonologischen Verhaltens hat eine Sprachdiagnostik die Aufgabe, eine Erschließung des zugrundeliegenden kindspezifischen phonologischen Systems zu leisten. Sie muß Differenzierungen zwischen den Bereichen phonologischer Strukturen und Organisationsprinzipien der Zielsprache vornehmen können, die bereits zum Sprachwissen eines Kindes gehören und denen, die es noch zu erlernen gilt und damit als Therapiegegenstand ausgewiesen sind.

Dabei sind alle wesentlichen phonologischen Eigenschaften des zu erlernenden Systems zu berücksichtigen. Dazu gehören sowohl seg-

mentelle Aspekte, wie das Phoneminventar, sprachspezifische distinktive Merkmale und lautkombinatorische Regeln, als auch sprachsy-
stemimmanente prosodische Charakteristiken. Darunter fallen Merkmale wie die Quantität von Vokalen, Regeln des Wortakzents und der
Satzintonation. Da die Silbe eine zentrale Einheit der Sprachverarbeitung besonders in den Anfängen des Spracherwerbs bildet (Berg 1992,
Viehmann 1996), sollten die Kenntnisse eines Kindes über ihre Wohl-
geformtheitsbedingungen integraler Bestandteil einer klinischen phonologischen Analyse sein. Auch morphophonologische Regularitäten,
wie z.B. die Umlautbildung bei <u>backen - Gebäck,</u> deren Lernprozesse -
wie neuere Untersuchungen vermuten lassen - weit in die Grundschulzeit hineinreichen, sind im Hinblick auf die Interaktion phonologischer
Störungsaspekte mit anderen Strukturebenen nicht zu vernachlässigen
(Grunwell 1986, Schwartz 1991).

Bei einer phonologischen Sprachdiagnostik geht es aber nicht nur darum, eine Störung und ihre kindspezifische Systematik festzustellen,
sondern darüber hinaus ihren Schweregrad und die damit verbunde-
nen sprachfunktionalen und kommunikativen Implikationen auszuloten
(Leinonen 1991), um eine nachvollziehbare auf die individuelle Störung
gerichtete Hierarchie der Therapieziele und Therapieschritte erstellen
zu können. Letztendlich ist es Ziel einer Sprachdiagnostik, Informationen bereitzustellen, die geeignete Wege erkennen lassen, um ein Kind
- unter Ausnutzung des bereits vorhandenen Wissens - bei der Aneignung der funktionalen segmentellen wie suprasegmentellen Lautkon-
traste der Zielsprache zu unterstützen. Es soll damit befähigt werden,
Bedeutungen mit unterscheidbaren und daher kommunizierbaren Zeichen zu verknüpfen (Tillmann und Mansell 1980).

Phonologische Diagnostikverfahren müssen daher im Einzelnen folgende klinische Aufgaben erfüllen (in Anlehnung an Crystal 1982, Grunwell 1991, Romonath 1991):

- das abweichende phonologische Verhalten differenziert unter Bezugnahme auf
  die Zielsprache beschreiben,
- das zugrundeliegende phonologische Wissen des Kindes rekonstruieren,

- die sprachfunktionalen und kommunikativen Implikationen aufdecken,
- eine Abgrenzung zwischen gestörten und normalen phonologischen Entwicklungsprofilen ermöglichen,
- Lernfortschritte dokumentieren.

Diese komplexen Aufgabenstellungen lassen sich jedoch nur unter Bezugnahme auf ein wissenschaftlich abgesichertes phonologisches Analysemodell in die Handlungspraxis umsetzen. Ein solches Modell stellt die Methoden für die Datenerhebung und Datenaufbereitung zur Verfügung und schafft durch sachgerechte Beschreibungskategorien eine Vergleichbarkeit und Überprüfbarkeit der Kennzeichnung des abweichenden Verhaltens. Es bietet ebenso den theoretischen Rahmen für die Erklärung der den lautlichen Abweichungen zugrundeliegenden linguistisch-kognitiven Systematik. Da ein lückenloses prozeßhaftes Ineinandergreifen von Diagnostik und Therapie anzustreben ist, wird damit auch gleichzeitig der theoretische Bezugsrahmen für eine phonologische Entwicklungsintervention bereitgestellt (Peuser 1979).

3. Die phonologische Prozeßanalyse

Die traditionell verwendeten Lautprüfverfahren können diese Ansprüche - wie bereits an anderer Stelle diskutiert - nicht einlösen (Romonath 1993).
Bezugsnorm der Analyse im Rahmen derartiger Verfahren ist der Einzellaut und nicht das Lautsystem. Ersetzungen, Auslassungen, Vertauschungen und Fehlbildungen werden als isolierte Phänomene der Lautrealisation ohne erkennbare Systematik interpretiert. Das verwendete Wortmaterial läßt ein durch die spezifischen Merkmale des Zielsystems begründete Auswahl nicht erkennen, so daß Rückschlüsse auf die sprachlichen Fähigkeiten und Schwierigkeiten betroffener Kinder nur in Ausschnitten möglich ist. Die Methoden der Analyse und die Kriterien der Bewertung von Sprachstörungen sind im einzelnen nicht ausgeführt

oder hinreichend präzisiert, so daß eine intersubjektiv nachvollziehbare Diagnose ein Desiderat bleibt. Die traditionellen Lautprüfverfahren bieten nur minimale therapierelevante Informationen über den kognitiven Aspekt des lautsprachlichen Lernprozesses. Auch eine Bewertung von Entwicklungsfortschritten ist nur in Ansätzen möglich.

Ein Bewußtsein für diese Mängel führte bereits Mitte der 70er Jahre in den USA und England zur Entwicklung neuer Diagnoseverfahren, die nun auf linguistischer Methodologie basierten. Dabei entstanden analog zu den verschiedenen theoretischen Schulen sehr unterschiedliche Konzepte, die mehr oder weniger in der diagnostischen Praxis handhabbar waren. Eine hohe Akzeptanz haben länderübergreifend phonologische Diagnostikkonzepte erfahren, die auf der Natürlichen Phonologie (NP) von Stampe (1979) basieren und als phonologische Prozeßanalyse bekannt sind (z.B. Weiner 1979, Hodson 1980, Ingram 1981, Grunwell 1985, Babbe 1994). Im Folgenden werden grundlegende Annahmen und Methoden, die mit dem theoretischen Rahmen der NP verbunden sind, skizziert. Denn die jeweils gewählte theoretische Basis ist zentral für die Theorie und Praxis der Sprachtherapie (Yavas 1991).

3.1 Theoretischer Hintergrund

Die Natürliche Phonologie (NP) geht von der zentralen Hypothese aus, daß Lautsysteme und Lautveränderungen jeglicher Art durch die organisch-physiologische Basis der menschlichen Perzeption und Produktion von Sprache bedingt sind. Die angeborenen phonetischen Beschränkungen menschlicher Sprechkapazität äußern sich in natürlichen phonologischen Prozessen, die sowohl im historischen Lautwandel, bei Versprechern wie auch bei lautlichen Abweichungen im Spracherwerbsprozeß wirksam sind. Ihr Ziel richtet sich auf die Anpassung der sprachlichen Mittel an die Sprechkapazität des menschlichen Organismus, in dem perzeptive Charakteristiken maximiert und artikulatorische Schwierigkeiten minimiert werden. Die Vereinfachung der Aussprache bezieht sich nicht nur auf einzelne Sprachlaute, sondern auch auf Lautklassen und Lautsequenzen. Die prozessuale Analyse von Lautveränderungen schließt daher Phoneme wie auch Silben- bzw. Wortformen ein.

Ausgangspunkt jeder Analyse bildet dabei die Erwachsenensprache. Bei phonologischen Prozessen, die sich auf isolierte Segmente beziehen, handelt es sich um kontextfreie Substitutionsprozesse, wie z.B. bei *Haus* → [haot] → /s/ → [t]. Prozesse dagegen, die sich auf die Optimierung von Lautsequenzen beziehen, werden als kontext-sensitiv beschrieben. Assimilationsprozesse, die wir häufig in der frühen Kindersprache wie auch bei Kindern mit phonologischen Störungen beobachten können, fallen in diese Kategorie. Ein sprachgestörtes Kind (fünf Jahre) äußert z.B. statt *Schokolade* → [sosala:lE], *Kerze* → [ke:kE], *Straße* → [Stra:SE]. Obwohl nach Stampes Auffassung phonologischen Prozessen eine organisch-physiologische Motivation zugrunde liegt, sind sie im zentralen Nervensystem angesiedelt und daher mentale Prozesse. Sie führen zur Neutralisation von phonologischen Oppositionen im Phonemsystem. Durch die Mechanismen der Unterdrückung, Begrenzung und Ordnung lassen sich aber phonologische Prozesse soweit einschränken, daß das Phonemsystem der Zielsprache aufgebaut werden kann.

Nach Stampes Theorie treten die phonologischen Prozesse am Beginn des Spracherwerbs ungeordnet und unbegrenzt auf. Infolgedessen weisen die kindlichen Äußerungen eine fast vollständige Neutralisation der sprachspezifischen Oppositionen auf. Dieses erklärt, daß die ersten kindlichen Sprachproduktionen, die einen universellen Charakter besitzen, aus Konsonant-Vokal-Silben bestehen, wie [ba], [pa], [ma ma]. Der Erwerb des phonologischen Systems vollzieht sich nicht, wie z.B. in der Lauterwerbstheorie von Jakobson (1944/69), in einem sukzessiven Aufbau phonologischer Kenntnisse, in dem lautliche Kontraste in einer determinierten Reihenfolge erworben werden, sondern durch die in Auseinandersetzung mit den Lautstrukturen der Zielsprache erfolgenden Beschränkungen der phonologischen Prozesse. Das bedeutet, daß nicht die Prozesse selbst, wie es z.B. bei phonologischen Regeln der Fall ist, gelernt werden, sondern ihre systemspezifische Revision. Als Beispiel ist der Prozeß der Auslautverhärtung zu nennen, z.B. *windig - Wind*, /d/ → [t] im Auslaut. Deutsch sprechende Kinder müssen diesen Prozeß nicht verlernen, da die Auslautverhärtung der Standardrealisation des Deutschen entspricht. Hingegen muß dieser Prozeß von englischsprachigen Kindern unterdrückt werden, da stimmhafte Plosiva im Auslaut zum System des Englischen gehören.

Stampe geht davon aus, daß die im Spracherwerb auftretenden Lautabweichungen auf noch nicht voll entwickelte artikulatorische Fähigkeiten der Kinder zurückzuführen sind. Die zugrunde liegende phonologische Repräsentation der Wörter entspricht dagegen weitestgehend den internen Repräsentationen der Erwachsenen. Phonologische Prozesse sind demnach unbewußte Anpassungsstrategien, die zwischen den noch nicht voll entfalteten physiologischen Bedingungen und der bereits entwickelten kognitiven Repräsentation vermitteln.

Die im Vergleich zu anderen phonologischen Modellen stärkere Akzentuierung der organisch-physiologischen Basis menschlicher Lautäußerungen, die besonders im Hinblick auf die Kindersprache sehr plausibel erscheint, und die relativ einfach in die klinische Praxis zu transformierenden Analysemethoden führten zu einer breiten Rezeption dieses theoretischen Rahmens und damit auch zu der Erwartung, die Desiderate einer sprachwissenschaftlich begründeten phonologischen Diagnostik einlösen zu können.

3.2 Klinische Vorgehensweise

Wie in jeder wissenschaftlichen phonologischen Analyse bilden die Datenerhebung, die Datenrepräsentation, die Auswertung und die Interpretation auch zentrale Schritte einer klinischen Diagnostik. Sie stellen die Kernpunkte der publizierten phonologischen Prozeßanalysen dar. In Einzelaspekten unterscheiden sie sich jedoch erheblich.

Datenerhebung

Die Datenerhebung zielt darauf ab, eine repräsentative Sprachprobe zu gewinnen, um eine zuverlässige Aussage über das phonologische System eines sprachentwicklungsgestörten Kindes treffen zu können. Bei der Vorgehensweise stellen sich im wesentlichen zwei Fragen.

Die erste Frage lautet: Welche Art der Daten bildet eine geeignete Ausgangsbasis für die Analyse, d.h. ist ein ausgewählter Wortkorpus oder eine Spontansprachprobe zu präferieren? Danach ist zu klären, welchen Umfang eine Sprachprobe haben sollte, um das phonologische System eines Kindes möglichst umfassend rekonstruieren zu können. Obwohl anzunehmen ist, daß Unterschiede in der Vorgehensweise zu erheblichen Auswirkungen auf die Analyse und Einschätzungen von phonologischen Störungen führen, ist der Effekt dieser methodischen Variablen auf die phonetische und phonologische Konfiguration der Sprachprobe bisher kaum untersucht worden (Grunwell 1992). In den bekannten Diagnostikverfahren werden normalerweise entweder Sprachkorpora isolierter Wortproduktionen oder freie Sprachproben zur Analyse verwendet. Mehrheitlich besteht jedoch eine Präferenz, Sprachkorpora durch ein speziell ausgewähltes Wortmaterial in Form einer Benennungsaufgabe zu elizitieren.

Die Vorteile von freien Sprachproben liegen darin, daß sie den linguistischen und pragmatischen Kontext mit einschließen und daher eher die individuellen kommunikativen Leistungen eines Kindes widerspiegeln. Sie ermöglichen die Beobachtung von phonologischen Prozessen in unterschiedlichen Wortklassen und das Operieren der Prozesse über Wortgrenzen hinaus.

Da in einer freien Konversation ein Kind den Gesprächsinhalt weitestgehend mitbestimmt, kann dieses in Äußerungen mit häufigen Wort-

wiederholungen münden. Obwohl die Aussagefähigkeit der Sprachprobe dadurch begrenzt ist, können sie aber, insbesondere in variie-
renden Wortfolgen und wechselnden grammatischen Kontexten, Hin-
weise über die lautliche Variabilität von Wortproduktionen liefern
(Grunwell 1992). Wie Untersuchungen (Schwartz 1991, Bernhardt
1994, Chiat 1994) zeigen, interagieren grammatische, lexikalische und
prosodische Variablen mit der phonologischen Treffsicherheit in
Wörtern. Das heißt, je komplexer die Gesamtstruktur der Äußerung
ist, desto häufiger treten Abweichungen bei der Verwendung von
Phonemen auf, die bereits in isolierten einfachen Lexemen beherrscht
werden.

Aber nicht alle Kinder zeigen eine ausreichende Gesprächsbereitschaft,
so daß der elizitierte Wortkorpus nur wenige Wörter umfassen kann.
Hinzu kommt die Schwierigkeit, daß schwerverständliche Äußerungen
ohne einen unmittelbaren referentiellen Bezug nicht dekodierbar und
folglich auch nicht auszuwerten sind. Daher sprechen methodische
Überlegungen ebenso für den Einsatz von Benennungsaufgaben. Das
verwendete Sprachmaterial kann so aufbereitet werden, daß es die
sprachspezifischen Merkmale des Phoneminventars, der Phonemver-
teilung, der Lautkombinatorik und der Silbenstrukturbedingungen repräsentiert. Eine Analyse auf der Basis von ausgewählten phonologischen Wörtern kann daher eher aufzeigen, welche systemischen
Aspekte bereits vom Kind beherrscht werden und welche noch zu erlernen sind. Aufgrund der methodenspezifischen Vor- und Nachteile
beider Verfahren erscheint es sinnvoll, sie komplementär einzusetzen,
auch wenn dies erheblich mehr Zeit erfordert und in der Praxis nicht
immer realisierbar ist.

Ein zweiter Gesichtspunkt, der das Ergebnis einer phonologischen
Analyse beeinflussen kann, ist der Umfang der Daten und der Zeitraum, in dem die Daten erhoben werden. Unter Berücksichtigung klini-
scher Effizienzkriterien werden in unterschiedlichen Verfahren der
phonologischen Prozeßanalyse zwischen 80 und 100 Wörter als Da-

tenbasis vorgeschlagen. Demgegenüber präferiert Grunwell (1992) 200-250 Wörter, die in zwei in kurzem Abstand erfolgenden Sitzungen elizitiert werden, um damit Informationen über die Stabilität und Konsistenz der kindlichen Lautmuster zu gewinnen.

Datenrepräsentation

Voraussetzung einer phonologischen Analyse ist eine den klinischen Fragestellungen angemessene Repräsentation der Daten. Erst eine Transkription ermöglicht die Herstellung eines Abhörtextes (oder Transkriptes), der eine eingehende situationsunabhängige Auswertung der Daten erlaubt. Dafür ist es notwendig die Äußerung des Kindes entweder mit einem Tonband oder - noch besser - mit einem Videorekorder aufzuzeichnen, um sie für ein mehrmaliges Abhören verfügbar zu machen. Momentane in der Kommunikationssituation aufgenommene Gehöreindrücke sind flüchtig und lassen zuverlässige Aussagen über die Form und die Häufigkeit von sprachlichen Normabweichungen kaum zu. Menschliches Hören weist selbst bei geschulten Transkribenten eine Tendenz auf, unvollständige Wörter und Sätze durch sprachliches Vorwissen zu ergänzen. Daher bedarf es eines ausschließlich auf die Lautebene konzentrierten phonetischen Abhörens, das jedoch in einer diagnostischen Situation, die nach unserem heutigen Verständnis ein kommunikatives Ereignis bilden sollte, nicht realisierbar ist (Romonath 1993).

Dem Problem der Rekonstruktion von lautlichen Äußerungen - üblicherweise auf der Basis des Internationalen Phonetischen Alphabets (IPA) - wird in phonologischen Forschungsprozessen eine große Aufmerksamkeit gewidmet, da es für die Zuverlässigkeit der Analyse auf eine möglichst genaue Wiedergabe selbst feinster lautlicher Differenzen ankommt, um die Objektivität und Reproduzierbarkeit von Forschungsergebnissen zu gewährleisten. Untersuchungen haben gezeigt (Richter 1981), daß auditive Wahrnehmungsprozesse und ihre symbolbezogenen Repräsentationen höchst subjektiv sind und unterschiedliche Ergebnisse nicht auszuschließen sind. Vorgeschlagen wird daher, ein Abhören durch zwei Transkribenten vornehmen zu lassen, die ihre Gehörseindrücke vergleichen und bei Abweichungen durch Konsensbildung ein gemeinsames Transkript erstellen. Gleiche Anforderungen wie an wissenschaftliche Analysen sind aber auch an eine Aufbereitung der Daten im klinischen Kontext zu stellen, da eine möglichst abbildgetreue symbolsprachliche Repräsentation der Daten die Objektivität und Zuverlässigkeit einer phonologischen Diagnose erhöht.

Dabei sollte der Abhörtext nicht nur auf einer breiten phonemischen Umschrift basieren. Markierungen feiner lautlicher Abweichungen durch diakritische Zeichen erhöhen den klinischen Wert eines Transkriptes, um damit gleichzeitig phonetische Fehlrealisationen erkennen und systematisieren zu können.

Auswertung

Die Aufgabe der Auswertung besteht nun darin, die phonologischen Abweichungen auf der Basis von natürlichen Prozessen zu beschreiben und ihre zugrundeliegende Systematik aufzudecken. Dabei bildet die Zielsprache den Bezugspunkt der Analyse. Die vom Kind realisierten Wortproduktionen werden der jeweiligen lautlichen Zielstruktur gegenübergestellt und verglichen. Die von der Zielstruktur abweichenden Lautrealisationen werden segmentiert und unter Bezugnahme auf die im jeweiligen Verfahren vorgegebenen Prozeßkategorien klassifiziert.

z.B. *Ente* /entE / → [eNkE] , /nt/→ [Nk] → Velarisierung von Konsonanten
z.B. *Löwe* /lö:vE /→ [lo:fE], / ö:/→ [o:] → Depalatalisierung von Vokalen
                    /v/ → [f]   → Fortisierung von Obstruenten

Generell werden alle in einem Wort auftretenden Abweichungen einer Prozeßklasse zugeordnet. Eine besondere Schwierigkeit der Auswertung besteht darin, daß phonologische Prozesse auch simultan bei einzelnen Segmenten wie auch in Wörtern operieren und sich auch gegenseitig beeinflussen. Damit wird eine eindeutige Klassifizierung erschwert. Anleitungen zur Operationalisierung von Prozeßkategorien in Zweifelsfällen fehlen jedoch in den Verfahren, so daß eine Zuordnung vom jeweiligen Diagnostiker abhängt, wie z.B. bei *Spinne* → [vInE], /Sp/ → [v]. Bei dieser Lautveränderung handelt es sich um eine Konsonantenvereinfachung. Dieses ist unstrittig. Es ist aber nicht eindeutig zu klären, ob das erste oder das zweite Segment weggelassen wurde, da [v] das Merkmal der Reibung des 1. Segments und das Merkmal "bilabial" des 2. Segments trägt. Die Prozeßbeschreibung könnte daher in verschiedener Weise erfolgen:

Spinne /SpInE/ → [vInE], /Sp/ → [v]   Konsonantenreduktion

Spirantisierung des Plosivlautes

(1. Segment entfällt)

oder   Konsonantenreduktion

Labialisierung

(2. Segment entfällt)

oder   Koaleszenz

(Verbindung beider Laute zu einem neuen).

Zu berücksichtigen ist, daß sich die Klassifikationssysteme einzelner Diagnostikverfahren bei der Beschreibung von Abweichungen erheblich unterscheiden. Mehrheitlich bilden jedoch Silbenstrukturprozesse, Substitutionsprozesse und Assimilitationsprozesse zentrale Analysekategorien. Es besteht jedoch keine Übereinstimmung in der Anzahl und in der Bezeichnung einzelner diesen Kategorien zugeordneter Prozesse.

Phonologische Prozeßanalysen neueren Datums wurden bereits um taxonomische Aspekte ergänzt. So erhalten die Verfahren nicht nur die prozessuale Beschreibung der Lautabweichungen in Form von phonologischen Prozessen, sondern als Ausgangsbasis auch Aussagen über das Phoneminventar und ihre phonotaktische Verteilung (z.B. Grunwell 1985 / Babbe 1994).

Interpretation

Ausgangspunkt für die diagnostische Interpretation sind die mit Hilfe der Prozeßanalyse gewonnenen Informationen. Dabei steht im Vordergrund die Frage, ob die beobachteten Abweichungen als Merkmale einer Störung zu bewerten sind. Um aber bei Kindern entscheiden zu können, ob eine therapeutische Intervention angezeigt ist, muß ein Vergleich mit normalen phonologischen Entwicklungsprofilen erfolgen. Erst aus der Entwicklungsperspektive läßt sich eine an allgemeinen Prinzipien orientierte Bewertung von Norm und Abweichung begründen.

Mit Bezugnahme auf empirisch fundierte phonologische Aneignungsnormen können störungsspezifische Aussagen über zeitliche Diskrepanzen sowie Abweichungen im Hinblick auf Art, Verteilung und Auftretenshäufigkeit von phonologischen Systemmerkmalen getroffen werden.

Ein Vergleich von normalen und abweichenden Entwicklungsprofilen schließt daher nicht nur die Qualität phonologischer Prozesse, sondern auch die Auftretenshäufigkeit mit ein. Denn wie Untersuchungen gezeigt haben, sind weniger idiosynkratische und persistierende Prozesse, die normalerweise nur in geringerem Umfang auftreten, Indikatoren einer Störung, sondern die hohe Anzahl spracherwerbstypischer Prozesse, die gelegentlich auch noch bei sprachunauffälligen Kindern im Vorschulalter zu beobachten sind (Romonath 1991). Individuell ist abzuklären, welche Prozeßkategorien und in welchem Umfang sie eine kommunikative Beeinträchtigung bewirken. Eine daraus entstehende Hierarchie phonologischer Prozesse bildet den Bezugspunkt für die Zielsetzung und Strukturierung einer therapeutischen Intervention.

3.3 Grenzen der Prozeßanalyse

Obwohl sich die Prozeßanalyse als ein erheblicher Fortschritt gegenüber dem herkömmlichen Lautprüfverfahren erwiesen hat und alternative phonologische Diagnostikkonzepte gegenwärtig im deutschsprachigen Raum nicht in Sicht sind, sollten kritische Einwände gegen dieses Verfahren nicht vernachlässigt werden. Sie beziehen sich sowohl
auf ihre Beschreibungsangemessenheit als auch auf ihr Potential, phonologische Störungen erklären zu können. Sie lassen sich thesenartig in
folgenden sieben Punkten zusammenfassen.

(1) Ausgangspunkt einer Prozeßbeschreibung des kindlichen Systems
ist die Erwachsenensprache. Alle lautlichen Abweichungen sind ableit-
bar aus den phonologischen Wörtern der Zielsprache.
Die phonologische Prozeßanalyse leistet zwar eine plausible Beschreibung der Abweichungen
zwischen beiden Systemen. Das kindliche System wird dabei aber auf
eine vereinfachte Version der Erwachsenensprache reduziert. Dieser
Ansatz führt zu einer Kennzeichnung der Störung, die ausschließlich die
Systematik der Fehlrealisationen des Kindes fokussiert und darüber die
bereits erworbenen phonologischen Kenntnisse und Fähigkeiten, die
Ausgangspunkte einer Therapie bilden sollten, vernachlässigt.
Auch wenn sich phonologische Lernprozesse grundsätzlich nur unter
Bezugnahme auf das Zielsystem beschreiben lassen, da der Sprachler-
ner seine phonologischen Zwischengrammatiken aus dem Sprachangebot der Umgebung rekonstruiert, sind auch die eigenständigen Merkmale kindlicher Systeme zu charakterisieren (Dinnsen und Chin 1995).
Dabei sind u.a. idiosynkratische Regelbildungen, phonologische Wort-
schöpfungen und Wortvermeidungen zu identifizieren. Sie spiegeln die
unterschiedlichen Bedingungen der Sprachverarbeitung von Erwachsenen und Kindern im allgemeinen, insbesondere von Kindern mit phonologischen Lernstörungen, wider.

(2) Kinder lernen bei der Aneignung der sprachspezifischen Phonologie mehr als phonologische Oppositionen und Kontraste. Daher erscheint es für einen Diagnostiker unabdingbar, alle Ebenen und Teilbereiche phonologischen Lernens aufeinander zu beziehen und auch weitere Sprachebenen zu integrieren. Die Prozeßanalyse konzentriert sich vornehmlich auf die segmentellen und silbischen Aspekte der Zielsprache. Die phonologische Struktur einer bestimmten Sprache bildet jedoch ein System vernetzter Repräsentationsebenen, zu denen distinktive Merkmale, Phoneme, Silben, phonologische Wörter sowie das metrische und tonale System gehören. Kinder müssen sich nicht nur die Einheiten dieser unterschiedlichen Ebenen, sondern ebenso die Organisationsprinzipien, nach denen sie aufeinander bezogen sind, aneignen (Archibald 1995). Auch die morphophonologischen und soziophonologischen Regularitäten, die für die kommunikative Funktion der Sprache von Bedeutung sind, werden nicht erfaßt. Die Beschreibung des kindlichen Systems auf der Basis von phonologischen Prozessen reduziert daher die Komplexität der bereits erworbenen bzw. noch zu erwerbenden phonologischen Kompetenz auf partielle Teilausschnitte eines phonologischen Fähigkeitsprofils.

(3) Obwohl es eine hinreichende Übereinstimmung hinsichtlich der phonologischen Prozesse gibt, die im normalen Spracherwerbsprozeß auftreten, besteht wenig Konsens über die Charakterisierung der Prozesse, die kennzeichnend für abweichende Systeme sind. Beschreibungen in empirischen Untersuchungen sowie in den veröffentlichten klinischen Prozeßanalysen unterscheiden sich erheblich in ihren Klassifikationssystemen und in der Gewichtung einzelner Prozesse.
Die unterschiedlichen Bezeichnungen und Kategorisierungen von phonologischen Prozessen führen dazu, daß eine Operationalisierbarkeit von einzelnen Prozeßarten und -klassen zu diag-nostischen Zwecken erheblich erschwert wird. Es bereitet in vielen Fällen große Schwierigkeiten, einzelne phonologische Abweichungen bestimmten Prozeßarten zuzuordnen und sie gegenüber anderen klar abzugrenzen. Besondere Probleme, mit denen sich der Diagnostiker auseinandersetzen

muß, entstehen dann, wenn die kindlichen Wortformen und die Standardrealisierungen erheblich voneinander abweichen und eine Vielzahl von simultan wirkenden Prozessen angenommen werden muß. Auch die Frage, wie eine Analyse von über einzelne Wörter hinausgehenden Äußerungen, insbesondere darin von Verbformen durchzuführen ist, wirft methodische Fragestellungen auf, die in den vorliegenden Prozeßanalysen kaum als gelöst gelten können.

(4) Die Einschätzung von phonologischen Abweichungen als Symptom einer Störung setzen Vergleichsdaten von normalen und gestörten Entwicklungsprofilen voraus. Da es im deutsch-sprachigen Raum keine lückenlose Dokumentation über eine qualitative und quantitative Verteilung phonologischer Prozesse und die altersbezogene Reihenfolge ihres Abbaus gibt, kann die Bewertung von Abweichungen als Störung und die Beurteilung des erreichten Entwicklungsstandes nur mit Vorsicht getroffen werden. Insbesondere gilt dies in den Fällen, in denen Auffälligkeiten nicht gravierend sind. Auch wenn Untersuchungen an Kindern aus unterschiedlichen Sprachgemeinschaften gezeigt haben, daß phonologische Prozesse universell nachweisbar sind und daher die verfügbaren Entwicklungsdaten Englisch sprechender Kinder herangezogen werden können, sind Formen und Häufigkeiten von phonologischen Prozessen auch an sprachspezifische Bedingungen gebunden. Phonologische Prozeßanalysen selbst schließen anders als die Profilanalyse von Clahsen (1986) keine Vergleichsdaten von sprachunauffälligen Kindern ein, so daß sie keine unmittelbaren Aussagen über den erreichten Entwicklungsstatus phonologisch gestörter Kinder zulassen.

(5) Obwohl das Erkenntnisinteresse der "Natürlichen Phonologie" ursprünglich nicht auf den abweichenden Spracherwerb gerichtet war, haben ihre zentralen Annahmen zu grundlegenden Hypothesen über die psycholinguistischen Bedingungen einer phonologischen Störung geführt. Ausgehend von der Überlegung, daß Lautsysteme eine Reflexion der natürlichen Möglichkeiten von Sprachbenutzern bilden, werden phonologische Abweichungen sprachgestörter Kinder als artikula-

torische Vereinfachungsprozesse von Sprachlauten und Sprachlautsequenzen erklärt.

Obwohl genügend empirische Evidenzen für diese Hypothese vorliegen, z.b. *Daumen* → [baom], *Schokolade* [kogola:gE], *Spritze* →
[be:ZE], *Schlüssel* → [sy:fE], lassen aber andere Beispiele von Wortproduktionen älterer sprachgestörter Kinder erkennen, daß phonologische Prozesse auch zu Wortgestalten führen können, die intuitiv als
artikulatorisch genauso komplex oder gar schwieriger im Vergleich zur
Standardrealisierung erscheinen, z. B. *Mond* → [moNk], *Tomate* →
[koma:tE], *Schiff* → [pfYf], zwei → [stCae] oder [fvae], *Sonne* →
[so:nse], *Rock* → [trOt].

Es ist daher anzunehmen, daß phonologische Prozesse bei Spracherwerbsstörungen nicht ausschließlich unter dem Aspekt der Vereinfachung der Aussprache von Sprachlauten und Sprachlautsequenzen zu
sehen sind, sondern daß auch andere Parameter wie Simplifizierung
von Silbenstrukturen, Optimierung der Wortlänge, der Metrik und des
Akzentsystems und ihre Wechselwirkungen für ihre Erklärung herangezogen werden müssen. Darüber hinaus ist aber grundsätzlich in Frage
zu stellen, ob sich der Begriff der Vereinfachung von Sprachlauten und
Sprachlautsequenzen, der eine universelle Gültigkeit impliziert, genau
definieren läßt (Kiparsky 1982) und damit eine plausible Erklärung für
das gestörte phonologische Verhalten bilden kann.

(6) In der aktuellen entwicklungsphonologischen Diskussion nimmt die
Frage nach der Form der internen phonologischen Repräsentationen,
die den nicht altersgemäßen Wortproduktionen sprachentwicklungsgestörter Kinder zugrundeliegen, eine zentrale Rolle ein.

Neuere entwicklungsphonologische Erklärungsansätze, die dem Lern-
barkeitsparadigma und nonlinearen phonologischen Beschreibungsmo-
dellen zuzuordnen sind, nehmen an, daß Kinder mit einer spezifischen
Disposition zur Welt kommen, um phonologisches Wissen aufbauen
zu können. Sie besteht aus universell determinierten phonologischen
Prinzipien, die als eine Art Filter bei der perzeptiven und produktiven
Verarbeitung des Sprachangebots wirken. Lautliche Informationen, die

mit diesen universellen Prinzipien übereinstimmen, werden aus dem Input herausgefiltert, verarbeitet und als organisiertes Wissen gespeichert. Dabei werden universelle wie auch sprachsystemspezifische Merkmale auf der Basis dieser Universalgrammatik erworben. Die daraus gebildeten lautlichen Repräsentationen sind einem Entwicklungsprozeß unterworfen, weil mit der zunehmenden Reifung der perzeptiven und produktiven Systeme eine Kapazitätserweiterung einhergeht, die es ermöglicht, bisher noch nicht erkannte und verarbeitete Lautinformationen in das vorhandene Wissen zu integrieren und aktiv zu verwenden (Bernhardt und Stoel-Gammon 1994, Bernhardt 1992, 1994). Phonologische Abweichungen sprachgestörter Kinder basieren aus dieser Perspektive auf nicht altersgemäß entwickelten Repräsentationen.

Die Prozeßtheorie nimmt demgegenüber an, daß die phonologischen Repräsentationen, abweichend von den Wortproduktionen, bereits bei Beginn des Spracherwerbs nahezu vollständig aufgebaut sind. Dieses setzt voraus, daß die auditiven und kognitiven Systeme voll ausgebildet sind, um aus dem Sprachangebot systemrelevante phonologische Einheiten und Beziehungen zu analysieren und sie zu strukturiertem lautlichen Wissen zu formieren.

Diese Hypothese steht im Gegensatz zu anerkannten allgemeinen wie auch phonologischen Entwicklungstheorien, die Entwicklungsprozesse als ein Voranschreiten von undifferenzierten und einfach strukturierten zu komplexen Systemen begreifen (Jakobson 1969, Piaget und Inhelder 1996). Der Spracherwerbsprozeß in der NP läßt sich dagegen eher als eine "negative" komplexe Progression interpretieren (Bernhardt und Stoel-Gammon 1994). Von Beginn des Spracherwerbs an beinhalten die phonologischen Repräsentationen alle sprachspezifischen phonologischen Oppositionen und Kontraste. Damit sie in den Wortproduktionen wirksam werden können, müssen phonologische Prozesse sukzessive verlernt werden. D.h. ein Kind muß Prozesse, wie z.B. die Vorverlagerung von Konsonanten, die Reduktion von Konsonantenverbindungen und die Tilgung initialer Konsonanten unterdrücken, um Wortformen sprachspezifisch realisieren zu können. Demnach ist das

Sprachwissen bei Kindern im 2. Lebensjahr voll ausgebildet. Die Sprachlernaufgabe besteht nun lediglich darin, es bei der Aussprache von Wörtern realisieren zu können.

Diese Überlegungen erscheinen wenig plausibel, um den normalen wie auch abweichenden phonologischen Aneignungsprozeß zu erklären. Eine gestörten Lautmustern zugrundeliegende abweichende Systematik wird damit nur für die produktive Ebene angenommen, obwohl empirische Evidenzen daraufhin deuten, daß auch die internen Repräsentationen nicht der Erwachsenenform entsprechen und auch Differenzen zwischen dem phonologischen Wissen sprachgestörter und normal entwickelter Kinder bestehen (Bernhardt 1992, Dinnsen und Chin 1995, Wode 1994).

(7) Eine Reihe von Untersuchungen haben dokumentiert, daß die perzeptive Kategorienbildung und die Fähigkeit, phonologische Einheiten wiederzuerkennen, von ganzen unanalysierten Silben über Teile von Silben, nämlich Silbenanfang und Reim, zu einzelnen Segmenten voranschreitet (Vihman 1996). Gerade am Beginn des Phonologieerwerbs scheint die Silbe eine größere Bedeutung zu haben als in der Erwachsensprache, in der das Phonem eine zentrale Verarbeitungseinheit bildet. So sind Kinder bei ihren ersten Wortproduktionen bemüht, die Silbenzahl des Wortmodells beizubehalten, obwohl die Silben des Zielwortes im einzelnen noch gar nicht ausgesprochen werden können (Berg 1992). Die Abfolge der Perzeptionsentwicklung läßt sich auch bei phonologisch gestörten Kindern rekonstruieren. So sind im Gegensatz zu zahlreichen Assimilations- und Substitutionsprozessen, die auf der Segmentebene operieren, Tilgungen von Silben bei Kindern im Vorschulalter kaum noch festzustellen. Wenn sie aber auftreten, handelt es sich um Tilgungen von unbetonten Silben, deren kommunikative Funktion eher begrenzt ist (Romonath 1991).

Die Annahme der Natürlichen Phonologie, daß die perzeptiven phonologischen Verarbeitungsprozesse bereits im frühen Kindesalter wie bei Erwachsenen ausgebildet seien, so daß nahezu vollständige phonologische Repräsentationen aufgebaut werden können, ist daher aus psycholinguistischer Sicht kaum gerechtfertigt. Das gilt umso mehr, wenn es sich um sprachentwicklungsgestörte Kinder handelt, deren Spracherwerbs- und Sprachverarbeitungsmechanismen, wenn auch individuell verschieden, eingeschränkte Kapazitäten aufweisen (Curtiss und Tallal 1991).

4. Zusammenfassung und Ausblick

Prozeßanalysen leisten trotz einiger terminologischer Unschärfen eine methodisch kontrollierte und durch phonologische Kategorien differenzierte Beschreibung des abweichenden phonologischen Verhaltens sprachentwicklungsgestörter Kinder. Durch die Bezugnahme auf die Zielsprache können Wesensmerkmale der Störung präzisiert und ihre Systematik aufgedeckt werden. Darauf aufbauend lassen sich klare an der Erwachsenensprache orientierte phonologische Ziele der Therapie formulieren. Sie liegen ganz allgemein betrachtet in der auf die produktive Ebene bezogenen Aneignung der sprachspezifischen phonologischen Oppositionen und Kontraste. Dabei geht es darum, dem sprachgestörten Kind zu helfen, seine Aussprache so zu modifizieren, daß die systembestimmenden phonologischen Prozesse überwunden werden. Die Prozeßanalyse beschreibt aber - wie bereits kritisiert - nur Ausschnitte des phonologischen Verhaltens, so daß der volle Umfang einer Störung nicht erkennbar wird. Eine Ergänzung durch andere Verfahren, insbesondere im suprasegmentellen Bereich, ist daher dringend geboten.

Die Prozeßanalyse kann jedoch über die Beschreibung hinaus keine plausible Erklärung für das phonologisch abweichende Verhalten von sprachentwicklungsgestörten Kindern leisten. Ihre theoretischen Annahmen über den Phonologieerwerb, insbesondere über den Aufbau und die Struktur des phonologischen Wissens von Kindern, entspricht nicht dem gegenwärtigen psycholinguistischen Erkenntnisstand. Die

Prozeßanalyse kann daher nur Teilforderungen einer phonologischen Diagnostik erfüllen. Sie bietet aber trotz aller Einschränkungen eine weitaus qualifiziertere Basis für eine phonologische Intervention als traditionelle Lautprüfverfahren.

In der angloamerikanischen Sprachpathologie sind erste Bemühungen erkennbar, phonologische Modelle neueren Datums (z.B. Autosegmentale Phonologie, Lexikalische Phonologie, Metrische Phonologie) für die Kennzeichnung und Erklärung einer phonologischen Störung nutzbar zu machen. Unter dem Begriff "nonlineare Phonologie" zusammengefaßt, zielen sie darauf ab, Wörter als hierarchisch gegliederte Strukturen abzubilden, die sowohl segmentelle als auch prosodische Einheiten enthalten. Es wird angenommen, daß eine geschichtete Form der Wortrepräsentation, deren Ausgangspunkt nicht die phonemische, sondern die metrischen und silbischen Ebenen bildet, eher verdeutlichen kann, wie die unterschiedlichen phonologischen Teilsysteme einer Sprache miteinander in Beziehung stehen und wechselseitig Einfluß auf die phonologische Oberflächenform nehmen. Auf der Basis solcher Ansätze könnten umfassendere und tiefergehendere Analysen und Erklärungen der gestörten Wortproduktionen erfolgen, die letztlich auch ein subtileres Verständnis von phonologischen Spracherwerbsstörungen ermöglichen (Chin und Dinnsen 1991, Bernhardt 1992, 1994, Schwartz 1992).

Die ersten phonologischen Prozeßanalysen wurden in Deutschland erst fast zehn Jahre nach der Veröffentlichung der Natürlichen Phonologie von Stampe (1979) vorgenommen. Es ist zu wünschen, daß Analyseverfahren auf der Basis nonlinearer Phonologiemodelle etwas eher den Weg in die diagnostische Theorie und Praxis finden werden.

Literatur:

Archangeli, D.: Aspects of underspecification theory. Phonology Yearbook, 5. Jg. (1988), 183-207

Archibald, J. (1995): Introduction: Phonological competence. In: Archibald, J. (ed), Phonological aquisition and phonological theory. Hillsdale (Laurence Erlbaum) 1995; XIII-XXI

Babbe, Th.: Pyrmonter Analyse Phonologischer Prozesse (PAPP). Leverkusen (Steiner) 1994

Berg, Th. (1992): Umrisse einer psycholinguistischen Theorie der Silbe. In: Eisenberg, P., Ramers, K.H. und Vater, H. (Hrsg.). Silbenphonologie des Deutschen. Tübingen (Gunter Narr) 1992; 45-99

Bernhardt, B. und Stoel-Gammon, C.: Nonlinear phonology: Introduction and clinical application. Journal of Speech and Hearing Research, 37 Jg. (1994), 123-143

Bernhardt, B.: The application of nonlinear phonology theory to intervention with one phonologically disordered child. Clinical Linguistics and Phonetics, 6. Jg. (1992), 259-281

Bernhardt, B.: The prosodic tier and phonological disorders. In: Yavas, M. (ed), First and second language phonology. San Diego (Singular Publishing) 1994; 149-172

Chiat, S.: From lexical access to lexical output: What is the problem for children with impaired phonology? In: Yavas, M. (ed), First and second language phonology. San Diego (Singular Publishing Group) 1994; 107-135

Chin, S. und Dinnsen, D.: Feature geometry in disordered phonologies. Clinical Linguistics and Phonetics, 5.Jg. (1991), 329-338

Chomsky, N. und Halle, M.: The sound pattern of English-New York (Harper und Row) 1968

Clahsen, H.: Die Profilanalyse. Ein linguistisches Verfahren für die Sprachdiagnose im Vorschulalter. Berlin 1986

Crystal, D. : Profiling linguistic disability. London (Edward Arnold) 1982

Curtiss, S. und Tallal, P.: On the nature of the Impairment in language-impaired children. In: Miller, J.F. (ed), Research on child language disorders: A decade of Progress. Austin (pro-ed) 1991; 189-210

Dinnsen, D.A. und Chin, S.LB.: On the natural domain of phonological disorders. In: Archibald, J. (ed): Phonological acquisition and phonological theory. Hillsdale, N.J. (Lawrence Erlbaum), 1995; 135-150

Dinnsen, D.A.; Elbert, M. und Weismer, G. : Some typological properties of funtional misarticulation systems. In: Dressler, W.U., Pfeiffer, O.E. und Rennison, J.R. (eds): Phonologica 1980, Akten der Vierten Internationalen Phonologie-Tagung, Wien / Innsbruck, 1981; 83-88

Donegan, R. und Stampe, D.: The study of natural phonology. In: Dinnsen, D.A. (ed), Current approaches to phonological theory. Bloomington/London (Indiana University Press) 1979; 126-173

Durand, J.: Generative and non-linear phonology. London (Longman Group) 1990

Elbert, M. und Gierut, J.A.: Handbook of clinical phonology. Approaches to assessment and treatment. Bloomington, Indiana (Taylor) 1986

Goldsmith, J.: Autosegmental and metrical phonology. Oxford (Basil Blackwell) 1990

Grunwell, P. : The nature of phonological disability in children. London (Academic Press) 1981

Grunwell, P. : Phonological Assessment of Child Speech (PACS). Windsor (NFER-Nelson) 1985

Grunwell, P.: Aspects of phonological development in later childhood. In: Durkin, K. (ed): Language development during the school years. London (Croom Helm) 1986; 34-56

Grunwell, P.: Developmental phonological disorders from a clinical-linguistic perspective. In: Yavas, M.S. (ed). Phonological disorders in children. Theory, research and practice. New York (Routledge) 1991; 37-63

Grunwell, P.: Assessment of child phonology in clinical context. In: Ferguson, C.A., Menn, L. und Stoel-Gammon, C. (eds), Phonological development: models, research, implications. Timonium, M. (York Press) 1992; 457-486

Hacker, D. und Weiß, K.-H.: Zur phonemischen Struktur funktioneller Dyslalien. Oldenburg (Arbeiterwohlfahrt, Bezirksverband Weser-Ems e.V.) 1986

Hodson, B.W.: The Assessment of Phonological Processes. Danville, Il. (Interstate) 1980

Ingram, D.: Phonological disability in children. London (Arnold Press) 1976

Ingram, D.: Procedures for the Phonological Analysis of Childrens Language. Baltimore (University Park Press) 1981

Jakobson, R. und Halle, M.: Phonemic patterning. In: Kaiser, L. (ed): Manual of Phonetics. Amsterdam (North Holland Publishens) 1957

Jakobson, R. und Halle, M.: Phonology in relation to phonetics. In: Malmberg, B. (ed), Manual of Phonetics. Amsterdam (North-Holland Publishing Compony), 1970; 411-449

Jakobson, R.: Kindersprache, Aphasie und allgemeine Lautgesetze. Frankfurt a.M. (Suhrkamp) 1944/69.

Kaye, J.: Phonology: A cognitiv view. Hillsdale (Lawrence Erlbaum) 1989

Kiparsky, P.: Sound change (1965). In: Kiparsky, P., Explanation in phonology. Publications in Language Science 4. Dodrecht-Holland (Foris Publications) 1982; 1-12

Leinonen, E.: Functional considerations in phonological assessment of child speech. In: Yavas, M.D. (ed). Phonological disorders in children. Theory, research and practice. New York (Routledge), 1991; 121-141

Leonard, L.B. und McGregor, K.K.: Unusual phonological patterns and their underlying representations: A case study. Journal of Child Language 18 (1991) 261-271

Leonard, L.B.: Unusual and subtle phonological behavior in the speech of phonologically disorderedt children. Journal of Speech and Hearing Disorders, 50 (1985), 4-13

Peuser, G.: Einleitung. In: Peuser, G. (Hrsg.), Studien zur Sprachtherapie. Patholinguistica 4. München (Fink) 1979; 9-15

Piaget, J. und Inhelder, B.: Die Psychologie des Kindes. (München (dtv) [6]1996

Richter, H.: Über die Vorläufigkeit phonetischer Notationen. In: Winkler, P. (Hrsg.): Methoden der Analyse von Face-to-Face-Situationen. Stuttgart (Metzler) 1981; 47-55

Romonath, R.: Phonologische Prozesse an sprachauffälligen Kindern. Eine vergleichende Untersuchung an sprachauffälligen und nichtsprachauffälligen Vorschulkindern. Berlin (Spiess, Ed. Marhold) 1991

Romonath, R.: Sprachdiagnostik bei kindlichen Aussprachestörungen aus sprachsystematischer, pädolinguistischer und sprechhandlungstheoretischer Sicht. Die Sprachheilarbeit 38. Jg. (1993) 185-198

Schwartz, R.G.: Interactions among language components in phonological development and disorders. In: Yavas, M.S. (ed). Phonological disorders in children. Theory, research and practice. New York (Routledge), 1991; 65-86

Schwartz, R.G.: Clinical applications of recent advances in phonological theory. Language, Speech and Hearing Services in Schools, 23. Jg. (1992); 269-276

Stampe, P.: A dissertation on natural phonology. New York (Yarland Publishing) 1979

Stoel-Gammon, C. und Dunn, C.: Normal and disordered phonology in children. Baltimore (University Park Press) 1985

Stoel-Gammon, C.: Theories of phonological development and their implication for phonological disorders. In: Yavas, M.S. (ed), Phonological disorders in children: Theory, research, and practice. New York (Routledge) 1991; 16-36

Tillmann, G. und Mansell, P.: Phonetik. Lautsprachliche Zeichen, Sprachsignale und lautsprachlicher Kommunikationsprozeß. Stuttgart (Klett-Cotta) 1980

Vihman, M.M.: Phonological development. Origins of language in the child. Cambridge (Blackwell) 1996

Weiner, F.F.: Phonological Process Analysis (PPA). Baltimore (University Park Press) 1979

Wode, H.: Perzeption, Produktion und die Lernbarkeit von Sprachen. In: Ramers, K.H., Vater, H. (Hrsg.), Universale phonologische Strukturen und Prozesse. Tübingen (Niemeyer) 1994; 169-189

Yavas, M.S.: Introduction. In: Yavas, M.S. (ed). Phonological disorders in children. Theory, research and practice. New York (Routledge) 1981; 1-17

Ulrike Mühlbayer-Gässler

Von der "Pflichtveranstaltung" zur freischaffenden "Handlungsreisenden" oder
Wenn Sonderschullehrerinnen in Baden-Württemberg Frühförderung anbieten

Einleitung

Dieser Beitrag soll einen kurzen Einblick in Inhalte, Struktur und Dynamik des Aufgaben- und Arbeitsfeldes "Sonderpädagogische Frühförderung" geben.

In Baden-Württemberg wird ein großer Teil der sonderpädagogischen Frühförderung von Fachlehrer/innen und Sonderschullehrer/innen an den verschiedenen Sonderschulen durchgeführt.

Das sonderpädagogische Aufgabenfeld Frühförderung unterscheidet sich erheblich in den Zielen, Inhalten und der Sozial- und Kommunikationsstruktur von Schule bzw. Unterricht mit behinderten Kindern und Jugendlichen.

Dies bedeutet unter anderem, daß die Mitarbeit in der Frühförderung im Vergleich zum Schulbetrieb für Sonderschullehrer/innen ein anderes Denken und Handeln verlangt und immer mit einer Veränderung des beruflichen Selbstverständnisses eines Sonderschullehrers verbunden ist. Die Mitarbeit in der Frühförderung kann deshalb in ihrer ganzen Dimension nur freiwillig sein.

Am Beispiel der sonderpädagogischen Frühberatungsstelle an der Friedrich von Bodelschwingh-Schule (eine Schule für Körperbehinderte Kinder und Jugendliche) in Ulm soll eine Möglichkeit der Umsetzung in die Praxis gezeigt werden.

1. Rechtliche und organisatorische Grundlagen der Frühförderung

Personenkreis und Aufgabe

Zentrale rechtliche Basis für die Frühförderung liefert das Bundessozialhilfegesetz (insb. § 39 und § 40). Die nachfolgenden Zitate zum Thema "Personenkreis und Aufgabe" verdeutlichen dies:

(1) Personen, die nicht nur vorübergehend körperlich, geistig oder seelisch wesentlich behindert sind, ist Eingliederungshilfe zu gewähren. Personen mit einer anderen körperlichen, geistigen oder seelischen Behinderung kann sie gewährt werden.

(2) Den Behinderten stehen die von einer Behinderung Bedrohten gleich. ...

(3) Aufgabe der Eingliederungshilfe ist es, eine drohende Behinderung zu verhüten oder eine vorhandene Behinderung oder deren Folgen zu beseitigen oder zu mildern und den Behinderten in die Gesellschaft einzugliedern. ...
Maßnahmen der Eingliederungshilfe sind vor allem ...
heilpädagogische Maßnahmen für Kinder, die noch nicht im schulpflichtigen Alter sind" ...(BSHG 1998).

Die Organisation der Frühförderung, die je nach Bundesland unterschiedlich geregelt ist, soll am Beispiel Baden-Württemberg aufgezeigt werden.

Anfang der siebziger Jahre begann in Baden-Württemberg durch die Einrichtung von sonderpädagogischen Beratungsstellen als Teil der Sonderschulen des Landes der Aufbau eines umfassenden pädagogischen Frühfördersystems.

Im Verlauf der Jahre stieg die Anzahl der Stellen auf 313 (1997), so daß die Arbeit als ein wesentlicher Bestandteil im Netz der frühen Hilfen gewertet werden kann.

1993 wurde durch das Sozialministerium und das Kultusministerium mit Hilfe einer Rahmenkonzeption eine Verzahnung der medizinisch-therapeutischen und pädagogisch-psychologischen Bereiche vorgenommen. Ziel war die Schaffung eines ganzheitlichen und familienorientierten, flächendeckenden Angebotes.

Aufgaben und schulrechtliche Bedingungen

Der nachfolgende Auszug aus der Verwaltungsvorschrift für die Früh-förderung vom 24. Dezember 1996 gibt einen Überblick über weitere Aufgaben und schulrechtliche Bedingungen der Frühförderung.

"Die sonderpädagogische Frühförderung ist Bestandteil des Gesamtgefüges der Maßnahmen zur Frühbetreuung behinderter und von Behinderung bedrohter Kinder. Sie soll in enger Zusammenarbeit mit den Erziehungsberechtigten sowie anderen Einrichtungen und Diensten der Frühbetreuung direkte oder indirekte Auswirkungen einer vorliegenden Schädigung oder Behinderung auf die Entwicklung des Kindes durch sonderpädagogische Maßnahmen verhindern, mildern oder ausgleichen und den durch entwicklungshemmende Umstände drohenden Behinderungen entgegenwirken.

Die Frühförderung wird durch sonderpädagogische Beratungsstellen an Sonderschulen durchgeführt. Sie sind Bestandteil der Sonderschule. Die Einrichtung der Beratungsstellen und die Festlegung ihres Betreuungsbezirks erfolgt durch das OSA mit Zustimmung des Schulträgers.

Um den Eltern den Besuch der Beratungsstelle zu erleichtern, kann diese räumlich getrennt von der Sonderschule eingerichtet werden. ...

Das Oberschulamt betraut einen Sonderschullehrer mit der Leitung der Beratungsstelle. Er hat, unbeschadet der Verantwortung des Schulleiters, für die ordnungsgemäße Erledigung der Aufgaben der Beratungsstelle zu sorgen.

Die Tätigkeit an der Beratungsstelle gehört zu den ordentlichen Dienstaufgaben.

Die Frühförderung wird für behinderte und von Behinderung bedrohte Kinder vom frühestmöglichen Zeitpunkt an angeboten. Dabei übernimmt die Beratungsstelle auch die Beratung und Anleitung der Erziehungsberechtigten und anderer für die Erziehung des Kindes verantwortlichen Personen. Sie ist für die Erziehungsberechtigten kostenlos.

Die Eltern können sich an jede Beratungsstelle wenden" (Verwaltungsvorschrift zur Sonderpädagogischen Frühförderung 1996).

Das Lehrerkontingent, das das Kultusministerium des Landes in den Bereich der Frühförderung einbringt (ca. 300 Lehrerdeputate) wird in den nächsten Jahren kaum erweitert. Der Bedarf, der nicht von diesen Stellen abgedeckt werden kann, soll zu einem Ausbau der Beratungsstellen in freier Trägerschaft führen.

Das nachfolgende Diagramm (Abb. 1) gibt einen Überblick über die Organisationsstruktur der Frühförderung.

Abb. I: Organisationsmodell zur Frühförderung in Baden-Württemberg (nach Trost 1991, 224)

Ebene der Regionen/Regierungsbezirke:

• zentrale oder spezialisierte Kliniken
• sozialpädiatrische **Zentren**
	Sonderpädagogische Beratungsstellen für
	  • blinde/sehbehinderte Kinder
	  • gehörlose/hörgeschädigte Kinder

Ebene der Stadt- und Landkreise:

• Geburts- und Kinderklinik • Erziehungsberatungsstellen • Gesundheitsamt • Sozialamt	**Interdisziplinäre Frühfördereinrichtungen** (entweder • Zusammenschluß von sonderpädagogischen Beratungsstellen unter Einbeziehung anderer Berufsgruppen oder • Einrichtungen in freier bzw. kommunaler Trägerschaft)

Lokale Ebene:

• Niedergelassene Ärzte • frei praktizierende Therapeuten	**Sonderpädagogische Beratungsstellen** • für sprachbehinderte Kinder • für geistigbehinderte Kinder • für körperbehinderte Kinder • für besonders förderungsbedürftige Kinder **Frühförderstellen in Freier Trägerschaft**	•Schulkindergärten •allgemeine Kindergärten •Eltern-Kind-Selbsthilfegruppen

Aufgrund des unterschiedlichen Klientels und der unterschiedlichen Möglichkeiten (räumliche Gegebenheiten, zur Verfügung stehende Arbeitszeit, Einzugsbereich etc.) unterscheiden sich die einzelnen sonderpädagogischen Beratungsstellen in ihrer Organisationsstruktur.

2. Adressaten und Arbeitsauftrag

Wer kommt zur Frühförderung?
Die Frühförderung ist ein Angebot für Familien mit einem "Sorgen-kind". Sie richtet sich an behinderte oder von Behinderung bedrohte Kinder vom Zeitpunkt der Geburt an bis zur Aufnahme in einen Schul-kindergarten (behinderungsspezifisch ausgerichtete Fördereinrichtun-gen) oder bis zur Einschulung.

Der Personenkreis ist damit sehr unterschiedlich:

* Kinder mit geistiger Behinderung,
* seh- und hörbeeinträchtigte Kinder,
* Kinder, deren Sprachentwicklung oder Sprachfähigkeit auffällig ist,
* Kinder mit Körper- oder Mehrfachbehinderung,
* entwicklungsverzögerte Kinder,
* Kinder aus sozial benachteiligten Familien,
* Kinder mit Verhaltensauffälligkeiten und
* Risikokinder.

In allen Fällen orientieren sich die Angebote an der individuellen Situa-tion des Kindes und den Problemfragen seiner Familie. Es wird das Ziel verfolgt, dem betroffenen Kind die bestmöglichen Entwicklungschancen und die Entfaltung seiner Fähigkeiten anzubieten. Dafür ist eine enge Kooperation mit den Eltern unerläßlich. Die Eltern benötigen in vielen Fällen Beratung und Begleitung, um ihre eigenen Kompetenzen (wie-der) zu entdecken und zu stärken, neue aufzubauen und um sich der veränderten Lebenssituation stellen zu können.

Frühförderung will durch frühe Hilfen drohenden Behinderungen be-gegnen und die Auswirkungen einer bereits bestehenden Behinderung mildern. Es sollen die Voraussetzungen dafür geschaffen werden, daß die Kinder, soweit es möglich ist, später die allgemeinen Institutionen, also Regelkindergarten oder allgemeine Schule besuchen können.

Die sonderpädagogische Frühförderung orientiert sich im Rahmen des ganzheitlichen Denkens an der Gesamtpersönlichkeit des Kindes unter Berücksichtigung der behinderungsspezifischen Aspekte. Unter ganzheitlicher Förderung versteht man die Förderung des aktiven Handeln des Kindes in sinnvollen, alltagsbezogenen Zusammenhängen. Vermieden wird ein additives Aneinanderreihen von Fördersituationen, in denen bewußt spezielle Funktions- oder Entwicklungsbereiche (Kommunikation, Emotion, Psychomotorik, Kognition, visuelle Wahrnehmung etc.) überbetont werden.

Frühe Förderung als interdisziplinär-kooperative Aufgabe

Da die Basis der sonderpädagogischen Frühförderung die aktuelle Lebenswelt des Kindes und seiner Familie und die Grundprinzipien der Arbeit die Ganzheitlichkeit und Familienorientierung (s.o.) sind, stehen die Mitarbeiter der Frühförderung automatisch in einem professionellen Verhältnis zu allen Personen, die fachspezifisch mit der Familie in Kontakt sind.

Dies impliziert die Verpflichtung für eine hohe interdisziplinäre Zusammenarbeit zwischen den beteiligten Personen und Einrichtungen. Inhaltlich bedeutet dies: Die Frühförderung hat mit die Aufgabe, dafür zu sorgen, daß die Hilfen für die Familien weniger parallel nebeneinanderherlaufen, sondern durch Abstimmung der Förder- und Therapieschwerpunkte, des Zeitaufwandes und des Kräftehaushaltes der Familienmitglieder als integriertes Konzept wirken können.

Voraussetzung für interdisziplinäre Kooperation sind Grundinformationen über die Aufgaben und Ziele der jeweiligen Berufsgruppen, die mit der Familie zusammenarbeiten. Nur wenn jedem an der Kooperation Beteiligten klar ist, welchen spezifischen Beitrag z.B. die Ergotherapeutin an der Gesamtentwicklung des Kindes oder die Psychologin in einem sozialpädiatrischen Zentrum für die Stabilisierung des Familiengefüges leisten können, ist es möglich, ein ganzheitliches Frühfördersystem zu schaffen.

Der Weg zur Frühförderung

In den meisten Fällen werden die Eltern durch niedergelassene Kinderärzte auf das Angebot der sonderpädagogischen Frühförderung hingewiesen. Sie haben die Aufgabe, im Rahmen der Vorsorgeuntersuchungen (U1 – U9) Auffälligkeiten so früh wie möglich zu erkennen und die Eltern auf Therapie- bzw. Fördermöglichkeiten hinzuweisen.

In manchen Fällen ist eine genaue Abklärung der Ursache einer Entwicklungsverzögerung in einer Kinderarztpraxis nicht möglich. In diesen Fällen gibt es die Möglichkeit, die Kinder an eine Kinderklinik oder ein sozialpädiatrisches Zentrum zu überweisen, um eine weiterführende Diagnostik einzuleiten. Nach der eingehenden Diagnostik wird gegebenenfalls mit den Eltern die Einleitung von Fördermaßnahmen vereinbart. Häufig werden zunächst therapeutische Angebote (Krankengymnastik, Ergotherapie, Logopädie) vorgeschlagen.

Aufgabe und Ziel der Krankengymnastik ist es, das Kind zu befähigen, inadäquate Bewegungsmuster abzubauen, Fehlsteuerungen zu korrigieren und neue, flexible Muster aufzubauen und die neuen Bewegungsmuster in alltägliche Handlungen zu übertragen.

Kinder, die Probleme mit bestimmten Handlungsabläufen haben, werden an eine Ergotherapeutin verwiesen. Dort werden im Rahmen der Therapie geeignete Spiel- und Handlungsideen gesucht, in denen die Kinder gezielt ihre Defizite verringern und ihre Stärken ausbauen können. Ein spezifisches Aufgabenfeld der Ergotherapie ist die Erweiterung der Selbständigkeit in Alltagssituationen (Essen, Anziehen, etc.). Dazu ist es immer wieder notwendig, daß geeignete Hilfsmittel ausprobiert und angepaßt werden.

Das Arbeitsfeld der Logopäden umfaßt die Behandlung von Sprachentwicklungs- und Sprechstörungen, gibt Hilfen beim Sprachaufbau und bietet die Förderung der Mundmotorik an (siehe auch den Beitrag von Dupuis in diesem Band).

3. Sonderpädagogische Entwicklungsförderung

Sonderpädagogische Entwicklungsförderung bedeutet unmittelbare Kooperation mit dem Kind und seiner Familie. Sie bedeutet nicht das Durchführen sog. Förderprogrammen. Förderprogramme sind auf eine gezielte Förderung einzelner Fähigkeitsbereiche ausgerichtet (z.b. visuelle Wahrnehmungsförderung nach Marianne Frostig oder das Training mit dem PETRA-Satz auf die Auge-Hand-Koordination und die Handgeschicklichkeit Schmitz [1992]). Förderprogramme sind durch eine weitgehende Normierung der Aufgaben charakterisiert, was dazu führt, daß ergebnisorientiert und weniger prozeßorientiert gearbeitet wird. Dies wiederum impliziert, daß die Programme in einer isolierten Zweierkonstellation (Mitarbeiter – Kind) durchgeführt werden und nicht im Rahmen des familiären Alltags. Sonderpädagogische Entwicklungsförderung orientiert sich dagegen an den familienspezifischen Alltagsaufgaben, die das Kind zu bewältigen hat und an den Spielideen, die es in die Fördersituation einbringt.

Ausgangspunkt einer ganzheitlichen Frühförderung ist somit das Kind mit der ganzen Komplexität seiner Entwicklung und seiner sozialen Beziehungen. Das Kind stellt sich dar mit seinen Stärken und Schwächen.

Während der Förderung entsteht durch das Miteinander und die damit einhergehende Prozeß- oder Verlaufsdiagnostik[1] ein immer differenzierteres Bild des Kindes. Dabei stehen erlebniszentrierte, konfliktzentriert-aufdeckende, und übungszentriert-funktionale Schritte gleichberechtigt nebeneinander.

Erlebniszentriert bedeutet, daß das Kind in der sozialen und materialen Interaktion sich und den Anderen erfährt, neue Weltinhalte und

---

[1] Man könnte sie auch Handlungskompetenzdiagnostik nennen, denn die Mitarbeiter versuchen, sich ein möglichst klares Bild von der Handlungskompetenz des Kindes zu verschaffen.

Kommunikationsformen kennenlernt und seine Fähigkeiten und Fertigkeiten ausbaut.

Konfliktzentriert-aufdeckend bedeutet vielerlei und z.T. deutlich verschiedenes. Ein Schwerpunkt liegt in der Konfrontation des Kindes mit seinen Gefühlen,

- es soll bewußt erleben, welches Spiel Freude macht oder welche Aufgaben anstrengend sind (Ich-Kompetenz)
- es soll erleben, wo seine Grenzen sind, z.B. daß es einen Wohnzimmertisch nicht einfach wegschieben kann, einen leeren Pappkarton sehr wohl (Sachkompetenz) oder
- es soll erleben, daß sich soziale Kooperation "lohnt", daß man gemeinsam Freude haben kann (Sozialkompetenz).

Übungszentrierte Phasen dienen der Festigung von Fähigkeiten und Fertigkeiten und sollen ihre Übertragbarkeit in andere, analoge Situationen vorbereiten.

Diese Form der Gliederung in Schwerpunkte, die fließend in einander übergehen, z.T. gleichzeitig, aber auch mit deutlicher Betonung eines einzelnen, bedeutet, daß sowohl einzelne Entwicklungsfunktionen als auch die Gesamtheit im Sinne einer Ganzheitlichkeit berücksichtigt werden. Dies gründet auf einer systemischen Sichtweise der wechselseitigen Verbundenheit der einzelnen Entwicklungsbereiche.

Die sonderpädagogische Frühförderung begleitet das Kind unter Betrachtung des gesamten sozialen und therapeutischen Umfeldes. Die Mitarbeiter der Beratungsstelle sind immer selbst ein beeinflussender Faktor des gesamten sozialen Gefüges und sind sich dessen bewußt.

Der erste Kontakt
Am Beginn der Frühförderung steht ein ausführliches Gespräch mit den Eltern und den eventuell beteiligten Therapeuten. In einer ersten Spielsituation mit dem Kind wird grob der Entwicklungsstand des Kindes eruiert.

Kommt es zu regelmäßigen Förderkontakten, werden die aktuelle Entwicklungsfortschritte, besondere Vorkommnisse, Ergebnisse von medizinischen Untersuchungen etc. bei den Eltern erfragt und bei Bedarf noch einmal mit ihnen besprochen. Außerdem werden die Erwartungen der Eltern und ihre Zielvorstellungen besprochen. Es wird gemeinsam überlegt, ob für die nächste Zeit z.B. das selbstständige Sitzen ein erreichbares Ziel sein könnte. Dabei ist es immer wieder wichtig, den Eltern die Vorstufen, die zum Ziel führen, konkret zu vermitteln[2]. Die Eltern erhalten so die Chance sensibler für die kleinen Entwicklungsschritte ihres Kindes zu werden. Für die Beispiel-Aufgabe "Sitzen-Lernen" kann dies u.a. bedeuten, daß mit dem Kind zunächst ein stabiler "Dreipunkt-Stütz" (Kind stützt sich in Bauchlage auf linken Ellbogen, linke Hüfte und auf das rechte Knie, wobei das Bein angewinkelt ist) in Bauchlage "geübt" wird, ehe das eigentliche Ziel in der Aufrichteentwicklung, das Sitzen, angegangen wird.

Im Spiel mit dem Kind werden u.a.

• den Eltern Entwicklungsfortschritte des Kindes aufgezeigt,
• Möglichkeiten gesucht, wie diese Veränderungen in den Alltag der Familie miteinbezogen werden können und
• in welchen anderen Spielsituationen und Handlungszusammenhängen diese Fähigkeiten ebenfalls zum Tragen kommen können.

Dazwischen findet regelmäßig ein Austausch und eine Absprache der einzelnen Förderschwerpunkte mit den Vertretern der verschiedenen Fachdisziplinen statt. Voraussetzung dafür ist, daß die Eltern mit diesen Absprachen einverstanden und darin eingebunden sind.

Bei „größeren" Veränderungen (Eintritt in den Kindergarten / Frage nach dem Schulbesuch) werden mit den Eltern die verschiedenen

---

[2] Solche Vorstufen lassen sich in jedem Entwicklungsalter definieren. Leicht einzusehen sind für viele Menschen, daß ein sicheres Stehen eine Basis für Gehen oder gar Rennen darstellt, schwieriger wird es jedoch zu verstehen, daß das Sortieren von roten und blauen Lego-Steinen das Rechnen vorbereitet oder das Bauen eines Zaun aus vier Hölzchen, Grundlagen für Lesen und Schreiben sein könnte.

Möglichkeiten besprochen, und sie werden in ihren Überlegungen beraten. Sie entscheiden jedoch letztendlich selbst.

Abgeschlossen werden soll dieser Abschnitt mit Überlegungen zum Thema Diagnostik.
Diagnostik im Sinne der oben angesprochenen Handlungskompetenz-Diagnostik in Spiel- und Alltagssituationen ist ein wichtiger Bestandteil der sonderpädagogischen Frühförderung. Ziel der Diagnostik ist, das Kind zu beobachten, um dann vorsichtige, aber klare Anregungen für einen neuen Entwicklungsschritt zu geben. Beim Mitarbeiter setzt dies ein großes Repertoire an Wissen über Handlungszusammenhänge voraus. Es ist notwendig, daß die allgemeine Entwicklung in ihren verschiedenen Bereichen (Wahrnehmung, Motorik, Sprache, Spiel etc.), die Feinabstufungen und ihre wechselseitigen Bezüge und Abhängigkeiten (z.b. kommt ein gute visuelle Wahrnehmung voll zum Tragen, wenn auch die Funktion eines Spielgegenstandes erkannt oder erinnert wird) ständig beim Mitarbeiter präsent ist.
Wenn Mitarbeiter mit Hilfe von „Entwicklungsgittern" oder „Entwicklungsskalen" arbeiten, müssen sie lernen, wie die aufgezählten Fertigkeiten in die Alltags- oder Spielhandlungen des Kindes übertragen werden können. Nur so gelingt der Wechsel von einer quantitativen zu einer qualitativen Diagnostik und eine Orientierung am Entwicklungsalter und nicht am normierten Lebensalter.

Andererseits:
In der ständigen Arbeit mit behinderten und entwicklungsverzögerten Kindern besteht die Gefahr, daß die Orientierungspunkte am "Normalen" verloren gehen, daß man ein Stück „betriebsblind" wird, sich an den kleinen Fortschritten erfreut und die Gesamtentwicklung aus den Augen verliert. Deshalb ist eine „Neuorientierung" an der „Normalentwicklung" immer wieder notwendig, zumindest aber innerer Leitfaden. Die interdisziplinäre Zusammenarbeit kann auch ein Stück dazu beitragen, Kinder wieder realistischer einzuschätzen.

4. Kompetenzen für den Bereich "Entwicklungsförderung des Kindes"

Das ganzheitliche Vorgehen in der Frühförderung stellt an Mitarbeiter verschiedene Anforderungen:

- **Auf der einen Seite** benötigen sie viele Einzelkenntnisse über die zentralen Entwicklungsfunktionen (s.o.) und ihre spezifische Förderung und Therapie und über die spezifische rechtliche und institutionelle Infrastruktur (siehe Abb. 2); z.B.: im Bereich der Mundmotorik Antworten auf die Frage, was macht man gegen einen Zungenstoß oder wie motiviert man ein Kind, seine hemiparetische Hand als Halte- oder Hilfshand einzusetzen oder die Frage, welcher integrative Kindergarten könnte das Kind zukünftig betreuen.
- **Auf der anderen Seite** sind die Mitarbeiter angetreten, diese speziellen Funktionen nicht isoliert zu "trainieren", sondern im Rahmen alltäglicher Aufgabenlösungen und Spielsituationen aufzugreifen und Hilfen für ihre Etablierung oder Weiterentwicklung zu geben.
- **Ein dritter Bereich** ist die Beratung der Eltern bezüglich der institutionellen und therapeutischen "Laufbahn" ihres Kindes.

Abb. 2: Das Haus der Frühförder-Mitarbeiter(innen) besteht aus mit Wissen und Können gefüllten Bausteinen. Für jede Fördersituation wird es mehr oder weniger neu aufgebaut

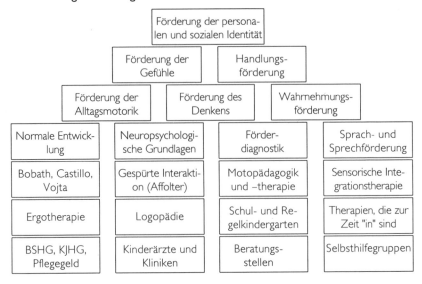

Aufgabe der Mitarbeiter ist es, diese Bereiche systemisch zu integrieren.

Eine spezifische Dynamik beim Thema Kompetenzen ergibt sich in Baden-Württemberg aus der Tatsache, daß die Mitarbeiter der sonderpädagogischen Frühförderung häufig Sonderschullehrerinnen(-lehrer) sind.

Die Dynamik entsteht, weil sich die Systeme Schule und Frühförderung bei einer Reihe von Gemeinsamkeiten, in vielen Punkten deutlich unterscheiden. Anhand von Beispielen soll dies verdeutlicht werden. Für die Darstellung dieser Aspekte wird ein Strukturierungsraster gewählt, das sich für die Analyse komplexer sozialer Systeme bewährt[3] hat. Tabelle I zeigt, daß sich das Raster in drei Felder gliedert.

Tab. I: Strukturierungsraster für soziale Systeme

Analyse-Ebene		
Allgemein	Schule	Frühförderung
Inhaltliche Ebene (die Produktebene)	Unterricht, Bildung nach vorgeschriebenen Lerninhalten	Inhaltlich nicht vordefinierte Entwicklungsförderung, Hilfen für Eltern im Sinne von Beratung, Begleitung und Anleitung
Interaktionale Ebene (die Beziehungsebene)	Lehrer–Schüler-Verhältnis, Lehrer-Eltern-Verhältnis	Mitarbeiter-Kind-Verhältnis[4] bzw. Berater-Klient-Verhältnis.
Organisatorische Ebene	Relativ geschlossenes, rechtlich weitgehend geregeltes staatliches System	Rechtlich wenig geklärtes weitgehend offenes (freiwilliges) Interaktionssystem

[3] Als Referenzliteratur sei hier stellvertretend König und Volmer (1996) genannt.

[4] In Analogie zum "Lehrer-Schüler" Begriff müßte es eigentlich Entwicklungsförderer-Kind, heißen, wobei das Kind das spezifische Etikett "Löst massive Sorge aus" trägt, denn nur dann kommen Eltern zur Frühförderung.
Im weitesten Kind könnte das "Frühförder-Kind" auch als Klient gesehen werden, auch wenn ihm die Reflexionsebene für das Erkennen dieser Vorgänge fehlt.

Nachfolgend sollen die Stichpunkte dieses Raster beispielhaft erläutert werden, wobei den dargestellten Schlaglichtern die Hauptbezugsebene(n) in Klammern beigefügt ist (sind)[5]:

Im Rahmen der Schule haben Sonderschullehrer die hauptsächliche Aufgabe, die durch die Lehrpläne vorgegebenen Lerninhalte den Schülern entsprechend ihren individuellen Voraussetzungen zu vermitteln. Der Besuch einer Schule ist für alle Kinder verpflichtend. Ein Kind kann nicht einfach vom Unterricht, z.B. weil ihm die Lehrerin unsympathisch ist, fern bleiben (Organisatorische Ebene und Produktebene).

Demgegenüber steht das Aufgabenfeld der sonderpädagogischen Frühförderung als durchweg freiwilliges Angebot. Es kann von den betroffenen Familien in Anspruch genommen werden oder auch nicht. Familien können die Beziehung ohne Angabe von Gründen abbrechen; sie sind formal niemanden Rechenschaft schuldig.

In der Frühförderung bedeutet dies für Sonderschullehrer, die aus dem Schulbetrieb kommen, ein Umdenken. Eltern können sich zum Abbrechen der Frühförderung entscheiden, auch wenn die "Profis" glauben, daß die Förderung dringend notwendig sei. Im Rahmen der Schule ist dies nicht möglich.

Sonderschullehrer in der Frühförderung müssen lernen, mit solch einem Abbruch umzugehen. Dies ist nicht einfach, denn mit einer Ablehnung der Hilfe kann immer auch eine Ablehnung als Helfer verbunden sein. Insbesondere bei einem unerwarteten Abbruch können die Gründe nicht immer geklärt werden (die organisatorische Ebene und Produkt-Ebene wirken auf der Beziehungsebene).

Auf der anderen Seite bringt die Freiwilligkeit den Aspekt mit, daß die Familien bereit sind, das Angebot eigenmotiviert in Anspruch zu nehmen und nicht, weil sie juristisch dazu verpflichtet sind. Dies bedeutet

---

[5] Überschneidungen sind aufgrund der Komplexität sozialer Systeme selbstverständlich.

u.a., daß sie sich dem Problem stellen und mit der Arbeit der Mitarbeiter weitgehend zufrieden sein müssen (Beziehungsebene).

Ein weiterer großer Unterschied zwischen Schulpädagogik und Frühförderung betrifft die Auswahl der "Lerninhalte". In der Schule sind die Lerninhalte in den Lehrplänen – allerdings auf einer sehr allgemeinen Ebene - definiert.

Die Definition der Förderinhalte im Rahmen der sonderpädagogischen Frühförderung wird dagegen von vielen Faktoren beeinflußt: Schwerpunkte der Therapeuten, die mit dem Kind arbeiten, Kenntnisse der Mitarbeiterinnen der Frühförderung, Wünsche und Erwartungen der Eltern und natürlich des Kindes. Dies kann zur Folge haben, daß sich ein sehr heterogenes Bild der Hilfsangebote ergibt (Produktebene). Für alle gemeinsam könnte die grobe Orientierung an der Normalentwicklung sein. Doch auch hier ergeben sich u.U. Schwierigkeiten. Es tauchen Fragen auf wie: "Ist es 'normal' mit einem Kind das Krabbeln zu üben, weil das Kind das Krabbeln als Basisfähigkeit für das Gehen benötige oder gibt es auch Entwicklungswege zum Gehen ohne Krabbeln"[6]. Was bleibt, ist der Weg, die Inhalte der Förderung im Rahmen eines fairen "Verhandlungsgespräches" mit allen Beteiligten festzulegen. Die Erfahrungen haben gezeigt, daß dies in der Regel nicht so schwierig ist, wenn man akzeptiert, daß Eltern ein Recht auf Bedürfnisse, Hoffnungen und Wünsche haben, auch wenn diese den Norm- und Wertevorstellungen der Mitarbeiter widersprechen (die Produktebene wirkt auf die Beziehungsebene). Das Absprechen der Förderschwerpunkte mit den Eltern kann bedeuten, daß in manchen Fällen ihre Erwartungen in der Praxis nicht erfüllt werden können.

---

[6] Michaelis, Krägeloh und Haas schreiben: "Die Fähigkeit, krabbeln zu können, ist ... nach unserem Entwicklungsverständnis kein essentielles Durchgangsstadium der motorischen Entwicklung des Kindes, auch nicht für den Erwerb kognitiver Fähigkeiten, was oft behauptet wird" (1989, 12).

Eltern müssen sich mit diesen Enttäuschungen auseinandersetzen, Mitarbeiter müssen sich die Frage stellen, ob sie kompetent genug sind. Für beide Konstellationen gibt es keine objektiven Kriterien, die eine rasche Lösung ermöglichen könnten. D.h. diese Prozesse sind langwierig und bedingen eine ständig begleitende Diagnostik (die Beziehungsebene wirkt auf die Produktebene).

Ein weiteres Themen- bzw. Aufgabenfeld, mit dem sich Mitarbeiter der Frühförderung konfrontiert sehen, sind Hilfen für die Verarbeitung und Akzeptanz der Behinderung des Kindes sowohl von Seiten der Eltern als auch von Seiten des Kindes

Wenn ein Kind eine Sonderschule besucht, ist bei Eltern (und Kind) die Auseinandersetzung mit der Behinderung, die veränderte Familiensituation und Lebensplanung weitgehend ein Stück ihres Alltags. In der Zeit der sonderpädagogischen Frühförderung, besonders zu Beginn, hat diese Auseinandersetzung einen weit größeren Stellenwert als sieben bis zehn Jahre danach. Deshalb sind die Begleitung der Bewältigungsprozesse der Eltern und des Kindes ein wichtiges Element der Frühförderung. Die Mitarbeiterinnen und Mitarbeiter müssen sich über diesen Prozeß der Auseinandersetzung mit einer Behinderung bzw. einer drohenden Behinderung im Klaren sein und dementsprechend darauf reagieren können. Dies kann u.a. bedeuten, daß die geplante Förderstunde mit dem Kind zu einem Gespräch mit den Eltern wird.

Andererseits muß aber auch klar sein:

Wenn man den Eindruck hat, daß eine solche Begleitung oder Beratung nicht mehr ausreicht, sollte man den Eltern empfehlen, anderweitig (therapeutische) Hilfe zu suchen (die Beziehungsebene wirkt auf die Produktebene).

Während der Schulbesuch als Notwendigkeit in den meisten Fällen anerkannt ist, erleben Eltern das Angebot der sonderpädagogischen Frühförderung oftmals sehr zwiespältig. Auf der einen Seite erfahren sie Hilfestellung für ihr Kind und ihre Situation, auf der anderen Seite stellt das Angebot auch eine Art „Bedrohung" dar, weil überaus deutlich wird, daß mit dem Kind etwas nicht in Ordnung ist. Diese Ambivalenz ist in manchen Fördersituationen spürbar und beeinflußt diese.

Die Schule als „Pflichtveranstaltung" hat für jeden Schüler einen Platz, Die Stundenzahlen sind sowohl nach oben wie nach unten festgeschrieben, ein Ausbau oder eine Reduzierung auf dieser Ebene ist – von wenigen Ausnahmen abgesehen - nicht möglich. In der Frühförderung ist dies anders. Immer wieder werden Kinder und ihre Eltern wegen Kapazitätsmangel abgewiesen bzw. mit einem Wartelistenplatz „vertröstet" (organisatorische Ebene). Für Mitarbeiter und Eltern kann dies Frustration bedeuten, die bewältigt werden muß (Organisation wirkt auf die Beziehungsebene).

5. Kompetenzen für den Bereich "Beratung und Begleitung der Eltern in einer schwierigen Lebensphase"

Die Geburt eines behinderten Kindes ist für alle Familien als "kritisches Lebensereignis" zu werten. Eltern (und Geschwister) müssen viele Aufgaben und Problemstellungen bewältigen lernen. Ihr Beratungs- und Begleitungsbedarf ist im Vergleich zu anderen Familien wesentlich erhöht.

Leicht zu verstehen ist, daß Eltern während der Frühförderkontakte immer wieder Probleme ansprechen, deren Lösung weit über das Aufgabenfeld der Frühförderung hinausgehen. Dies gilt insbesondere für Familien mit zusätzlichen oder besonders schwierigen Situationen (z.B., wenn das Kind eine begrenzte Lebenserwartung hat oder wenn die Eltern Eheprobleme haben, wenn Arbeitslosigkeit droht oder ein Familienmitglied krank ist).

Vor allem in der Haus- und Einzelförderung erleben Eltern den Frühförder-Mitarbeiter als beständigen und ihnen sehr zugewandten Kommunikationspartner, der die Situation kennt und mit dem man über "alles" sprechen kann.

Für den Mitarbeiter ist es wichtig, sich vor einer Kompetenzüberschreitung und/oder Überforderung zu schützen. Er muß sich im klaren sein, welche Aufgaben nicht zu seinem Arbeitsfeld gehören (z.B. Partnerschaftsberatung, Hilfe in sozialen Notlagen, Familientherapie, etc.).

Dies muß er gegenüber den Eltern deutlich signalisieren, was nicht immer leicht fällt, aber Bestandteil seiner Professionalität sein sollte. Andererseits gehört zu den Aufgaben der Frühförderung Kenntnisse über Funktion und regionale Infrastruktur der Nachbardisziplinen, die in diesen Fällen Hilfe anbieten zu haben.

Ein spezielles Thema, bei dem vom Mitarbeiter erhöhte Professionalität verlangt wird, ist der Eintritt des Kindes in den Kindergarten[7].

Sehr häufig haben die Eltern bzw. die Familie in den ersten drei Lebensjahren des Problemkindes gelernt, mit den spezifischen Aufgaben, die die Behinderung des Kindes mitbringt, umzugehen. Dies gilt sowohl auf emotionaler und kognitiver Ebene, als auch auf institutioneller und organisatorischer Ebene (z.B. Reduzierung der Berufstätigkeit, Betreuung der Geschwisterkinder während eines Klinikaufenthaltes oder bei den wöchentlichen Therapiebesuchen).
Wird gegen Ende des dritten Jahres von den Mitarbeitern das Thema "Kindergarten" angesprochen, erleben die Eltern, daß ihr System massiven Veränderungen ausgesetzt ist. Hinter den Fragen wie "Kann das Kind einen Regelkindergarten besuchen?", "Ist die Aufnahme in einen Schulkindergarten dringend geboten?", "Wie weit ist der nächste Integrationskindergarten entfernt, der das Kind aufnimmt?" stecken dann in der Regel nicht nur organisatorische Aufgaben, sondern die gesamte Streubreite der Probleme und Sorgen, die Eltern haben, stehen damit in Verbindung.
Mitarbeiter haben in dieser Phase die Aufgabe, zusammen mit den Eltern, bestmögliche und realistische Entwicklungswege für das Kind zu finden.
Manchmal ist es schwer, gegenüber Eltern eine klare Aussage bezüglich des Entwicklungsstandes ihres Kindes zu machen, denn diese Aussagen bergen oft eine Verletzung in sich; dennoch sind sie notwendig. Diese „verletzenden" Aussagen dürfen nicht aufgrund eines übersteigerten Mitgefühls verwässert oder verharmlost werden („vielleicht gibt sich das noch", etc.). Man sollte sich jedoch darüber im klaren sein, wie sol-

---

[7] Analoge Prozesse gibt es auch bei der Einschulung.

che Aussagen wirken können und daß dann zwangsläufig Reaktionen (2-3 maliges Absagen, Beenden der Frühförderung, etc.) darauf erfolgen, mit denen man lernen muß umzugehen.

Zusammenfassend läßt sich sagen:
Der Grat zwischen Verständnis, Mitgefühl und Distanz ist sehr schmal, wird sicher individuell gestaltet, muß aber dennoch aufrechterhalten bleiben. Dies ist ein wichtiger Punkt in Teamgesprächen und hier sollte Konsens bestehen.

Nach diesen, eher die sozial-kommunikativen Aspekte betreffenden Gedanken, stehen im letzten Abschnitt eher formal organisatorische Überlegungen im Vordergrund.

6. Anspruch und Wirklichkeit

Aufgabenvielfalt der Frühförderung und ihre Realisierung erläutert am Beispiel Frühberatungsstelle der Friedrich von Bodelschwingh-Schule Ulm

Abb. 3 gibt einen Überblick über die Angebote bzw. Sozialformen, mit denen in der Frühberatungsstelle der Friedrich von Bodelschwingh-Schule, einer Schule für Körperbehinderte in Ulm, versucht wird, die Aufgaben der Frühförderung zu erfüllen.

Das Arbeitsvolumen der Beratungsstelle umfaßt derzeit 95 Wochenstunden. Die ca. 100 Kinder werden von 7 Kolleginnen (5 Sonderschullehrerinnen, 1 Krankengymnastin, 1 Fachlehrerin) betreut.

Die Organisationsstruktur unserer Beratungsstelle hat sich im Laufe der letzten 20 Jahre aus den organisatorischen Gegebenheiten und aus den Erfahrungen und Diskussionen im Team entwickelt. Sie ist seit ca. 7 Jahren im wesentlichen gleich geblieben.

**Abb. 3: Organigramm Förderangebote der sonderpädagogischen Frühbera-
tungsstelle an der Friedrich-von-Bodelschwingh-Schule Ulm**

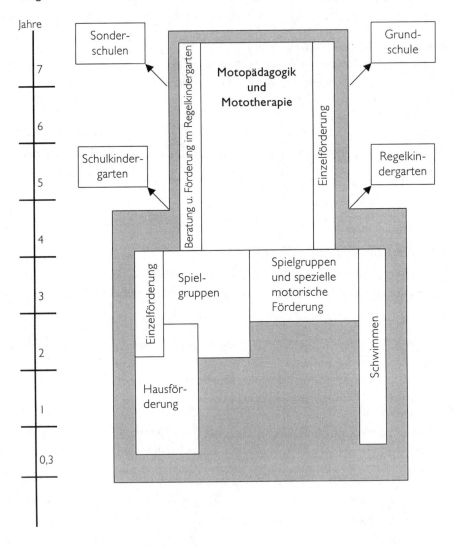

Frühförderung findet - bis auf wenige Ausnahmen – wöchentlich statt. Zwischen den verschiedenen Organisationsformen (s. Tab. 2) gibt es die Möglichkeit zu wechseln.

Tab. 2: Organisationsformen der Frühberatungsstelle

Hausförderung	Förderung zuhause (45 Minuten) Dauer: je nach Situation des Kindes und der Familie in der Regel bis zum Alter von 1½ Jahren
Einzelförderung	Förderung in der Beratungsstelle (45 Minuten)
Spielgruppen	In der Beratungsstelle (1 ½ - 2 Stunden) 4 - 6 Kinder und ihre Bezugspersonen (evtl. auch Geschwister), 2 Mitarbeiterinnen
Spielgruppe mit Motorik-Angebot	Doppelangebot je 1-stündig Spielgruppe und spezielle motorische Förderung; verknüpft mit Elternberatungen 6 - 10 Kinder, 2 - 3 Mitarbeiterinnen
Schwimmen	Zusatzangebot für alle Kinder unter 3 Jahren und/oder mit spezieller Behinderung (z.B. Muskelerkrankungen) Beratung und Anleitung der Eltern durch eine Mitarbeiterin
Motopädagogik / Mototherapie, Maltherapie / ergotherapeutisches Angebot	Doppelangebot je 1-stündig Motopädagogik / Mototherapie und Maltherapie / ergotherapeutisches Angebot (Malen/Werken) Verknüpft mit Elternberatungen (gemeinsamen Eltern-Kind-Nachmittagen etc.) 10 Kinder, 2 – 3 Mitarbeiterinnen
Kindergarten	Beratungen im Kindergarten, vereinzelt auch Förderung Erzieherinnen aus dem Regelkindergarten können bei „ihrem" Kind in der Frühförderung hospitieren
Kooperation mit anderen Stellen [1]	Niedergelassene Therapeuten Kinderärzte-„Stammtisch" Sozialpädiatrisches Zentrum Informationsveranstaltungen Enger Kontakt mit den aufnehmenden Institutionen, Fachberatung der Kindergärten

[1] Immer unter Wahrung der Datenschutzauflagen, insbesondere Zustimmung der Eltern

292 Ulrike Mühlbayer-Gässler

Tab. 2: Organisationsformen der Frühberatungsstelle (Fortsetzung)

Elternarbeit [2]	Beratung und Begleitung der Eltern; Schwerpunkt Umgang mit der Behinderung Elternbildung Unterstützung bei der Hilfsmittelversorgung Diagnostik Besondere Beratung und Gespräche beim Übertritt in den Kindergarten und die Schule
Familienfreizeit	Angebot an alle Familien einer 5-tägigen Freizeit [3]
Team	14-tägig 2 Stunden [4] Teamsupervision (bei Bedarf) alle 2 Jahre gibt es eine 2-tägige „Klausurtagung" mit einem Schwerpunktthema (Mein Beruf als „Frühförderer", Elternarbeit, Entwicklungsdiagnostik, etc.)

[2] Die Zusammenarbeit mit den Eltern unterscheidet sich von der in der Schule. Auch hier spielt der Angebotscharakter eine große Rolle. Die Begleitung der Eltern steht im Vordergrund. Weitere Themen sind: Umgang mit Behinderung; Begleitung bei der Auseinandersetzung mit der veränderten Lebenssituation; Elternbildung; Unterstützung bei der Hilfsmittelversorgung; Diagnostik; Beratung und Gespräche über Kindergarten- und Schulbesuch.

[3] Vormittags werden die Kinder (und Geschwisterkinder)in unterschiedlichen Gruppen von den Mitarbeiterinnen betreut, die Eltern haben „frei"; nachmittags gemeinsames Programm unter einem bestimmten Thema (z.B. „Wind", „Die Vogelscheuche Fridolin", „Sonne und Regen", „Zirkus", etc.) mit allen; abends Gespräche mit den Eltern.

[4] Mitglieder sind alle Mitarbeiterinnen, die mehr als 8 Stunden pro Woche in der Frühförderung arbeiten. Inhalte sind Organisation, Fallbesprechungen, Informationen über Fortbildungen etc. Ein gut funktionierendes Team gehört mit zur Basis einer kompetenten Beratungsstelle, wobei nicht die Harmonie, sondern die sachliche Auseinandersetzung im Vordergrund stehen sollte.

Im Team wird u.a. das „Unterstützungssystem" organisiert: Bei Hausförderungen / Einzelförderungen arbeiten die Mitarbeiter einzeln; ergeben sich Situationen, in denen es besser ist, wenn ab und zu eine zweite Mitarbeiterin "mit-schaut", „mitdenkt", kann im Team Unterstützung angefordert werden. In der Praxis hat sich dies bewährt.

7. Gedankensplitter aus der täglichen Arbeit "unserer" Frühberatungsstelle

Mit diesem Abschnitt soll gleichsam als Abschluß ein Blick auf verschiedene, zum Teil sehr unterschiedliche Themen wie Erstbesuche, Elternbildung, Elternarbeit, die die alltägliche Praxis der Frühförderung mit sich bringt, geworfen werden.

Der Erstkontakt

Nach der telefonischen Anfrage der Eltern machen in der Regel zwei Mitarbeiterinnen zuhause bei der Familie einen Erstbesuch. Die Doppelbesetzung hat den Vorteil, daß sowohl mit dem Kind „gespielt", sprich Diagnostik gemacht, als auch mit den Eltern / der Mutter über die bisherige „Geschichte", über Erwartungen und Möglichkeiten der Frühförderung gesprochen werden kann.
Wenn der Erstkontakt bei der Familie zu Hause stattfindet, können die Mitarbeiter die häuslichen Gegebenheiten (Geschwister, räumliche Möglichkeiten, etc.) kennenlernen und die Umsetzungsmöglichkeiten der Förderung in den Alltag der Familie besser einschätzen. Sie verstehen leichter, daß manche Vorschläge für besondere Förderung oder Therapie nicht realisierbar sind.

Haus- und Einzelförderung

In den Haus- und Einzelförderungen und bei den Spielgruppen, bei denen die Eltern mit dabei sind, läuft die Zusammenarbeit mit Eltern permanent mit. Es findet immer ein aktueller Austausch statt.
Bei den „älteren" Kindern (3 ½ - 6 Jahre) ist die Zusammenarbeit mit Eltern zwangsweise nicht mehr so intensiv, da sie in der Fördersituation nicht mehr dabei sind. Wenn wir den Eindruck haben, daß sich akute Fragen häufen, bieten wir einen Elternabend an. Außerdem wissen die Eltern, wann sie uns telefonisch erreichen können, um einen Gesprächstermin zu vereinbaren. Um die Eltern dennoch auch ein Stück weit an der Förderung teilhaben zu lassen, gibt es mindestens

einmal im Jahr einen gemeinsamen Eltern-Kind-Termin mit einem Angebot für alle.

Gruppenförderung

Im Rahmen unserer Frühberatungsstelle arbeiten wir viel in Gruppen. Wir sehen darin Vorteile und Nachteile, wobei die Ersteren aus unserer Sicht überwiegen.

Die Gruppen werden von unserer Seite wenn möglich so zusammengestellt, daß sowohl Kinder als auch Eltern „zusammenpassen".

"Gruppe" bedeutet für die Kinder, daß sie nicht immer in der Erwachsenen – Kind – Beziehung stehen, sondern auch mit anderen Kindern kommunizieren und spielen können. Sie fühlen sich nicht permanent von Mutter und „Frühförder-Frau" beobachtet und sind erfahrungsgemäß in vielen Situationen freier.

Die Eltern haben Gelegenheit mit anderen Betroffenen in Kontakt zu kommen, sich auszutauschen, sich zuzuhören und sich gegenseitig zu unterstützen. Nicht selten kommt es vor, daß sich die „Spielgruppen-Mütter" auch in den Ferien ohne Mitarbeiter treffen, oder daß sich die Familien gegenseitig unterstützen, wenn dringend ein „Babysitter" gebraucht wird.

Für uns bedeutet die Initiative der Eltern eine Entlastung, da die Eltern eine Form von Unterstützung erhalten, die Frühförder-Mitarbeiter nicht bieten können.

Ein anderer positiver Aspekt der Gruppenförderung ist die Zusammenarbeit von einer oder zwei Kolleginnen. Durch den fachlichen Austausch werden Ansätze neu überdacht, verändert oder verfeinert. Fallbesprechungen werden erleichtert, da mindestens zwei Personen das Kind und seine spezielle Situation kennen und somit auch zwei Sichtweisen eingebracht werden können.

Eltern unterstützen die Frühförderung

Im Verlauf des Bestehens unserer Frühberatungsstelle gab es immer wieder Situationen, in denen die äußeren Rahmenbedingungen (z.B. das Fehlen geeigneter Räume) schwierig waren. In diesen Phasen gab es immer wieder Hilfeaktionen von Seiten der Eltern, die uns bei unseren Versuchen, die Bedingungen zu verändern, unterstützt haben.

Die "Familien-Freizeit"

Seit sieben Jahren bieten wir für alle interessierten Familien eine Familienferienfreizeit (s.o.) mit 50 – 70 Teilnehmern an.

Am Vormittag betreuen wir die Kinder (auch die Geschwister) in verschiedenen Gruppen und stellen die Förderung jedesmal unter ein bestimmtes Thema. Am Nachmittag gibt es verschiedene Aktivitäten mit allen (z.B. Baden, Wandern, Spielen, Bauernhof/Feuerwehr/Sägewerk besichtigen, etc.). An den Abenden gibt es Gespräche mit den Eltern, gemeinsame Spiele, Singen, etc.. Obwohl diese Freizeiten für uns sehr anstrengend sind, möchten wir sie nicht mehr missen. In vielen Fällen haben wir während der Förderung meist nur mit den Müttern Kontakt. Dort gelingt es uns auch die Väter einzubeziehen. Für einige Familien ist dies ihr Jahresurlaub, bei dem auch die Eltern etwas Zeit füreinander haben.

Elternberatung und Elternbildung

Eltern eines behinderten Kindes oder eines Kindes, das von Behinderung bedroht ist, sind häufig auf der Suche nach Informationen (Ursachen, Gründe, Zusammenhänge, neue Therapieformen, Möglichkeiten von Hilfen, adäquate Spielmaterialien, etc.). Wir bieten den Eltern Informationsmaterial in Form einer kleinen Bibliothek an. Auf Wunsch gibt es Treffen zu ganz gezielten Themen (z.B. „Die verschiedenen krankengymnastischen Richtungen", „Pflegegeld", „Unser Kind kommt in die Schule – was gibt es für Möglichkeiten", „Bioethik", „Wie funktioniert eine Handlung", etc.). Diese Angebote der Elternbildung finden nicht regelmäßig statt, sondern nach Bedarf und werden je nach Thema gemeinsam mit den Eltern vorbereitet (Referentenauswahl, Einladungen, etc.). Wir haben diese Form der Kooperation gewählt, nachdem wir mit manchen Elternabenden „Schiffbruch" erlitten haben und unser Angebot nicht mit den Bedürfnissen der Eltern übereinstimmte.

Die Arbeit im Mitarbeiterteam

Obwohl Teambesprechungen stattfinden, gibt es Themen, die in diesem zeitlichen Rahmen nur bruchstückhaft und auf Dauer unbefriedigend geklärt werden können. Aus diesem Grund gibt es neben Fortbildungen alle zwei Jahre eine 2-tägige Klausurtagung zu einem bestimmten Thema, die von allen Mitarbeiterinnen im Team vorbereitet wird. In dieser intensiven inhaltlichen Auseinandersetzung wird eine gemeinsame fachliche Basis geschaffen, die für die praktische Arbeit bedeutsam ist. Daneben ist es immer wieder wichtig, die eigene Arbeit zu hinterfragen, das Arbeitsfeld genauer zu definieren, um die Professionalität zu erhöhen. Außerdem besteht hier die Möglichkeit, Inhalte von Zusatzausbildungen, die manche Mitarbeiter gemacht haben, zumindest in groben Zügen an die anderen weiter zu geben.

Literatur

BSHG: (BGBl. 1996 Teil I S. 1088). In: Sozialministerium Baden-Württemberg, Frühförderung behinderter und von Behinderung bedrohter Kinder in Baden-Württemberg, Rahmenkonzeption 1998, Anlage 11

König, E, Volmer, G.: Systemische Organisationsberatung. Grundlagen und Methoden. Weinheim (Deutscher Studienverlag) [4]1996

Michaelis, R., Krägeloh, I. und Haas, G.: Beurteilung der motorischen Entwicklung im frühen Kindesalter. In: Karch, D. u.a.: Normale und gestörte Entwicklung. Berlin (Springer) 1989

Pflüger, L.: Unser Kind braucht Hilfe. Stuttgart (Trias) 1993

Schmitz, G.: Wahrnehmungstraining mit dem Pertra-Spielsatz. Dortmund (modernes lernen) 1990

Sozialministerium Baden-Württemberg: Frühförderung behinderter und von Behinderung bedrohter Kinder in Baden-Württemberg, Rahmenkonzeption 1998

Trost, R.: Frühförderung in Baden-Württemberg. (Herausgegeben vom Ministerium für Arbeit, Gesundheit, Familie und Frauen Baden-Württemberg. Stuttgart 1991

Verwaltungsvorschrift zur Sonderpädagogischen Frühförderung. In: Kultus und Unterricht 1996, Seite 781

Siegfried Mrochen

Bewertete Kinder

Ein Perspektivenwechsel in Erziehung und Psychotherapie

1. Alltagskommunikation und bewertende Stellungnahmen

Bewertende Stellungnahmen sind Teil unserer Alltagskommunikation; sie sind mit Sicherheit eingebettet in Motivations- und Leistungszusammenhänge von Familie, Kindergarten und Schule.

Es gibt Erfahrungen von Pädagogen und Psychologen, die es sinnvoll erscheinen lassen, über ein Störungskonzept des bewerteten Kindes nachzudenken. Kinder haben nicht nur ein natürliches Bedürfnis, sondern auch ein Recht zu erfahren, wie sie etwas zustandegebracht haben, also, ob andere glauben, daß sie eine Aufgabe gut gelöst haben.

Man kann sagen, daß wertende Stellungnahmen für die Entwicklung von Selbstbewußtsein und Leistungswillen unerläßlich sind. In der Motivationsforschung ist dies mit der Beschreibung der Entstehung eines individuellen "Gütemaßstabes" (Heckhausen 1977) bzw. Entwicklung eines "Anspruchsniveaus" (Keller 1996, 167ff.). anschaulich belegt worden. Die Forschungsergebnisse und die Alltagserfahrungen zeigen, daß Belohnungs- und Bestätigungsprozesse im Leben eines Kindes sehr früh beginnen und die Interaktion zwischen Kindern und erziehenden Erwachsenen wesentlich beeinflussen.

Der Säugling, der sich das erste Mal selber herumdreht, wird, wenn dies von den Erwachsenen wahrgenommen wird, in der Regel mit einem Schwall positiver Gefühlsäußerungen und Aufforderungen, dies zu wiederholen, überschüttet.

In der Sauberkeitserziehung wird das Kleinkind freudig bestärkt, wenn es die ersten Male sein Geschäft an der richtigen Stelle tätigt. Andere Erfahrungen macht das Kind möglicherweise, wenn es sich das erste Mal, noch unsicher, aufrichtet, selbständig die Umrandung eines Sandkastens überwindet oder Bauklötze zu einem Turm zusammenfügt.
Im Kindergarten oder in den ersten Klassen der Grundschule zeigen die Kinder gerne die Ergebnisse ihrer gemalten oder gebastelten Bemühungen und holen sich beim Erwachsenen eine anerkennende Geste ab. Später treten differenzierte Stellungnahmen, wie Verhaltenskommentierungen in Zeugnissen und numerische Noten an die Stelle freundlicher Belobigungen.

Bei aller begründeten zivilisatorischen Einbettung in die Kommunikationsabläufe unserer Alltagskultur scheint es dennoch viele mißlingende Bewertungsvorgänge zu geben, die dann in klinisch-psychotherapeutischen und sozialpädagogischen Kontexten Bedeutung bekommen. Im folgenden werden vier Beispiele vorgestellt und anschließend auf dem Hintergrund kinder- psychotherapeutischer Überlegungen diskutiert.

Erstes Beispiel: Wolfgang

Wolfgang ist 12 Jahre alt, er besucht die erste Klasse des Gymnasiums im mathematisch naturwissenschaftlichen Zweig. Die Eltern sind promovierte Akademiker. Der Vater arbeitet als Psychologe leitend im Personalsektor einer großen Firma, die Mutter ist niedergelassene Ärztin für Allgemeinmedizin. Das Familienklima ist gekennzeichnet von Ernsthaftigkeit und mit einer stark pädagogisierenden Tönung durchsetzt. Vor allem aber ist es leistungsorientiert. Zum Zeitpunkt der Vorstellung in der kinder-psychotherapeutischen Praxis liegt bereits ein 4jähriges Leistungsdrama hinter dem Jungen. Nach der zweiten Volksschulklasse traten die ersten Perioden von Schulversagen ein; der Junge wechselte, ohne Empfehlung der Schule, auf das Gymnasium und blieb, trotz massiver Nachhilfe, bereits im ersten Jahr sitzen. Er reagierte mit massiven Symptomen der Leistungsverweigerung und Psychosomatik. In der Schule fällt eine spezifische Variante der Arbeitsverweigerung bei Wolfgang auf. Im Mathematikunterricht, insbesondere bei Klassenarbeiten, tut er so, als ob er rechne und schreibt dann irgendein Phantasieergebnis hin. Während er sich einer anfänglichen Testdiagnostik versagte, weil er schon dicht machte, bevor die Aufgabe, die Frage noch ausgesprochen war, ergab dann eine, im weiteren Verlauf der Behandlung, durchgeführte Diagnostik eine gut durchschnittliche Intelligenz, hohe Angstwerte und ein sehr geringes Selbstbewußtsein. Auf Fragen nach Dingen und einfachen Zusammenhängen aus seiner Umwelt gab er anfangs nur dürftige oder falsche Antworten, vergewisserte sich bei entsprechenden Gelegenheiten immer wieder mit Blicken beim genervten Vater. Ein gemeinsames Spiel der ganzen Familie zu Beginn der Behandlung mit der Aufgabe, gemeinsam aus einer großen Auswahl von Holzbauklötzen eine Burg zu bauen, ergab in der Videoauswertung, daß Wolfgang nicht eine einzige Handlung vollziehen konnte, ohne daß der Vater (in abgeschwächter Form auch die Mutter) irgendeinen Kommentar abgab oder seine Aktivitäten korrigierte bzw. unterbrach, um den Jungen aufzufordern, dieses oder jenes doch anders zu machen.

Zweites Beispiel: Meike

Meike, die 6jährige Tochter eines Postbeamten und seiner Frau, wird wegen Schlafstörungen vorgestellt. Sie ist eine Nachzüglerin und hat zwei Brüder von 12 und 16 Jahren. Eine kinderneurologische Untersuchung blieb ohne Befund. Ein Gespräch mit der Mutter und der Kindergartenerzieherin ergab, daß M. ganz schnell entmutigt ist, begonnene Arbeiten auch bei freundlicher Kontaktaufnahme rasch abbricht und

dann erst nach langer Zeit zu bewegen ist, fortzufahren oder etwas
Neues zu beginnen. Beim ersten Therapietermin beginnt sie relativ
spontan mit einer großen Puppenstube zu spielen und bricht, nach einem aufmunternd gemeinten Lächeln des Therapeuten, ihr Spiel sofort
ab. Sie ist für den Rest der Stunde nicht mehr zu bewegen, weiterzu-
spielen. Erst gegen Ende der Stunde gibt sie Preis, daß der Therapeut
sie ausgelacht hätte. Eine andere Szene: Konzentriert setzt sie Bauklötze aufeinander; der im Raum befindliche Erwachsene lächelt sie an, beginnt etwas zu sagen, da hat Meike ihr Bauwerk schon zerstört. "Du
lachst mich aus", sagt sie! Ein Mißverständnis ...?

Drittes Beispiel: Markus

Markus ist 11 Jahre alt. Vorgestellt wird er wegen seines Stotterns. Sein
Bruder ist ein Jahr jünger. Der Vater ist Polizeikommissar, die Mutter
Sachbearbeiterin in einer Firma. Die ganze Familie hat ihr Leben dem
Sport im Verein gewidmet; auch Markus ist fit im mehreren Sportarten, darüber hinaus ist er ein guter Schüler und hat interessanterweise
im therapeutischen Setting nie gestottert. Diese Störung trat nur zu
Hause und in der Schule auf. Ein Problemaspekt: Sein 10jähriger Bruder ist in allem ein bißchen besser als er. Die leistungsorientierten Eltern verhalten sich folgendermaßen. Macht er zwei Fehler in der Eng-
lischarbeit, ermahnt ihn seine Mutter, sich das nächste Mal besser zu
konzentrieren. Wird er Dritter im Tischtennisturnier seiner Altersklas-
se, klopft ihm sein Vater freundschaftlich auf die Schulter und sagt:
»Das nächste Mal machst du es besser ...« Ermutigung nennen seine
Eltern ihr Verhalten gegenüber dem Sohn.

Viertes Beispiel: Günther

Günther ist 10 Jahre alt und will in der Therapiestunde ein Spiel von
ganz oben aus dem Schrank holen. Er kann es nicht erreichen und
müßte eine Leiter besorgen oder einen Tisch heranziehen. Die Spiele
in der unteren Hälfte des Schrankes schaut er sich überhaupt nicht an,
äußert aber, sie sind ihm zu leicht. Es muß das Weltraumpuzzle von

ganz oben sein. Als er es dann endlich mit Hilfe der Therapeutin geholt und vor sich auf dem Tisch hat, wirkt er seltsam mutlos und abwesend. Er tut so, als ob er die kleingedruckte Spielanleitung liest. Die Therapeutin fragt nach, ob er das Spiel schon kennt. Günther schweigt, antwortet ihr in Drei-Wort-Sätzen mit verwaschener und piepsig klingender Stimme.

2. Diskussion der Fälle, Behandlungen und Erfolge

Die geschilderten Fälle sind auf den ersten Blick alle irgendwie unspezifisch und in gewisser Weise auch unterschiedlich und doch haben sie bei näherer Betrachtung eine gemeinsame Grundstruktur. Bei allen vier Kindern haben sich unterschiedliche Bewertungsstrategien im familialen Umfeld als gestörtes Erleben und Verhalten ausgewirkt.

Wolfgang
Bei Wolfgang zeigt schon eine Beobachtung der alltäglichen familiären Kommunikation, daß der Junge keine Äußerung und keine Handlung vollziehen kann, ohne daß die Eltern diese unkommentiert stehen lassen können, sein lassen können als das, was sie sind, nämlich Äußerungen eines Kindes. Alles wird kommentiert, verbessert und kritisiert. Nichts oder doch wenig wird akzeptiert. Er resigniert, beginnt intelligentes und kreatives Verhalten auf Sparflamme zu reduzieren. Es lohnt sich nicht. Immerzu wird ergänzt, sprachlich oder inhaltlich richtiggestellt, belehrt, auf Logik hin abgeklopft.
In dieser hochpädagogisierten Atmosphäre verliert sich die Akzeptanz des Kindes um seiner selbst Willen in einem Wust von rationalen Anmerkungen und Vorschlägen, die dem Jungen offenbar fast jedes Gefühl für die eigene Leistungsfähigkeit und den eigenen Wert genommen haben. In der Schule mündet dies in eine Leistungsverweigerung mit der Einfärbung eines Sich-Dumm-Stellens.

Für seine Eltern, für seine Lehrer und wahrscheinlich auch für sich selbst hat er fatalistisch eine Fassade aufrechterhalten. Seine Bewältigungsstrategien liegen in einer stärker werdenden Depressivität und rheumatischen Symptomen, deren Ursachen in einer Störung des Autoimmunsystems angesiedelt werden. Was die Eltern tun, geschieht subjektiv in bester Absicht und sie sind wie vor den Kopf geschlagen, als sie anhand des oben erwähnten und weiterer Videos sowie anderer Evidenzen auf den Zusammenhang zwischen der Entwicklung des Jungen und ihrem eigenen Erziehungsverhalten hingewiesen werden.

Wolfgangs Behandlung dauert knapp 2 Jahre; im Vordergrund steht ein spieltherapeutischer Prozeß für ihn, welcher im letzten Drittel angereichert ist mit Elementen von Verhaltenstraining. Daneben laufen über diesen Zeitraum Gespräche zur Elternberatung sowie einige familientherapeutischen Sitzungen mit der gesamten Familie. Die Spieltherapie lief über lange Phasen sehr schleppend, und zwar in der Weise, daß der Junge sich nicht traute, von sich aus irgendeine Aktivität in Angriff zu nehmen und auf entsprechende Gefühlsverbalisierungen und Handlungsbeschreibungen eher zusätzlich blockiert reagierte. Als er dann anfing zu spielen oder sich zum Spielen anregen ließ, waren sein Gesamtverhalten und seine Äußerungen zunächst deutlich regressiv problemorientiert. Erst nach einem Jahr gewannen die Aktivitäten und Spiele eine zunehmend aggressive Dynamik; bei den Inhalten ging es um Bestrafen, Rächen, Zerstören und Foltern. Die bekannte und beobachtete Kommunikation der Eltern gegenüber dem Kind machte es relativ einfach, darauf zu schließen, welche Grundbedürfnisse Wolfgangs im Laufe seiner Entwicklung nicht befriedigt bzw. nur unzureichend erfüllt worden waren (Schmidtchen 1995, Graessner 1995). Erst nach einem Jahr wurde es möglich, in das Spielgeschehen auch die Ebene der jeweiligen Hier-und-Jetzt-Situation einzubeziehen. Im Kontext der therapeutischen Basisverhaltensweisen versuchte der Therapeut vordringlich Ruhe und Zuversicht an den Tag zu legen und eine bedingungslose Akzeptanz aller Äußerungen und Handlungen des Jungen zu zeigen. Im Bereich der differentiellen Interventionsmuster wurde Wolfgang immer wieder zu Selbstbewertungen angeregt (Schmidtchen). Diese Segmente therapeutischer Kommunikation verlangten sowohl dem Therapeuten als auch dem Klienten höchste Geduld und Anstrengung ab. Bis der Junge begriffen hatte, daß seine Handlungen und selbstbewertenden Äußerungen einfach nur freundlich stehengelassen wurden, vergingen mehrere Monate.

Parallel dazu wurde den Eltern abverlangt und mit ihnen geübt, sich nicht nur zurückzuhalten, sondern ihr gesamtes Verhalten gegenüber Wolfgang einer Revision zu unterziehen. Auch diese Prozesse waren anstrengend, schmerzhaft und kränkend, zumal nicht vergessen werden darf, daß beide sich als Profis im Umgang mit Menschen verstanden. Diese Bemühungen sowie die familientherapeutischen Sitzungen orientierten sich an den direktiv-strategischen Konzepten von Haley und Madanes (Haley 1977, Madanes 1981).

Doch nun wieder zurück zur Therapie des Jungen.
Die Teile, die das Verhaltenstraining betrafen, bezogen sich auf Puppenspiele und direkte Rollenspiele, in denen der Sohn lernt, sich erst sehr massiv und später moderater vom Vater und anderen Ratgebern und Besserwissern abzugrenzen. In den Familientherapiesitzungen ging es dann teilweise mit zwei Therapeuten um die Klärung der Beziehungsmuster und verdeckten Andeutungen insbesondere der väterlichen Interventionen. In der vorletzten dieser Sitzungen kam es zu einer dramatischen Zuspitzung der Paardynamik und zu einer Entschuldigung des Vaters bei seinem Sohn.
Wenn es einen Erfolg in dieser Therapie gab, dann war er möglicherweise daran abzulesen, daß der Junge während seiner Pubertät seinen Eltern wenig Widerstände ersparte. Er ließ sich über einen langen Zeitraum hinweg von Eltern und etwas abgeschwächt auch von Lehrern (fast) gar nichts mehr sagen und wurde erst in seinem 17.Lebensjahr wieder verhandlungsbereit, wenn es um Einflußnahmen und Bewertungen Erwachsener ging. Seine Schulkarriere verlief über ein dreijähriges Gastspiel am Gymnasium über die Mittelschule, eine

kaufmännische Lehre zum Fachabitur, das er vor kurzer Zeit abgelegt hat. Auch heute strotzt Wolfgang nicht vor Selbstbewußtsein, und eine Empfindlichkeit gegenüber Fremdbewertungen begleitet ihn bis heute.

Wollte man den therapeutischen Prozeß in irgendeiner Weise einschätzen, müßte man sagen, daß die Spieltherapie ihm ein Polster verschafft hat, sein inneres Erleben zu verändern und der Veränderung entsprechend zu stabilisieren. Wichtiger noch erscheint mir, daß während der spieltherapeutischen Sequenzen die konsequente Akzeptanz des Therapeuten sowie die geduldigen Aufforderungen zu Selbstbewertungsprozessen ein wichtiges Übungsfeld für Weichenstellungen im Erleben und in der Entwicklung des Selbstbewußtseins für diesen jungen Menschen waren.

Meike

Meikes Beispiel zeigt, daß Entwicklungsverzerrungen des Selbstkonzeptes schon sehr früh einsetzen. Nicht nur, weil sie jünger war, ging es in ihrem Fall weniger dramatisch zu. Ihre Behandlung bestand aus 32 Spieltherapiekontakten mit insgesamt vier Familiensitzungen. In ihren Spielaktionen, die am unkompliziertesten verliefen, wenn man sie in Ruhe ließ bzw. auf Distanz blieb, wiederholten sich die Muster: Immer, wenn jemand lachte oder lächelnd kommentierte, beendete sie das Spiel und zog sich schmollend zurück. Die Familie wurde über das wiederkehrende Verhaltensmuster des Kindes informiert und bestätigte dieses. Die Familie wurde von dem Therapeuten gefragt, ob sie, die Eltern und die Brüder, sich diese Empfindlichkeiten erklären könnten. Relativ rasch stellte sich heraus, daß sich die Familienmitglieder alle über ihren Nachzügler gefreut hatten und sich immer köstlich über alles amüsierten, was die Kleine tat. Diese lachende Begleitung hatte tatsächlich zu einer etwas lächerlichen Kommunikation mit dem Kind geführt und bei diesem das tiefsitzende Mißverständnis hervorgerufen, sie werde von ihren Bezugspersonen ständig ausgelacht bzw. nicht ernst genommen. Im Kontext des Therapeutenverhaltens, und zwar Basisverhaltensweisen und differentielle Interventionstechniken eingeschlossen, reagierte das kleine Mädchen am unbefangensten, wenn der Therapeut ernst und ruhig zusah, sehr sparsam und sachlich kommentierte und nur dann freundlich lächelte, wenn das Kind dies vorher tat. Es war offensichtlich, daß Meike durch eine möglicherweise übertriebene Aufmerksamkeit und eine ebenso übertriebene Begeisterung subjektiv in allem, was sie sagte oder tat, einer Bewertung unterzogen wurde. Eltern und Brüder fanden sie und alles, was sie tat, toll, süß, lustig und haben bei ihr mit diesem Verhalten eine komplette Verunsicherung hervorgerufen. So haben die 32 Stunden Spieltherapie bei Meike in erster Linie dazu gedient, ihr die Bildung eines anderen Interpretationskonzeptes über das freundlich zugewandte Verhalten erwachsener Personen zu ermöglichen. Auch in ihrem Falle war die Korrektur des Verhaltens der Bezugspersonen wichtig, weil die Entstehung des kindlichen Selbstkonzeptes in diesem Alter meines Erachtens nach nicht allein durch freundliche und angemessene Attitüden erwachsener Fachleute korrigiert werden kann. Meike hat mit Sicherheit während der Spieltherapie gelernt, ein freundliches Lächeln von einem Belächeln zu unterscheiden.

Markus

Die Situation von Markus muß als etwas komplizierter eingeschätzt werden. Er unterlag in gewisser Weise einer doppelten Bewertung. Zum einen war er der Erstgeborene, der (zumindest in den sportlichen Leistungen) seinem jüngeren Bruder meistens etwas unterlegen war. Hierdurch lag er auch beim Vater, der aus seiner Leistungsorientierung überhaupt keinen Hehl machte, im Ansehen an zweiter Position. Der zweite oder der dritte Platz wurde nicht gewürdigt, er wurde nicht beglückwünscht, sondern vom Vater leicht genervt auf seinen Patzer hingewiesen. Auch der Blick der Mutter orientierte sich nicht an der Note „gut", sie fokussiert auf die beiden Fehler, die dazu geführt haben. Die Folge: Ein Klaps auf die Schulter, kombiniert mit einem tatsächlich freundlichen Hinweis, es das nächste Mal doch besser zu machen. Wirklich uneingeschränkte Aufmerksamkeit und Lob gab es nicht.

Schwang sie unterschwellig mit, so wurde sie stets verdünnt durch die Aufforderung, sich doch noch mehr anzustrengen und sich bei Bedarf ein Beispiel am Bruder zu nehmen. So ist auch Markus ein bewertetes Kind, das um seiner Leistung Willen anerkannt wird. Es bloß gut zu machen, ist scheinbar selbstverständlich, nicht der Rede wert. Sein Glück ist vielleicht, daß die elterlichen Absichten und Haltungen ihm gegenüber tatsächlich auch freundschaftlicher Art sind bzw. das Familienklima insgesamt freundlich genannt werden kann und nicht distanziert und kühl wie beim ersten geschilderten Kind.

Da Markus neben einer spieltherapeutischen Begleitung auch logopädische Übungsbehandlung bekam, dauerte seine Behandlung knapp 4 Jahre, begleitende Elterngruppengespräche eingeschlossen. M. wurde in einer Gruppenspieltherapie behandelt und die heilenden Effekte sind mit Sicherheit darauf zurückzuführen, daß er in dieser Dreiergruppe tatsächlich den Part des ruhigen und überlegenen Jungen übernehmen konnte, der seine Talente an Überblick und Geschicklichkeit bestätigte, ohne die beiden anderen Kinder herabzusetzen. Die beiden Therapeuten dieser Gruppe, ein Psychologe und ein spieltherapeutisch ausgebildeter Logopäde, hatten, was Ideen und Äußerungen der Kinder betraf, ein hoch akzeptierendes Verhalten. Innen und Außenaktivitäten hatten auch da, wo sie per se Wettkampfcharakter zeigten, nur wenige Konkurrenzelemente. In Tobephasen waren manchmal sanfte Grenzsetzungen erforderlich; differentiell wurden auch bei Markus immer wieder Selbstbewertungsprozesse stimuliert. In seinem Falle war es schwierig, die Eltern zu erreichen, da diese kein Bewußtsein über fehlerhaftes oder falsches Erziehungsverhalten entwickeln konnten. Sie waren einerseits gesprächsbereit, bestanden aber andererseits auf ihren Wertvorstellungen, durch die sie selbst etwas erreicht hatten. Im Falle von Markus spielten die 4 Jahre im therapeutischen Milieu einer Sprachberatungsstelle schlicht als Gegengewicht zum leistungsorientierten Milieu der Familie eine nicht zu unterschätzende Rolle. So hatte er die Gelegenheit, die elterlichen Modelle mit den Therapeutenmodellen zu vergleichen und im Laufe der Zeit sogar ein gewisses Verständnis für das Verhalten der Eltern zu entwickeln. Er hat sein Stottern, bis auf ganz leichte Irritationen in der Sprechflüssigkeit, heute überwunden, ist nach wie vor ein guter Sportler und ein motivierter Jurastudent im zweiten Semester.

Günther

Günther lebte mit seiner alleinerziehenden Mutter, die als Lehrerin arbeitete, und phasenweise mit dem Großvater zusammen. Er hatte, offenbar früh, nachdem der Vater die Familie verließ, Anforderungen als Partnerersatz erfüllen müssen. Oft mußte er, schon im Alter von 9 Jahren, den Teppich zweimal saugen oder das Badezimmer wiederholt putzen, weil er es das erste Mal nicht gut genug gemacht hatte. Gespräche über Literatur und kulturell Wertvolles hatten ein übriges getan. Günther hat eine komplette Selbstüberforderungsstrategie entwickelt. Er hat, ohne eine eigene Erfahrungsgrundlage dafür aufgebaut zu haben, die hohen Anforderungenstandards seiner erwachsenen Bezugspersonen übernommen und konstruierte sich so permanent seine eigenen Mißerfolge. Ihm wurde ständig vermittelt, daß das naheliegende, altersangemessene Verhalten zu banal, zu durchschnittlich und damit wertlos ist. Seine Energie reichte immer nur zum Aufbau der nächsten Fassade, ging es dann um die Bewältigung der gestellten Aufgabe, dann regredierte er in desinteressierte und kleinkindhafte Verhaltensmuster. Auch in seinem Falle war es sehr schwer, die Mutter zu erreichen, um ihr das Drama ihres Kindes als überforderten Partnerersatz zu verdeutlichen. Die Spieltherapie mit Günter dauerte drei Jahre, und sie bestand aus einer Mischung von akzeptierendem Grundverhalten, unendlich vielen Anregungen, sich über die Bewältigung kleiner lösbarer Aufgaben Kriterien für eine angemessene Selbstbewertung zu erarbeiten und Hunderten von teils mißlungenen, teils gelungenen Versuchen, den Jungen bei der Bewältigung von selbst gestellten Aufgaben auf der Spur zu halten. Die Rekonstruktion des Therapieprozesses weist auf, daß er erst nach der 30. Stunde angefangen hat, die Kooperationsangebote der Therapeutin wahrzunehmen und gelegentlich Gebrauch davon zu machen. Günter ist auch als Jugendlicher und junger Erwachsener ein relativ isoliertes Individuum geblieben, das zwischen

schneller Entmutigung und Größenideen hin und her pendelte. Will
man seine Entwicklung und den Erfolg der Therapie bemessen, so kann
man das wahrscheinlich nur mit der Frage tun, wie er sich entwickelt
hätte, wenn er nicht in den Genuß einer dreijährigen personenzen-
trierten Therapie gekommen wäre.

3. Das Erscheinungsbild bewerteter Kinder und Er-
wachsener

Das früh und stark bewertete Kind begegnet uns als entmutigte Person, als ungeschickter und inkompetenter Mensch, als ein Wesen, das
sich dumm stellt oder aber als eines, das alles besser weiß; in jedem
Falle aber als unzufriedenes Kind und unzufriedener Erwachsener. So
bewertete Kinder sind häufig ängstlich und unsicher in bezug auf die
eigene Leistungsfähigkeit und den eigenen Wert. Sie haben Angst zu
versagen, Angst vor Anforderungen; wenn sie in Situationen geraten, in
denen sie bewertet werden, verlieren sie häufig jede Lust oder sie gehen in andere irrationale, teils klinisch relevante Zustände. Manche von
ihnen wollen nach jedem Handgriff wissen, wie sie etwas gemacht haben. Für andere wiederum bringt erst eine verbale zustimmende Bewertung die Motivation sich überhaupt anzustrengen. Möglicherweise
ergeben sich spätere Folgen und Unterschiede in der Richtung der Reaktion bei den Betroffenen durch erziehungsklimatische Faktoren. Die
Kombination von negativer Bewertung und kühlem, abweisendem Klima mag tragischer und folgenreicher enden, als die Kombination von
Bewertungen und warmem, freundlichem Klima.
Erfolgsorientierte Kinder lassen sich motivieren, für mißerfolgsorien-
tierte Kinder erscheint jede Bewertung als ein Horror. Häufig entwikkeln bewertete Kinder Abneigungen gegen Bewertung überhaupt, gegen gute wie schlechte. Auch positive Bewertungen werden von bewerteten Kindern nicht mehr geglaubt.

Wenn wir uns beim bewerteten Kind für eine klinisch bedeutsame Konstruktion entscheiden und nicht nur davon ausgehen, daß das Leben eben so ist, wie es ist, und Kinder lernen müssen, auch mit unangemessenen und ungerechten Zuschreibungen ihrer Bezugspersonen umzugehen, dann müssen wir in der Lage sein, die Grundlinien eines klinischen Bildes nachzuzeichnen. Wie also sind bzw. entwickeln sich Kinder, die über einen längeren Zeitraum hinweg ständig kritisch kommentiert und negativ bewertet werden? Freilich gibt es, auf kritische Kommentare und negative Bewertungen bezogen, eine große Bandbreite von Äußerungen, die dann wiederum verwoben sind mit anderen Dimensionen des Erzieherverhaltens und des Erziehungsklimas. Diese klimatischen Faktoren sind in der Erziehungsstilforschung hinreichend beschrieben worden. Eine freundlich vorgetragene Kritik wird am Ende etwas anderes bewirken, als eine in kalter und gereizter Atmosphäre. Wahrscheinlich machen alle mehr oder weniger die Erfahrung eingeschränkter Akzeptanz durch die Eltern oder anderer wichtiger Personen wie Erzieher und Lehrer. Kinderpsychotherapeuten unterschiedlicher Schulen gehen davon aus, daß eine Reihe von Störungsbildern durch nicht oder nur unzulänglich erfüllte Grundbedürfnisse entstehen (Oaklander 1979, Schmidtchen 1995). Zu diesen Grundbedürfnissen gehört das Konzept der Annahme des Kindes (ohne Bedingungen), gewissermaßen um seiner selbst willen. Niemand hat in diesem Zusammenhang die Entstehung und auch die Irritationen des Selbstkonzeptes besser beschrieben als Carl Rogers (Rogers 1961/1973). Ein weiteres Konzept beinhaltet Erfahrungen und entsprechende Anregungen zu Selbstbewertungsprozessen (Schmidtchen o.J., Schmidtchen 1995). Wenn wir noch einmal zusammenfassen und zu systematisieren versuchen, wie sich überzogene negative Bewertungen bei den betroffenen Personen auswirken, dann kämen wir zu folgender Liste:

- Sie begeben sich schlimmstenfalls in einen permanenten Zustand der Entmutigung, verweigern Prozesse geistiger Anstrengung, gehen mit ihrer Leistungsbereitschaft gegen Null und entwickeln gelegentlich (wie in Wolfgangs Fall) kognitive Muster in der Nähe der Pseudodebilität.

- Sie müssen sich immer wieder (z.B. bei der Kindergartenerzieherin oder der Grundschullehrerin) vergewissern, daß ihre Arbeit lange vor den Endergebnissen in Ordnung sind, gehen ständig ans Pult, zeigen ihre Bilder, Texte oder ähnliches, um sich Bestätigung zu holen. Bekommen sie diese nicht, sind sie entmutigt, ziehen sich zurück oder stören den Ablauf.

- Sie verlieren das Vertrauen in jegliche Fremdbewertung, auch in positive bzw. freundlich gemeinte und konstruktive Rückmeldung.

- Sie neigen zur Übernahme kritischer Urteile und zur Entwicklung vernichtender Eigenbewertungen und hemmen sich selbst bei der Entstehung von Kreativität und Mut zum Ausprobieren auch leichterer Herausforderungen.

- Sie entwickeln keine Kompetenzen darin, Stellung zu beziehen, wenn es um die angemessene Bewertung von Leistungen anderer geht oder

- sie neigen (als Jugendliche und Erwachsene) mit einer Portion Intoleranz dazu, alles und jeden sofort einer (meist negativen) Bewertung zu unterziehen, ohne sich, der bewertenden Person oder einem Sachverhalt, eine Chance für eine differenzierte Einschätzung einzuräumen.

- Sie neigen im sozialen Verhalten häufig zu Rückzug und Selbstisolation, entwickeln dabei soziale und kognitive Muster, die sie bei anderen wenig attraktiv, schwierig, blaß und kompliziert erscheinen lassen.

- Daher sind sie als Erwachsene oft nur eingeschränkt in der Lage, konstruktiv und selbstbewußt in einem Team mitzuarbeiten.

Überzogene oder dezidiert negative Bewertungen von relevanten Bezugspersonen fallen wahrscheinlich nicht selten zusammen mit anderen ungünstigen Erziehungshaltungen und -praktiken. Eine klinisch schwerwiegende Konsequenz im Erscheinungsbild bewerteter Kinder ist die Entstehung von Schuldgefühlen und Depressionszuständen. Dabei bleiben die Quellen dieser Zustände für die betroffenen Personen unklar. Zu frühe und zu scharfe Bewertungen hemmen das Grundbedürfnis nach Annahme und damit die Entwicklung eines positiv getönten Selbstkonzeptes. Graessner (1995) hebt die Bedeutung mangelnder Akzeptanz für pathogene seelische Prozesse hervor und betont die Folge des Unerwünscht- und Abgelehntseins. In diesem Zusammenhang interessieren die Ausführungen über interaktive Kernerfahrungen, die zum Ausbleiben einer starken Vertrauensbereitschaft führen und die Wünsche nach einer vollständigen Anerkennung und bleibenden sicheren Zuwendung frustrieren (vgl. Schmidtchen 1995). Es entsteht das Lebensgefühl „ich kann den anderen nichts Recht machen", und es geht einher mit einer tiefen, ungestillten Sehnsucht nach Anerkennung. In jeder Hinsicht besteht ein klarer Zusammenhang von Fremdbewertung und Selbstwertentwicklung. Über den Zaun geschaut heißt das, daß auch die wichtigsten Teile des Störungskonzeptes von Virginia Satir auf diesen Annahmen beruhen (Satir 1982).

4. Der Zusammenhang von Bewertung und Akzeptanz

Gemeinsam ist allen oben aufgeführten Beispielen die reduzierte ausbleibende oder verwobene Akzeptanz der erwachsenen Bezugspersonen gegenüber dem ganzen Kind oder bestimmten Aspekten seiner Person oder Handlungen. Ohne detailliert auf die Hintergründe einzugehen, die Eltern, Erzieher und Lehrer zum beschriebenen Verhalten veranlaßt, kann doch gesagt werden, daß die Akzeptanz des Kindes als Person entweder schwach entwickelt, bzw. mehr oder weniger an Bedingungen geknüpft ist. Die Initiierung von Bewertungsprozessen hat in unserer Gesellschaft wahrscheinlich die Funktion, Heranwachsenden, Kindern und Jugendlichen Kriterien zur Klärung ihres Standortes in dieser Welt an die Hand zu geben. Vertrackterweise scheint jedoch der Anteil des verborgenen Beziehungsgeschehens eher darin zu liegen, das Kind dahin zu bringen, die Welt so zu betrachten, wie es dann jeweils die erwachsenen Bezugspersonen tun. Nach dem Motto: »Du findest deinen Platz am besten, wenn du die Welt so zu sehen und zu beurteilen lernst, wie ich...« Die Annahme des Kindes, die Akzeptanz seiner Entwicklung, seiner Erfahrungen und seiner Leistungen, wird sehr früh an Bedingungen geknüpft. So notwendig es ist, Kindern einen Standort, Maßstäbe und Einschätzungsmöglichkeiten (auch für die eigene Leistungsfähigkeit) zu vermitteln, so schmal sind doch die Pfade,

Siegfried Mrochen

auf denen wir bei der Erziehung gehen. Wie schnell sind kindliche Wachstumsmöglichkeiten reduziert, wie nachhaltig Erfahrungen verzerrt und Selbstkonzepte erstarrt. Jede vorschnelle und apodiktische Bewertung von Vorgängen, Gedanken und Leistungen durch Erwachsene grenzt die kindlichen Erfahrungs- und Wachstumsmöglichkeiten genauso ein, wie eine auf Gleichgültigkeit oder Hilflosigkeit beruhende Positionslosigkeit der erzieherischen Vorbilder. Wahrscheinlich beginnt das Bewertungsdrama bereits mit der Selbständigkeitserziehung des kleinen Kindes. Aus Zeitmangel, Ungeduld und Überfürsorglichkeit beginnen wir, die alltägliche Erfahrung des Kindes einzugrenzen und zu beschneiden. So wird die Chance des Kindes, Zutrauen in die eigenen Möglichkeiten zu entwickeln, eingeschränkt. Die wachsenden Differenzierungen der kindlichen Ressourcen brauchen angemessene Erfahrungsräume und mehr noch einen konstruktiven Umgang mit Mißerfolgen. So können Bewertungen im beschriebenen Sinne und Umfang als Einmischung in die Erfahrungs-, Selbstregulations- und Selbstbewertungsprozesse des Kindes betrachtet werden. Das Verhalten der Erziehenden läßt sich in Kürze so wiedergeben:

- Das kannst du nicht, das ist nicht in Ordnung ...

- Das mußt du so und so machen ...

- Das kannst du noch besser, wenn du dich noch mehr anstrengst ...

Um es an dieser Stelle noch einmal zu wiederholen, erfolgen entsprechende Äußerungen oder nonverbale Signale der Bewertung in einem kühlen, ironischen oder feindseligen Klima, sind die Folgen für das Selbstkonzept (nicht nur für Kinder) verheerend; sind sie eingebettet in Wohlwollen und Freundlichkeit, können sie wahrscheinlich eher ohne schädliche Folgen integriert werden. Wie sollen vernünftigerweise Anforderungen gestellt und die Beurteilungsmaßstäbe beim Kind gesetzt werden? Eine allgemeine Antwort könnte sein, daß Erwachsene lernen, einen Unterschied wahrzunehmen zwischen den eigenen Maßstäben und denen des Kindes.

Welche erziehungsberaterischen bzw. kindertherapeutischen Konsequenzen sind damit zu bedenken?

Die therapeutische Basisvariable Akzeptierung der Person gewinnt eine neue Bedeutung. Nicht nur als vage Haltung, sondern als operationale Verhaltenskomponente; die Trennung von Person und Handlung und von Handlung und Motiv tritt hinzu. Als Strategie zur Heilung bewertungsgeschädigter Kinder bietet die „nicht an Bedingungen geknüpfte Akzeptierung" die wichtigste Voraussetzung und Möglichkeit, die Entstehung von Eigenregulations- und Selbstbewertungskonzepten zu fördern. Die manchmal auch geduldige Akzeptierung der kindlichen Regungen, ein bewußter, gleichsam experimenteller Verzicht auf Bewertungen, ja eine aktive Nichtbewertung ermöglichen es dem Kind, durch eine äußerst unsichere bis chaotische Erlebnisphase hindurch, seine Abhängigkeiten und Aversionen gegenüber Fremdbewertungen zu reduzieren, um in seinem Selbstkonzept Inseln der Selbstbewertung aufzubauen einschließlich aller Irrtums- und Mißerfolgsrisiken.

Wie in den Fallbeschreibungen angedeutet, basieren Veränderungs- und Stabilisierungsprozesse auf zwei Annahmen, die sich im klassischen personzentrierten Konzept folgendermaßen deklarieren lassen. Auf der Haltungsdimension, also im Bereich des therapeutischen Basisverhaltens, geht es um die Realisierung einer möglichst weitgehenden Akzeptanz der Person und ihrer Handlungen, zumindest aber um eine wohlwollende Trennung zwischen Person und Handlung, die über einen meist längeren Zeitraum eine Glaubwürdigkeits- und Vertrauenslücke im Bereich der Selbst und Fremdwahrnehmung der betroffenen Person schließt. Bei der Interventionsdimension geht es um die behutsam sich steigernde Aufforderung bzw. Anregung zur Selbstbewertung. Beim vorliegenden bzw. angenommenen klinischen Bild des bewerteten Kindes (auch in der zeitlichen Verlängerung zum Erwachsenen) handelt es sich um den Beziehungsbereich, in dem die Therapeutenvariable „unconditional positive regard" funktionell wirklich sinnvoll und wahrscheinlich mittel- wie unmittelbar wirksam ist. Die volle Akzeptanz und freundliche Zuwendung wird zur gegenkonditionierenden Erfahrung des Klienten, in dem sein negatives Selbstbild ins Wanken gerät. Es mag dann eine Weile dauern, bis dieses Basisverhalten zur einigermaßen sicheren Grundlage einer glaubwürdigen Fremdwahrnehmung wird, aber es ist der Boden, auf dem Anregungen zur Selbstbewertung überhaupt aufgehen. In den amerikanischen Konzepten strategischer Veränderungsarbeit wird, basierend auf den Konzepten von Bateson (1972), die Arbeit am Selbstbild aufgesplittet in die Arbeit an beliefs, also an Glaubenssystemen und Annahmen, die eine Person über sich selber hat, über ihren Eigenwert und die Arbeit an der Identität. Negative und positive Bewertungen schlagen sich nieder auf der Ebene der Glaubenssysteme; wobei hier oft Kernannahmen (corebeliefs) entstehen, die, wenn sie nicht behandelt werden oder sonst im Alltag zufällig außergewöhnliche Gegengewichte finden, als internale Terroristen in der Selbstwertökologie eines Menschen ihr Unwesen treiben. Die Nähe zum Selbstkonzept von Carl Rogers ist evident. Diese internalen Terroristen verhindern, daß sich im Wertgleichgewicht eines Menschen eine Balance herstellt, daß überhaupt auf der Habenseite Ressourcen und Lebenskapital identifiziert und angesammelt werden. Auch in der Kinderpsychotherapie reicht die Initiierung positiver Erfahrungsketten in schwierigen Fällen nicht mehr aus, um das internale Glaubenssystem, sprich das Selbstkonzept, zu verändern. Akzeptierende Beziehungsarbeit hat dann voraus bzw. einherzugehen.

Intelligenten aber vorsichtigen Einsatz erfordert auch die variable Verbalisierung von Gefühlen; geschieht dieser Einsatz zu schulmäßig automatisch entweder zu dicht oder zu konträr an bzw. zu den zweifelnden Emotionen des Kindes über seinen Eigenwert, werden Verwirrung und Mißtrauen und damit eine Verdünnung oder Unterbrechung der therapeutischen Beziehung die Folge sein. Die Erfahrung zeigt, daß die hier in Rede stehenden Kinder überzogene oder unpräzise Verbalisierungen emotionaler Erlebnisinhalte sehr viel mißtrauischer und konfuser verarbeiten, als solche mit anderen Indikationen.

Literatur

Bateson, G. : Steps to an ecology of mind. New York (Ballentine) 1972

Graessner, H. : Gesprächspsychotherapeutische Krankheitslehre. In: Zeitschrift, 26.Jg., (1995) Heft 98, S. 2937. GwGVerlag. Köln.

Haley, J.: Direktive Familientherapie. München (Pfeifer) 1977

Heckhausen, H. : Forderung der Lernmotivierung und der intellektuellen Tüchtigkeiten. In: Roth H. (Hg.), Begabung und Lernen. Stuttgart (Klett-Cotta) 1977

Keller, J.A.: Anspruchsniveau. In: Kuhl, J. und Heckhausen, H. (Hg.): Motivation, Volition und Handlung. Themenbereich C: Theorie und Forschung; Serie IV: Motivation und Emotion Band 4. Enzyklopädie der Psychologie, herausgegeben von Birbaumer, N. u.a. Göttingen (Hogrefe) 1996

Madanes, C. : Strategic Family Therapy. Jossey Bass. San Francisco 1981

Oaklander, V. : Gestalttherapie mit Kindern und Jugendlichen. Stuttgart (Klett-Cotta) 1979

Rogers, C.R. : Entwicklung der Persönlichkeit. Konzepte der Humanwissenschaft. Konzepte der Humanwissenschaften. Stuttgart (Klett-Cotta) 1973 (Original 1961)

Satir, V. : Selbstwert und Kommunikation. München (Pfeifer) [5]1982

Schmidtchen, St. : Psychische Krankheiten als Ausdruck gestörter kindlicher Schemata (scripten) zur Beziehungsgestaltung und Selbstentwicklung. In: Eckert, J. (Hg.), Forschung zur klientenzentrierten Psychotherapie. Köln (GwG-Verlag) 1995

Schmidtchen, St. (o.J.): Handbuch der Spieltherapie. (Eigen- bzw. Universitätsdruck) Hamburg

Aus dem Lebenslauf des Univ.-Prof. Dr. phil. Winfried Kerkhoff

an der Humboldt-Universität zu Berlin; Philosophische Fakultät IV. Institut für Rehabilitationswissenschaften

Geboren   am 9. Mai 1934 in Münster
Studienabschlüsse: Pädagogische Akademie in Münster
                     Volksschullehrer 1957
                     Aufbaustudium: Heilpädagogisches Institut an der
                     Pädagogischen Hochschule Dortmund
                     Hilfsschullehrer 1964
                     Promotionsstudium: Universität Münster;
                     Studienfächer: Erziehungswissenschaft,
                     Psychologie, Psychiatrie, Kunstgeschichte,
Promotion: Dr. phil.; bei Prof. Dr. Ernst Bornemann,
                     Universität Münster,
Berufstätigkeit: Unterricht in Volks- und Hilfsschulklassen einer
                     Heimschule für Erziehungsschwierige in
                     Wettringen 1957 – 1962
                     Sonderschulunterricht mit Lern- und
                     Geistigbehinderten in Münster 1962 – 1969 und
                     Ibbenbüren 1973 – 1974
Wissenschaftliche Lehrtätigkeit: Förderungsassistent PH Ruhr, Abt.
                     Heilpädagogik, Dortmund 1969 – 1972
                     Lehraufträge PH Ruhr, Abt. Heilpädagogik,
                     Dortmund 1973 – 1975
                     Akad. Oberrat PH Ruhr, Abt. Heilpädagogik,
                     Dortmund 1975 – 1978
Berufung zum Professor: Fachgebiet Lernbehindertenpädagogik und
                     außerschulische Behindertenpädagogik an der
                     Freien Universität Berlin 1978
                     Versetzung zur Humboldt-Universität zu Berlin
                     1994 aufgrund Auflösung des Instituts für
                     Sonder- und Heilpädagogik an der Freien
                     Universität

Schriftenverzeichnis
von Univ.-Prof. Dr. phil. Winfried Kerkhoff

Monografien, Broschüren u.a.

Vater-Kind-Beziehung und soziale Schichtzugehörigkeit. Eine Untersuchung über das Vatererleben 11 - 13 jähriger Kinder (insbesondere aus der Schule für Lernbehinderte). Rheinstetten (Schindele) 1975

Herausgeber mit Wüstefeld, W.: Rehabilitation lernbehinderter Kinder und Jugendlicher. Bonn - Bad Godesberg 1976

Herausgeber: Eltern und Lernbehindertenschule. Berlin (Marhold)1979

Herausgeber: Freizeitchancen und Freizeitlernen für behinderte Kinder und Jugendliche. Berlin (Marhold) 1982

Zusammen mit Hack, G. und Winter, H.: Elternarbeit in der Schule für Lernbehinderte. Neuß 1982

Sonderpädagogik - Außerschulische Erziehung. Studienbrief. Hagen 1982

Lernbehinderte. Schriftenreihe Kommunikation zwischen Partnern. Heft 15. Herausgegeben von der Bundesarbeitsgemeinschaft "Hilfe für Behinderte". Düsseldorf 1982, 4. (überarbeitete und erweiterte) Auflage

Zusammen mit Kerkhoff,. E.: Ratgeber für ausländische Eltern mit lernbehinderten Kindern. Düsseldorf 1984. Übersetzung in Griechisch, Italienisch, Jugoslawisch, Portugiesisch, Spanisch und Türkisch

Zusammen mit Dupuis, G. (Hg.): Enzyklopädie der Sonderpädagogik, der Heilpädagogik und ihrer Nachbargebiete. Berlin (Spiess, Ed. Marhold) 1992 (siehe auch Tabelle am Ende des Verzeichnisses)

Zusammen mit Kaiser, D. (Hg.) Kunst und Kommunikation. Pfaffenweiler (Centaurus) 1999

Sammelwerke

Arbeitsmittel im 9. Schuljahr der Lernbehindertenschule - unter besonderer Berücksichtigung des Montessori-Materials. In: Kluge, K.-J., Reinartz, A. und Wittmann, B.(Hg.): Das 9. Schuljahr in der Lernbehindertenschule. Berlin 1971

Die Bildungsinhalte des 9. Schuljahrs an Lernbehindertenschulen - Zusammenschau der Bildungsthemen an Hand der Richtlinien und Stoffpläne der Bundesländer. In: Kluge, K.-J., Reinartz, A. und Wittmann, B.(Hg.): Das 9. Schuljahr in der Lernbehindertenschule Berlin 1971

Zusammen mit Stolberg, E.: Gedanken zum Spiel in der Primarstufe der Lernbehindertenschule. In: Kerkhoff, W. und Wüstefeld, W.(Hg.): Rehabilitation
lernbehinderter Kinder und Jugendlicher. Bonn-Bad Godesberg 1976

Arbeitszeit und Arbeitsbelastung des Schülers (einschließlich Ermüdung, Ta-
gesrhythmus und Stundenplangestaltung). In: Klauer, K.-J. und Reinartz,
A.(Hg.): Sonderpädagogik in allgemeinen Schulen. Handbuch der Sonderpädagogik, Bd. 9. Berlin 1978

Die Situation der Eltern von Kindern und Jugendlichen mit Lernbehinderungen. In:
Kerkhoff, W.(Hg.): Eltern und Lernbehindertenschule. Berlin 1979

Vorbereitung auf Eltern-Lehrer-Kontakte in der Ausbildung zum Lehrer für Sonderpädagogik (Lernbehindertenpädagogik) - Ergebnisse einer Fachexperten-
befragung. In: Kerkhoff, W.(Hg.): Eltern und Lernbehindertenschule. Berlin
1979

Zusammen mit Kerkhoff, E.: Fördermaßnahmen mit der Übungs- und Beobach-
tungsfolge "Visuelle Wahrnehmungsförderung" von Frostig/Reinartz. Voraussetzungen, Möglichkeiten, Beispiele. In: Reinartz, A., Reinartz, E. und Reiser,
H.R.(Hg.): Wahrnehmungsförderung behinderter und schulschwacher Kinder. Berlin 1979

Zusammen mit Kerkhoff, E.: Zusammensetzen geometrischer Formen. Ein Unter-
richtsbeispiel zur Förderung der visuellen Wahrnehmung. In: Reinartz, A.,
Reinartz, E. und Reiser, H.R.(Hg.): Wahrnehmungsförderung behinderter und
schulschwacher Kinder. Berlin 1979

Interaktionsformen Schule für Lernbehinderte - Eltern. In: Baier, H. und Klein,
G.(Hg.): Die Schule für Lernbehinderte. Berlin 1980

Zusammen mit Kerkhoff, E.: Freizeiterziehung in der Sonderschule? - Meinungen
von Studenten verschiedener sonderpädagogischer Fachrichtungen. In: Kerkhoff, W.(Hg.): Freizeitchancen und Freizeitlernen für behinderte Kinder und
Jugendliche. Berlin 1982

Freizeitlernen bei Kindern und Jugendlichen mit Lernbehinderungen - Überblick
über den Forschungsstand zum Freizeitverhalten Lernbehinderter und Realisierung der Freizeiterziehung in der Schule für Lernbehinderte. In: Kerkhoff,
W.(Hg.): Freizeitchancen und Freizeitlernen für behinderte Kinder und Jugendliche. Berlin 1982

Elternarbeit in der Lernbehindertenschule. In: Heese, G. und Reinartz, A.(Hg.):
Aktuelle Beiträge in der Lernbehindertenpädagogik. Berlin 1982

Zur Situation der Familie behinderter Kinder unter heilpädagogischem Aspekt. In:
Kluge, K.-J.(Hg.): Der Heilpädagoge im Rehabilitationsteam, Bd.2. München
1982

Die Rehabilitation von Lernbehinderten aus der Sicht der Eltern. In: Deutsche Vereinigung für Rehabilitation Behinderter e.V.(Hg.): Das behinderte Kind in der Rehabilitation. Kongreßbericht 1983. Heidelberg 1984

Sonderpädagogik und Eltern. In: Der Senator für Schulwesen, Berufsbildung und Sport (Hg.): Sonderpädagogik heute - Bewährtes und Neues. Berlin 1987

Zusammen mit Pflüger, L.: Hilfen für Familien mit behinderten Mitgliedern. In: Textor, M.(Hg.): Hilfen für Familien. Ein Handbuch für psychosoziale Berufe. Frankfurt. (Fischer tb) 1990

Regeln für ein "Sehen ohne Regeln". In: Kerkhoff, W. und Kaiser, D. (Hg.) Kunst und Kommunikation. Pfaffenweiler (Centaurus) 1999

Zeitschriftenaufsätze

Zusammen mit Stolberg, E.: Trampolinturnen bei lern- und geistigbehinderten Kindern. In: Vierteljahresschrift für Heilpädagogik und ihre Nachbargebiete (VHN), 40. Jg. (1971), S. 207-212

Väter ohne Zeit - Kinder machen Vorschläge. Aussagen 11- bis 13-jähriger Kinder zum Zeitproblem. In: lernbehindert, 6. Jg. (1974), H.314, S. 3-8

Das Wissen der Kinder über die Berufsbezeichnung ihres Vaters. In: Psychologie in Erziehung und Unterricht, 22. Jg. (1975), S. 368-372

Alte und neue Aussagen und Untersuchungsergebnisse zum Vater. In: Jugendwohl, 55. Jg. (1975), S. 428-433

Entwurf eines differenzierten Ausbildungsganges zum staatlich geprüften Behindertenpädagogen (Behindertenerzieher). In: Sonderpädagogik, 6 Jg. (1976), H.2, S. 72 - 80

Fördermaterial für lernschwache Schüler. In: Westermanns Pädagogische Beiträge, 28. Jg. (1976), H.6, S. 319-326

Eine Chance zur Kooperation zwischen Haupt- und Sonderschulen. In: neue deutsche schule, 28. Jg. (1976), S. 269-271

Ungleiche Chancen für Lernbehinderte: Wege zum Erwerb des Hauptschulabschlusses. Ein Vergleich zwischen den Ländern der BRD. In: lernbehindert, 8. Jg. (1976) 60

Sozialschicht und Elternvorbild. In: Sonderpädagogik, 6. Jg. (1976), H.4, S. 174-180

Statistik hinterfragt: Die Ergebnisse der Mikrozensus-Zusatzbefragung 1974. In: Zeitschrift für Heilpädagogik, 27. Jg. (1976), H. 1 2, S. 757-761

Zusammen mit Neise, M. : Das Arbeitsmittel "Profax" im Unterricht der Lernbehindertenschule. In: Sonderpädagogik, 7. Jg. (1977), H.1, S. 47 u. 48

Zusammen mit Kerkhoff, E.: Zur Projektmethode im pädagogischen Hochschulstudium. In: Archiv für angewandte Sozialpädagogik, 8. Jg. (1977), 13-30

Überlegungen zum Problem "Lernbehindertenpädagogik und Elternarbeit". In: Zeitschrift für Heilpädagogik, 28. Jg. (1977), H.7, S. 449-455

Familien-Fernsehen für geistig behinderte Kinder und Jugendliche? In: Das behinderte kind, 15. Jg. (1978), H.1, S. 23-37

Behinderte in Sonderschulen: Ein statistischer Überblick- In: Sonderpädagogik, 10. Jg. (1980), S. 20-23

Zur Neuordnung des Diplom-Studienganges für Sonderpädagogik. In: Sonderpädagogik, 10. Jg. (1980), S. 112-118

Kommunikationspartner bei Gesprächen sexuellen Inhalts. In: Sexualpädagogik, 8(1980), H.2, S. 6-9

Paradigmen des wissenschaftlichen Zuganges zum Problemkreis "Familie mit behindertem Kind". In: Heilpädagogische Forschung, Bd. IX (1981), H.1, 38-55

Der Terminus Eltern als Kotherapeuten. In: Vierteljahresschrift für Heilpädagogik und ihre Nachbargebiete (VHN), 51. Jg. (1982), H.2, S. 159-163

Freie Arbeit in der Schule für Kinder mit Lernbehinderungen. In: Sonderpädagogik, 16. Jg. (1986), S. 145-153; auch veröffentlicht in

Montessori-Werkbrief, 25. Jg. (1987), H.3, S.109-119

Diplomstudium Erziehungswissenschaft und Sonderpädagogik. 20 Jahre nach den Rahmenplänen der Kultusminister zum Diplomstudiengang. In: Zeitschrift für Heilpädagogik, 41. Jg. (1990), H.7, S. 466-477

Neuer richtungsweisender Fachbereich Rehabilitationswissenschaften an der Humboldt-Universität Berlin? In: Sonderpädagogik in Berlin 1992, H.2, 14-19

Freizeitgestaltung von Menschen mit Behinderung- Eine freizeitpädagogische Herausforderung. In: Freizeitpädagogik 15. Jg. (1993), H.1, S.7-15

Gruppenunterricht - unter dem Aspekt förderpädagogischer Ansprüche. Eine Bilanz insbesondere jüngerer Veröffentlichungen. In: Zeitschrift für Heilpädagogik, 44. Jg. (1993), H.42 S.243-254

Das Begriffspaar Erziehung und Unterricht in der Lernbehindertenpädagogik - Ein Streifzug durch Fachliteratur. In: Vierteljahresschrift für Heilpädagogik und ihre Nachbargebiete (VHN), 62. Jg. (1993),S. 20-28

Schwerbehinderte Kinder - Familien und Experten. In: Behinderte in Familie, Schule und Gesellschaft, 16. Jg. (1993), H.2, S.59-67

Zusammen mit Mrochen, S.: Störungen der Aufmerksamkeit - Das Attention Deficit Disorder-Syndrom (ADD). In: Motorik, 17. Jg. (1994), H-3, S. 87-92

Zusammen mit Pflüger, L.: Als Basis Vertrauen- In: Selbsthilfe, H.3, S. 14-15

Die Diplomanden von 1988 bis 1995. Zeitschrift für Sonderpädagogik, 49. Jg. (1998), 448 - 457

Rezensionen

Grenzfallkinder (Eckstein, R.). In: Sonderpädagogik 5. Jg. (1975), H.4, S.194

Die verzauberte Familie (Kos, M. u. Biermann, G.). In: Sonderpädagogik 5. Jg. (1975), H.4, S.195

Curriculumentwicklung im Vorschulbereich (Zimmer, J.). In: Sonderpädagogik 5. Jg. (1975), H.4, S.195

Gesamtschulen in der Didaktischen Diskussion (Siepmann, K. E.). In: Sonderpädagogik 6. Jg. (1976), H.3. S. 143

333 "Soziale Fälle". Eine Auseinandersetzung mit Anspruch und Wirklichkeit der Sozialarbeit am Beispiel eines Projekts in der Familienfürsorge (unbekannte Autorengruppe des Projekts Zehlendorf - Süd). In: Sonderpädagogik 7 (1977), 99

Sozialplanung und soziale Veränderung (Mayer, R. R.). In: Sonderpädagogik 7 (1977), H. 3, S. 141

Kleines Wörterbuch der Sonderpädagogik Englisch - Deutsch (Reinartz, E. u. Masendorf, F.). In: Sonderpädagogik 7. Jg. (1977), H.3, S. 141

Sozialisationsfeld Heimerziehung. Beiträge zur Heimerziehung (Schmidle, P. u. Junge, H.)- In: Sonderpädagogik 7 Jg. (1977), H.3, S. 142

Abweichendes Verhalten (Matza, D.). In: Sonderpädagogik 7. Jg. (1977), H.3, 142f.

Das politisch - sozialwissenschaftliche Curriculum (Wulf, C.). In: Sonderpädagogik 7. Jg. (1977), H.3, S.144

Eltern - Kind - Beziehung (Bonn, H. u. Rohsmanith,K.). In: Sonderpädagogik 8. Jg. (1978), H.3, S.147f.

... und dann bin ich weggekommen... Paul Spann - Skizze eines Lebens (Preuß, E. u. Spann, P. unter Mitarbeit von Starkmann, B.) In: Zeitschrift für Heilpädagogik. 41 Jg. (1990), H.6, S.429/430

Zusammen mit Wolff-Brembach, I.: Integrierter Sport mit geistig retardierten und nicht retardierten Jugendlichen. Theoretische Grundlagen und Ergebnisse einer feldexperimentellen Untersuchung (Feduk, F.). In: Heilpädagogische Forschung 15 Jg. (1989), H. 3, S. 1 8311 84

Verschiedenes

Mitarbeit zusammen mit Baier, H., Bernart, E., Blessing, K.-H., Boomers, TH., Janssen, P.O., Kanter, G., Kleber, W., u.a. am "Rahmenprogramm zur Förderung lernbehinderter und von Lernbehinderung bedrohter Kinder und Jugendlicher in der Bundesrepublik Deutschland. Hrsg. vom Vorstand des Bundesverbandes zur Förderung Lernbehinderter e.V. Kerpen 1977

Zusammen mit Ulbricht, W.: Kleines medizinisches Wörterbuch für Sonder- und Sozialpädagogen. In: Sonderpädagogik, 5. – 15 Jg. (1975 - 1985), in Fortsetzungen. 160 Seiten.

Stichwörter. In: **Dupuis, G. u. Kerkhoff, W.**(Hg.): **Enzyklopädie der Sonderpädagogik, der Heilpädagogik und ihrer Nachbargebiete.** Berlin 1992:

Abhängigkeit Teil I	Adaptiver Unterricht	Altern
Amniozentese	Animation	Animative Didaktik
Anstalten	Antiautoritäre Erziehung	Apoplexie
Außerschulische Sonderpädagogik	Behindertensport	Beratungslehrer
Berufsverband der Sozialarbeiter, Sozialpädagogen und Heilpädagogen (BSH)	Betriebspraktikum	Blastopathie
Bluterkrankheit	borderline	Choreoathetose
Chorion(zotten)biopsie	Chromosomenaberration	Club (Behinderter)
Defizitmodell	Depersonalisation	Deutscher Bildungsrat
Deutscher Kinderschutzbund e.V.	Didaktik). der Schule für Lernbehinderte	Didaktik). bei Verhaltensstörungen
Differenzierung (Schule)	Diplompädagage / Diplompädagogin (Dipl.-Päd.)	Disability
Drumstick	Einführungs- oder Einschulungsklassen	Elementarbereich
Elternarbeit, schulische	Enkulturation	Enuresis
Ermüdung	Erwachsenenbildung	Erzieher, Erzieherin
Erziehungsberatung	Erziehungsklassen	Fallstudienmethode
Familienberatung	Familienbildung	Feste und Feiern
Fetopathie	Freie Arbeit	Freie Träger
Freizeit	Freizeiterziehung	Freizeitpädagogik
Freizeitsport	Freizeitverhalten (bei geistiger Behinderung)	Früherkennung (Krankheiten)
Früherkennung schulschwacher Kinder	Frühgeburt	Funktionstrainingsprogramm der Freizeit
Ganztagsschule (Sonderschulen)	Gruppenunterricht	Handfertigkeitsunterricht
Hausaufgaben, -hilfe	Hausunterricht	Heilerziehungspfleger
Heilpädagoge, Heilpädagogin	Heilpädagogik	Heilpädagogische Maßnahmen
Heimerziehung	Hilfe in besonderen Lebenslagen	Hilfe zur Pflege
Hilfsschule	Horte	Hypertonie
Hypotonie	impulsive Kinder	Individualisierung

Sonderpädagogik	Sonderpädagogische Tutorialsysteme	Sozialisation
soziokulturelle Bedingungen	Soziologie	Spielstunde
Sprachförderung	Sprecherstrategien	Streaming
Team-Teaching	Teilleistungsstörungen	Test für geistig behinderte Kinder (TBGB)
Tetanie	Toxoplasmose	Tourismus für Behinderte
Transferleistungen	Trisomie	Überbelastung
Überwachungskinder	Urlaub, Reisen, Ferien und Behinderung	Verhaltensstörungen
Vernachlässigung	Versorgungsamt	Verwöhnung
Vorsorgeuntersuchung	Wechselgruppe	Werkunterricht
Wohnen und Behinderung	Wohnen und geistige Behinderung	Zöliakie
Zusatzausbildung		

Verzeichnis der Autoren

Alex Baumgartner, Univ.-Prof.
Freie Universität Berlin. Fachbereich Erziehungswissenschaft, Psychologie und Sportwissenschaft. Institut für Allgemeine Pädagogik. AB Sozialisation und Lernen

Gudrun Doll-Tepper, Univ.-Prof. Dr.
Freie Universität Berlin. Institut für Sportwissenschaft. AB Behindertensport

Gregor Dupuis, Univ.-Prof. Dr.
Universität Dortmund. Fachbereich 13, Sondererziehung und Rehabilitation der Sprachbehinderten

Thomas Hofsäss, Prof. Dr., Sonderschullehrer
Pädagogische Hochschule Ludwigsburg; Fakultät Sonderpädagogik. Abteilung Lernbehindertenpädagogik

Bernhard Klingmüller, Prof. Dr., Dipl.-Soz.
Evangelische Fachhochschule Rheinland-Westfalen-Lippe Bochum. Fachbereich Heilpädagogik

Siegfried Mrochen, Univ.-Prof. Dr., Dipl.-Päd., Dipl.-Psych. Sonderschullehrer
Universität Gesamthochschule Siegen. Fachbereich 2. Studiengang Außerschulische Erziehungswissenschaft und Sozialpädagogik

Ulrike Mühlbayer-Gässler, Sonderschullehrerin
Leiterin der Frühberatungsstelle für körperbehinderte Kinder Ulm; Fachberaterin am Staatlichen Schulamt Ulm

Leander Pflüger, Prof. Dr., Dipl.-Päd. Sonderschullehrer
Fachhochschule Münster. Fachbereich Sozialwesen. Fachgruppe Heilpädagogik

Roswitha Romonath, Univ.-Prof. Dr.
Universität Rostock. Philosophische Fakultät. Institut für Sonder- und Heilpädagogik

Gerlind Schulze, Dr. phil.
Humboldt-Universität zu Berlin. Philosophische Fakultät IV. Institut für Rehabilitationswissenschaften. AB Lernbehindertenpädagogik

Stichwortverzeichnis

Weitere Publikationen im
VWB – Verlag für Wissenschaft und Bildung

Behinderung und verstehendes Helfen.
Spuren der Tübinger Psychologie in der Reutlinger Sonderpädagogik
Festschrift für Elfriede Höhn zum 80. Geburtstag
Eckhard Schäfer (Hg.)
1995 • 319 S. • ISBN 3-86135-016-5

Integrative Sprachtherapie.
Tendenzen und Veränderungen in der Sprachheilpädagogik
Festschrift für Prof. Otto Braun zum 60. Geburtstag
Thomas Gieseke (Hg.)
1995 • 160 S. • ISBN 3-86135-020-3

Siegfried Lorenz
Wie das Seelenleben des Kindes
schon im Mutterleib geformt wird.
Die vorgeburtliche Kommunikation zwischen
Mutter und Kind und ihre Bedeutung für die
psychische Entwicklung des Kindes
1999 • 122 S. • ISBN 3-86135-220-6

Siegfried Lorenz
Mandala.
Ein spiritueller Weg zur Entdeckung der eigenen Mitte
und Erfahrung innerer Harmonie
1999 • 140 S. • ISBN 3-86135-217-6

VWB – Verlag für Wissenschaft und Bildung
Postfach 11 03 68 • 10833 Berlin
tel. 030 - 251 04 15 • fax 030 - 251 11 36
www.vwb-verlag.com

Soziale Arbeit aktuell in Praxis, Forschung und Lehre

herausgegeben von
Prof. Dr. Thomas R. Hofsäss

Band 1
Gisela Thiele / Carl S. Taylor
Jugendkulturen und Gangs.
Eine Betrachtung zur Raumaneignung und Raumverdrängung
nachgewiesen an Entwicklungen in den neuen Bundesländern und den USA
168 Seiten • 1998 • ISBN 3-86135-180-3

Band 2
Daniel Passon
Soziale Arbeit und die Entwicklungsbemühungen des Südens.
Strategien und Konzepte für Entwicklungsländer
107 Seiten • 1999 • ISBN 3-86135-184-6

Band 3
Thomas R. Hofsäss (Hg.)
Jugend – Arbeit – Bildung.
Zum Krisenmanagement mit arbeitslosen Jugendlichen
148 Seiten • 1999 • ISBN 3-86135-182-X

Band 4
Thomas R. Hofsäss (Hg.)
Jugendhilfe und gleichgeschlechtliche Orientierung
127 S. • 1999 • ISBN 3-86135-181-1

IN VORBEREITUNG:

Band 5
Erika Steinert & Gisela Thiele
Werkstatt Sozialarbeitsforschung
ISBN 3-86135-185-4

VWB – Verlag für Wissenschaft und Bildung, Amand Aglaster
Postfach 11 03 36 • 10833 Berlin • Besselstr. 13 • 10969 Berlin
Tel. 030 - 251 04 15 • Fax 030 - 251 11 36